2020 보육지원체계 반영

보육학개론

강란혜 저

학지사

보육을 둘러싸고 있는 최근 우리나라의 환경을 보면, 사상 초유로 출산율이 떨어지고, 가족구조는 변화하여 핵가족화되었으며, 한부모 가족의 증가로 가족의 형태는 다양화되고 있다. 이뿐만 아니라 부모들의 취업형태 역시 다양하게 변화되고 있다. 이러한 요인들은 가족 내의 자녀양육 역할에 영향을 미치게 되어, 사회적으로 가정의 자녀양육 기능을 보완하고 지지해 주는 보육서비스의 중요성이 끊임없이 논의되고 있는 상황이다.

이러한 변화 가운데 「영유아보육법」이 여러 차례 개정되면서 보육정책의 변화와 발전이 거듭되고 있다. 특히 표준보육과정, 누리과정, 무상보육제도, 보육의 다양성, 그리고 평가인증제에서 평가제로 바뀌면서 보육실천 분야가 발전하고 있다.

이처럼 보육 발전의 중요성이 논의되고 있는 현시점에, 변화해 가는 최신 보육정책을 반영하여 보육에 대한 전반적인 이해를 돕고자 14년 만에 책을 집필하게 되었다. 그 과정에서 이 책이 대학 강의 교재뿐만 아니라 현장 보육교사의 보육 지침서로 쓰일 수 있도록 고려하였다. 또한 최신 내용으로서 2020년 3월부터 시행되는 기본보육과 연장보육, 2019년 개정된 누리과정, 어린이집 평가제 등 변화된 보육정책 내용을 모두 포함하였다.

이 책은 모두 13개 장으로 구성되어 있다. 제1장에서는 보육의 이론적 기초로서 보육의 개념 및 목적, 필요성을 살펴보았고, 제2장에서는 보육사상과 그 역사에 대해 고대, 중세, 근대, 현대의 흐름으로 정리하였다. 제3장에서는 우리나라와 외국의 보육 역사와 제도에 대한 내용을 알기 쉽게 연도순으로 정리하여 살펴보았다. 제4장에서는 보육의 대상인 영유아의 발달에 대해 알아보았고, 제5장에서는 영유아의 연령에 따른 보육교사의 보육내용과 보육 진행방법에 대해 살펴보았다. 제6장에서는 어린이집의 유형에 대해 설립 및 운영 주체에 따른 유형, 보육대상에 따른 유형, 운영시간에 따른 유형으로 구분하여 살펴보았으며, 2020년 3월부터 시행되는 기본보육과 시간연장보육에 대해서도 자세히 알아보았다. 이 외에도 어린이집의 설치기준에 대해 살펴보았다. 제7장에서는 어린이집의 실내외 보육환경 구성에 대해 알아보았고, 제8장은 보육과정에 대한 내용으로 표준보육과정과 '2019년 개정된 누리과정'에 대해 알아보았다. 제9장에서는 영유아기의 성장과 발달에 매우 중요한 건강, 영양, 안전의 중요성에 대해 살펴보았다. 제10장에서는 어린이집 보육교직원의 자질과 역할 및 자격에 대해 알아보았고, 제11장에서는 어린이집의 운영관리에 대해 다루었으며, 제12장에서는 보육평가에 대해 살펴보았다. 제13장에서는 기존의 어린이집 평가인증제에서 개정되어 2019년부터 어린이집에 의무제도로 실시되는 어린이집 평가제의 내용을 살펴보았다.

이 책을 집필하면서 아쉬웠던 점은 보육교사 자격 이수를 위한 필수과목인 '보육학개론'의 내용이 너무 방대하여 보육에 대한 내용을 포괄적이면서도 깊이 있게 다루기에는 한계가 있다는 점이었다. 그럼에도 이 책은 기존의 보육학개론 저서들과 달리 영유아기의 실제적인 보육 진행방법에 대해 살펴보았고, 보육사상의 흐름과 보육정책의 변화에 대한 최근의 내용을 좀 더 상세히 서술하려고 애썼으며, 가능한 한 최신 자료를 많이 이용하여 우리나라 보육정책의 진행과정을 이해하는 데 도움을 주고자 노력하였다.

사진과 자료를 제공해 준 로야어린이집의 이순월 원장님에게 고마움을 전한다. 교재가 출판되기까지 도움을 주신 학지사 직원분들께도 감사의 말씀을 전한다.

아무쪼록 이 책이 우리나라 보육 발전을 위한 한 알의 밀알이 되기를 간절한 마음으로 바라며, 모든 감사와 영광을 하나님께 돌린다.

2020년 3월 6일
저자 씀

◆ 머리말 3

제1장 · 보육의 이론적 기초 7

1. 보육의 개념 및 목적 9
2. 보육의 필요성 10

제2장 · 보육사상과 역사 19

1. 고대 그리스의 보육사상 21
2. 중세시대의 보육사상 24
3. 근대의 보육사상 25
4. 현대의 보육사상 31

제3장 · 보육의 역사 및 제도 35

1. 우리나라 보육제도의 발달 37
2. 외국 보육제도의 발달 51

제4장 · 영유아 발달의 이해 77

1. 영유아의 발달 79
2. 발달이론 81

제5장 · 영유아기 보육내용의 진행방법 91

1. 신생아(출생~1개월) 보육 진행방법 93
2. 영아기 보육 진행방법 99
3. 유아기(만 3~5세) 보육 진행방법 112

제6장 · 어린이집의 유형과 설치기준 115

1. 설립 및 운영 주체에 따른 유형 117
2. 보육대상에 따른 유형 121
3. 운영시간에 따른 유형 122
4. 어린이집 이용 및 현황 129
5. 어린이집 설치기준 130
6. 어린이집 놀이터 설치기준 133
7. 비상 재해대비시설 136

제7장 · 어린이집 환경구성   139

1. 보육실 환경구성의 기본방향   141
2. 연령별 실내 보육환경 구성   144
3. 실외환경 구성   168

제8장 · 보육과정   175

1. 보육과정의 기초   177
2. 표준보육과정의 기초   181
3. 2019 개정 누리과정   190
4. 보육과정의 운영   214
5. 하루 일과의 구성 및 운영   225

제9장 · 영유아의 건강 · 영양 · 안전관리

235

1. 건강관리   237
2. 영양관리   247
3. 안전관리   258

제10장 · 보육교직원   269

1. 보육교직원의 자질과 역할   271
2. 보육교직원의 자격과 배치   279
3. 보육교사 자격취득 기준   286
4. 보육교직원 보수교육   289

제11장 · 어린이집 운영관리   293

1. 어린이집 운영관리의 개념   295
2. 어린이집 운영 일반원칙   296
3. 지역사회 연계   320

제12장 · 보육평가   329

1. 보육평가의 필요성   331
2. 보육평가 방법   331
3. 보육교직원 평가   337
4. 보육프로그램 평가   339

제13장 · 어린이집 평가제   341

1. 어린이집 평가제 시행   343
2. 어린이집 평가제 운영체계   348

◆ 참고문헌   359
◆ 찾아보기   367

제 **1** 장

보육의 이론적 기초

1. 보육의 개념 및 목적

2. 보육의 필요성

1. 보육의 개념 및 목적

보육의 개념은 시설에 '맡긴다'라는 의미의 '탁아(day care)'라는 용어에서 그 출발점을 찾을 수 있다. 탁아란 가정에서 영유아들이 정상적인 양육을 받기 어려운 경우에 하루 중 일정 시간 동안 다른 사람에 의해 제공되는 돌봄을 말한다.

1991년 「영유아보육법」이 제정된 이후에는 '탁아'라는 용어 대신 '보육'이라는 용어가 등장하면서 보호의 기능을 넘어 교육의 성격이 강해졌다. 「영유아보육법」에 "영유아 보육이란 6세 미만의 영유아를 건강하고 안전하게 보호·양육하고 영유아의 발달 특성에 맞는 교육을 제공하는 보육시설 및 가정양육 지원에 관한 사회복지서비스를 말한다."라고 정의하고 있다(「영유아보육법」 제2조, 2008년 개정).

「영유아보육법」 제1조에는 보육의 목적은 "영유아의 심신을 보호하고 건전하게 교육하여 건강한 사회 구성원으로 육성함과 아울러 보호자의 경제적·사회적 활동이 원활하게 이루어지도록 함으로써 영유아 및 가정의 복지증진에 이바지하는 것"이라고 밝히고 있다. 이러한 법 조항으로부터 오늘날의 보육사업은 어린이집을 통해 모든 영유아가 보호와 교육을 받아 최적의 발달에 도달할 수 있는 권리를 보장해 주며 더 나아가 가정양육까지 지원해 주는 사업으로, 보육의 목적을 확대하고 있다.

보육은 더 이상 가정의 책임이 아닌 국가의 책임으로 인식이 전환되었고 그 기능에 있어서도 이것은 보호(care)이고 저것은 교육(education)이라는 이분법적 논리가 아니라 보호하고 교육한다는 통합적인 개념으로 변화되었다. 예를 들면, 식사·수면·배변·청결 등의 건강에 필요한 생활 습관을 지도하는 것은 보호와 교육의 양면을 모두 가지고 있기 때문에 이분법적으로 명확히 구별할 수가 없는 것이다.

따라서 보육(educare)은 사회적 계층과 어머니의 취업 유무에 관계없이 모든 영유아가 건전한 사회 구성원으로 성장할 수 있도록 단순한 보호 차원을 넘어 전인적 발달을 위해 교육을 제공하는 보호와 교육을 통합한 개념이며, 보호자의 경제적·사회적 활동을 국가가 지원하여 가정의 복지증진에 기여하는 복지서비스이다.

2. 보육의 필요성

우리나라는 현대사회로 오면서 가족구조와 가족기능의 변화, 자녀양육관의 변화, 특히 여성의 경제활동과 부모의 이혼으로 인한 결손가정의 증가 등 가족환경의 변화로 인하여 자녀양육 기능이 점차 약화되고 있다. 이에 따라 국가적 차원에서 영유아와 그 가족을 위해 보육의 필요성이 부각되고 있다.

1) 가족 구조와 기능의 변화

산업화와 세계화에 따른 사회 · 경제적 환경의 변화로 말미암아 가족구조가 변화하고 있다. 우리나라 가족형태의 변화는 〈표 1-1〉에서 보는 바와 같이 2018년 혈연가구 중 부부와 미혼자녀로 구성된 핵가족 형태가 46.3%로 가장 많고, 3세대 확대가족은 급격히 감소하였다.

통계청이 전망한 장래가구추계 자료에 의하면 [그림 1-1]에서 보는 바와 같이 2035년에는 1인가구(34.3%)가 가장 많고 다음으로 부부가구(22.7%), 부부+자녀가구(20.3%) 순으로 가족 형태가 변화할 것으로 전망하고 있다(통계청, 2012). 이러한 가족 형태의 변화는 가족기능 면에 영향을 미치게 되어 자녀양육에 어려움을 겪게 된다.

●표 1-1● **가족 형태별 가구구성**   (단위: 천 가구, %)

연도	혈연가구[1]	계	부부	부부+미혼자녀[2]	한부모+미혼자녀	조부모+미혼손자녀[3]	부부+양(편)친+미혼자녀	기타
2015	13,693	100.0	21.8	45.5	15.0	0.8	4.2	12.6
2016	13,701	100.0	21.9	45.7	14.6	0.8	4.2	12.9
2017	13,747	100.0	22.7	45.3	14.6	0.8	3.9	12.6
2018	13,421	100.0	24.2	46.3	15.0	0.8	3.8	9.9

주: 1) 일반가구에서 비혈연가구와 1인가구 제외
　　2) 부부 + 미혼자녀 + 부부미혼형제자매 포함
　　3) 조부 또는 조모 + 미혼손자녀 포함
출처: 통계청(2019), 「인구총조사」 각 연도.

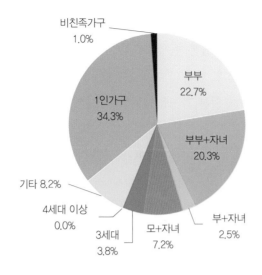

비친족가구 1.0%

부부 22.7%

1인가구 34.3%

부부+자녀 20.3%

기타 8.2%

4세대 이상 0.0%

3세대 3.8%

모+자녀 7.2%

부+자녀 2.5%

그림 1-1   가구유형별 추계가구(2035년)

출처: 통계청(2012). 장래가구추계.

대가족에서는 부모를 대신해서 할아버지, 할머니, 친척 등으로 인해 자녀양육 문제를 가족 내에서 해결할 수 있었지만 부부 중심의 핵가족에서는 자녀양육을 전적으로 부부에게만 의존하게 됨으로써 대가족 형태에서의 자녀양육 기능을 약화시키는 결과를 가져왔다. 가족의 자녀양육 기능의 약화는 결국 자녀양육에 대한 국가의 공동책임 의식을 증가시키게 된 것이다. 또한 부모의 이혼과 별거, 사별 등으로 인한 한부모 가족, 재혼한 가족, 다문화가족 등 다양한 가족 형태의 증가는 경제적 어려움뿐만 아니라 사회 · 정서적 측면에서도 복합적인 문제로 나타나고 있다.

특히 한부모 가족과 결손 가족은 부모 중 한 사람이 자녀를 양육하면서 동시에 직장 생활을 유지해 나가야 하므로 가족기능 면에서 새로운 사회적 관심을 받게 되었다. 따라서 현대사회는 가족 구조 및 기능의 변화와 다양한 가족 형태가 부모의 역할을 변화시켰고, 이에 따라 자녀양육 과정에 어려움을 해결해 줄 수 있는 사회적 지원체계인 보육서비스가 필요하게 되었다.

2) 여성의 사회참여 증가

여성들의 교육수준이 향상되고 자아실현의 욕구가 강해지면서 결혼 후에도 직업을 유지하고자 하는 경향이 나타났다. 한국경제연구원은 2008년부터 2018년까지 7개국의 여성경제활동 참가율을 미국, 일본, 독일, 프랑스, 영국, 이탈리아, 한국 등 7개국 조사대상 국가들과 비교해 본 결과, 한국의 여성경제활동 참가율이 59.4%로 7개국 중 6위를 기록하였다. 독일 74.3%, 일본 71.3%, 미국 68.2%에 비해 현격한 차이를 드러냈다([그림 1-2]).

한국의 2019년 여성경제활동 참가율은 2018년에 비해 0.4% 증가한 59.8%로 나타났으나(통계청, 2019. 8.), 여전히 주요 경제국과 비교해 보면 낮은 수준이다.

연령대별 고용률을 보면, 한국은 35~44세 여성의 고용률은 60.7%, '허리층'에 해당하는 30대 후반~40대 초반 여성의 고용률이 주요 경제국 중 최하위 수준으로 나타났다([그림 1-2]). 이러한 현실에는 여러 가지 이유가 있겠으나 결혼한 여성들의 경우 육아부담을 가장 큰 원인으로 볼 수 있다. 연령대별 고용률은 한국과 일본을 제외한 5개국에서 ∩자형 포물선 형태를 띠고 있는 반면, 경제활동을 하는 우리나라 여성들은 자녀를 가지기 전까지 일을 하고 출산을 하면 일을 그만두었다가 자녀가 어느 정도 성장하고 나면 다시 일을 시작하는 M자형 곡선 형태를 보이고 있다.

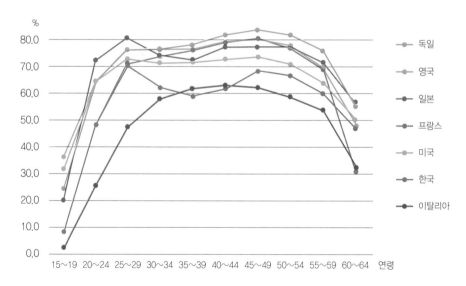

그림 1-2   15~64세 여성 연령대별 고용률 변화

출처: 한국경제연구원(2019). 7개국 여성경제활동참가율.

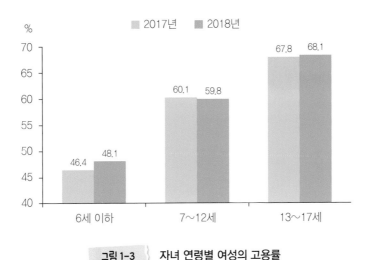

그림 1-3　자녀 연령별 여성의 고용률

출처: 통계청(2018). 자녀별 여성의 고용지표.

또한 [그림 1-3]에서 보는 바와 같이 2018년의 자녀 연령별 여성 고용률은 6세 이하 (48.1%), 7~12세(59.8%), 13~17세(68.1%) 순으로 자녀가 어릴수록 여성취업률을 떨어 뜨리는 요인으로 작용하고 있음을 알 수 있다. 이러한 현상은 보육정책이 여성의 경제 활동을 위한 지원책이 되지 못하고 있다는 것을 반증하는 것이다. 이처럼 기혼 여성의 경제활동이 증가하고 있지만 가사 및 육아 부담은 취업활동의 장애 요인으로 대두되고 있고, 이는 맞벌이 가정의 경우 일과 가정의 양립문제, 자녀양육의 어려움이 직접적으 로 자녀 출산 기피 현상으로까지 이어지고 있음을 보여 주는 것이다. 따라서 기혼 여성 의 취업을 저해하는 자녀양육 문제를 해결하기 위해 취업모를 대신하여 자녀를 양육해 주는 보육서비스의 필요성이 강조되었다.

3) 여성 인식의 변화

통계청(2019.11.25.)이 발표한 '2019년 사회조사'에 따르면 "일과 가정생활을 비슷하게 여긴다(일과 가정 어느 것 하나 특별히 우선하지 않는다는 의미)"는 응답이 49.5%, "일을 우선 시한다" 33.8%, "가정생활을 우선시한다"는 16.6%에 그쳤다. 연령대별로는 19~29세는 일을 우선(50.3%)으로 생각하는 비중이 높은 반면, 30대 이상은 모두 일과 가정생활 둘 다 비슷하게 생각하는 비중이 높았다. 이처럼 여성들이 일과 가정을 양립할 수 있는 워

라밸(work and life balance) 실현을 위해 보육서비스의 필요성이 강조된다.

취업을 하지 않은 경우에도 취미생활이나 사회봉사 등의 다양한 사회생활에 참여하게 됨으로써 자연히 가정의 자녀양육 기능을 대행해 줄 수요자 중심의 보육이 필요한 것이다.

4) 저출산 현상

일반적으로 저출산의 원인으로 지적되고 있는 것은 자녀의 필요성에 대한 가치관의 변화, 평균 결혼연령의 상승, 불임가족의 증가, 양육비와 사교육비의 부담, 안심하고 아이를 맡길 수 있는 보육시설의 부족 등을 들 수 있다.

한국보건사회연구원이 2019년 미혼 인구(20~44세)를 대상으로 조사한 결과에 따르면 결혼에 대해 긍정적인 반응을 보인 남성은 50.5%인 데 비해 여성은 28.8%에 불과했다. 또한 미혼 여성의 48%, 미혼 남성의 28.9%가 자녀가 없어도 무관하다고 생각하는 것으로 나타났다.

이런 인식 변화가 혼인율과 저출산에 영향을 미치는 것은 당연하다. 실제 지난해 한국의 혼인율은 역대 최저를 기록했고, 2018년 기준 우리나라 인구 1,000명당 결혼하는

그림 1-4 2018~2019년도 인구동향

출처: 통계청(2019. 9. 28.). 합계출산율.

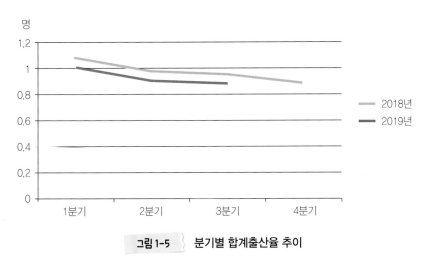

그림 1-5   분기별 합계출산율 추이

출처: 통계청(2019). 합계출산율.

건수는 5건에 불과했는데 이는 1970년대 통계를 작성하기 시작한 이래 최저치이다.

통계청이 발표한 '2019년 9월 인구동향'에 따르면 9월 출생아 수는 2만4,123명으로 지난해 9월보다 7.5%(1,943명) 감소했다. 합계출산율은 [그림 1-5]에서 보면 2018년보다 2019년에 낮고, 2019년만 보아도 2분기에 0.91명([그림 1-4])에서 3분기에는 0.88명([그림 1-5])으로 합계출산율이 0.9명 아래로 떨어진 것은 처음이다.

초저출산 국가에 진입한 우리나라의 출산율을 끌어올리기 위해서는 육아문제로 다니던 직장을 그만둔 여성들이 경제활동에 참여하여 일과 가정을 양립할 수 있도록 사회 전반의 시스템을 개선하는 일이 시급하다. 이를 위해 출산휴가와 육아휴직제 실시, 0~5세까지 영유아의 무상교육 실시 등의 대응정책은 성공적으로 이루어지고 있으며 저출산문제를 해결하고자 새로마지 플랜도 제시하였다([그림 1-6]).

새로마지 플랜 2010은 '모든 세대가 함께하는 지속 발전 가능 사회'를 목적으로 한다(보건복지부, 2006). 출산과 양육에 유리한 환경을 조성하고, 고령사회의 삶의 질을 향상시켜 여성과 고령 인력을 활용한 미래의 성장 동력을 확보하는 것과, 모든 세대의 지속적 동반 성장이 가능한 사회를 구현하고자 하였다. 그러나 여전히 아이를 맡길 보육시설 부족의 문제는 저출산 현상과 결부되어 국가의 심각하고 중요한 문제로 대두되고 있다. 사회적으로 적절한 보육서비스가 부족하다는 것과 부족한 보육시설이 저출산 원인 중 하나가 되고 있다는 것이다.

또한 여성 인력의 효과적인 활용을 위한다는 차원에서도 보육서비스는 매우 필요하

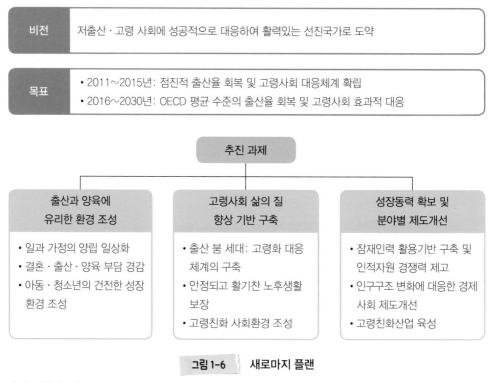

| 비전 | 저출산 · 고령 사회에 성공적으로 대응하여 활력있는 선진국가로 도약 |

| 목표 | • 2011~2015년: 점진적 출산율 회복 및 고령사회 대응체계 확립
• 2016~2030년: OECD 평균 수준의 출산율 회복 및 고령사회 효과적 대응 |

추진 과제

출산과 양육에 유리한 환경 조성	고령사회 삶의 질 향상 기반 구축	성장동력 확보 및 분야별 제도개선

• 일과 가정의 양립 일상화
• 결혼 · 출산 · 양육 부담 경감
• 아동 · 청소년의 건전한 성장
  환경 조성
	• 출산 붐 세대: 고령화 대응
	  체계의 구축
	• 안정되고 활기찬 노후생활
	  보장
	• 고령친화 사회환경 조성
		• 잠재인력 활용기반 구축 및
		  인적자원 경쟁력 제고
		• 인구구조 변화에 대응한 경제
		  사회 제도개선
		• 고령친화산업 육성

그림 1-6   새로마지 플랜

출처: 대한민국정부(2012). 제2차 저출산 · 고령사회 기본계획(새로마지플랜, 2015).

다. 여성 인력의 효과적 사용은 육아의 문제를 사회적으로 해결하는 조건이 이루어져야 가능하기 때문에 경제발전이라는 차원에서도 영유아 보육의 문제는 가족과 사회가 공동으로 해결할 필요가 있는 것이다. 이에 영유아의 보육은 보호자뿐만 아니라 국가 및 지방자치단체, 나아가 모든 국민이 영유아를 건전하고 안전하게 보육할 책임이 있는 것이다.

저출산고령사회위원회는 2018년 7월 5일, '일하며 아이 키우기 행복한 나라'를 위한 저출산 대책 5대 개혁 방향을 발표하며 저출산 관련 정책 패러다임 전환을 추구했다.

저출산 대책 5대 개혁 방향은 ▲출생부터 아동의 건강한 성장 지원 ▲아이와 함께 하는 일 · 생활 균형 ▲모든 아동과 가족에 대한 차별 없는 지원 ▲청년의 평등한 출발 지원 ▲제대로 쓰는 재정, 효율적 행정 지원체계 확립이라고 밝혔다. 그리고 9가지 주요 정책으로 ▲특수고용직, 자영업자 등 고용보험 미적용자 대상 출산휴가급여 사각지대 해소 ▲1세 아동 의료비 제로화 ▲아이돌보미 지원대상 확대 및 정부 지원강화 ▲임금삭감 없는 육아기 근로시간 1일 1시간 단축 추진 ▲아빠 육아휴직 보너스제 급여 상한액 인상 ▲배우자 유급출산휴가 확대 정부지원 신설 ▲한부모 양육비 지원액 확대,

14~18세 자녀도 지원 ▲비혼 출산·양육에 대한 제도적 차별 정비·인식 개선, 원스톱 상담 지원 ▲신혼부부 주거지원 강화를 제시했다.

5) 아동권리의 보장

1979년 '세계 아동의 해'에 유엔에서 제정한 '아동권리헌장' 제9장을 보면 "어린이는 그 어느 누구도 구분·차별 없이 모든 권리를 누릴 권리가 부여된다."라고 하였다. 우리나라 「영유아보육법」 제3조 제3항에서는 "영유아는 자신 또는 보호자의 성·연령·종교·사회적 신분·재산·장애 및 출생지역 등에 따른 어떠한 종류의 차별도 받지 아니하고 보육되어야 한다."라고 명시되어 있다. 이에 국가는 영유아의 기본권 보장의 측면에서 영유아가 어떤 성장 환경에 있어도 권리를 누릴 수 있도록 국가와 사회는 보호와 교육을 받을 환경을 지원해 주어야 한다.

6) 영유아기의 중요성

영유아기는 인간의 성장·발달을 결정짓는 시기로 대부분의 발달이 형성되는 매우 중요한 시기이다. 따라서 이 시기의 발달적 손상은 이후 발달에 큰 영향을 미치므로 영유아들의 보육 경험은 필요하다. 영유아기의 중요성을 발달적 측면에서 제기하면 다음과 같다(강란혜, 2016).

(1) 기초성의 측면
기초성이란 어릴 때의 발달이 이후의 모든 발달의 기초가 된다는 의미이다. 영유아기에 건강하고 바른 습관들을 교육하는 것이 중요하다. 영유아기에 신체, 언어, 정서, 사회성, 인지 등 모든 영역의 기초를 이루는 것은 다음 단계의 발달에 중요한 영향을 미치게 된다.

(2) 적기성의 측면
적기성이란 모든 발달에는 최적기가 있다는 의미이다. 영유아기에 각 발달과업을 성취하는 적절한 시기가 있는데 최적기에 그 발달과업이 제대로 이루어지지 못하면 이후에 노력해도 그만큼 발달과업 획득의 효율성은 떨어진다는 것이다. 그러므로 이러한 최적기를 놓치지 말고 때를 맞추어 좋은 환경에서 적절한 자극을 제공할 때 영유아의 발달은 촉진될 수 있다.

(3) 누적성의 측면

누적성이란 영유아의 발달과정에서 어떤 결함이 생기면 그 결함이 누적되어 그 다음 단계가 정상적으로 발달되는 데에도 지속적으로 영향을 미친다는 뜻이다. 예를 들어, 수유기에 기본적인 신뢰감 또는 불신감이 형성되면 그 이후의 인간관계에 계속적으로 누적되어 영향이 미칠 수 있다는 것이다.

(4) 불가역성의 측면

불가역성이란 초기에 잘못된 경험으로 발달에 나쁜 영향을 미쳤을 경우 그 이후에 보상이나 충분한 자극과 경험을 제공하여도 원래의 상태로 되돌리기 어렵다는 원리이다. 예를 들어, 빈곤한 환경으로 인해 영유아의 영양에 대해 적기를 놓쳤을 때, 이후에 풍부한 영양을 준다 해도 빈약해진 체격은 크게 회복이 어렵다는 것이다.

이와 같이 발달의 기초성, 적기성, 누적성, 불가역성의 원리는 영유아기 발달에 중요하므로 영유아기에 보육의 필요성은 아무리 강조해도 부족함이 없다.

제 **2** 장

보육사상과 역사

1. 고대 그리스의 보육사상
2. 중세시대의 보육사상
3. 근대의 보육사상
4. 현대의 보육사상

보육사상의 변천은 그 시대의 아동관과 보육에 대한 인식을 반영한다. 영유아 보육을 이해하기 위해서는 보육의 역사적 배경과 교육이념, 교육방식을 알아볼 필요가 있다. 고대 그리스에서 시작하여 중세, 근대를 거쳐 20세기 이후인 현대에 이르기까지 보육에 기초가 되는 철학적 사상에 대해 살펴보고자 한다.

1. 고대 그리스의 보육사상

고대는 인간생활에 대한 기술이 시작한 시기부터 서로마제국이 멸망하기까지의 시기를 일컫는다. 이 시기의 영유아는 한 인간으로서의 당당한 권리를 가진 인격적인 존재라기 보다는 종족보존을 위한 수단적인 존재였으며, 미래의 국가 건설의 수단으로만 존재 가치가 인정되었다.

군사 도시국가였던 스파르타의 교육은 기원전 9세기경 「리쿠르구스(Lycurgus) 헌법」[1]에 의해 확립되어 통제 위주의 엄격한 훈련을 통해 군인으로서의 시민을 양성하는 것을 목적으로 국가에 대한 충성심과 복종을 강조하였다. 신생아가 태어나면 엄격한 신체검사를 통해 생사가 결정되었다. 약하고 장애가 있는 신생아는 버려졌고 오직 강하고 건강한 아이만 생존하였다.

6세 이전의 영유아들은 가정에서 신체적인 강인함과 고통에 대한 인내심 중심의 훈련을 받게 되고, 7세가 되면 부모의 곁을 떠나 국가의 공동 교육장인 아고게(Agoge)에 입소하여 군사훈련을 위해 공동생활을 하며 공교육을 받게 된다. 엄격한 군사교육이 실시되었던 반면, 읽기나 쓰기, 문학 등에 대한 교육은 경시되었다. 일부 스파르타의 교사들은 어린이들이 음악, 읽기, 쓰기를 학습하는 것을 나쁜 것으로 간주할 정도로 지적 측면을 경시하였다(오인탁, 1994). 이러한 스파르타 교육은 후세에 전체주의와 국가주의에 영향을 미쳤다.

반면, 민주주의 도시국가였던 아테네의 교육을 전기와 후기로 나누어 보면 전기 아

---

1) 이 헌법은 국가를 개인보다 우위에 두었고, 많은 노예를 지배하며 강력한 군사력으로 국가의 번영을 기도하였으며, 교육은 이 헌법에 의해 실시되었다.

테네의 교육은 고대국가에서 나타나는 국가주의적인 측면에 여전히 목적을 두어 국가와 사회에 유용한 개인을 양성하기 위한 전인교육을 강조하였다. 후기에는 국가보다 개인적 교양 및 출세에 더 치중하였다. 개인적 성공을 위한 개인 우월을 목적으로 재능을 발달시켰다. 이에 교육의 목적은 개인의 신체, 정신, 도덕 등 다면적인 능력을 조화롭게 개발하는 데 있었다. 따라서 아테네의 교육은 국가의 공적인 통제가 약하고 사적인 가정의 영향력이 강했다(팽영일, 2017).

모든 계급의 부모는 자녀가 7세가 되면 학교에서 음악과 체육을 의무적으로 교육시켜야 했다. 스파르타 교육보다 개방적이고 자유로웠던 아테네 교육은 후세에 개성존중의 인문주의와 자유주의에 영향을 미쳤다.

1) 플라톤

플라톤(Platon, B.C. 427~347)은 아테네 출신으로 귀족 가문에서 태어났다. 그는 교육을 통해 선한 정치 지도자를 길러 이상국가를 실현하고자 하였다. 이상적인 국가를 건설하기 위해서는 영유아기의 보육이 중요하다고 강조하면서 영유아기를 성격이 형성되고 학습이 쉽게 이루어지는 가장 중요한 시기로 보았다. 이러한 특징 때문에 조기에 바람직한 성격이 형성되도록 보육이 필요함을 강조하였다. 국가는 영유아에게 가르칠 교육 내용을 검열하여 나쁜 영향을 미칠 만한 것을 바로잡아야 한다고 했다. 아직 이성적 능력이 성숙되지 않은 아이들이 비도덕적이거나 부적절한 내용에 아무런 제재 없이 노출되어 있을 때 심각한 영향을 받을 수 있다고 보았다(장영란, 2012).

모든 영유아는 이상국가를 위해 예비교육을 받는데, 예비교육 시기(0~6세)에는 타고난 신체적 · 정신적 소질을 조화롭게 발전시키기 위해 음악, 미술, 문학, 게임, 스포츠, 유희 등을 교육 내용으로 제시했다. 음악과 미술은 영유아의 도덕성 형성에 기여하는데, 특히 음악은 유아의 성격을 형성하게 하고 문학은 건전한 인성을 형성한다고 보았다. 게임, 스포츠, 유희는 신체를 건강하게 해 주며 나아가 훌륭한 교양과 용기를 얻게 해 준다고 하였다. 6세경부터는 3R(읽기, 쓰기, 셈하기)을 교육하는 것이 바람직하다고 보았다.

플라톤의 교육사상은 생산자 계급인 일반 시민은 사회 안에서 생활하는 동안 저절로 주어지는 교육 이상으로 특별히 교육받을 필요가 없고, 통치계급은 최고의 단계까지 교육을 받고 국가의 '수호자(군인)'가 되어야 한다고 주장하였다(김인곤, 2004). 이에 일부 학자들에 의해 사회의 특정계급에만 해당되는 소수의 엘리트 교육을 하였다는 비판을 받지만 영유아기 보육의 중요성을 강조했다는 점에 의의가 있다.

2) 아리스토텔레스

　　아리스토텔레스(Aristoteles, B.C. 384~322)는 마케도니아 근방의 스타게리아에서 태어났다. 그의 스승인 플라톤이 주장하는 이상주의와 달리 그는 실재주의자이다. 실재주의(realism)는 이상주의에 대비되는 학설로 기본원리는 관념이나 환상이 아닌 구체적으로 존재하는 것을 관찰함으로써 진리를 이해할 수 있는 것이다. 따라서 영유아의 보육에서도 실생활의 경험을 통한 보육을 중시하며 직접적 관찰을 중시하는 교육방법을 강조하였다.

　　그의 저서 『정치학』에서는 7세 이전의 영유아기는 가정에서 어머니나 유모의 가정교육을 받으면서 놀이, 육체적인 활동, 동화 등을 통해 적절한 가치관과 도덕적 성향을 개발하고 학습을 준비하기 위한 기회를 제공받아야 한다고 주장하였다. 특히 5세까지는 강제적인 학습이 아닌 자연스러운 놀이를 통해 유아의 본성에 따라 성장할 수 있는 환경을 제시하여야 한다고 하였다(송준식, 사재명, 2006). 또한 유아기에는 집단적인 교육보다는 가정에서의 교육이 좋다고 하였다. 이 단계에서는 영유아의 신체를 어떻게 발달시킬 수 있는가를 고려하고, 놀이를 통해 신체를 단련해 갈 수 있도록 놀이환경을 만들어 주어야 하며, 지나친 공부나 노동으로 인해 신체적인 발육이 저지되게 해서는 안 된다고 보았다. 그리고 이야기나 동화를 통해 선한 감각을 일깨워 가며 악덕이나 증오, 시기심 등에 접촉하지 않도록 해야 한다고 하였다(팽영일, 2017). 아리스토텔레스도 플라톤처럼 유아기에는 본격적인 공부를 하기보다 놀이와 체육활동을 통해 신체를 튼튼히 해야 하고, 이 시기의 아이들에게는 동화나 이야기를 많이 들려주어야 한다고 하였다. 이처럼 플라톤과 마찬가지로 아리스토텔레스도 조기교육의 중요성을 주장하였다.

2. 중세시대의 보육사상

중세시대는 서로마제국이 멸망하던 5세기부터 동로마제국이 멸망(1453년)하고 나서 16세기에 르네상스 운동이 일어날 때까지의 1,000년 동안을 일컫는다. 중세기 동안 지속된 아동관은 유아를 성인의 축소판(ready-made miniature adult)으로 생각하여 정자나 난자 속에 이미 인간의 모습이 들어 있으며, 크기만 작게 태어날 뿐이지 영유아와 성인은 능력이나 역할 등에 있어서 다르지 않다고 보았다. 신체 크기만으로 유아를 성인과 비교함으로써 유아들에게도 성인과 같은 생활이 요구되고 엄격한 훈련이 실시되었다. 어린 시절부터 성인사회에 속하기 때문에 결과적으로 유아 중심의 독립된 보육사상은 찾아보기 어려웠다.

로마의 쇠퇴 속에서 로마인들은 중세의 기독교사상에서 정신적 위안을 받고자 하였기 때문에 신 중심의 사상이 주를 이루었다. 이러한 사회적 배경으로 모든 교육은 신을 중심으로 전개되어 교회와 수도원을 중심으로 유아기 교육이 행해졌다. 중세에는 원죄설에 입각하여 갓 태어난 아기도 원죄가 있으며 원죄에서 벗어나기 위해서는 훈련을 시키고 더 엄격하게 교육해야 한다고 보았다.

중세시대 대표적 학자인 네덜란드 출생의 에라스무스(Erasmus, 1466~1536)는 영유아에게 다음과 같은 특징이 있다고 보았다. 첫째, 영유아의 시기를 어느 인생의 시기보다 모방능력이 뛰어나고 학습능력이 뛰어난 시기로 보았다. 둘째, 영유아는 성인과 질적으로 다른 존재이며, 그래서 영유아 자체로 평가해야 한다고 생각했다. 셋째, 영유아는 계속적으로 성장하는 존재이기 때문에 발달단계에 맞게 교육해야 한다. 넷째, 체벌보다는 영유아의 특성을 살려 학습도 놀이와 흥미가 동반될 때 효과적임을 주장했다(신봉기, 2000). 그리고 그는 아이가 태어나서 바로 시작되는 가정에서의 조기교육이 영유아의 인격 형성에 중요한 영향을 미친다고 하였다. 교육에서 가장 중요한 것은 어린 마음에 경건한 마음의 씨가 싹트게 하는 것이어서 일찍부터 좋은 태도를 습관화시키는 교육을 강조하였다.

또한 에라스무스는 0~2세까지 영아에 대한 교육의 책임은 부모에게 있으며 2~6세의 유아에게는 교사 교육의 중요성을 강조하였다. 그의 저서 『아동의 자유교육론』(1529)에서 제시한 교육방법에 의하면 운동, 유희, 체조의 중요성을 강조하였다. 그리고 교사는 영유아에게 영향을 미친다고 보고 훌륭한 교사는 순수한 책임감이 넘쳐흐를 뿐만 아니라, 유아 개개인의 특성과 개성을 발견하고 발달에 알맞은 방법으로 체벌보다는 격려로 보육할 것을 강조하였다. 그는 영유아도 어른과 똑같이 자유로운 인간임을 강조하면서 회초리 없는 자유교육이 참된 교육임을 주장하였다(김성훈 역, 2017).

에라스무스의 보육은 사랑과 존경심에 기초함을 강조하고 있으며 시각적 교구와 유희적 방법을 사용하여 유아의 호기심을 자극하고 흥미를 유발하게 하고, 유아의 능력에 맞게 교재의 분량도 정해야 한다고 보았다.

3. 근대의 보육사상

17세기에 자연과학이 발달하면서 실생활에 있어서 유능한 인물을 양성하려는 실학주의가 나타났다. 실학주의는 현실생활에서 합리적으로 활용할 수 있는 실용성을 강조하였다. 교육방법은 유아의 머리를 가득 채우기보다는 감각기관으로 관찰하고 손으로 실험해서 사물의 본질을 파악하는 데 중점을 둔 것이다. 실학주의는 근대 교육사를 대표하는 코메니우스의 교육사상에 영향을 주었다.

18세기의 계몽사상은 유아의 고유한 특성과 발달단계를 고려하여 자연스러운 발달에 따르는 교육을 강조하였다. 아동이 성인과 다른 독자적인 존재라는 로크와 루소의 교육사상에 영향을 주었다.

1) 17~18세기 보육사상

(1) 코메니우스

코메니우스(J. A. Comenius, 1592~1670)는 감각적 실학주의 교육자이다. 하나님에 의한 세계의 조화를 믿는 코메니우스는 철학자이자 과학자로서 자연을 탐구하고 자연원리를 신앙과 결합시켜 하나의 통합적인 사상체계를 완성하였다. 그것이 바로 세계가 온전한 것처럼 인간의 모든 지식은 하나로 통합되어야 한다는 범지학이며, 그는 범지학을 바탕으로 모든 사람에게

모든 것을 모든 방법으로 가르쳐야 한다는 범교육론을 주장하였다(정확실, 1987).

코메니우스의 교육사상은 하나님 앞에 만민이 평등하다는 기독교사상에 바탕을 둔 것이다. 교육방법은 합자연의 교육원리이다. 합자연의 교육은 자연을 통한 교육, 인간의 성장과 발달에 따른 교육, 인간 본성을 존중하는 교육이다.

모든 영유아에게 연령과 능력에 따른 보육이 필요하며, 6세까지는 놀이, 노래, 도덕 등을 배우고 가정에서 어머니에 의한 보육을 받는 것이 중요하다고 하였다. 또한 이 시기를 다음 학습단계의 준비기라 하였고, 영유아는 모방에 의해 배우기 때문에 도덕적 규범을 보여야 한다고 하였다. 또한 참 지식은 하나님이 인간에게 선물로 주신 감각을 통해 외부 세계를 느끼고, 이성을 통해 사물을 관찰하고, 이해하며, 신앙을 통해 하나님의 말씀을 수용함으로 얻어지는 것으로 보았다. 따라서 영유아는 감각적 존재로 감각을 통해 사물을 인식해야 한다고 주장하였다. 그의 대표적인 저서 『대교수학』(1632)에서 코메니우스는 모든 영유아가 남녀의 차와 빈부의 차별 없이 창조주의 자녀로서 진리와 덕성과 신앙으로 교육될 권리와 의무를 지니는 존재임을 교육론의 대전제로 삼고 자연의 원리를 따르는 교육방법을 정리하고 있다. 여기서 제시한 교육방법은 하나님과 자연을 밀접한 관계로 인정하며, 자연법칙에 따라야 한다는 전제하에서, 보육의 궁극적 목적은 인간의 마음을 하나님에게 봉사할 수 있는 인격으로 만드는 것이라고 하였다(〈표 2-1〉).

어린이는 하나님께서 주신 가장 귀한 존재이기 때문에 아이들의 건강이 보장되어야

● 표 2-1 ● **코메니우스의 『대교수학』에서의 교육 4단계**

단계	연령	교육 시기	내용
제1기	출생~6세까지의 영유아기	어머니 무릎 학교 (모친학교)	가정에서 교육받는 가정교육 (도덕성 및 신앙의 기초, 언어, 감각훈련, 자연계의 사실과 진리)
제2기	7~12세까지의 아동기	모국어 학교	모국어 중시, 읽기, 쓰기, 셈하기, 지리, 역사, 미술, 물리, 종교
제3기	13~18세까지의 소년기	라틴어 학교	모국어, 라틴어, 그리스어, 히브리어, 물리, 수학, 지리, 역사, 도덕, 종교, 자유 7과(문법, 수사학, 변증법, 기하, 산수, 천문학, 음악)
제4기	19~24세까지의 청소년기	대학과 여행기	신학, 의학, 철학, 법학, 교양 교육

하고 그들의 지적능력, 언어, 도덕성 등이 잘 교육되어야 한다고 주장했다.

세계 최초의 그림 교과서 『세계도감』(1658)에 담긴 기본원리는 영유아들의 감각적 지각력과 기능을 중시하는 것이다. 글자와 낱말만을 강조해 왔던 종래의 교수법에서 벗어나 언어가 표현하는 사물을 직접 보여 주는 방법, 즉 그림에 의한 교수법을 통해 실제적인 지식을 습득하는 데 도움을 주었다(정확실 역, 2007). 코메니우스가 주장한 자연의 원리에 따른 합자연의 교육과 아동의 연령에 따른 교육이 필요하다는 사상은 이후 루소, 페스탈로치, 프뢰벨의 보육사상 발전에 영향을 미쳤으며, 특히 몬테소리의 감각경험, 피아제의 인지발달이론의 전조로 평가된다.

(2) 로크

17세기 영국의 철학자이자 정치사상가인 로크(J. Locke, 1632~1704)에 의하면 영유아는 태어날 때 선하거나 악하지도 않고 아무 것도 없는, 지적인 면에서 백지의 상태에서 태어나기 때문에 태어난 이후 경험하는 모든 것이 그의 인간 형성에 중요한 요소가 된다고 주장하였다. 이뿐만 아니라 영유아는 감각적 경험을 통하여 지식이 형성된다고 보았다. 이러한 경험, 즉 외적 영향이 없다면 아동은 '타불라 라사(tabula rasa)'로 남을 것이

다(Neill, 1991)라는 주장은 오늘날 교육에서 환경적 영향을 강조하는 경험주의와 연결된다.

로크의 보육목적은 영유아를 덕이 있는 성인으로 만드는 것이다. 로크의 덕에 관한 견해는 플라톤의 덕에 관한 견해와 대비된다. 플라톤은 덕이 지식에 기초를 두고 있다고 주장한 반면, 로크는 아리스토텔레스와 같이 참된 덕은 습관의 문제라고 주장하고 있다(Crittenden, 1981). 따라서 민감한 유아기에 습관 형성이 중요하다는 것이다. 습관 형성은 엄격한 규율 속에서 이루어져야 하고, 보육할 때는 체벌보다는 칭찬과 존중을 통한 학습방법이 중요하다고 하였다.

로크의 교육방법은 학교교육의 틀에서 벗어나 가정을 중심으로 한 신체 단련과 덕성교육을 강조하였고, 지식교육에 있어서 놀이방법을 도입하여 영유아의 흥미를 유발할 수 있는 방법을 제안하였다. 이미 만들어진 물건보다 작은 돌, 종이 등 사물을 직접 만들어 보게 하는 구체적인 경험을 통한 학습방법이 더 필요하다고 하였다.

로크가 제시하는 또 다른 보육내용은 건강교육이었으며 건강교육의 기초가 형성되고 나서 그 다음에 지적인 교육이 행해져야 한다고 보았다. 또한 어린 시절부터 신에 대한 사랑과 경건심을 갖도록 하는 것이 중요하다고 하였다.

(3) 루소

교육학자인 루소(J. J.Rousseau, 1712~1778)는 스위스 제네바 출생이다. 로크와 함께 대표적인 계몽사상가로 알려진 루소는 아이는 태어나면서부터 선한 존재이므로 영유아는 존중되어야 하며, 또한 식물이 자연적으로 자랄 수 있는 힘이 있듯이 유아도 내적 발달의 성향을 바탕으로 발달단계에 따라 스스로 발달하는 주체적인 존재로 인식하였다. 그는 저서 『에밀』(1762)에서 에밀이라는 남자아이가 가정교사의 지도를 받으며 커 나가는 과정을 그리며 영유아에게 지식을 적극적으로 줄 필요는 없다고 지적하였다. 영유아에게 직접 주입시키는 의도적인 교육을 하면 선으로 태어난 영유아가 악이 되어 버린다는 것이다. 그는 "자연을 보라, 그리고 자연이 가르치는 길을 따라가라. 자연은 쉬지 않고 아이들을 단련시킨다."라고 하면서 자연주의 교육이 가장 좋은 방법이라고 주장했다.

루소의 교육내용은 유아기 때 지적인 요소보다는 감각교육을 강조하면서, 유아는 눈으로 보고, 손으로 만지며, 귀로 듣고, 시각과 촉각으로 비교하고, 손가락으로 감촉한 감각을 눈으로 계량함으로써 여러 가지 물건의 뜨거움과 차가움, 단단함과 부드러움, 가벼움과 무거움 등을 지각하고 그것의 모양이 인지되는 그 사물의 성질을 판단하는 것을 배우게 된다고 하였다(정봉구 역, 1995). 이와 같이 영유아기 시절에는 다른 능력에 앞서 감각능력을 먼저 계발하고 훈련해야 한다고 주장하였다. 따라서 루소의 교육방법은 아동중심 교육을 주장하면서 영유아의 가장 자연스러운 활동인 놀이를 통해 학습이 자연스럽게 일어나므로 놀이가 최선의 방법이며 영유아가 스스로 자연스러운 법칙에 따라 사물을 익히고 이해해야 한다고 하였다.

2) 19~20세기 보육사상

(1) 페스탈로치

페스탈로치(Pestalozzi, 1746~1827)는 스위스의 교육자로 루
소의 자연주의 교육사상에 영향을 받았다. 페스탈로치가 5세가
되던 해에 아버지는 세상을 떠났고 어머니 혼자 어렵게 살림을
꾸려 가게 된다. 페스탈로치가 가난을 몸소 느꼈던 이 시기는
훗날 그가 빈민가정 아이들의 교육에 관심을 갖게 되는 계기가
되어 그를 '고아의 아버지,' 그리고 '근대교육의 아버지'로 평가
받게 하고 있는 것이다.

페스탈로치는 루소의 자연주의 교육사상을 실천에 옮긴 학자로 가정교육, 자연에 따
르는 교육, 자발성, 직관의 원리를 강조하는 교수방법을 주장하였다. 영유아들은 어머
니에 의하여 보호와 사랑으로 길러져야 하고 어머니는 가장 훌륭한 교사이며 가정은
'최초의 가장 좋은 교육의 장'이라고 하였다. 그는 영유아의 본성에 따라 양육해야 한
다는 교수방법을 실현한 사람으로 영유아에게 주입교육을 하지 않았고, 영유아 자신의
경험과 활동을 중시하였다. 영유아와 서로 이야기하는 것이 중요하다고 생각하고, 고
아원에서 그들과 함께 생활하고 배웠다. 그래서 그는 교육에 관계되는 사람에게 무엇
보다도 중요한 것은 영유아와 함께 생활하면서 신뢰관계를 구축하는 것이라 하였다.
신뢰관계에 기반을 둔 생활 안에서 영유아는 도덕과 생활과 관련된 지식을 습득하고,
신체가 조화롭고 균형적으로 발달해 간다는 것이다. 그의 보육사상에 따르면, 인간에
게는 스스로 발달하려는 충동을 지니고 있으므로, 교사는 자연의 법칙에 따르면서 각
식물의 독특한 특성들을 살려 가며 식물을 키워 가는 정원사처럼, 아이를 낳는 것을 도
와주는 산파처럼 영유아의 선천적 소질을 고려하여 도덕적·인지적·신체적 능력이
조화롭게 발달할 수 있도록 돕는 것이라고 하였다. 또한 모든 인식은 직관에서 출발해
야 하며 모든 직관의 기초가 되는 수, 도형, 언어를 중요하게 취급해야 한다는 직관의 원
리를 강조하였다(이은화 외, 2001). 페스탈로치의 보육사상은 프뢰벨과 같은 경험중심
교육사상가들에게 영향을 주었다.

(2) 프뢰벨

독일의 철학자이며 유아교육의 아버지라고 불리는 프뢰벨(Fröbel, 1782~1852)은 유치원의 창시자이다. 루소가 인간의 자연성의 발달, 페스탈로치가 인간성의 조화로운 발달을 강조하였다면 프뢰벨은 인간의 신성의 발달을 강조하였다(김정원 외, 2018). 그는 만물 신성론에 입각하여 "모든 만물에는 신성이 내재되어 있다."라고 생각하고 영유아들도 각자 개인마다 내재된 신성이 있다고 했으며, 이 신성을 '창조적 자기활동'을 통해 밖으로 표현해 내는 것이 보육의 목적이라고 하였다.

프뢰벨은 중요한 보육내용으로 종교교육, 자연과학, 수학, 언어와 예술을 들고 있다(홍순정 외, 2004). 또한 경쟁적인 학습보다는 협동을 중시했고, 사회적 가치는 영유아의 '놀이'를 통해 발생한다고 하였다. 그는 놀이가 아이들의 본성을 회복하는 가장 중요한 도구라고 하였다. 이는 당시 독일에서 전통적으로 유아의 놀이를 단순히 시간 낭비로 생각해 왔던 것과 매우 반대되는 시각이었다. 그의 대표적인 저서 『인간교육』(1826)에서 말하고 있듯이 놀이는 영유아의 가장 순수한 정신적인 활동의 표현인 동시에 인간 생활 전체의 모범이라고 하였다. 따라서 프뢰벨은 놀이 그 자체가 보육이라고 보았다. 그는 '은물'이라는 세계 최초의 체계적인 놀이기구를 개발하여 그것을 통한 다양한 놀이를 제안하였다. 은물(Gabe)은 기본적인 형태로 단순하게 만들어진 것으로 유아들이 창의력과 수 개념을 형성하도록 하였다. 기본원리는 영유아가 지닌 창조력을 훌륭하게 키워 자연의 법칙을 알고 신의 능력과 자기 자신을 알게 되는, 즉 완전한 발달을 돕자는 것이다(팽영일, 2017). 그러나 이러한 은물과 작업은 교사의 역할을 지나치게 강조하여 영유아의 자발성이나 창의성의 발달을 제한한다는 비판을 받기도 한다. 유아의 자발성을 존중하고 놀이의 교육적 가치를 중시했던 프뢰벨의 낭만주의 교육사상은 19세기 이후 유아교육에 영향을 미쳤다.

4. 현대의 보육사상

20세기에 접어들면서 제1차 세계대전과 제2차 세계대전으로 인해 정치적으로나 경제적으로 상황이 급변하면서 교육도 많은 변화를 겪게 되었다. 영유아 보육사상은 교육 내용과 방법 면에서 좀 더 체계적이고 구체적으로 나타났다. 유아의 내재석 동기를 유발하고 자발적 학습활동을 조성한다는 근대교육의 이념을 현실화시켰으며 아동중심의 교육사상을 심화시키게 된 것이다. 이를 실천에 옮긴 듀이가 미국에서 유아교육에 영향을 미치고 있을 때 유럽에서는 몬테소리의 교육방법이 새롭게 등장하였다.

1) 듀이

듀이(John Dewey, 1859~1952)는 20세기를 대표하는 미국의 철학자이자 교육학자이다. 듀이는 프뢰벨의 상징주의를 비판하면서 인간과 환경 간의 상호작용의 개념을 제시했다. 그는 경험론적 자연주의자로서 실용주의에 바탕을 두고 4세에서 14세 아동을 대상으로 1896년 시카고대학교 부속 국민학교인 실험학교를 창설하였다. 1898년에는 4~5세 유아를 수용할 수 있는 시설을 갖추고 실험학교 내 유아학급(sub-primary)을 설치하여,
자신의 주장을 실천에 옮길 수 있는 장을 만들었다(곽노의, 1990). 그의 보육사상은 유아의 흥미와 관심을 중심으로 하는 아동중심 교육이었다. 아동중심 교육이란 전통 교육에 대한 반발과 도전의 의미로 전통적 교육에서 강조하는 내용중심적이고 교과중심적인 교육에 반대하고 학습자의 자유, 관심, 흥미 등 아동 존중의 원리를 강조한 교육사상이다.

그의 교수방법은 유아의 흥미를 존중하고 개별화된 방법에 의해 유아가 자발적으로 자기를 표현할 수 있도록 격려하는 것이다. 전통적인 학교교육은 교사 및 교과서 중심이어서 교사에 의해 규정된 교육목적에 유아가 구속되어 있어 유아를 교육의 속박에서 해방시켜야 한다고 주장하였다.

또한 듀이는 보육의 목적은 생활 그 자체임을 강조하였다. 따라서 보육내용도 학습자의 사회적 활동이나 사회적 삶(생활)을 중요시하는 경험중심 보육과정으로 구성되어야 한다고 주장하였다.

듀이는 프뢰벨과는 달리 계획적인 놀이가 아닌 아동 스스로의 선택과 자연적 발로에 의해 나타나는 활동으로서의 놀이를 주장하였다. 이런 사상에서 교사중심의 교육보다 학습자중심의 교육방법이 되어야 한다고 주장하면서 인위적이고 추상적인 상징적 놀이가 아닌 영유아의 자발성을 반영하는 상상놀이를 통해 보육하는 것이 바람직하다고 보았다(조복희 외, 2015). 따라서 듀이는 영유아 보육에 있어서 영유아의 본성에 따르고, 흥미를 존중하고, 자발적인 자기표현을 중시하며, 교사는 권위적인 위치가 아닌 교사와 유아가 능동적으로 상호작용하는 것을 강조했다.

2) 몬테소리

몬테소리(Maria Montessori, 1870~1952)는 이탈리아 최초의 여성 의학박사로서 1906년에 슬럼가에 사는 노동자 자녀 3~6세의 영유아를 대상으로 한 '어린이의 집'을 설립하여 '몬테소리 교육법'에 의한 교육을 실시하였다. 그녀는 영유아는 연약하지만 출생 순간부터 이미 정신적인 삶을 영위할 수 있는 스스로 성장하고 발달시키는 힘을 가지고 태어난다고 하여 교사들의 권위주의적 교육에 강력히 반대하면서 아이들이 스스로 배울 수 있도록 많은 기회를 제공하려고 했고 아이들의 능력과 의사를 존중했다.

그녀의 교육방법은 몬테소리 프로그램을 펼치기 위해 영유아를 위한 '준비된 환경' 속에서 유아들이 몬테소리 교구를 가지고 놀이에 자유롭게 참여할 수 있도록 하는 자기활동을 통한 자동교육방법이다. 여기서 준비된 환경이란 영유아가 현실세계에서 필요한 기술을 배울 수 있도록 교구를 영유아용 크기의 축소물로 제작하여 영유아의 발달 단계에 적절한 이상적인 환경을 제공하는 과정이다.

그녀의 저서 『유아의 발견』에서 유아는 끊임없이 자신을 창조해 가는 무한한 잠재가능성을 지닌 자유로운 존재로 외부자극에 의해 수동적으로 반응하는 것이 아닌 내적 에너지에 의해 스스로 탐색하고 발전해 가는 능동적인 존재로 표현되고 있다. 따라서 영유아에게 학습을 강요할 필요가 없으며 영유아의 발달수준에 맞는 적절한 교구를 제공해 주고, 영유아의 자발적 활동을 존중해 주어야 한다고 하였다. 즉, 교사는 좋은 관찰자로서의 역할만을 한다는 것이다.

몬테소리의 보육내용은 일상생활훈련, 감각교육, 언어교육, 수교육, 문화교육 등을 들 수 있다. 이에 몬테소리는 영유아에게 맞는 크기로 주의력과 집중력을 배양하는 교구를 개발하였다. 몬테소리 교구는 감각교육을 위한 교구, 문자와 숫자 지도를 위한 교구, 실용생활 훈련을 위한 교구 등으로 이루어져 있으며, 영유아가 자신에게 맞는 교구를 선택해서 자신의 속도에 맞춰 진행할 수 있도록 환경이 준비되어야 한다. 또한 몬테소리는 유아의 정신을 '흡수하는 정신(absorbent mind)'으로 정의하고 유아가 무의식적으로 흡수하는 정신능력을 통하여 주변의 환경을 받아들이면서 스스로 경험하고 배우게 된다고 보았다(이영숙, 2001). 이러한 지적 흡수력이 왕성한 시기인 민감기에 그 특성에 맞는 환경을 준비해 주고 집중할 수 있는 자유를 제공한다면 유아들은 준비된 환경 속에서 자유롭게 자기활동을 반복적으로 하면서 아동 본연의 상태인 '정상화(normalization)'가 이루어지게 된다는 것이다. 이러한 정상화는 유아의 흥미수준에 맞는 환경이 주어졌을 때 가능하다. 그녀의 이러한 이념은 세계적으로 공감을 얻었고, 1929년에는 국제 몬테소리협회가 설립되었다. 현재 몬테소리 방식에 의한 교육 실천과 교육 양성은 세계 각지에서 볼 수 있다.

제**3**장

보육의 역사 및 제도

1. 우리나라 보육제도의 발달

2. 외국의 보육제도 발달

1. 우리나라 보육제도의 발달

우리 사회가 급속한 도시화 과정을 거치면서 자녀양육 문제를 가정 내에서 해결하는 것이 어려워졌을 뿐만 아니라 경제발전에 따른 생활수준 향상으로 인해 시대적 여건에 맞는 보육사업이 정부의 중요한 정책으로 대두되었다.

우리나라에 보육사업이 정착되기까지는 1945년 이전의 빈민 아동 구제사업 시기와 정부 수립 후 「후생시설 운영요령」 시기, 「아동복리법」에 의한 보육사업 시기, 「유아교육진흥법」에 의한 유아교육이 강조된 시기, 「영유아보육법」에 의한 보육사업 시기로 나누어 설명할 수 있다.

1) 광복 이전 시기(1921~1945)

우리나라 최초의 보육사업은 1921년 서울의 태화기독교사회관에서 빈민 아동을 위한 구제사업의 일환으로 시작한 탁아 프로그램이다. 이후 1926년 부산공생탁아소와 대구탁아소의 2개 시설을 시작으로 1939년에는 전국에 11개소의 공·사립 보육시설에서 435명의 어린이가 보육을 받은 것으로 나타났다.

2) 후생시설 운영요령 시기(1946~1960)

1945년 8월 15일 광복 이후부터 1960년까지는 6·25전쟁을 전후한 정치적·사회적 혼란기로 정부가 보육사업에 대한 뚜렷한 방침을 세우지 못한 시기였고, 당시 대량으로 발생한 전쟁고아나 미아 등 요보호아동에 대한 각종 수용·보호시설이 주로 외국원조에 의하여 여러 곳에 설치되었다. 이때 탁아사업은 임시 구빈적 성격의 복지정책이었다. 이러한 시설들을 행정적인 필요에 따라 합리적으로 지도하기 위해 정부는 1952년 10월 '후생시설 운영요령'을 시행하게 되었다.

1953년 부산에 시립 탁아소가 설치된 것을 비롯하여 주로 빈민층 가정의 자녀를 단순히 보호해 줄 목적으로 설치된 보육시설들은 '고아원'과 큰 차이가 없이 시대적 요청에 따라 임시 구호적 성격을 강하게 띠고 있어 보육의 기능을 다하지 못하였다.

3) 「아동복리법」 시기(1961~1981)

보육사업이 본격적으로 실시된 것은 1961년 「아동복리법」이 제정·공포되면서부터이다. 이때부터 보육사업은 종래의 구빈 사업적 성격을 벗어나 아동의 복리를 증진시키기 위한 사업으로 그 성격이 변화·발전되었다.

이 법은 '탁아소'를 법정 아동복지시설로 인정하고 보육시설의 설치기준, 종사자 배치기준, 보육시간, 보호 내용 등을 구체적으로 규정하였다.

1960년대 후반에는 경제개발 5개년 계획의 추진으로 기혼 여성의 취업 확대와 결손가정의 증가 등으로 보육 수요가 늘어남에 따라 시설이 부족하게 되자, 정부는 1968년 3월 14일 「아동복리법 시행령」에 근거한 「미인가 탁아시설 임시조치령」을 공포하여 민간시설의 설치를 용이하게 하였다. 이를 계기로 종전에 법인 단체만이 설치할 수 있었던 보육시설의 운영 주체를 대폭 완화하여 시설을 인가하였고, '탁아소'라는 명칭도 '어린이집'으로 변경하였다.

아울러 외국 원조에 주로 의존하던 시설에 정부 지원이 시작되었다. 이러한 과정에서 어린이집이 수적으로 크게 늘어나면서 1976년에는 60개소에 이르게 되었으나 보육의 질적인 수준은 매우 미흡하였다. 이에 따라 정부는 보육시설의 질적 향상을 제고하기 위한 조치로 1977년 2월 24일 「사회복지사업법 시행규칙」을 개정하여 보육시설을 법인으로 전환하는 데 많은 편의를 제공하여 모든 시설의 법인화를 장려하게 되면서 「미인가 탁아시설 임시조치령」(1968)을 폐지하였다. 그러나 법인조치는 사유재산의 법인 귀속이 수반되므로 시설 운영자들의 법인전환 기피로 인해 보육시설이 수적으로 크게 위축되는 결과를 초래하였다.

한편, 경제개발 정책의 지속적인 추진으로 보육 수요가 계속 늘어남에 따라 1978년 4월 23일 '탁아시설 운영개선안'을 마련하여 보육시설을 일반 영유아에게 개방하는 대신 보육료를 받을 수 있도록 하였다. 이에 따라 극빈 저소득층이 아닌 중산층의 영유아도 어린이집을 이용할 수 있게 되었다(보건복지부, 2005).

1981년 4월 13일 「아동복리법」이 「아동복지법」으로 전면 개정됨에 따라 법인이 아닌 개인도 무료 탁아시설을 신고만으로 설치·운영할 수 있게 되었다.

이 시기는 무질서하게 설치·운영되었던 보육시설이 아동복지를 위한 시설로 변화된 전환기라 볼 수 있다.

4)「유아교육진흥법」제정 시기(1982~1990)

1980년대 들어서면서 보육사업에 커다란 변화가 생기게 되었다. 1982년 2월 22일 「아동복지법 시행령」을 개정하여 보육시설의 설치 근거를 삭제하고 내무부가 주관 부서가 되어 1982년 3월 26일 '유아교육진흥종합계획'을 수립하였다. 이때 유아교육이 크게 강조되어 어린이집 대신에 새로운 유아교육체제를 모색하게 되었다.

「유아교육진흥법」을 제정하여 보건사회부에서 관장하던 691개소의 어린이집, 농번기 탁아소, 새마을협동 유아원, 민간유아원 등 관할 부처가 다른 어린이집을 '새마을유아원'으로 통합·흡수하였다. 그러면서 내무부가 관장하는 새마을유아원과 문교부가 관장하는 유치원의 이원화 체제로 정비되었다.

새롭게 출범한 새마을유아원은 계속적인 양적 확대에도 불구하고 늘어나는 보육 수요를 충족시키기에는 시설이 크게 부족하였다. 맞벌이 부부 자녀를 보호하고 저소득층 자녀를 교육하는 역할을 병행하기 위해 설치한 새마을유아원은 실제 운영에 있어서 많은 경우 종일제가 아닌 반일제로 운영되었다. 그 내용도 기존의 유치원과 유사하여 저소득층 맞벌이 근로자의 보육 부담을 덜어 주는 데에 한계가 있었다.

이 과정에서 노동부는 1987년 12월 4일 「남녀고용평등법」의 제정에 따라 '직장탁아제'를 도입하여 공단 지역을 중심으로 근로자 자녀를 위한 시범탁아소를 설치하게 되었고, 서울시에서는 1988년 9월 저소득층 지역에 '88탁아원'을 설치·운영하였다.

보건사회부에서는 1989년 9월 19일 「아동복지법 시행령」을 개정하여 1982년 삭제된 탁아사업 설치·운영 근거가 부활하고, 1990년 1월 9일 동법 시행규칙을 위한 세부지침인 「탁아시설의 설치 운영규정」(보건사회부 훈령 제586호, 1990년 1월 15일)을 마련하여 본격적인 사업을 도모하게 되었다.

그러나 「아동복지법 시행령」은 시설 설치의 주체가 법인으로 한정되었고, 보육사업의 관장 부서가 보건사회부, 내무부, 교육부, 노동부 등으로 다원화되어 있어 예산의 중복 투자, 시설과 종사자 기준의 상이 등 많은 제약 요인이 있었다(〈표 3-1〉).

이에 날로 급증하는 보육수요에 적극적으로 대처하고 체계적이고 효율적인 보육사업의 추진을 위하여 보육 관련 법령의 통합과 주관 부서의 일원화 등 보육정책의 일대 쇄신이 필요하다는 각 계층의 요구가 점점 많아졌다(강란혜, 2006).

● 표 3-1 ● **보육계획과 보육정책의 발전과정**

구분	탁아사업 실시기(1920~1990) 특징
기본방향	1962년 이후 여성 취업의 증가에 대응
관련법	「아동복리법」「아동복지법」「남녀고용평등법」
보육료 지원	없음
일 · 가정 양립	기혼 여성 취업 지원을 위한 직장 탁아제 도입
전달체계	노동부, 내무부에서 보건사회부로 관리 · 운영 이관
설치방법	신고제(1991년)
한계	• 저소득층 위주의 탁아로 어린이집이 양적으로 증가하여 질적 수준의 문제가 발생 • 입소대상이 모든 아동으로 확대되면서 교육기능이 부각되었으나 맞벌이가정의 아동보호 기능에는 문제가 생김

5) 「영유아보육법」 제정 시기(1991~2003)

「유아교육진흥법」에 의거하여 설치 · 운영되어 온 새마을유아원이 증가하는 보육욕구를 충족시킬 수 없는 한계에 직면하게 되자, 1990년 11월 내무부 · 교육부 · 보건복지부 장관들은 새마을유아원을 1993년까지 「교육법」에 의한 '유치원'이나 「영유아보육법」에 의한 '보육시설'로 전환하도록 합의하였다.

각 계층의 의견을 폭넓게 수렴한 「영유아보육법」이 1991년 1월 14일 의원 입법으로 제정 · 공포되어 「아동복지법」(보건복지부), 「유아교육진흥법」(내무부, 교육부), 「남녀고용평등법」(노동부)으로 분산 다원화되어 있던 법체계와 주관 부서를 통합하여 일원화하고, 이어서 동법 시행령(1991.8.1.) 및 시행규칙(1991.8.8.)이 제정됨으로써 보육사업 주관 부처를 보건복지부로 일원화함에 따라 기존의 단순 '탁아'사업에서 보호와 교육을 통합한 '보육'이라는 진일보된 개념으로 전환하였다. 1991년 8월 26일에는 「탁아시설의 설치 · 운영규정」을 폐지하였다. 이러한 기본 이념에 따라 보육의 내용도 영유아에 대한 교육, 영양, 건강, 안전 등으로 확대되어 보호와 교육뿐만 아니라 부모 및 지역사회와의 교류까지 포괄하는 종합적인 서비스를 제공하도록 하였다. 그 후, 1995년부터 1997년까지 진행된 '보육사업 확충 3개년 계획'으로 인해 보육시설은 그 수에 있어서 비약적인 증가를 가져오게 되었다(한국보건사회연구원, 2000). 이 시기에는 절대적으로 부족한 어린이집을 민간 부분의 확충을 주 목적으로 추진하였고 보육교직원 자격기준을 완화시키므로 보육의 질에 대한 문제점이 제기되었다. 이런 문제점을 개선하고자 1998년부터 정부는 '보육사업의 질 개선 및 보육서비스 향상'에 보육목표를 두고 종사자의 자질을 향상하고 보육시설 운영을 개선하였다. 또 1999년에는 「영유아보육법」을 개정하여 어린이집 설치 절차를 간소화하여 인가제에서 신고제로 전환하였다. 2000년에는 만 5세아 무상보육 대상지역을 확대하여 실시하였고, 이후 2001년 보육발전기획단을 구성하여 '보육사업 중장기 종합발전 계획'을 보건복지부에서 발표하였고, 2002년 3월 6일에는 보육 관련 3개 부처인 보건복지부, 노동부, 여성가족부가 공동으로 보육의 공공성 확립, 보육대상 유형의 다양화, 보육서비스의 질적 수준 향상을 제시한 '보육사업 활성화 방안'을 발표하는 등 10차례의 법령 개정과 보육시설 확충 계획을 통하여 늘어나는 보육 수요에 대응하고 보육서비스의 질 향상을 위해 지속적인 노력을 해 왔다(〈표 3-2〉).

● 표 3-2 ● **보육계획과 보육정책의 발전과정**

구분	보육사업 태동기(1991~2003) 주요 내용 요약
기본방향	• 탁아에서 보육이라는 개념 전환 • 보육시설의 양적 확충
관련법	「영유아보육법」
관련계획	• 보육사업확충 3개년 계획(1995년~1997년) • 보육사업 중장기 종합발전계획(2001년)
보육료 지원	소득계층별 차등적 지원
일 · 가정 양립	인식 정립 시작
전달체계	• 보건사회부 주관 • 민간 및 공공 보육사업 확대 및 다양화
설치방법	인가제(1998년) → 신고제(1999년)
한계	• 민간시설 위주로 확충 • 직장보육시설에 대한 기업의 인식 부족으로 설치 미비 • 보육서비스 질 저하

6) 「영유아보육법」 개정 시기(표준보육, 누리과정 적용 시기, 2004~2005)

2004년 1월 29일 「영유아보육법」의 전면 개정과 2005년 1월 시행령의 제정으로 보육서비스의 다양화와 질적 수준 향상, 그리고 보육에 대한 공적 책임 강화가 이루어짐으로써 보육사업이 더욱 발전할 수 있는 전환기를 맞았다.

「정부조직법」 개정으로 2004년 6월 12일부터 영유아 보육 업무가 보건복지부에서 여성가족부로 이관되었으며, 2004년 1월 29일 전문 개정된 「영유아보육법」이 시행됨 (2005. 1. 30.)에 따라 어린이집 설치기준을 신고제에서 다시 인가제로 변경하고, 보육시설 설치 및 종사자 배치기준을 대폭 강화함으로써 보육서비스의 질적 수준 향상과 보육의 공공성 강화 등을 통해 보육사업이 획기적으로 발전할 수 있는 계기가 마련되었다.

또한 보육교사의 국가자격증제도 도입과 어린이집 평가인증제도를 도입하여 2005년에 평가의 시범운영을 실시하고 이후 어린이집 평가인증을 확대 실시하였다.

● 표 3-3 ● **저출산 고령화 기본계획 중 보육 관련 내용 정리**

구분	육아정책 지원 사업 시작(2004~2005)
기본방향	• 보육의 공공화 및 전문화 추구 • 보편주의 보육이념 강화 • 보육과정 구체화: 표준보육과정 개발 보급 • 보육시설 평가인증제 도입, 실시 • 육아 지원정책의 정책적 계획 수립
관련 계획	• 제1차 육아지원정책 방안(2004): 보육 및 육아교육 지원의 공공성 확대 • 제2차 육아지원정책 방안(2005): 출산율 제고 및 여성 경제활동 참가 대책 발표
보육료 지원	• 표준보육료 산정, 영아 기본보조금 신설 • 소득수준별 지원 확대(4등급 차등지원)
일·가정 양립	일·가정 양립의 전제로 보육이 자리매김
전달체계	보건복지부 → 여성가족부와 보건복지부의 운영
설치방법	신고제 → 인가제(2004년)
한계	• 시설 중심 지원 • 영아, 야간, 휴일 등 다양한 보육수요에 대한 수요자에 대한 인식 미비

2005년 1월 30일 보육의 개념을 영유아를 안전하게 보호, 양육하고 영유아 발달 특성에 적합한 교육을 제공하는 사회복지 서비스로 정의하였다. 같은 해 11월에 표준보육과정을 개발하고 12월에는 「영유아보육법 시행규칙」의 일부 개정으로 보육시설 운영위원회 설치 의무화로 보육시설 운영의 투명성이 강화되었다(〈표 3-3〉).

7) 제1차 중장기보육 기본계획(2006~2008)

여성가족부는 여성의 사회진출 증가에 대응한 보육서비스 공급에 중점을 두었고, 공보육 강화를 위해 중장기보육 기본계획인 '새싹플랜(2006~2010)'을 발표하여 추진하였으며, 고령화 및 미래사회위원회에서는 '육아지원정책'을 수립하였다.

새싹플랜은 맞벌이 가구의 증가와 핵가족화로 인해 가정의 자녀양육 기능이 약화되어 영아를 둔 여성의 자녀양육과 경제활동 양립을 지원하기 위해 수립되었다.

제1차 중장기보육 기본계획의 비전은 '함께 키우는 건강한 아동'이란 계획으로 국공립시설을 두 배로, 이용 아동 수는 30% 수준까지 확충시키고, 기본 보조금 확대 지원, 차등 보육료를 평균 소득 130% 이하까지 확대하는 정책을 포함하고 있다.

2006년 11월 10일 「영유아보육법 시행규칙」 개정으로 표준보육과정이 마련되었고, 2007년부터는 표준보육과정을 시행함으로써 영유아가 조화로운 사회 구성원으로 성장할 수 있도록 보육환경의 질적 성장을 도모하였다. 보육업무는 2008년 3월부터 여성가족부에서 다시 보건복지부로 이관되어 '능동적 복지'를 구현하기 위해 보육에 대한 국가의 책임을 강화하고, 수요자 중심정책으로의 전환을 추구하게 된다.

8) 제1차 계획 수정 · 보완(2009~2012)

1차 중장기보육 기본계획을 수정 · 보완하는 '아이사랑플랜'(2009~2012)은 보육업무가 여성가족부 소관 시기에 수립되었으며, 국가책임 강화를 강조하고, '영유아' 중심의 보육서비스를 설정하며, '아이와 부모가 행복한 세상'이란 비전을 설정하였다.

2009년 3월 보건복지부는 아이사랑카드(보육전자 바우처)사업 1차 시범지역을 선정하여 4월 30일 아이사랑카드 1차 시범사업을 실시하였고, 9월부터 보육료를 아이사랑카드로 결제하는 것을 전국적으로 확대했다. 또한 2009년 「영유아보육법」의 일부를 개정하여 양육수당제도 도입과 다문화 가정의 영유아에 대한 혜택이 주어졌다. 그리고 2010년에 아이사랑보육포털, 보육진흥원을 설립하였다.

2011년 6월 7일에는 「영유아보육법」 개정을 통해 '보육시설'을 '어린이집'으로, '시설장'을 '원장'으로, '보육시설 종사자'를 '보육교직원'으로 명칭을 변경하였다.

2012년 3월부터는 모든 만 5세 어린이의 교육과 보육을 국가가 책임지는 '만 5세 공통과정'을 발표하였으며 '만 5세 공통과정'은 현재 유치원과 어린이집으로 이원화되어 있는 교육과 보육과정을 통합한 '만 5세 누리과정'을 실시하기 시작하였다.

9) 제2차 중장기보육 기본계획(2013~2017)

이 시기는 0~5세 전 연령을 대상으로 무상보육 도입과 함께 보육서비스의 질 강화에 중점을 두어 '아이는 행복하고 부모는 안심할 수 있는 세상'을 비전으로 설정한 '아이 행복플랜'을 수립하였다.

2013년부터는 보육료, 양육수당을 전 계층으로 확대하여 지원하고 유치원과 공통적으로 만 5세 누리과정을 실시하였던 것을 3~5세 유아들에게도 누리과정을 실시하였고, 제3차 어린이집 표준보육과정에 따라 만 0~2세 영아를 대상으로는 '표준보육과정'을 개편해서 실시하였다.

입소 대기 시스템 전산화를 도입(2014년)하여 투명한 대기자 관리 기반을 마련하였으며, 2014년 시간 선택제 근로자에게 어린이집 이용 편의를 위한 시간제 보육 도입 및 제공 기관을 확대하였으며, 2015년에는 모든 어린이집에 CCTV 설치 의무화와 '아이사랑포털'을 도입하였다.

또한 같은 해에 유보통합 추진 등 정책의 변화가 활발하였으나, 이해관계의 대립과 갈등이 적지 않아, 결국 유보통합은 이루어지지 못했다.

2016년 1월 1일 「영유아보육법」이 개정됨에 따라 2016년 7월부터 시행되는 영아어린이집 이용시간 조정을 골자로 하는 '맞춤형 보육'을 도입하여 시행하였다. 맞춤형 보육은 맞벌이가정 자녀가 이용하는 종일반(12시간)과 외벌이가정 자녀가 이용하는 맞춤반(6시간)으로 되어 있다. 또한 직장어린이집의 설치·운영 의무를 이행하지 아니한 사업장에 대하여 이행 강제금을 부과할 수 있도록 하였다(보건복지부, 2017). 아동학대 방지 등 영유아의 안전과 어린이집의 보안을 위해서 어린이집에 CCTV 설치를 의무화하

고, 보육교직원의 처우 개선을 위하여 육아종합지원센터에 상담 전문 요원을 두었다
([그림 3-1] 〈표 3-4〉).

그림 3-1　중장기보육 기본계획

출처: 보건복지부(2017). 제3차 중장기보육 기본계획.

● 표 3-4 ● **중장기보육 기본계획 비교**

구분	새싹플랜 제1차 중장기 보육기본계획 (2006~2008)	아이사랑플랜 제1차 계획 수정 · 보완 (2009~2012)	아이행복플랜 제2차 중장기 보육기본계획 (2013~2017)
기본 방향	• 국공립 보육시설 확대 • 정부 재정 분담 강화 • 부모의 육아 부담 경감 • **다양한 보육서비스 제공**(수요 맞춤형) • 아동중심 보육환경 조성 • 보육서비스 관리체계 강화	• **국가책임 강화 강조** • 부모의 비용부담 완화 • 수요자 맞춤 지원(영유아중심) • 보육시설 질 제고 및 균형 배치 • 보육인력 전문성 제고 • 전달체계 효율화 • 공공형 어린이집 도입 • 보육사업 지원체계 구축	• **무상보육 도입** • 부모의 비용부담 간소화 • **수요자 맞춤 지원 중점** • 아이의 건강한 성장 · 발달 우선시 • 3~5세 '누리과정' 도입(2013) • 보육 국가책임 실현 • 참여와 신뢰의 보육생태계 조성
보육료 지원	• 소득별 차등 보육료 지원 • 기본보조금제도 도입	• 보육료 지원 확대 • **양육수당** 지원 • 국공립어린이집 확대 • 아이사랑카드 결제	• 0~5세 전 소득계층 보육료 및 양육수당 지원 실시(2013) • 보육료 적정화 표준보육비용 계측 • 아이행복카드 결제

일·가정 양립	• 입소 시 취업모 우선 배려 • 시간 연장 보육 확대 • 직장보육서비스 여성근로자 300인에서 500인 여성근로자 또는 여성근로자 200인 이상 확대	• 어린이집 입소 시 비정규직 근로자 차별 완화 • 시간 연장 보육 강화	• 맞벌이와 홑벌이 보육시간 차등화 • **맞춤형 보육** 실시(2016)
주무 부서	보건복지부	여성가족부	보건복지부
실행	• 국가 자격증 제도 도입 • 보육담당 공무원 확충 및 보육행정 시스템 전산화	• 안전공제회 설립 • 인건비 지원과 연계한 서비스 계약제 도입 검토 • 보육진흥원 설립하여 보육교직원 자격 관리	• 육아종합지원센터 전국적 확산 • 어린이집 CCTV 설치 의무화 • 평가제도 개편: 등급제 방식, 현장중심 평가
한계점	• 맞벌이 부모가 충분히 시설 이용을 못하는 현상 초래 • 어린이집 서비스 질 제고 위한 투자 부족 • 양적·질적 측면의 낮은 어린이집 공공성		

출처: 여성가족부(2006). 새싹플랜-제1차 중장기 보육계획(2006~2010) 수정·보완.
　　　보건복지가족부(2009). 아이사랑플랜 2009~2012.
　　　보건복지부(2013). 제2차 중장기보육 기본계획.

● 양육수당

「영유아보육법」 제34조의 2에는 "국가와 지방자치단체는 어린이집이나 유치원을 이용하지 아니하는 영유아에 대하여 영유아의 연령과 보호자의 경제적 수준을 고려하여 양육에 필요한 비용을 지원할 수 있다."라고 명시되어 있다. 「영유아보육법」에 따라 실시되는 제도로 양육수당은 어린이집이나 유치원을 다니지 않는 아동에게 지급하는 복지수당이다. 즉, 양육수당은 무상보육제도의 보충적 제도로서 무상보육을 이용하지 않는 가정에게 금전적 혜택으로 돌려주는 것이다(서문희, 송신영, 2014).

2009년 양육수당 도입 당시에는 해외 체류 여부에 관계없이 모든 아동에게 수당을 지급했으나, 해외 체류국 이중수혜 문제가 제기되어 2015년 법 개정 이후 해외 체류기간이 90일 이상인 아동에 대해서는 지급을 중단했다(https://www.ibabynews.com).

2009년 7월, 어린이집 이용 아동과의 형평성 보장, 가정 내 양육지원을 통한 양육방식에 대한 부모들의 선택권 보장 등을 이유로 도입되었고 2011년 1월 양육수당 지원대상을 소득인정액 최저생계비 120% 이하 가정의 '만 2세 미만'에서 '36개월 미만'으로 월 20만 원~월 10만 원으로 변경하였다. 2013년 3월부터는 0~5세 전 계층을 대상으로 시행되었다(김송미, 2014).

● 표 3-5 ● **아동의 월령에 따른 양육수당**

연령(개월)	양육수당	연령(개월)	농어촌 양육수당	연령(개월)	장애아동양육수당
0~11	22만 원	0~11	20만 원	0~35	20만 원
12~23	15만 원	12~23	17만7천 원		
24~35	10만 원	24~35	15만6천 원		
		36~47	12만9천 원		
36개월 이상~ 86개월 미만	10만 원	48개월 이상~ 86개월 미만	10만 원	36개월 이상~ 86개월 미만	10만 원

출처: 보건복지부(2019). 2019 보육사업안내.

● 아동수당

아동수당은 아동의 건강한 성장 환경을 조성하여 아동의 기본적 권리와 복지 증진에 기여하기 위해 2018년 9월부터 도입된 복지 정책으로 시행 초기에는 만 6세 미만(0~71개월)의 아동이 있는 가구의 소득인정액이 선정기준액(가구당 소득 하위 90% 수준, 상위 10% 제외) 이하인 경우 월 10만원씩 지급하였다. 2019년 1월부터 소득에 관계없이 지급 대상이 '만 6세 미만의 모든 아동'으로 확대되었고, 2019년 9월 1일부터는 0세부터 만 7세미만(0~83개월)의 모든 아동에게 월 10만 원씩 지급함으로써, 아동의 건강한 성장 환경을 조성하여 아동의 기본적 권리와 복지 증진에 기여하기 위한 것이다. 양육수당과 아동수당은 중복 지원받을 수 있다. 양육수당과 아동수당의 차이점은 〈표 3-6〉과 같다.

● 표 3-6 ● **양육수당과 아동수당 차이점**

양육수당	구분	아동수당
경제적 부담 완화/부모 선택권 강화	목적	아동의 양육부담을 덜고 권리와 복지 증진
2013년 3월부터 실행	시행일	2018년 9월부터 실행
출생연도+7년 2월까지 지원 (최대 86개월 미만)	지원기간	• 2019년 1월부터는 만 6세 미만 아동으로 확대(최대 71개월) • 2019년 9월부터는 만 7세 미만 아동으로 확대(최대 83개월)
• 출생일~12개월 미만: 20만 원 • 12개월 이상~24개월 미만: 15만 원 • 24개월 이상~86개월 미만: 10만 원	지원금액	10만 원
매월 25일	지급일자	매월 25일
주민센터 방문 또는 복지로 온라인 신청	지급일자	주민센터 방문 또는 복지로 온라인 신청
입출금통장(압류방지통장 수령불가능)	신청계좌	입출금통장(압류방지통장 수령불가능)

• 보육료, 유아학비를 지원받고 있는 아동 • 종일제 아이돌봄 서비스를 지원받고 있는 아동 • 국립학교(국가지원)의 유치원과 같은 기관에 재원하고 있는 아동 • 영유아가 해외 90일 이상 체류	제외대상	• 국적상실자 • 보호자 아동학대 또는 제대로 보호하지 않은 경우 • 영유아가 해외 90일 이상 체류
문의처: 보건복지상담센터 129 (www.bokjiro.go.kr)	기타	문의처: 보건복지상담센터 129 (www.bokjiro.go.kr)

출처: 보건복지부(2018). 2018 보육사업안내.

● 맞춤형 보육

맞춤형 보육은 아이와 부모의 다양한 보육서비스 요구 상황에 맞게 지원을 다양화하고자 2016년 7월부터 시행한 제도이다. 맞벌이가정 등 장시간 어린이집 이용이 필요한 가구에게 필요한 만큼 충분한 보육서비스를 제공하여 일–가정양립을 지원하며 가정 내 돌봄이 가능한 영아에게는 적정시간의 보육서비스를 지원하여 영아시기의 건강한 성장발달을 지원하는 보육제도이다(〈표 3–7〉).

– 대상: 어린이집 0~2세반 이용 영아 대상
– 시행: 2016년 7월 1일
– 종일반: 맞벌이가정은 기존대로 12시간 '종일반' 보육 이용 가능
– 맞춤반: 전업주부의 48개월 미만 영아에 대해 하루 중 6시간으로 제한하는 '맞춤반' 보육(월 15시간 긴급보육 바우처 추가 이용 가능)

'맞춤형 보육'제도가 2년여 만인 2019년에 폐기되고 2020년 3월부터 실수요자에게 추가보육을 제공하는 새로운 어린이집 운영체계가 도입되어 맞벌이 · 외벌이 가정에 상관없이 필요하면 추가보육을 받을 수 있다.

● 표 3-7 ● 맞춤형 보육

	종일반	맞춤반
이용시간	12시간(오전 7:30~오후 7:30)	최대 6시간(오전 9시~오후 3시)+ 긴급보육바우처 월 15시간(6만원)
보육료	1인당 월 82만5천 원(0세 기준)	1인당 월 66만 원(0세 기준) *긴급보육바우처 포함 시 월 72만 원
이용대상	맞벌이, 구직, 한부모, 다자녀 등	종일반 이용 외 아동

출처: 연합뉴스(2016. 5. 19.).

10) 제3차 중장기보육 기본계획(2018~2022)

제3차 중장기보육 기본계획은 '영유아의 행복한 성장을 위해 함께하는 사회'를 만든 다는 비전하에 보육의 공공성 강화, 효과적 보육서비스 제공을 위한 보육체계 개편, 보육서비스 품질 향상, 부모 양육지원 확대의 4가지 목표를 세우고 있다([그림 3-2]).

기존의 중장기보육 기본계획과 달라진 점은 2017년까지는 어린이집의 양적 확충, 부모의 경제적 부담 완화, 부모교육 등 국가책임 보육기반 조성이었다면, 2018년부터 실시되고 있는 제3차 중장기보육 기본계획은 보육과 양육을 사회적 책임으로 확대하는 데 있다(보건복지부, 2017).

〈비전 및 정책과제 체계도〉

비전	영유아의 행복한 성장을 위해 함께하는 사회

목표 및 전략	보육의 공공성 강화	보육체계 개편
	1. 국공립 이용률 40%로 확대 2. 국공립 운영의 공공성 강화 3. 직장어린이집 활성화 4. 어린이집 운영의 건전성 제고	1. 어린이집 이용 및 지원체계 개선 2. 표준보육비용 산정 및 적정 보육료 지원 3. 보육과정 개편
	보육서비스 품질향상	부모 양육지원 확대
	1. 보육교사 전문성 강화 2. 보육교사 적정 처우 보장 3. 영유아 보육환경 개선 4. 상시적 품질관리 강화	1. 부모의 양육역량 강화 지원 2. 시간제 보육서비스 확대 3. 취약보육 지원 개선

실행기반	• 지원기관 기능 개편 • 민·관 협업 확대 • 전산시스템 개편

그림 3-2 제3차 중장기보육 기본계획 주요 개요

출처: 보건복지부(2017). 제3차 중장기보육 기본계획(2018~2022).

2019년 5월 「영유아보육법」 개정으로 '맞춤형 보육'제도가 폐기되고 실수요자에게 추가 보육을 제공하는 새로운 어린이집 운영체계가 2020년부터 도입되었다. 개정안은 어린이집에 다니는 모든 영유아에게 7~8시간의 **기본보육**(오전 9시~오후 4시 또는 5시)시간을 보장하되 그 이후에도 돌봄이 필요한 아이들에게는 4~5시간의 **연장 보육**(오후 4~5시 이후)시간을 보장해서 오후 7시 30분까지 오후반을, 오후 10시까지 야간반을 운영하는 등 별도의 프로그램을 제공하는 것을 골자로 한다(보건복지부, 2019).

[그림 3-2]에서 보는 바와 같이 제3차 중장기보육 기본계획의 비전은 '영유아의 행복한 성장을 위해 함께하는 사회'이며, 국정과제인 '보육ㆍ양육에 대한 사회적 책임 강화'를 실현하기 위한 4개 분야 17개 과제로 구성되었다.

(1) 보육의 공공성 강화

- 국공립어린이집 확충 및 지역적 균형 확충을 통해 보육의 양적인 공공성 확충(2022년까지 40%로 확대)
- 국공립어린이집 위탁운영방식 개선, 취약보육운영 의무확대 등 국공립 운영의 공공성 강화
- 직장어린이집 설치의무 이행제도의 강화와 직접설치 지원확대로 근로자의 보육시설 이용 여건 개선
- 모든 어린이집이 '믿고 맡길 수 있는 어린이집'이 될 수 있도록 원장 자격 강화(유치원 원감과 같은 중간관리직 신설 방안) 및 공공형 관리 확대 등 운영의 건전성 제고

(2) 보육체계 개편

- 부모의 어린이집 적정 이용을 위해 보육서비스 이용 여부, 이용시간을 스스로 선택할 수 있도록 보육 지원체계 개선
- 적정 보육서비스 제공이 이루어지도록 표준보육비용 계측과 이에 따른 적정 보육료 지원
- 영유아 보육환경 변화와 누리과정 개편 등을 고려해 영유아의 연령과 발달수준에 맞는 표준보육과정 개정 추진

(3) 보육서비스의 품질향상

• 유치원과의 교사자격, 시설 환경 등의 격차 해소를 통해 어디에서든 동일한 수준의 교육, 보육을 받을 수 있도록 보장
• 우수 보육교사 양성과 질 담보를 위해 보육교사 학과제(보육 관련 학과를 졸업하면 자격증을 부여하는 방식)를 도입하고 보육교사의 적정 처우도 보장
• 쾌적한 보육환경 조성을 위해 교사 1인당 영유아 수 개선과 함께 어린이집 시설 기준 강화
• 모든 어린이집 대상 평가제도 전환, 지도점검 체계화, 어린이집 운영에서 부모 참여 보장 등을 통해 상시적 품질 관리 강화

(4) 부모 양육지원 확대

• 부모 상담 확대, 체계적인 부모교육 지원 등 부모의 양육역량 강화를 위한 가정 내 양육지원 확대
• 제공 기관 확대 및 지원기준 개선으로 시간제 보육 접근성 제고
• 보육이 취약한 모든 영유아를 위해 취약보육(영아보육, 장애아보육, 다문화아동보육, 시간연장형보육) 지원 개선

(5) 실행기반 강화

• 보육서비스 품질 관리를 위한 기관의 기능 개편
• 민 · 관 협업 확대로 정책과제 추진 동력 제고
• 효율적인 어린이집 관리 및 지원을 위한 전산시스템 개편 추진

2. 외국 보육제도의 발달

우리나라의 보육제도나 정책을 분석하거나 앞으로의 발전 방향을 모색하기 위해서는 외국의 보육제도의 역사에 대한 정확한 이해가 필요하다. 이러한 견지에서 향후 보육 사업이 나아가야 할 방향을 모색하기 위한 방편으로 외국의 보육 역사와 제도를 탐색하고자 한다.

각국의 주요 보육정책 소개는 한국여성개발원(2002), 일본『보육원리』(民秋, 河野, 2005), OECD(1999, 2001, 2012)의 자료들을 부분 발췌, 정리하였다.

1) 영국

영국은 유럽에서 보육이 가장 늦게 시작되었으나 빠르게 발전한 국가이다. 영국의 보육문제는 가족문제이고 정부의 보육제도는 선별적이고 최저수준의 서비스만을 제공하는 자유주의적 모형이라 할 수 있다(양옥승, 1996). 전통적으로 자녀양육은 부모의 책임이라는 가치관이 강한 나라여서 영국의 보육정책은 모든 아동에 대한 보편적 양육 지원보다는 장애 및 빈곤 등 취약 계층에 대한 지원에 중점을 두고 이루어져 왔다. 그러나 취업모의 증가로 영유아의 보육을 담당할 보육시설이 필요하게 되면서 보육이 사회문제로 부각되었고 이러한 사회적 변화로 인해 보육은 국가의 책임으로 인식하게 되었다.

(1) 보육제도의 발전과정

영국의 보육에 대한 개념은 1816년 로버트 오웬(Robert Owen)이 스코틀랜드 뉴라나크(New Lanark)에 있는 자신의 공장에 다니는 고용인들의 자녀를 위해 공장 내 성격 형성학원의 부속기관으로 5세 이하의 유아를 대상으로 하는 유아원을 설립하면서부터 시작되었다. 유아의 성격은 교육환경에 의한다는 신념에 따라 자유로운 분위기 속에서 체벌은 금지하고 음악, 율동, 놀이를 도입하였다. 자연의 사물과 접하는 활동을 통하여 경험적으로 배우는 교육을 실천하였다.

오웬에 공감한 사무엘 월더스핀(Samuel Wilderspin, 1791~1866)은 빈곤한 노동자의 영유아들을 위한 교육에 관심을 갖고 18개월에서 7세 사이의 가난한 아동들을 위해 '유아학교'를 보급하였다. 그러나 이것은 아동의 놀이에 의한 발달을 목표로 한 시설이라기보다는 읽기, 쓰기, 산수의 지식을 가르치고 예의범절을 중시하며 장래의 교육이나 사회 적응을 촉진하는 시설로서의 성격이 강하였다.

당초 보육시설은 아동의 보호를 목적으로 하여 취학 준비나 사회 적응을 촉진하는 시설이었지만, 아동에 대한 과학적 연구의 성과나 독자적인 존재로서의 아동관이 확대되면서 모든 아동을 대상으로 하는 시설로 발전해 나갔다. 이어 맥밀란(McMillan) 자매,

프랑스에서는 폴린 케르고마드(Pauline Kergomard, 1838~1925) 등의 활약으로 모든 아동이 보육을 받을 권리가 요구되고 제도화되었다.

18세기 말의 산업혁명과 20세기의 두 차례의 세계대전으로 인해 여성 고용이 증가하게 되어 정부가 보육시설을 확충하는 데 투자하게 되었다.

1870년 「교육법(Education Act)」이 제정되면서 5세부터 의무교육을 하도록 명시하였고, 5세 미만 영유아 보육에 대한 책임은 부모에게 있음을 주장하면서 정부는 시설 운영을 민간 부분에 의존하는 형태였다. 1873년에는 프뢰벨의 보육이념에 따라 자유유치원(free kindergarten)을 설립하여 목욕, 식사, 휴식, 놀이, 부모훈련 등을 중심으로 운영하였다. 1918년 지방교육청이 「교육법」에 의거하여 유아원(nursery school)을 설립하였고, 1939년 제2차 세계대전으로 여성 노동력이 필요해지면서 유아원 수가 크게 증가하였으나 1945년 제2차 세계대전 종료 후 여성 노동력의 수요가 감소하고, 2세 미만의 영아의 건강한 발달을 위해서는 어머니가 가정에 있어야 한다는 견해로 인해 보육시설에서 자녀양육을 담당하는 것이 금지되고 유아교육 기관의 확장도 제한되었다.

1948년 「아이 돌보는 사람에 대한 규제법」이 제정이 되어 대가를 지불받으면서 5세 아동 셋 이상을 자신의 집에서 돌볼 경우에 등록을 하도록 규정하였다.

1970년대는 3~4세 유아를 가진 부모들이 보육시설의 확충에 대한 요구가 커지기 시작하여 국가에서도 적절한 대응으로 도시원조 프로그램이 생겨나기 시작했으나 이는 빈곤한 유아를 돕기 위한 것이고 보육에 대한 보편적 서비스는 아니어서 크게 확대되지 못했다.

1980년대 후반과 1990년대 초반 영국에서는 지난 40여 년간의 변화보다도 더 많은 변화를 경험하였다. 이러한 변화의 주된 이유는 경기 회복, 취업 여성의 증가, 출산율의 저하 등으로 인해 영유아 보육문제가 정치적인 문제로 대두된 것이다. 1989년 「아동법(Children Act)」이 제정되어 아동보호기관이 등록되고 장학이 이루어졌으며, 사회사업부가 이를 담당하였다.

1991년에 발효된 「아동법」은 취업 부모를 위한 보육서비스의 욕구란 부모 자신의 사적인 문제이고, 국가는 극빈 아동에 한해서만 보육서비스를 제공하도록 하는 등 정부 차원의 주도적인 역할이나 정책을 제시하지 않고 소극적인 태도를 취하였다(Hendrick, 1997). 영유아 보육에 대한 공공의 역할은 1990년대 후반부터 확대해 왔고 1994년에는 부모가 원하는 모든 4세아를 대상으로 1일 2시간 30분, 주 5회, 연간 33주를 기준으로 시간제 무상 유아교육을 제공하였으며, 1996년에는 4세 유아에 대한 유아원 지불보증제도가 도입되어 1999~2000년에는 아동 1인당 1,300파운드가 지급되었다(이은주 외, 2016).

전통적으로 영국은 가정에서 부모에 의한 보육을 강조한 국가인데 1997년 노동당이 집권하면서 보육정책을 국가전략사업으로 규정하고 보육에 대한 정부의 책임을 강화해 왔다. 가족과 영유아에 대한 투자를 증대하고 0~3세는 보건부, 3~5세는 교육고용부로 이원화되어 있던 보육과 교육 정책을 1998년 3, 4세에 무상교육을 위한 근거를 마련하여 점차적으로 영유아교육 · 보육기관을 하나의 부처로 일원화하는 것에 적극적으로 관여하였고 무상 공교육체제를 구축하였다. 1999년부터는 슈어스타트 프로그램을 통해 저소득층 유아에 대한 무상보육을 시작으로 2004년까지 만 3~4세 아동에게 주당 15시간의 무상교육을 제공하면서 보육정책의 보편성을 강화하였다.

2004년 「아동법」이 개정되고 2006년에는 「아동보육법」이 제정되었으며, 2007년에는 영국을 아동과 청소년 성장에 최상의 장소로 만든다는 목적으로 0~19세 빈곤 · 소외지역 아동보육서비스 제공을 위한 개혁안으로 '아동계획(Children's Plan)'을 발표하였다. 또한 2013년부터 가정보육사에 대한 질적 수준 강화를 위해 가정보육사 에이전시(childminder-agencies) 제도를 도입하여 운영 중인데 이 에이전시는 가정보육사를 등록 관리하고, 회원과 학부모들에게 다양한 서비스를 제공하는 단체이다.

영국의 아동수당(child benefit)은 가구소득과 관계없이 16세 미만 아동 가구에 대해 지급하던 보편적 아동수당이었으나, 재정 절감 차원에서 2013년부터는 부모의 소득이 6만 파운드 미만인 가구에 한하여, 자녀 수를 고려한 차등 지원 형태를 취하고 있다(이혜원, 2013).

외동 자녀의 경우 매주 20.70파운드(한화 약 35,000원) 지원, 그 외 자녀는 매 자녀 1명당 13.70파운드(한화 약 24,000원)가 지원되고 있다.

영국의 보육시설서비스 정책의 가장 큰 특징 중 하나는 비공식 보육을 인정하여 조부모나 친인척이 자녀를 돌볼 경우 이를 인정하여 지원한다는 점이다(강경희, 전홍주, 2013).

(2) 보육제도의 체계

영국의 보육제도는 기능에 따라 보육과 교육으로 분류된 이원병행체제 모형이다. 영국의 0~3세 영아들은 보건부에서 관리하는 가정보육(family daycare), 놀이집단(play group), 보육학교(nursery school)에서 보육서비스를 받는다.

3~4세 유아는 놀이집단(play group), 보육학교(nursery school), 초등학교 내에 설치된 유치원 학급(초등 예비학급, reception nursery class)에 다닌다. 3~4세 유아들이 이용하는 기관은 교육고용부에서 관리한다. 5세가 되면 의무적으로 초등학교 예비학급을 다닌다.

● 표 3-8 ● **영국 영유아 보육기관 유형**

구분	가정보육	놀이집단, 유아원 (어린이집)	유치원 (보육학교)	초등학교 내 유치원	기타
명칭	family daycare, home cares, childminder	play group, preschool child care	nursery school	reception, nursery class	Sure Start Children's Centre, 3~4 nursery school
나이	모든 연령	2~4세, 0~4세	3~4세 (2~5세)	4세	0~5세, 3~4세
비고	보육교사가 자신의 집에서 영유아를 돌봄	지역사회나 비영리 단체가 부모의 협조하에 조직하여 운영			교육과 보건 서비스를 포함하는 종일제 보육프로그램 제공

출처: 권미경(2017b) 재인용.

① 보육사(가정보육; childminder)

보육사(childminder)는 자신의 가정에서 유아를 보육하는 형태로서 비공식적 보육 형태인 가정부, 베이비시터 혹은 유모와는 구별된다.

보육사는 자신의 가정에서 영유아를 광범위한 시간대 동안 비교적 저렴한 비용으로 돌본다. 보육사는 규정에 따라 일정한 자격을 갖추고, 지방정부의 사회서비스국에 등록하도록 되어 있지만 지방정부로부터 실질적인 원조는 거의 받지 못하고 있다. 등록된 보육사는 주기적으로 기관에 의해 평가받고 그 결과가 웹사이트를 통해 대중에게 공개된다.

아이 돌보미 활동 중 등록 부적격 사유가 발생하면, 등록이 취소되고, 한번 등록이 취소되거나 거부된 자에 대해서는 등록자격을 부여하지 않는 '원스트라이크 아웃(one strike-out)제'를 시행하고 있다.

가정적인 환경을 선호하는 부모들에게나 영아에게 보다 좋은 보육환경을 제공하는 장점이 있다. 따라서 아동 보육시설 중 가장 많이 이용하는 시설은 놀이집단과 보육사이다.

② 놀이집단(play group)

제2차 세계대전 후 보육시설 수의 감소와 정부지원의 감소로 인하여 보육서비스를 공급하는 시설이 부족해지자 1960년대부터 아동의 보호와 교육의 중요성을 인식한 어머니들이 자발적으로 만든 기관이다. 현재는 하나의 보육시설로 발전한 유형이다. 한 교사 당 유아는 8명까지 가능하며 매일 시간제로 열리거나 혹은 1주일에 2~3회로 운영되며 하루에 2시간 반에서 4시간 정도 보육프로그램을 실시한다. 연령은 2~5세 유아를 대상으로 하고 있으며 관할부처는 사회보장성이다.

③ 유아원(시설보육; day nursery, preschool child care)

위생성의 사회서비스국의 주관하에 있는 보육시설로 공립시설과 사립시설로 나눌 수 있다.

공립 보육시설(public day nursery)은 교육비가 거의 들지 않기 때문에 이용하려는 영유아가 많지만 이용하기 매우 어렵다. 맞벌이 부모, 한부모 가족, 부모가 병중인 영유아와 빈곤가족 영유아에게 우선권이 주어지고 있다. 보육료는 부모의 자산·수입에 따라 차이를 두는 차등 보육료 방식을 사용하고 있으며, 영유아의 연령은 0~5세까지를 대상으로 하고 있으나 대부분 2세에서 5세의 유아들이다.

민간 보육시설(private day nursery)은 영리를 추구하는 시설로 지방정부에 등록하여 지원을 받는다. 보육료가 조금 비싸다는 점 이외에 프로그램의 내용은 공립 보육시설과 거의 유사하다.

④ 유치원(보육학교, nursery school)

우리나라의 유치원과 같은 개념의 시설이다. 영국의 지방교육청이 운영하는 학교 체제로서 공립과 사립이 있으며, 초등학교에서 운영되는 곳은 보육비가 무료이고, 사립이나 지역단체 운영 기관은 부모가 비용을 부담한다. 대부분 런던을 포함한 대도시에 위치하고 있다. 2세 반부터 받기도 하나, 주로 3세부터 5세까지의 유아를 대상으로 교육하는 독립된 시설의 학교이다.

　오전 9시에서 3시 30분까지 운영되고, 입학을 희망하는 자들이 많아서 주에 따라서는 오전과 오후 2부제로 운영되는 경우도 있다. 최근에는 빈곤한 가정의 유아를 우선 입학하도록 하고 있다.

⑤ 유아학급(초등 예비학급, reception class)

　우리나라 병설 유치원과 같은 개념이다. 초등학교에 마련되어 보육하는 학급을 말한다. 유아학급은 초등학교 부설이라는 점을 제외하고는 보육학교와 거의 동일하다. 입학할 수 있는 아동의 연령은 3~4세부터 5세까지로 공교육체제에 포함되어 무상으로 운영되고 있지만 의무교육은 아니다. 전인적인 발달에 초점을 둔 놀이중심 보육활동으로 운영하고 있다. 학기 중에는 오전 9시부터 오후 3시 30분까지 종일제로 운영된다.

⑥ 슈어스타트(Sure Start) 프로그램

　1997년부터 논의돼 1999년부터 시작된 슈어스타트 프로그램은 중앙 정부의 위원회가 책임자이지만 실질적인 집행은 지방 정부에 의해 이루어진다. "모든 아이에게 공정한 출발을, 부모들에겐 일할 수 있는 의지를, 지역공동체에는 안정을" 주자는 의미의 프로그램이다.

　"2020년까지 빈곤층 아동을 '제로'로 만들겠다."라는 목표로 영국의 '슈어스타트(Sure Start)' 프로그램은 각 지역의 아동센터가 중심이 되고 도서관, 주민센터, 병원, 학교 등이 이에 협조하는 방식으로 진행된다. 슈어스타트 아동센터(Sure Start Children's Centres)는 아동빈곤을 퇴치하고 범부처 간의 협력을 통하여 극빈지역 아동과 가족을 중심으로 보육, 교육, 보건, 부모 및 가족 지원서비스 등을 통합적으로 제공하기 시작하였다. 이 정책은 빈곤·소외지역의 아동들과 일반아동과의 차이가 성인이 된 후에도 지속·확장된다는 문제의식에서 출발했다.

　슈어스타트 아동센터는 출산 전부터 14세까지(장애아동일 경우 16세까지)를 대상으로 하고, 특히 사회적 배제 집단의 0~4세 영유아에게 중점을 뒀다. 만 4세가 될 때까지 조기교육, 건강, 가족지원, 영양 등과 관련된 지원을 지방교육당국으로부터 제공받는다(한국여성개발원, 2002). 보육시스템은 1년에 48주, 1주일에 5일, 1일 최소 10시간 이용이 가능하다. 이 외에도 온 가족 지원 프로그램으로 부모 상담, 전문가 상담, 아버지 교실 등을 제공하고 건강 검진, 영양, 모유수유, 출산 전 서비스를 제공하여 가족의 건강 증진을 위해서도 힘쓰고 있다.

2) 미국

(1) 보육제도의 발전과정

미국은 민간주도의 보육사업이 발달한 나라로 보육에 대해 국가의 책임보다는 가족의 책임을 강조하기 때문에 일정 수준 이상의 보육은 부모에게 의존하며 빈곤아동 및 장애아동에 대해서만 공보육을 실시하고 있다. 미국은 주법이 강한 국가이므로 보육에 대한 규제가 하나로 통합된 정책을 제시하기 어렵다.

미국 최초의 보육시설은 1838년 보스턴에서 조셉 헤일(Joseph Hale) 여사가 어업에 종사하는 어머니와 미망인의 자녀들을 돌보아 주기 위해 설립된 '탁아소(day nursery)'이다(Clarke-Stewart, 1993).

1815~1860년에 외국 가정들이 미국으로 이민을 오면서 보육시설이 생기기 시작하였고, 보육시설의 주된 이용자들은 이민가족이나 미망인의 자녀, 혹은 어머니의 취업이 불가피한 빈곤한 가정의 아동들이었다. 따라서 미국 초기 보육의 목적은 가난하고 아동을 학대하는 가정의 자녀를 일시적으로 낮 동안만 돌보아 주는 것이었다(Phillips, 1991). 루스벨트 대통령은 '아동 및 청소년을 위한 백악관 회의'에서 날로 심각해지는 아동 문제에 대한 국가책임의 필요성을 논하였으며, 그 결과 1912년 노동성 내에 아동국이 신설되었고, 같은 해에 「모자법」이 제정되어 연방 차원에서 유아원에 대한 공적인 재정지원을 하게 되었다. 그 후 1915년 시카고 대학교에서 교수 부인들의 힘으로 시작된 유아교육은 교사의 지도 아래 영유아들이 마음껏 창의력을 키울 수 있게 하였다.

미국의 보육사업은 지금까지 보호적 차원만을 강조하던 보육내용이 1920년대 들어 교육의 기능을 강조하게 됨에 따라 유아원에도 교사에 의해 교육 프로그램을 실시하게 되었다.

이어 1924년에 미시간주에 최초로 공립유아원이 설립되었다. 이러한 계기로 인해 1920년대에는 획기적인 변화가 일어났다. 즉, 그동안 보호 측면만을 강조했던 보육이 아동발달을 강조하는 이론과 함께 교육의 기능을 강화하기 시작하여 종일 유아원에도 훈련된 교사에 의한 교육프로그램이 시작되었다.

1930년대는 경제공황의 긴급대책으로 보육원이 모두 국고 부담으로 증설되었다. 1937년까지 공립학교 안에 1,900개의 탁아소가 설립되었고 「사회보장법(Social Security Act」(1935)과 함께 당시 보육에 대한 사회적 요구를 수용하게 되었다. 그 후 1942년에 「랜함법(Lanham Act)」이 제정되어 사회가 보육사업을 위한 경제적 지원을 실시하였다.

특히 제2차 세계대전이 발발하면서 많은 여성 인력이 방위산업에 투입되었고 국가적 차원에서 영유아 보육에 많은 예산을 지원하면서 양질의 프로그램을 실시하고자 하였다. 그러나 전쟁이 종식되자 여성 인력들은 가정으로 복귀하게 되고 정부 지원의 감소로 문 닫는 유아원이 많아졌다. 이런 현상의 가장 큰 이유 중의 하나는 육아는 어머니의 몫이며 보육에 대한 책임은 전적으로 각 가정에 있다는 인식 때문이었다. 이것은 미국 보육사업의 발전에 걸림돌이 되었다(Clarke-Stewart, 1994).

정부가 지원하는 유아원이 문을 닫자 저소득가정의 보육이 문제가 되었다. 저소득층 부모들의 경우 일과 자녀양육의 양립, 특히 양육비가 생활비의 상당한 몫을 차지하므로 저소득층 자녀를 위한 정부 지원대책이 절실히 요구되었다. 이러한 요구는 후에 헤드스타트(Head Start, 1965)를 탄생하게 하였고, 이 프로그램은 오늘날 미국에서 상당히 성공한 어린이 조기교육 프로그램으로 저소득 가정의 취학 전 아동에게 초등학교에 입학할 때 배움의 기초가 되는 예비과정을 제공해 주고 있다.

1968년에는 연방정부 부처 간 '탁아 필수요건'이 발표되었다. 이에 따라 기관 탁아소와 가정 탁아소가 형성되었고 정부 규정을 지키지 않았을 때는 연방 예산지원의 중지 또는 종료의 근거가 될 수 있었다. 그러나 실제로 준수사항이 집행되지는 않았다. 이러한 상황 타개를 위해서 「종합아동발달법(Comprehensive Child Development Act)」이 아동발달 전문가, 탁아 지지자 그리고 일부 상하원 의원들을 중심으로 준비되었다. 그러나 국가 차원의 탁아정책과제 확립에 대한 희망은 단명하고 말았으며, 1970년대에 미국의 탁아 보육은 점차 쇠퇴하기 시작하였다.

1980년대 레이건 대통령이 집권한 후 사태는 더욱 악화되었다. 레이건 행정부는 '작은 정부'라는 슬로건 아래, 식비 지원과 공적 보육서비스를 3분의 1로 축소하였다. 탁아보육도 다른 사회서비스의 경우와 마찬가지로 민영화라는 보수주의적인 원칙에 따라 변화시켰으며, 1981년에는 보육서비스에 대한 연방정부의 직접적 재정 지원을 중단하였다.

오늘날 미국 보육의 대부분은 비공식적으로 운영되며, 정부의 규제를 받지 않고 있다. 규제를 받는 보육은 기관시설과 3인 이상의 아동을 돌보는 가정뿐이다. 더불어 가정보육의 등록 및 승인, 기준과 규제가 주마다 다르다(Clarke-Stewart, 1994).

1997년 클린턴 대통령이 '미국교육을 위한 행동강령'을 발표하면서 헤드스타트 프로그램이 확장되었다. 또한 클린턴 행정부는 여성 인력의 사회적 진출이 보다 증가하고 산업구조의 개편과 가치관 변화로 보육에 대한 사회적 요구가 증대됨에 따라 의회의 승인을 얻어 저소득층 육아 및 어린이 조기교육의 질을 개선하는 데 목적이 있는 '조기교육 신탁기금(Early Learning Trust Fund)'을 설립하였다. 이 기금은 저소득 가정의 아동 보육에 상당히 기여한 반면, 학교 개혁이라는 슬로건을 내건 부시 행정부는 5세 이하 영유아 보육에 대한 예산삭감을 단행함으로써 사회적 비판을 받았다(서영숙, 김경혜, 1996).

미국에서 공보육을 적극적으로 인식하게 된 것은 1988년 복지 수혜 가족의 노동참여를 이끌기 위하여 이들을 대상으로 보육지원을 확대하면서 시작되었다. 이후 1990년 일괄 예산 조정법하에 보육개혁이 실시되었으며 이 개혁으로 각 주 정부는 보육지원금을 제공받아 빈곤한 편모들을 대상으로 보육비를 보조하였다. 2013년 오바마 대통령은 모든 영유아를 위한 보육 확대에 투자한다고 발표하였고, 이는 종일제 공립 유아프로그램 확립을 주요 장점으로 하고 있다.

(2) 보육제도의 체계

미국의 보육제도는 주마다 종류가 다양하게 분류되어 있다. 유치원, 유아원, 아동보호센터, 가정보육으로 나뉜다. 유치원은 전일제(공립, 사립)·반일제(공립)·취학 전(공립)으로 나뉘며, 유아원의 경우는 그 설립 주체가 사립이다. 공립의 경우 정부지원 아동보호센터가 있고 영리를 목적으로 한 개인설립 아동보호센터가 있다. 비영리 사립일 경우 기업 내 아동보호센터, 공동아동보호센터, 교회부설 아동보호센터가 있다. 가정보육에는 가정 내 탁아와 가정보육이 있다.

① 유치원(kindergarten)

초등학교에 설치된 5세 유아들을 대상으로 이루어지는 '교육' 중심의 시설이다. 그러나 최근에는 이보다 연령이 낮은 유아 보육의 필요성이 높아지면서 4세 이하의 유아를 위한 유치원을 예비유치원(pre-kindergarten)이라고 한다.

② 아동보육센터(어린이집; child care center, day care center)

보건기관과 사회복지기관이 운영하거나 사립으로 운영되는 서비스로 2세 이하의 영아와 3~5세 유아 대상의 보육원이다. 종일제는 아침 7시부터 저녁 6시까지 운영한다. 반일제의 보육학교와 예비학교도 있다. 보육학교(nursery school)는 2~4세 유아를 대상으로 하며, 예비학교(유아원; pre-school)는 주 정부 또는 연방 예산으로 반일 또는 학교 시간(9~15시) 동안 운영되는 보육시설이다. 또한 부모협동 유아원(child care parental)은 자녀 공동 양육을 목적으로 유치원이나 초등학교 1학년을 준비하는 보육시설이다.

③ 가정보육(family day care)

보육자의 가정에서 소집단의 유아에게 보육서비스를 제공하는 시설이다. 가정보육은 전적으로 수익자 부담을 원칙으로 하고 있다. 주로 자녀들이 가정과 같은 환경에서 보육받기를 원하는 부모들이 선택한다.

④ 직장보육(employer child care)

공장, 병원, 대학, 조합 등의 고용인을 위한 것으로 직장 근처에 설치한다. 보통 6주된 아기부터 초등학교 저학년 아동을 대상으로 근로자의 편의를 위해 고용주가 후원하거나 기업이 직접 보육시설을 운영 또는 위탁한다.

⑤ 보모(baby-sitter, nanny)

보육을 받는 유아의 집에서 친척이 아닌 사람이 유아를 보호해 주는 보육이다.

⑥ 방과후 보육(after-school care)

유치원에서 초등학교까지 방과후 아동을 보육하는 것으로 주로 NPO(Non Profit Organization; 민간비영리단체)가 운영한다.

⑦ 헤드스타트(Head Start) 프로그램

취학 전 빈곤아동에게 언어, 보건, 정서 등 다방면에 걸친 포괄적 서비스를 제공해 빈곤의 악순환을 끊겠다는 취지로 만들어진 아동보육 프로그램을 말한다(westart.

or.kr). 1964년 존슨 행정부에서 시작되어 현재까지도 실시되고 있는 헤드스타트 프로그램은 미국 정부가 지원하는 보육시설이 감소하면서 저소득층 자녀를 위한 양육의 문제가 발생하여 저소득 빈곤층의 유아와 장애아동을 대상으로 중앙정부 차원에서 시작하였다.

헤드스타트의 확대된 서비스로 헤드스타트에 참여하였던 초등학교 1~3학년 아동을 대상으로 제공하는 팔로우스루(Follow Through) 프로그램과 가정에서 헤드스타트 서비스를 제공받는 홈 스타트(Home Start)가 있다. 이 헤드스타트 프로그램은 유아의 보육만이 아니라 기초학력의 증진에도 커다란 영향을 미치고 있다(Roopnarine & Johnson, 1993).

원래 헤드스타트 프로그램의 대상 연령은 3~5세 사이의 유아인데, 1994년부터는 0~2세 영아에게까지 헤드스타트 프로그램을 확장하는 조기 헤드스타트(Early Head Start) 프로그램이 시작됐다. 저소득층 아동과 임산부 및 가족 대상의 산전태아건강, 영유아발달, 건강한 가족기능 증진 서비스를 제공하는 통합적 조기아동 프로그램이다.

3) 프랑스

(1) 보육제도의 발전과정

프랑스의 보육제도는 12세기부터 자선단체에 의해 조직된 유모 제도에서 비롯된다.

세계 최초의 보육시설은 빈곤에 허덕이는 농촌 지역 활성화를 위해 1767년 프랑스의 오베를랑(J. Oberlin) 목사에 의해 설립된 편물학교(뜨개질학교)에서 시작되었다. 편물학교는 벌목 일에 종사하는 여성들의 자녀를 거리의 위험으로부터 보호하기 위한 것이었다. 오베를랑은 농촌 지역의 빈곤 대책으로서 빈곤을 근본적으로 개혁하려면 교육이 불가피하다고 인식하여 학교 제도의 정비에 착수하였다. 특히 취학 전 아동을 위한 보육시설을 설립하였으며 영유아들에게 놀이와 그림책, 성경을 들려주고, 산책에 의한 자연 관찰, 그림카드에 의한 언어학습, 뜨개질 등을 가르쳤다. 이와 같이 초기 보육시설의 목적은 자선사업 또는 구빈사업이었다.

1826년에는 최초의 유아보호소가 자선사업단체에 의해 문을 열었다. 유아보호소는 1829년에 빈민구제사업단의 감독하에 운영되었으며, 1836년부터는 교육활동에 대한 교육부의 감독기능이 점차 증가되었다(Leprince, 1991).

1844년 샤이오 탁아소가 파리에 설립된 이후 보육시설 수가 급속도로 증가하였는데, 당시의 보육기관은 시설·설비의 빈약, 자격 교사의 부족으로 인해 효과적인 운영이 어려웠다. 1848년에는 파리에 27여 개의 탁아소가 설립 운영되었으며 이러한 시설의 설립은 전국 주요 도시로 확산되었다. 1867년에는 직장보육시설이 설립되었으나 성장을 이루지 못하였고, 1875년 이후 탁아소의 확산 경향은 멈추게 되었는데, 그 원인은 부모와 자녀 간의 유대관계를 약화시킬 수 있다는 인식과 부모들이 자녀양육에 대한 의무를 소홀히 여겨 나타난 영아의 높은 사망률 때문이었다.

1881년에 초등 무상교육 제도가 도입됨으로써 유아보호소도 전체 교육기관 속에 통합되었고 이름을 '모성학교'로 바꾸게 되었다.

제2차 세계대전 이후 프랑스는 두 번째 전환기를 맞게 되었다. 인구문제, 아동복지 문제에 대한 관심이 다시 고조됨으로써 1945년 현재의 모자복지제도가 만들어졌다. 1960년대에는 보육시설의 양적 증가, 기능의 다양화 그리고 보육시설 종사자의 자격 및 시설 기준이 강화되기에 이르렀다. 1974년에는 보육시설에 관한 새로운 규정이 생겨 유아의 지적 발달에 대한 보육시설의 역할을 강조했다. 1981년에는 사회당 정부가 영유아를 위한 실질적 정책을 마련하기 위한 계획을 세웠다. 즉, 보육시설 확충이라는 항목을 9차 계획에 포함시켜 정부의 우선 추진 사업으로 계획하였으나 이 분야의 비용이 지방정부 단체나 국가의 측면에서 모두 의무사항이 아니었기 때문에 실천되지 못했다. 프랑스의 보육정책은 부모와 아동을 위한 양육 대행이라는 관점보다는 모든 계층의 부모와 아동을 위한 양육지원의 방향으로 발전하였다. 이러한 방향은 보육시설과 유치원의 목적을 단순히 보호와 교육이라는 요소로 이분하지 않고 통합할 수 있게 하였다. 전체 보육시설의 70% 이상이 공립으로 영유아 보육에 있어 공적체계를 갖추고 있는 나라이다.

(2) 보육제도의 체계

프랑스의 보육제도는 상당히 오랜 역사를 가지고 있다. 그 세월만큼 반듯하게 잘 정비된 보육정책들로 인해 모든 국민이 아동 보육에 관해서는 혼란을 겪지 않고 생활하고 있다. 프랑스 보육제도의 기본 철학은 기회균등이라 말한다. 프랑스의 보육시설의 70% 이상이 공립으로 공공성 확보를 위한 노력이 지속되고 있다. 그렇지만 여전히 보육시설 부족과 그 확충에의 요구가 높은 상황이다(서문희 외, 2014).

보육은 노동복지부에서 관할하며 시설의 설립 및 운영관리와 직접적으로 관계된 제반 업무는 지방정부의 책임으로 지역의 사회보건국에서 관장하며, 유아교육은 교육부에서 관장한다(서문희 외, 2014; 신윤정, 2012). 프랑스의 보육제도는 만 3세 미만의 영유아들은 보건복지부, 3세부터 취학 전 유아교육은 교육부가 주관 부서로 이원화된 체제를 가지고 있다.

프랑스에서는 3세가 되면 모든 유아가 무료로 공립 유아교육을 받을 수 있는 제도를 갖추고 있다. 3~5세 유아의 경우 무상으로 유치원을 이용하지만, 보육사나 보육시설의 경우 이용하는 부모가 조건에 따라 비용을 부담하고 있으며, 비용의 절반은 세금 혜택으로 지원을 받는다. 프랑스의 유아교육은 국가적 수준의 커리큘럼이 있고 모든 교사들이 석사학위를 가지고 있을 정도로 탄탄한 교육제도를 구축하고 있다. 유아교육에 드는 비용은 전적으로 세금에 의존하므로 무상교육이 가능한 것이다.

① 유치원(모성학교; ecole maternelle)

프랑스의 유치원은 의무교육은 아니지만 초등학교와 같은 시설 내에 있고 만 2세부터 6세 이하 유아가 이용할 수 있다. 교육부가 관할하는 공립 유치원에서 무료로 교육을 받는 보육시간은 오전 8시 30분~오후 4시 30분이다. 대부분 종일제로 운영되며 보호와 교육의 통합서비스를 제공한다. 일반적으로 초등학교 옆이나 안에 설치되어 있다(권미경, 2017a).

② 집단 보육시설(시설유아원; créche collective)

프랑스의 가장 전통적인 보육의 형태로 영유아들을 집단으로 보육하는 형태인 보육시설이 크레슈(créche)이다. 부모가 직장을 가진 0~3세 미만의 영유아를 대상으로 보육과 교육을 수행한다. 2~3세 유아는 유치원, 집단보육시설 중 하나를 선택할 수 있다. 집단보육시설의 64%는 지방정부가 운영하고, 29%는 부모 협동 등 단체가 운영한다. 공립과 사립이 있으며 개소 시간은 오전 7~19시까지이고, 부모의 출퇴근 시간도 배려하고 있다.

③ 일시 보육시설(시간제 유아원: halte-garderie)

'halte'은 휴식의 의미로 어머니를 육아 부담으로부터 해방시켜 부모가 자녀를 잠깐 동안 맡길 수 있도록 하기 위한 보육 형태이다. 49%는 지방정부가 운영하고, 45%는 단체가 운영한다. 부모 협동으로 운영하는 시설이 약 7% 정도를 차지한다. 일시 보육은 주로 시에서 운영하고 있으며 이러한 보육시설은 여가생활을 즐기기 위해 몇 시간 동안의 아동 보육을 원하는 비취업 여성들의 요구에 의해 설립되었다. 그러나 최근에는 시간제 근무를 하는 여성을 위한 보육시설로 자리 잡아 가고 있으며, 보육대상은 0~6세 영유아이고, 공립과 사립이 있다.

④ 방과 후 보육교실(garderie)

직장을 가지고 있는 부모의 자녀들이 보육기관의 시작 전이나 방과후에 보육을 받는다. 보육시간은 오전 7~오후 7시까지이고, 일시 보육시설과 마찬가지로 유료이며, 보육자는 별도의 자격 요건이 필요하다.

⑤ 가정보육(가정유아원; créche familiale)

가정보육은 1960년 이후에 생겨났으며 다른 나라의 가정보육시설과 같이 일정 자격을 갖춘 보육모가 자신의 집에서 1~4명의 영유아를 돌보는 형태로, 하루 9시간, 주당 45시간 동안 돌본다. 한 개의 시설에 3~6세의 영유아를 20명까지 맡을 수 있다. 이와 더불어 영유아의 집으로 방문하여 0~6세 영유아 대상으로 돌봄을 제공하는 가정 내 보육모(garde à domicile)가 있다(권미경, 2017a).

⑥ 부모협동보육(créche parentale)

영유아의 부모들에 의해 운영되는 유아원으로 1901년 법령에 의해 처음 조직되었다. 자격을 갖춘 교사를 채용하면서 부모들이 소규모 보육을 실현하기 위해 공동보육 형태로 운영한다. 대상 연령은 출생에서 3세까지이나 어떤 보육시설은 3세 이상도 보육하기도 한다. 보육시간은 다양하지만 종일제이거나 시간제가 된다. 최대 보육 인원은 20명이며 지방자치단체가 가족수당지급처로부터 재정적 지원을 받는다(조희연, 2011).

4) 스웨덴

(1) 보육제도의 발전과정

스웨덴은 산업화 이전에는 육아를 전적으로 가정의 책임으로 보았다. 17세기 중엽에(1630) 도시의 고아들을 위한 보육원(orphanages)이 설립되어 일부 제한된 수의 빈민아동들이 보육되었다. 1854년 스톡홀름 지자체에 최초의 탁아소가 설립되어 주로 어머니(편모)의 취업으로 인해 집에 홀로 남겨진 빈곤가정의 아동들을 보호하였다.

1930년대 중반에 보육문제가 정치 현안으로 부각되었고, 정치적 개혁의 일환으로 아동수당이나 급식을 제공하여 유치원과 탁아소를 확대하였다. 또한 여성의 직업참여를 유도하고 자녀의 양육비를 절감할 수 있는 정책의 필요성과 함께 미래의 인력 확보를 위하여 출산 장려 정책이 강구되었다.

1940년대 말 유치원은 학교교육을 준비하는 교육체제로 인식되었고, 탁아소는 빈민의 이미지를 제거하기 위해 보육원(daghem, daycare home)으로 이름을 바꾸었다. 1950년대 말 방과후 보육시설의 운영시간이 학교수업 전과 후로 확장되었으며, 이로 인해 레저타임센터(fritidshem)로 명칭을 바꾸게 되었다. 1948년에 아동수당제도를 가장 먼저 도입하였고, 1955년에는 출산휴가제도를 도입하였다.

1945~1972년이 보편주의 보육제도의 도입기라면,「취학 전 보육법(Preschool Act)」이 제정된 1973년부터는 보편주의 보육제도의 확장기에 접어들었다고 할 수 있다(한유미 외, 2005).

1970년대 이후 공보육 서비스를 확장해 오고 있지만, 공급이 충분했던 것은 아니다. 1980년대 이후로는 탁아정책에 대한 문제가 항상 선거의 주요 쟁점 사항이 되었고, 각 정당의 입장에 따라 탁아시설의 확충이나 혹은 가정 양육지원에 대해 의견이 분분하였다. 스웨덴의 보육수준은 세계 제일의 수준으로 공립보육은 물론 사립보육에 대한 재정 지원과 양질의 양육을 위해 정부에서의 감독이 철저하게 이루어지고 있다.

1990년대 중반에 들어서 '보육의 교육화'의 이념을 채택하면서 국가의 책임을 강화하기 시작했다. 1995년에 마련된「유아학교법」에 의해 1~12세 아동이 보육서비스를 필요로 할 경우 지자체가 제공해야 할 의무를 갖도록 규정하고, 집 가까운 곳에서 보육이 이루어지도록 했다. 물론 영리 목적의 보육시설이 늘었지만, 공립과 동일한 보조금을 지원하고, 지자체의 인가를 받아야 하며, 사용료는 지방표준보다 높아서는 안 되며, 공립시설의 대기 이용자를 받아야 하는 조건을 준수하도록 했다. 서비스 공급과 부모 부담, 민간시설에 대한 규제도 강화해 가고 있다(한국여성정책연구원, 2008).

1996년 7월부터 보육업무를 보건복지부에서 교육주관 부처로 이동하고, 1998년 관련법규를 사회사업법에서 교육법으로 변경하여 1998년부터 국가 수준의 보육 목표와 지침을 제시하여 이에 따른 퓌르스콜라에서 보육을 실시하도록 하고 있다(서문희, 송선영, 2011).

(2) 보육제도의 체계

1998년 8월에 복지부에서 담당하던 보육을 교육부로 이관하여 영유아 대상 보육과 교육의 통합을 이루므로 스웨덴의 유아교육기관과 보육시설은 일원화되었다. 퓌르스콜라(förskola)는 유치원과 어린이집이 통합된 기관이다.

스웨덴 보육 대상은 1세부터 12세 아동이며, 서비스는 기관보육과 가정보육(family day care)으로 크게 두 가지 형태로 나뉜다. 만 1~5세 아동을 위한 퓌르스콜라로 불리는 유아학교(pre-school)와 개방형 유아학교(open pre-school), 초등학생을 위한 레저타임센터 및 개방형 레저타임센터로 구분된다. 또한 만 6~7세를 위한 유아학급을 운영하고 있으며, 스웨덴의 의무학령기는 만 7세부터 시작한다(문무경, 2006). 스웨덴 보육기관의 유형을 구분하면 다음 〈표 3-9〉와 같다(한옥자, 2016).

● 표 3-9 ● 스웨덴의 보육기관 유형

기관		이용아동 연령	특징
유아학교	퓌르스콜라 (시설보육, pre-school)	만 1~5세	• 취업 혹은 학업 중인 부부 이용 원칙 • 가장 보편적인 취학 전 보육유형 • 미취업상태이거나 육아휴직인 경우에도 이용 가능 • 연중무휴 종일제(부모 근무 시간에 따라 조정 가능) • 평균 3학급 정도로 구성 • 학급당 인원은 15~24명 • 3명의 교직원 배치 • 지자체별로 비용 상한액이 정해져 있음

개방형 유아학교 (open pre-school)	만 1~5세	• 전업주부를 위한 시설, 비형식적 기관 • 기관(푀르스콜라)에 다니지 않는 아동이 부모/ 양육자와 함께 이용하는 서비스 시간제(정기적 등록 필요없음) • 부모, 가정보육교사 등이 함께 방문하여 가정에 서 접하기 어려운 교재 등을 이용 • 주로 3세 미만 아동을 대상으로 함 • 학기 중: 시간제 위주로 제공됨 • 방학 중: 전일제 위주로 제공됨
유아학급 (pre-school class, förskoleklass)	만 6세 취학 전 아동	• 취학 직전 유아를 위한 기관으로 초등학교 내 위치 • 반일+방과후 보육으로 구성됨 • 높은 이용률(99%)로 준 의무교육에 해당 • 연간 525시간이 무상으로 제공됨
취학 아동을 위한 보육		
가정보육시설 (pedagogical care)	만 1~12세	• 비형식적 기관 • 2009년부터 family day care에서 pedagogical care로 명칭변경 • 아이를 돌봐 주는 사람이 가정으로 방문하여 보 육을 하는 경우 • 지방정부로부터 승인을 받은 가정보육모들이 자신의 집에서 여러 명의 아이들을 보육 • 지방자치단체의 아동보육시설들이 가정보육 제공 • 만 1~12세 이용 가능(보통 만 1~5세 이용) • 가정보육과 방과후 센터는 취업/학업 중에만 이 용 가능 • 지자체별로 비용 상한액이 정해져 있음
여가활동센터	만 6~12세 (개방형 여가 활동센터)	• 부모가 취업/학업 중인 경우 도움을 주기 위해 구성 학교를 다니지 않거나 학교가 휴일인 경우 아동을 보육 • 학교에 다니는 경우에는 학교에서 경험할 수 없 는 경험을 제공함으로써 아동발달을 지원함 • 연중무휴, 시간제 서비스 제공 • 지자체별로 비용 상한액이 정해져 있음

출처: 최윤경 외(2015). 스웨덴의 육아정책: 교사정책을 중심으로. 육아정책연구소. pp.8-9 수정 · 보완.

① 시설보육(푀르스콜라, pre-school)

초등학교나 유아학급에 다니기 전인 만 1~5세 아동은 푀르스콜라(preschool)나 개방형 푀르스콜라(open pre-school), 가정보육(family day care) 등의 서비스를 이용할 수 있다. 그 중 가장 보편적이며 우리나라의 어린이집과 가장 유사한 보육유형이 푀르스콜라이다. 오전 7시 이전에 시작하고 오후 6시 이후까지 운영한다. 시설 정원은 평균 42명으로 소규모로 운영되고 있다.

② 개방형 유아학교(개방형 푀르스콜라, open pre-school)

스웨덴에는 전업주부나 시간제 취업부모를 위한 가족지원센터로 아이 돌보는 사람들에게 사회적 · 교육적 자극을 주는 활동을 제공하는 곳이 개방형 푀르스콜라이다. 1991년에 모든 취학 전 아동이 푀르스콜라에서 보육을 받을 권리가 있다는 원칙이 제정되면서 푀르스콜라에 자리가 날 때까지 일시적으로 아동이 머무는 장소로 이용된다. 다른 유형의 보육보다 비형식적인 특성이 있고, 아이들과 함께 부모나 가정 보육모 등 양육자가 프로그램에 참여해야 한다.

주목적은 전업주부나 아이 돌보는 사람들이 함께 모여 양육기술을 키울 수 있는 장소와 기회를 제공하는 것이어서 지역에 거주하는 부모들에게 사회적 네트워크를 형성해 주며, 특히 미취업 부모나 육아휴직 중인 부모에게 중요한 기관이다. 개방형 푀르스콜라는 일종의 가족 지원센터로 기능을 한다(권정윤, 한유미, 2005).

③ 가정보육시설(familly day care)

우리나라의 아이돌보미와 유사하다. 지방자치단체로부터 승인을 받은 가정보육모들이 보통 자신의 집에서 여러 명의 아이들을 보육하는 것이다. 가정보육시설을 운영하려면, 가정보육모의 집은 지자체의 조사를 받고, 승인을 얻어야 한다(이삼식, 2012). 가정보육에서는 다양한 연령대(1~12세)의 아이들을 함께 돌볼 수 있다. 운영시간은 부모의 스케줄에 따라 융통성 있게 조정될 수 있다. 가정보육모들은 자신의 자녀도 함께 돌보는 경우가 있는데, 이때 지방자치단체로부터 자신의 아이를 포함해 지원을 받을 수 있다(Pestoff & Strandbrink, 2002). 공공보육시설과 놀이센터가 늘어남에 따라 가정보육시설에 입소하는 아동 수가 점차 감소하고 있는 실정이다.

④ 유아학급(pre-school class)

초등학교 안에 유아학급을 설치하여 초등학교에 들어가기 전에 유아가 다니는 곳으로 초등학교와 자연스럽게 연계하는 데 목적을 둔다.

⑤ 놀이센터(여가활동센터, leisure time center)

학령기 아동을 위한 대표적인 보육시설로 초등학교에 다니는 만 6~12세 아동을 위한 시설이다. 놀이센터는 학교 수업 전후나 학교가 쉬는 날에만 운영되고 공공 보육시설과 마찬가지로 교육과 실생활이 함께 이루어진다.

⑥ 부모협동보육

스웨덴 민간영역 보육의 주류는 부모 협동방식으로 운영된다. 지방자치단체가 관리하는 대신 개인이나 단체가 설립하는 사립 어린이집으로서 교육적으로 부모들이 직접 참여하여 발달에 적합한 환경을 구성할 수 있기 때문에 민간시설로 운영되는 부모협동어린이집을 이용하는 아동의 수가 점점 증가하고 있다. 학부모가 부모협동시설을 운영할 경우 국가나 지자체로부터 보육 공간 확보 시 별도의 재정지원을 받는다.

⑦ 레저클럽(leisure club)

레저클럽은 9~12세의 고학년 학생들을 대상으로 다양한 레저를 즐길 수 있는 보육이다. 아동의 수업시간 이외의 시간(방과후, 휴일 등)에 부모가 일이나 공부를 해야 할 경우 보육을 제공해 준다(권정윤, 한유미, 2005). 자치정부에 따라서는 놀이센터에 나가지 않는 학생들을 위해 수시로 이용할 수 있도록 놀이 장소를 제공하기도 한다.

⑧ 방과후 보육(after-school center)

방과후 또는 학교의 휴일에 아동에게 보육을 제공하는 시설이다. 방과후 보육은 아동의 자주적인 활동을 중심으로 진행하며, 아동지도원과 보육자는 아동의 놀이를 지도·감독한다.

5) 일본

(1) 보육제도 발전과정

일본에서의 탁아(child care)사업은 명치시대(1868~1912) 때 초등의무 교육을 실시하면서 아동들이 데려온 어린 동생을 돌보아 주는 시설을 제공한 것이 시초라고 볼 수 있다. 일본 각지에서 초등학교에 '아이 보는 학교'를 부설로 하거나, 농번기에 '아이를 맡기는 곳'이 곳곳에서 만들어졌다. 이에 따라 취학아동보다 어린 영유아를 학교에 데리고 오면 교육시간 동안 해당 영유아를 별실에서 보호하는 코모리학교(子守學校)가 등장했다(久保いと, 1990).

이 시설은 나중에 취업 부모들의 요청에 부응하여 '유치원아보호회'로 자리 잡게 된다. 이러한 시설은 어디까지나 취업한 부인 또는 생계 궁핍자에 대한 동정이나 인도주의적 생각에서 비롯된 민간 독지가에 의한 원조활동의 하나로 행해진 것이다.

명치시대의 대표적인 탁아소로는 도쿄의 후타바(二葉) 보육원(1915년 후타바 유치원에서 후타바 보육원으로 개칭)과 오사카의 아이젠 보육소(1909년 설립)를 들 수 있다. 그 후 부인들의 노동력 확보를 위해 공장 탁아소가 개설(1889)되면서 그 수가 증가하기 시작하였다. 내무부는 빈곤가정의 복지와 사회적 안정을 위해 탁아사업의 필요성을 인식하고 민간탁아소에 보조금을 지급하기 시작하였다.

대정시대(1912~1926)에 공립탁아소가 설립(1919)되기 시작하였고 농촌에는 농번기 탁아소가 설치되기도 하였다.

소화시대(1926~1989)에는 시민관에 탁아소를 설치하였고 공립탁아소에는 무료로 점심이 제공되었으며, 1938년에는 복지부가 신설되어 종전 내무부에서 담당하는 보육사업은 아동국이 담당하게 되었다. 이어진 제2차 세계대전으로 인해 정부에서는 여성 노동력을 흡수하는 일환으로 보육시설이 급증하였다.

1947년 「학교교육법」과 「아동복지법」이 제정되면서 제2차 세계대전 이전의 탁아소가 보육소로 전환되었고, 또한 「아동복지법」이 제정되어 유아를 위한 보육이 법적으로 정비되어 유치원과 보육소로 이원화되는 계기가 되었다. 부처도 교육성과 후생노동성으로 나누어 각각 유치원과 보육소를 관장하는 이원화된 행정체계 내에서 아동을 보육하고 있다(서문희, 송선영, 2011). 당시의 「아동복지법」에는 보육의 대상을 모든 아동이라고 규정하고 있었으나, 제5차 개정(1951년)에 의해 보육소는 보육이 '보육에 결함이 있는 아동'을 돌보아 주는 시설로 자리 잡아 갔으며 이후 보육소는 요보호 아동을 보육 대상으로 하여 보호한다는 것이 보육소의 중심 기능으로 자리 잡아 갔다.

1950년대와 1960년대는 '일본 어머니 대회' 등 풀뿌리 운동으로서의 보육운동의 결실이 현재의 체제와 제도의 기틀을 마련하였던 시기라 볼 수 있다. 1965년에는 4세와 5세아를 위한 보육지침이 마련되었고 저소득층 근로 여성의 자녀를 위한 보육소와 초등학교 준비과정의 유치원을 이원화하는 것을 확고히 하였다. 이러한 보육제도가 본격적으로 정비된 것은 1960년대 이후로, 소규모 보육소 설치와 영아를 위한 특별보육대책이 제시되었다.

'보육소 긴급정비 5개년 계획'(1967~1971)을 수립하고 보육소 설치인가 절차 간소화(1965년) 및 설치기준 완화(1967년), 도심지 보육소 인가 정원의 완화(1968년) 등 적극적인 태도 변화를 보였다. 그리고 '사회복지시설 긴급정비 5개년 계획'(1971~1975) 등에 의해 양적으로 일정 수준을 확보하게 되었지만 영아보육, 연장보육, 장애아보육 등의 질적인 보육 대책까지는 대응하지 못하였으며 이에 따라 미인가 보육시설, 민간사업자, 기업에 의한 보육서비스가 확대되는 결과를 초래하였다.

1980년대 이후로는 기혼 여성의 취업 증가로 인한 출산율 감소와 취업 시간의 다양화, 유아교육에 대한 의식 변화 등을 이유로 보육소의 질적 향상에 주력하였다. 질적인 보육대책에 대한 방안이 모색되기 시작된 것은 1986년부터 일시적인 경기 활성에 따른 일손의 부족과 1989년에 시작된 합계특수 출생률의 저하에 따른 위기감이 인식되면서부터였다.

일본의 보육정책은 1990년대 이후 소자녀화가 가속화되고 급속한 고령화가 이루어지는 가운데 발전하였다. 1994년 12월에 발표된 보육, 고용, 교육, 주택 등을 아우르는 종합적인 대책인 '엔젤플랜'을 문부성(교육성), 후생성, 노동성, 건설성 등 4개 부처의 합의하에 만들어 소자화(저출산화)라는 보육문제로 인해 '일과 가정 양립 지원 특별지원 사업'이 시작되었고, 각지에서 가족지원센터가 설립되었다(民秋, 河野, 2005).

1994년부터 1999년 동안 추진한 보육정책인 엔젤플랜으로 이원화되어 있는 유치원과 보육시설을 기능적으로 통합하기 위한 노력이 이루어진 바 있다. 시설을 공유하거나, 서로 교류하는 사례도 점점 보이기 시작하였다. 그 후 '긴급보육대책 5개년 사업'(1995~1999)이 실시되었고, 2001년부터 고이즈미 내각은 규제 완화를 통해 보육 원아 수를 2005년까지 15만 명 더 늘리겠다는 '대기 아동 제로 작전'을 추진했다(정미라, 오미회, 2004; 황성하, 남미경, 2012; 泉眞樹子, 2005). 이를 통해 보육시설의 기준 완화 및 설립 주체 확대로 보육소 설립을 촉진하고, 15 공립 보육소의 민간 위탁을 추진했다. 그러나 이러한 조치들이 보육서비스의 질을 저하시켰다는 비판도 제기됐다(유해미 외, 2011).

2000년의 '신엔젤플랜(2000~2004년도의 5개년 계획)'은 앞서 2002년 9월에 발표된 '소 자녀 대책 플러스 원' 그리고 '차세대 육성지원 정책'(2003년 「차세대 육성지원 정책 추진 법」 제정)에 이어지고 있다. 신엔젤플랜을 마련하여 범정부적으로 소자녀화 현상에 대 비했다는 것은 자녀양육을 개인적인 문제가 아니라 사회가 함께 거들어야 할 문제로 본 결과이며, 이는 국가가 지원하는 방향을 모색한 정책으로 많은 보육소를 설립하고 다양한 보육서비스를 제공하였다. 연장보육, 휴일보육, 장애아보육, 일시보육, 질병 중 인 아동보호, 영유아 건강지원 등 다양한 시설과 함께 이용시간대를 다양화하고 자녀 양육에 필요한 정보를 제공하는 자녀양육 지원센터를 확충하였다.

문부성과 후생성(1998)이 '유치원과 보육소의 시설 공용화 등에 관한 지침'을 밝히고, 2006년 보육소와 유치원 통합을 위한 과도기적 기관으로 '인정 어린이원(認定こども園)' 이 출현하였다. 그러나 초기 제도는 실패하였고 이것을 계기로 각지에서 '유보일원화' 가 시도되었다. 그러나 인정 어린이원은 기존 시설의 규정 및 기준을 복합적으로 채택 하면서 복잡한 운영 시스템의 문제가 노출되어 크게 활성화되지 못해 인정 어린이원을 통한 유보일원화는 크게 진척되지 못했다. 2009년 보육제도 개선 등의 복지 공약을 내 세운 민주당이 집권하면서, 보육 및 육아 관련 정책을 통괄하는 '어린이 가정성(子ども 家庭省)'을 신설하고 기존 시설들을 '종합 어린이원(綜合こども園)'으로 전환해 유보일원 화를 이룰 것을 천명했다. 그러나 2012년 자민당, 공명당, 기존 보육계와 교육계의 반 대로 이 공약이 무산되면서 2015년 4월 '아동·가정양육 지원을 위한 신(新) 제도' 실시 와 함께 「인정어린이원법」을 개정하여 기존 인정어린이원 유형 중 '유보연계형 인정어 린이원'을 보완하여 운영하고 있다.

인정어린이원의 특징은 유치원 교육요령과 보육소 보육지침의 기준에 근거해 0~2 세는 보육소 기준이며 3~5세에 대해서는 두 시설의 기준을 모두 고려한 것이라는 점 이다(강란혜, 2008; 조성호, 2014; 현정환, 2001).

일본 정부는 보육시설 부족문제를 해소하기 위해 기존 보육시설의 정원 규제를 완화 했고, 기업들이 사원들을 위해 설치하는 보육시설의 경우 이제까지 직장 인근 등으로 제한했던 설치 장소 관련 규제를 철폐하여 보육소 설치 기업뿐 아니라 다른 회사 직원의 자녀들도 사용할 수 있도록 장려할 방침이다.

(2) 보육제도의 체계

일본의 보육시설은 전통적으로 인가보육소와 인가 외 보육소로 구분된다.

① 인가보육소

인가시설의 경우 대부분 지방정부와 사회복지법인이 공급 주체이므로 시설과 운영에 대해 자치단체가 원하는 기준을 엄격히 적용받으며 정부가 운영비의 일부, 혹은 전부를 지원한다. 종일제를 기본으로 시간제 보육, 야간보육, 병아보육 등 다양한 유형의 서비스를 제공한다.

인가보육소는「아동복지법」의 법령에 준하여 도(都)·도(道)·부(府)·현(縣) 및 시(市)·정(町)·촌(村)에 설치할 수 있으며 공립과 사립이 있다.

국공립보육소는 생후 2개월~만 3세의 영유아들을 보육하는 곳으로 경우에 따라서는 5세까지도 보육한다.

② 인가 외 보육소

인가 외(미인가) 보육소는 인가되어 있지 않은 보육시설을 말한다. 일정한 요건만 갖춘 곳으로 개인이 운영하는 곳이 대부분이며 재정 지원을 받는 곳도 있고 그렇지 않은 곳도 있다.

③ 인정어린이원

'인정어린이원'은 2015년 4월 일본에서 인정어린이원 정책이 시행되면서 유치원과 어린이집의 기능을 통합한 법적 시설을 의미한다. 따라서 유치원은「아동복지법」에 의한 보육의 내용을, 보육소는 3세 이상 유아에게「학교교육법」에 규정된 교육의 내용을 포함함으로써 상호보완적인 역할의 보육을 한다. 단, 행정, 재정지원은 문부성과 후생노동성이 달리 맡고 있다. '인정어린이원'은 설치자가 다른 유치원과 보육시설이 상호 제휴 협력하는 '유보(幼保) 제휴형', 유치원이 보육기능도 함께 가지는 '유치원형', 보육시설이 유치원의 기능을 함께 가지는 '보육소형', 그리고 지방의 특성에 따라 유치원과 보육소 기능을 공동으로 가지는 시설을 새로이 마련하는 '지방 재량형'의 4가지 유형이 있다.

인정어린이원의 시설 및 운영 기준은 문부과학성 장관과 후생노동성 장관의 협의에 의하여 결정되며 기본적으로는 지방정부의 조례에 인정기준을 밝히게 하고 있다(서문희, 송선영, 2011).

그 외 보육서비스는 다음과 같다.

- 일시보육: 1990년에 시작된, 시간제 근무 등 여성의 근무 형태의 다양화와 함께 일시적인 보육과 보호자의 간병 등에 의한 긴급 시의 보육수요에 대한 대응책으로서 특별보육사업의 지역 보육센터 사업 형태이다.
- 휴일보육: 일요일, 공휴일 등 휴일에 보육을 실시하는 것으로 보육시간은 대체로 오전 7시 30분에서 오후 6시 30분까지이다.
- 역전보육: 1994년에 시작된 역전보육은 역 건물이나 주변 건물에 시설을 설치하고 보육하는 형태로서 통근하는 도중에 아동을 맡기고 데려오기 쉬운 편리성을 강조하기 위한 보육 형태이다.
- 보육 마마(가정보육모): 가정에서 소수의 아동을 보육하는 형태이다. 대기아동 해소 방안으로 일부 시 · 정 · 촌에서 지방정부사업으로 도입하고 있다.
- 연장보육: 근로 여성의 근무 시간의 다양화, 통근 거리의 원격화 등에 따른 보육시간의 연장에 대한 수요에 대응하기 위해 통상 보육시간(오전 8시 30분부터 오후 6시까지 하루 8시간 보육)을 넘어 오후 7시까지, 또는 특별한 사정이 있는 경우는 8시까지 연장보육을 실시한다.
- 야간보육: 1981년부터 개시된 제도로서 대도시 및 그 주변에서 야간보육에 대한 수요에 대응하기 위해 대개 오후 1시경부터 오후 10시경까지 행하고 있다. 특별한 사정이 있는 경우는 오전부터 보육할 수 있다.
- 계절 보육소: 농어촌의 바쁜 시기에 계절적으로 시기를 정해 실시하는 보육시설이다. 주로 시 · 정 · 촌의 공민관이나 사원 등을 이용하여 실시하고 있다.
- 베이비 호텔: 무인가 보육시설로 야간보육, 숙박을 겸한 보육 또는 시간 단위의 임시보육 중 하나를 시행하고 있는 시설을 말하며 보육시간의 탄력적인 운영, 수속이 쉽고 입소가 용이한 점, 저렴한 보육료 등의 이점이 있으나 보육시설의 열악함이 가장 취약한 문제로 지적되고 있다.

● 표 3-10 ● **주요국의 보육서비스 유형**

구분	시설 중심 보육(center-based care), 가정보육(family day care)				학령 전 학교(Pre-school)	
아동연령	0	1	2	3	4	5
한국	어린이집					
				유치원		
영국	탁아소, 보모(childminders), play group			play group, 탁아소, 유아교육기관 (만 3~4세 아동은 주당 12.5시간의 무상교육)		
미국	아동보육센터 (child care center, day care center)			보육학교	예비유치원	유치원
프랑스	• 시설 중심: Crèche(전일제) • 가정보육: Assistant maternalles(전일제)			pre-school: École maternelle		
스웨덴	• pre-school: Forskola, 전일제(주당 30시간) • 가정보육: Familie daghem(대체로 지방에서 운영)					pre-school class(유아학급)
일본	시설보육 가정보육				유치원	

출처: OECD 회원국의 보육서비스(육아정책연구소, 2012. 4.). OECD (2012), Early Childhood Education and Care Indicators. www.oecdorg/els/socialfamily/database 내용을 축소, 보완하여 정리함.

제 **4** 장

영유아 발달의 이해

1. 영유아의 발달

2. 발달이론

1. 영유아의 발달

어린이집과 유치원은 영유아가 생애에 걸쳐 인간 형성의 기초가 되는 중요한 시기에 하루 대부분의 시간을 보내는 곳이다. 영유아와 하루의 대부분을 보내는 보육교직원들은 영유아의 전인적 발달을 위해 영유아의 발달을 이해하고 어떻게 상호작용하는가는 매우 중요하다. 따라서 영유아의 모든 발달 측면을 설명하는 발달이론에 대해 살펴보고자 한다.

1) 발달의 개념

발달(development)이란 인간의 생명이 시작되는 수정의 순간에서부터 죽음에 이르기까지 전 생애를 통해 이루어지는 모든 변화의 과정을 의미하고 이것을 '전 생애적 발달(life-span development)'이라고 부른다. 따라서 생애 발달 심리학의 입장에서 본 발달은 신장, 체중의 증가와 같은 양적인 변화만을 뜻하는 것이 아니라 신체적·심리적 측면에서의 질적인 변화도 포함한다. 발달과 유사한 개념으로 성장(growth)과 성숙(maturation)의 용어가 사용되는데 성장은 주로 신장 및 체중이 증가하는 신체의 양적인 변화를, 성숙은 생물학적 프로그램에 따른 변화를 의미한다.

2) 발달의 원리

인간의 발달은 문화에 따라 예외가 있지만 대개의 경우 아동들은 보편적이고 일반적인 원리에 따라 발달한다. 영유아를 이해하고 교육하기 위해서는 발달의 원리를 알아두는 것이 필요하다.

(1) 인간 발달에는 순서가 있으며, 이 순서는 일정하다

발달의 변화는 예측 가능한 일정한 방향으로 진행되며 질서 정연한 순서로 변화가 일어난다. 영아는 3개월이 되면 목을 가누고, 6~7개월이 되면 앉을 수 있게 된다. 8개월에는 잡고 혼자 일어설 수 있으며, 8~9개월에는 기어 다니기 시작하고, 12개월이 지나면서 걷기 시작한다. 행동에 개인차는 있지만 목 가누기 → 앉기 → 기어 다니기 → 잡고 일어서기 → 혼자 일어서기 → 혼자 걷기의 발달 순서가 바뀌는 일은 없다.

발달에 이처럼 일정한 순서와 방향이 있다는 원리는 발달의 전 단계가 다음 단계의 기초가 된다는 것을 의미하며, 다음 단계로 이행한다는 것은 낮은 차원에서보다 높은 차원으로 발달이 이루어진다는 것을 뜻하기 때문에 중요하다.

(2) 발달에는 일정한 방향이 있다

발달은, 첫째, 상부에서 하부로, 즉 머리에서 발 방향으로 진행되며, 둘째, 중심에서 말초 방향으로 진행된다. 영아는 처음에는 팔 전체를 움직이는 운동을 하다가 점차 손목과 손가락의 순서로 움직이게 된다. 셋째, 전체 활동에서 세분된 활동으로 발달한다.

(3) 발달에는 개인차가 있다

발달은 보편적인 순서에 따라 일어나지만 개인마다 차이가 있다. 각 개인은 인간 발달 예정표의 범위 내에서 자기 자신의 개인적 시간표에 따라 발달해 가는 것이다. 예를 들어, 10개월경부터 걷기 시작하는 영아가 있는가 하면, 1세 반이 지나서 걷기 시작하는 영아도 있다. 2세 가까이 되어도 걸으려 하지 않는 경우는 전문기관에 상담할 필요가 있지만 약간의 차이에 지나친 신경을 쓰지 않는 것이 중요하다.

(4) 발달에는 결정적 시기가 있다

결정적 시기(critical period)란 유기체의 발달적 변화에 가장 큰 영향력을 갖는 특별한 시기를 의미한다. 즉, 인간의 발달은 어느 시기에나 가능한 것이 아니라 발달영역에 따라 가장 용이하게 이루어지는 최적의 시기가 있다.

생의 초기단계인 영유아기의 발달은 이후 모든 단계의 성장과 발달을 좌우한다. 즉, 어떤 기관이나 기능의 발달은 특정한 시기에 급격히 진행된다. 이때에 정상적인 발달이 장애를 받으면 영구적인 결함을 지니게 되는 경우가 많다.

(5) 발달의 각 영역은 서로 밀접하게 연관되어 있다

인간의 모든 발달 측면─신체적ㆍ지적ㆍ사회적ㆍ정서적─은 각기 독립적이기보다는 밀접한 연관성을 가지고 발달해 간다. 생물학적 과정은 인지적 과정에 영향을 미치고 인지적 과정은 사회·정서적 과정에 영향을 미치며, 사회·정서적 과정은 인지적 과정에 영향을 미친다.

2. 발달이론

1) 정신분석이론(psychoanalysis theory)

프로이트(Freud)의 이론을 심리성적 발달단계(psychosexual development)라 하는데, 그 이유는 성적 에너지인 리비도(libido)가 집중된 부위(입, 항문, 성기 등)에 따라 아동기의 발달단계를 나누기 때문이다. 각 단계에서 리비도가 추구하는 욕구가 적절히 충족될 때 아동은 정상적인 성격발달을 이룬다고 보고 있으며 리비도가 심하게 억압되거나 좌절되면 그 신체 부위의 욕구에 고착된다고 하였다.

프로이트가 제시한 5가지의 발달단계를 살펴보면 다음과 같다.

(1) 구강기

구강기(oral stage)는 생후 1년까지이다. 성적 에너지인 리비도가 입, 혀, 입술 등 구강에 집중되어 있으며 영아는 입, 입술, 혀, 잇몸 등으로 젖을 빨 때 본능적 욕구를 충족하며 쾌락을 얻는다. 만일 이 시기에 충분한 구강 만족을 얻지 못하거나 과잉 충족이 되었을 경우 영아는 구강에 지나치게 집착하여 다음 단계로 넘어가지 못하고 이 시기적 특성에 고착되는 현상이 나타난다. 구강기 고착 경험은 성격발달에 지속적인 영향을 미친다.

(2) 항문기

항문기(anal stage)는 1세 이후부터 3세까지의 시기이다. 일차적 성감대가 구강에서 항문 주위로 옮겨 간다. 리비도는 항문에 집중되어 영아는 대변을 보유하거나 배설하는 데서 쾌감을 느낀다. 이 시기 아이들은 대소변을 가리는 훈련을 받게 된다. 대소변 가리기 훈련을 통하여 처음으로 외부로부터 제한과 통제를 받는 경험을 하게 된다.

(3) 남근기

제3단계인 남근기(phallic stage)는 약 3~6세 사이에 나타나며 리비도가 아동의 항문에서 성기로 자리를 옮기게 된다. 성기는 사춘기에 나타나는 호르몬의 변화 없이 성적 민감성을 나타낸다. 아동은 자신의 성기를 만지고 자극하는 것에서 쾌감을 느낀다. 또한 반대 성의 부모에게 강한 매력을 느끼게 되어 남아는 오이디푸스 콤플렉스(Oedipus complex), 여아는 엘렉트라 콤플렉스(Electra complex)를 경험한다.

(4) 잠복기

잠복기(latency stage)는 약 7세경에 시작되어 12, 13세경까지 나타난다. 리비도가 신체적 부위에서 특별히 한정되지 않고 무의식 속에 잠복된 시기로 새로운 의미 있는 갈등이나 충동은 일어나지 않는다. 이 시기는 오이디푸스 콤플렉스를 극복하고 난 후, 성적 욕구가 철저히 억압되어 심리적으로는 비교적 안정되고 잠잠한 시기이지만 그 감정은 무의식 속에 계속 존재한다.

(5) 생식기

생식기(genital stage)는 사춘기 이후부터 나타난다. 이 시기에 접어들면 무의식 속에 억압되었던 성적 욕구가 다시 고개를 들기 시작하면서 진정한 사랑의 대상을 찾아 만족을 얻고자 한다. 생식기는 사춘기부터 성적으로 성숙되는 성인기 이전까지의 시기로 심한 생리적 변화가 특징이며 격동적 단계로 불린다.

2) 심리사회적 발달이론

에릭슨(Erikson)의 심리사회적 발달이론은 인간의 성격발달을 개인과 사회적 환경의 상호작용 결과라고 설명하면서, 다른 사람과의 사회적 관계에 초점을 맞추어 여덟 개의 심리사회적 발달단계를 다음과 같이 제시하였다.

(1) 1단계(0~1세): 신뢰감 대 불신감(trust vs. mistrust)

주된 발달위기는 영아가 세상 혹은 사람을 신뢰할 수 있느냐 없느냐에 관한 것이다. 이 시기의 긍정적 결과는 신뢰감의 획득이다. 어머니로부터 따뜻하고 애정 있는 보살핌을 받게 되면 영아들은 사회에 대한 신뢰를 발달시킬 수 있다.

(2) 2단계(1~3세): 자율성 대 수치심(autonomy vs. shame and doubt)

이 단계의 쟁점은 '자율적'이고 창의적인 사람이 되느냐, 아니면 의존적이고 자기회의로 가득 찬 사람이 되느냐 하는 것이다. 이 시기의 영아는 모든 것을 자기의 힘으로 해결하려고 애쓰는 독립성을 보이기 시작하며 스스로 무엇을 할 수 있음을 보여 주려고 한다. 또한 대소변 가리기 훈련은 자신의 행위에 대한 독립심을 키워 줌으로써 자율성 개발의 기초를 마련해 준다.

(3) 3단계(4~6세): 주도성 대 죄의식(initiative vs. guilt)

이 단계는 프로이트의 남근기에 해당하며 이 단계에서 경험하는 것은 '주도성 대 죄책감'이다. 이 시기는 활동, 호기심, 탐색의 방법으로 세상을 향해 돌진하는 것과 두려움이나 죄책감으로 인해 주저하는 것 사이에 갈등이 발생한다. 4~5세가 되면 유아들은 자신의 행동에 목표와 계획을 세우는 주도성을 습득하게 된다. 행동을 주도하는 데 있어서 바람직한 행동이 아닐 때는 벌을 받을 수 있다. 부모 반응이 일관적이지 않을 때는 주도적 행동에 대해 자신감을 잃고 죄책감을 갖게 된다.

(4) 4단계(6~12세): 근면성 대 열등감(industry vs. inferiority)

에릭슨은 이 시기가 아동의 근면성에 결정적 시기라고 믿는다. 근면성은 아동이 속한 사회에서 성공적으로 경쟁하는 데 필요한 기술을 습득하는 능력이다. 이 단계를 성공적으로 극복하면 개인적으로나 사회적으로 의미 있는 목표를 추구하면서 적극적인 영향력을 발휘할 수 있다는 자신감을 갖게 되나 실패하면 열등감을 갖는다.

(5) 5단계(청소년기): 자아정체감 대 자아정체감 혼란(ego identity vs. identity diffusion)

이 단계는 프로이트의 생식기에 해당되며 에릭슨은 청년기의 자아정체감(ego identity) 확립을 전 생애를 통하여 가장 중요한 발달과업으로 보았다. 청년기에 이르러 신체적 성숙이 이루어지고 부모로부터 정서적인 독립을 할 수 있게 되면 청년들은 자신이 어떤 사람이 되어야 하는가에 관심을 갖게 된다. 이때 적절한 성적 정체감의 발달과 직업에 대한 탐색 및 선택은 개인의 정체감 발달에 필수적이다. 이 의문에 대한 해답을 얻지 못하면 '정체감의 위기', 즉 역할 혼미에 빠지게 된다.

(6) 6단계(성인 초기): 친밀감 대 고립감(intimacy vs. isolation)

이 단계는 청년기에서 성인기로 전이되는 시기를 말한다. 성인 초기는 공식적인 성인 생활이 시작되는 시기로서 성취해야 할 긍정적인 과업은 친밀감이다. 이 시기에 획득한 친밀감은 결혼생활을 성공적으로 수행하는 데 결정적인 역할을 한다. 그러나 자아정체감이나 타인의 정체감을 발견할 수 없을 때는 인간은 고립(isolation)되며 방황하게 된다.

(7) 7단계(성인 중기): 생산성 대 침체성(parental generativity vs. stagnation)

성인 중기가 되면 사람들은 자신의 문제가 아니라 다음 세대를 양육하고 교육하는 것에 관심을 갖게 되는데 이것이 생산성(generativity)이다. 그러나 다음 세대를 돕기 위해 아무것도 하지 못한다는 것이 침체감이다. 침체감의 결과는 인간관계가 황폐화되고 자신의 활동은 침체(stagnation)되어 우리가 잘 아는 인생에 대해 허무감을 갖고 절망하게 되는 '중년의 위기'를 맞게 되는 것이다.

(8) 8단계(노년기): 자아통합감 대 절망감(integrity vs. despair)

이 단계는 노년기에 해당되며 사람들은 자신의 삶을 되돌아보게 된다. 이 시기는 신체적 노화에 적응해야 하고 배우자와 친구들의 죽음을 경험하게 되며 직장으로부터 은퇴하면서 수입의 상실과 함께 사회에서 쓸모없는 인간이라는 심리적 갈등을 겪게 된다. 그러나 자신의 생애를 돌아보면서 기쁘고 즐거웠던 삶뿐만 아니라 슬프고 즐겁지 못한 삶까지도 수용하면서 통합감이라는 것을 경험하게 된다. 반면에 자신이 살아온 삶이 무가치하며 자신의 행위, 대인관계, 자신이 가졌던 가치관 등이 후회 투성이이며 다른 방법을 찾기에는 너무 늦었다고 생각하게 되면 깊은 절망감에 빠져들게 된다(Hopkins, 2000).

3) 인지발달이론

정신분석학 이론이 아동의 무의식적 사고의 중요성을 강조한 반면, 인지이론은 아동의 의식적인 사고를 강조한다. 주요 인지 이론으로 피아제의 인지발달이론, 비고츠키의 사회문화적 인지 이론이 있다.

(1) 피아제의 인지발달이론

스위스의 생물학자인 피아제(Piaget, 1896~1980)의 인지발달이론은 인간을 능동적인 유기체로 보고 유기체의 변화는 외적인 것이 아니라 내적인 변화라는 관점을 취하며 유기체는 환경의 요구에 적응하려는 보편적 성향을 타고난다고 보았다.

이 이론의 중요한 개념은 인지구조의 기본 단위인 도식, 인지발달의 원리인 동화와 조절 및 평형이다.

피아제에 의하면, 인지발달은 감각운동기, 전조작기, 구체적 조작기, 형식적 조작기의 네 단계를 거치며, 이 단계들은 불변적 발달 순서를 이룬다. 각각의 단계는 질적으로 다른 특성을 지니고 있으며 한 단계의 인지구조는 항상 전 단계의 인지구조에 기초를 두고 이루어진다.

① 감각운동기(sensory motor stage)

출생 후 2년 동안의 시기로 영아는 대부분 감각과 운동적 행동을 조절하는 것을 배운다. 생후 1개월경에는 생득적인 반사가 신체활동의 중심이지만 반사와 더불어 자발적인 신체활동이 급격하게 증가한다. 영아는 이 시기를 통해서 환경을 탐색하고 이해하기 위해 빨기, 쥐기, 때리기와 같은 행동 도식을 조직화하게 된다.

② 전조작기(preoperation stage)

2세부터 7세까지의 전조작기는 언어의 습득을 통해 상징적 표상능력을 지닐 수 있게 되고 개념적 사고를 하기 시작한다. 이 단계의 판단은 주관적이고 직관적이나 아직까지 개념적 조작능력이 충분히 발달하지 못하였기 때문에 비논리적이다.

③ 구체적 조작기(concrete operational stage)

7세에서 11세경의 아동들은 구체적 조작기에 접어들면서 사고에 급격한 진보가 일어난다. 구체적인 표상이나 경험에 기초해서 논리적 조작을 할 수 있다. 자기중심성을 탈피하게 되며 보존개념도 획득한다. 그러나 아직도 구체적인 세계에만 한정될 뿐 추상적 사고는 하지 못한다.

④ 형식적 조작기(formal operational stage)

12세 이후부터 성인기까지의 형식적 조작기에는 구체적이고 실제적인 상황을 넘어서 순수한 상징적 추론이 가능하고 논리적 조작이 가능하다. 이 단계에 들어서면 구체적인 대상이 없어도 추상적인 상징체계에 의한 개념 사고가 가능하다.

(2) 비고츠키의 사회문화이론

러시아의 심리학자 비고츠키(Vygotsky, 1896~1934) 이론의 핵심은 그의 저서 『사고와 언어(Thoughts and Language)』(1962) 속에 잘 나타나 있는데, 여기에서 그는 아동이 능동적으로 지적인 능력을 구축해 간다고 보았고, 인지발달이 사회문화적 맥락에서 일어나며, 아동의 인지적 기술의 대부분이 교사, 부모, 또래, 성인 등과의 사회적 상호작용 속에서 발달한다고 말하였다.

① 근접발달 영역(Zone of Proximal Development: ZPD)

비고츠키 이론의 주요 개념은 근접발달 영역의 개념이다. 근접발달 영역은 아동이 혼자서 도달할 수 있는 실제적 발달수준과 좀 더 지적 수준이 높은 성인(부모, 교사)이나 또래의 도움을 받아 도달할 수 있는 잠재적 발달 수준 간의 차이를 가리킨다(Vygotsky, 1978). 근접발달 영역 내에서 성인들이 도움을 주는 발판, 즉 비계설정이 이루어져야 한다. 따라서 근접발달 영역의 개념은 아동의 인지발달에 교사나 성인이 적극적으로 도움을 줄 수 있다는 생각의 이론적 근거이다.

② 언어와 사고의 발달

비고츠키는 사회적 상호작용에 필수 요소인 언어를 인지발달의 가장 중요한 변인으로 간주한다. 비고츠키는 언어와 사고는 그 발생적 측면에서 별도의 기원을 가지고 있으며, 발달과정에서 서로 상호작용하게 되는데 언어가 사고에 비해 주도적인 입장에 선다는 것이다. 반면, 피아제는 인지의 기원은 감각운동기에서 비롯되므로 인지가 언어보다 그 뿌리가 깊다고 보는 것이다. 따라서 인지발달이 선행되어야 언어발달이 진전된다는 주장이다.

4) 학습이론

행동주의이론은 발달에 있어 생물학적 요인보다는 환경적 요인을 더 강조한다. 행동의 발달적 변화를 조건형성의 학습원리에 기초하여 설명하고자 했다. 조건형성이란 특정 자극에 특정 반응이 결합되는 것을 말한다. 여기서는 파블로프의 고전적 조건형성이론, 스키너의 조작적 조건형성이론, 그리고 반두라의 사회학습이론에 관해 살펴보고자 한다.

(1) 고전적 조건화

러시아의 생리학자인 파블로프(Pavlov, 1849~1936)는 개의 타액 분비에 대한 실험으로 고전적 조건형성이론을 제시하였다. 파블로프는 개가 음식을 보거나 냄새를 맡기 이전에 이미 침을 흘리기 시작한다는 사실을 발견하였다. 즉, 음식과 관련된 자극이 타액을 분비하도록 유도하는 힘을 갖는 것으로 보았다. 이러한 학습된 타액 분비 반응을 조건반사(conditioned reflex)라고 부르며, 이런 학습과정을 고전적 조건형성(classical conditioning)이라고 불렀다. 파블로프는 인간의 행동도 자극 간의 연합에 의해 조건형성될 수 있다고 보았으며 자극-반응의 원리에 의해 행동의 통제가 가능함을 보여 주었다.

(2) 조작적 조건화

스키너(Skinner, 1905~1990)는 유기체가 스스로 조작하는 조건형성을 연구하였다. 스키너는 자기가 고안한 작은 상자에 흰쥐를 넣었다. 상자 안에는 지렛대가 장치되어 있어서 그것을 누르면 먹이가 나오도록 고안되었다. 상자 안을 돌아다니던 쥐는 우연히 그 지렛대를 눌러 먹이를 먹게 되고, 그 후 지렛대를 누르는 것과 먹이가 떨어지는 것의 연관성을 학습하게 되어 반복적으로 지렛대를 누르게 된다. 즉, 조작적 조건화가 형성된 것이다. 그러나 우연히 지렛대를 눌렀을 때 먹이 대신 전기 충격을 주면 쥐는 지렛대를 누르는 행동을 하지 않게 된다. 즉, 동물과 사람은 만족스러운 결과를 가져오는 행동에 대해서는 이후에도 계속할 가능성이 높으나 만족스럽지 못한 결과를 가져오는 행동은 줄어든다. 아동들의 문제행동을 수정하기 위해서는 우선 그 아동에게 강화를 줄 수 있는 것이 무엇인지 찾아내고 원하는 행동이 일어날 때까지 기다리다 그 행동이 나타나면 즉각 보상해 줌으로써 행동의 확률을 증가시키는 것이다. 이러한 스키너의 이론을 강화(reinforcement)이론이라고도 하며, 이러한 조작적 조건화의 원리는 아동들의 문제행동을 교정하고 치료하는 데 유용한 기법으로 알려져 있다.

5) 사회학습이론

사회학습이론(social learning theory)은 직접적인 보상이나 벌을 받지 않고도 모델의 행동을 관찰하고 그를 모방함으로써 학습이 일어난다는 것이다.

반두라(Bandura, 1905~1990)는 인간의 사회적 행동이나 성격은 외적 강화가 없어도 다른 사람이 보상이나 벌을 받는 것을 관찰함으로써 자신도 그러한 행동을 더 잘 모방하게 되는 대리 조성의 과정으로 학습된다고 하였다. 반두라에 의하면 관찰된 행동은 주의, 기억, 운동 재생, 동기유발의 네 가지 과정이 필요하다고 한다. 이 중 한 과정이라도 빠지면 사회학습이론의 모형은 불완전한 것이 되며 성공적 모방이 이루어지지 않는다.

6) 애착이론

애착이란 영아와 양육자 간에 형성되는 친밀한 감정을 말한다. 볼비(Bowlby, 1907~1990)는 영아들이 생의 초기에 어머니에 대한 확고한 애착을 형성할 기회가 없었기 때문에 친밀한 인간관계를 맺지 못하는 것으로 해석하였다. 이 분야에 대한 관심은 결국 유명한 애착(attachment)에 대한 연구를 통하여 각인형성을 인간의 영아와 양육자 간의 관계에 적용하게 되었다. 이와 같이 영아는 태어나서 자신을 돌보는 사람, 특히 어머니와 강한 정서적 유대를 맺게 되는데 이것이 애착관계이다. 영아의 애착 발달은 새끼 오리의 각인형성과는 달리 양육자와의 장기간의 과정을 통해 깊은 애정적 관계를 형성하면서 이루어진다(Bretherton, 1992).

7) 생태학적 이론

최근 관심이 높은 브론펜브레너(Bronfenbrenner, 1917~2005)가 제창한 생태학적 이론(1979)에서는 아동발달은 아동을 둘러싼 여러 환경 층의 영향을 받는다고 보았다. 브론펜브레너는 아동을 둘러싸고 있는 생태학적 환경(the ecological environment)을 다섯 가지의 환경체계로 구분하였다. 미시체계(microsystem), 중간체계(mesosystem), 외체계(exosystem), 거시체계(macrosystem), 그리고 시간체계(chronosystem)가 그것이다. 생태학적 이론은 아동을 둘러싼 환경을 직접적으로 큰 영향을 미치는 미시체계로부터 시간체계까지 겹겹의 구조로 체계화하였으며, 이들 각각의 체계와 아동발달과의 관계를 설명함으로써 사회적·역사적 환경의 영향을 강조한 점에서 아동발달을 이해하는 데 기여하였다.

제 **5** 장

영유아기 보육내용의
진행방법

1. 신생아(출생~1개월) 보육 진행방법

2. 영아기 보육 진행방법

3. 유아기(만 3~5세) 보육 진행방법

1. 신생아(출생~1개월) 보육 진행방법

영아의 월령이 낮으면 낮을수록 성장과 발달의 속도는 급격하다. 신장과 체중의 증가가 크고, 감각기관도 발달하며 자신을 둘러싼 세계를 인지하기 시작한다. 이 시기의 발달은 생득적·생리적 기능에 의한 것이 크지만, 영아가 생활하고 있는 환경, 특히 주위의 어른과의 따뜻한 상호 응답적인 관계 안에서 촉진되므로 영아는 존재 그 자체를 어른에게 위임하고 있다고 해도 과언이 아니다. 따라서 월령에 따른 아이의 발달 특징에 적절한 보육내용에 대해 보육교사가 어떤 역할을 해야 하는지에 대해 살펴보고자 한다(宮原, 1998).

1) 성장 및 운동 발달

출생 시 신생아의 신장은 약 50cm, 머리둘레는 약 34cm, 흉위 약 33cm이다. 흉위는 출생 시에는 머리둘레보다 어느 정도 작은 편이지만 1년 후에는 같아지고, 그 이후부터는 점차 가슴둘레가 더 커지게 된다.

신생아에 나타나는 원시 반사는 대뇌피질이 성숙해지고 신경계, 운동계의 조절이 가능해졌다는 것을 나타내는 것이며, 중추신경계가 성숙하면 이러한 반사의 대부분은 일반적으로 생후 4, 5개월경에 소멸된다.

생후 2~3주경 신생아는 만복이나 공복, 신체의 안정, 불안정 등의 상태를 느끼는데, 유쾌할 때는 잠을 자고, 불쾌할 때는 눈을 뜨고 운다.

2) 생리적 기능

(1) 수면

신생아의 수면을 위해서는 실온, 환기, 채광, 소음, 침구 등에 유의하고 신생아가 목을 가눌 수 없는 상태에서 엎드려 자면 질식의 우려가 있기 때문에 수면 중에 아이의 상태를 자주 확인해야 한다([그림 5-1]). 침구는 요가 너무 부드럽지 않은 것을 사용한다. 얼굴에 모포, 수건 등이 덮여져 있지 않은지, 신생아가 젖을 먹은 뒤에 토하는 일은 없는지 충분히 주의해야 한다.

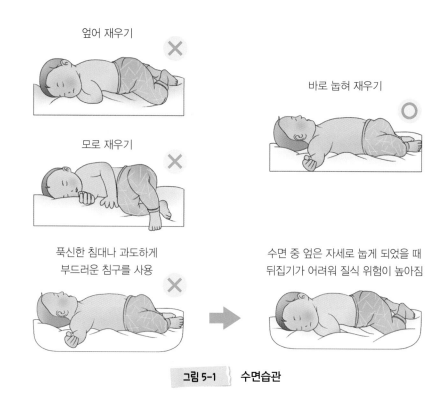

엎어 재우기

바로 눕혀 재우기

모로 재우기

푹신한 침대나 과도하게
부드러운 침구를 사용

수면 중 엎은 자세로 눕게 되었을 때
뒤집기가 어려워 질식 위험이 높아짐

그림 5-1   수면습관

수면을 위한 환경

침구에는 요를 준비해 둔다. 요는 딱딱한 질의 것을 사용한다. 너무 부드러운 것은 질식의 위험이 있을 수 있으므로 안전을 제일로 하고 위생적인 면에서도 개별로 사용하는 것이 바람직하다.

영아가 안전한 자세로 수면을 취하는 동안은 보육교사는 자리를 뜨지 않는다.

어린이집에서 잠자는 시간에 움직여 돌아다니고 이불에서 빠져 나오거나, 땀을 흘리거나, 기저귀가 젖어 있거나 하는 영아들이 있기 때문에 항상 관찰한다. 또한 안심하고 기분 좋게 눈을 뜰 수 있도록 보육교사가 곁에 있도록 한다.

자고 싶지 않은 영아에 대해서는 보육교사는 융통성을 발휘하여 조용히 놀이 장소에 데려가서 안아 주어 따뜻한 체온이나 심장 소리를 느끼게 하는 것만으로도 아이는 안정되게 잠에 들 수 있다.

(2) 수유

수유의 개시는 출생 후 10시간 전후이며 수유는 신생아기에는 2~3시간마다 하루 7~8회 정도 하게 된다. 수유할 때는 모자 상호관계에 있어 중요한 시기인 만큼 편안한 분위기를 만들고 반드시 영아를 안아서 말을 걸거나 미소를 지으면서 수유하는 것이 바람직하다. 수유 후 금방 침대에 누이면 일유(溢乳, 한 번 마신 우유를 토한다)의 우려가 있기 때문에, 잠시 안아서 트림을 시킨다. 신생아 트림이 중요한 이유는 아기들이 수유 중에 공기를 삼키게 되면 짜증을 많이 내기 때문이다. 짜증을 내며 보채기도 할 때에 혹시 트림이 잘 되었는지 확인해 주는 것도 중요하다([그림 5-2]).

애정을 가지고 수유한다.　　　수유가 끝난 후에 트림 시킨다.

> **TIP** 트림 시키는 방법
> 아이의 두부와 경부를 받치고 아이의 상체를 높게 하여 보육자의 어깨 부분에 똑바로 안아 몸을 수직으로 세우고 등을 가볍게 쓸어 주면 트림시키기 쉽다.

그림 5-2　**수유와 트림 방법**

수유할 때

수유할 때 주변 환경은 불빛과 소음을 줄이고 아기에게 이야기를 많이 하지 말고 차분하고 조용한 분위기를 만들어 준다. 쿠션 등을 이용해 팔과 등이 편안한 자세를 잡고 아기를 안는다. 아기가 완전히 깨어 있을 때 수유하고 젖을 먹는 동안은 아기가 잠들지 않도록 한다. 그리고 수유 시 어머니의 젖이 아기 코를 막아 호흡에 지장을 주지 않도록 한다. 수유는 약 10분 정도 하고 수유 후 약 2~3분 정도 쉰 다음 다시 젖을 빨도록 해 준다.

(3) 울음

신생아가 우는 것은 요구 표현이기 때문에, 양육자는 신속히 그 원인을 제거한다. 대개 공복인 경우, 기저귀가 더러워졌거나 조여졌을 경우, 신체 내부가 아픈 경우 등으로 불쾌함으로부터 벗어나고 싶다고 호소하는 것이다.

(4) 목욕

영아의 목욕은 단순히 아기의 청결을 위해 깨끗이 씻기는 것만을 의미하지는 않는다. 목욕 시간은 아기의 몸을 씻기면서 엄마와 영아가 유대감을 쌓을 수 있는 소중한 시간이다.

생후 첫 일주일간 배꼽이 떨어지기 전에는 미지근한 물에 적신 부드러운 수건으로 닦아 주는 것만으로도 충분하다. 얼굴과 손도 종종 닦아 주고, 엉덩이는 기저귀를 갈아 줄 때마다 닦아 준다. 신생아는 미지근한 물로 씻어 주는 것이 좋으며 1주일에 2~3번 정도가 적당하다. 배꼽이 완전히 떨어지기 전인 1~2주 사이에는 통 목욕을 시키지 말고 수건에 물을 묻혀서 사용한다. 목욕을 할 때는 아기를 물에 빠트리지 않도록 주의한다. 처음 목욕을 시킬 때는 아기가 놀라지 않도록 서서히 물을 묻히도록 한다.

① 목욕할 때 주의점

우선, 목욕에 필요한 비품은 욕조, 세면기, 목욕용 온도계, 목욕 후의 타월, 씻는 포(가제), 비누, 면봉, 빗, 갈아입을 옷, 기저귀 등이 있다.

- 목욕할 때 실온은 20~23℃ 정도로 유지한다.
- 목욕준비를 하기 시작하고 옷을 갈아입힐 때까지 10분 이내로 해야 아기가 피곤해 하지 않는다.
- 더운물의 온도는 여름은 38℃, 겨울은 40℃ 정도로 한다.
- 수유 직후는 피하고 1시간 정도 지난 후 목욕한다.
- 발열, 구토, 설사 등 평소와 상태가 달라서 활기가 없어서 걱정이 될 때는 중지한다.

② 목욕시키는 법

목욕은 태어난 지 얼마 안 된 신생아와 보육자와의 스킨십 시간이다.

① 아기용 목욕 욕조에 80% 정도까지 더운물을 넣는다. 따로 뜨거운 물을 준비한다.

② 얼굴과 머리는 속옷을 입힌 채로 깨끗한 더운물에 가제를 적셔서 얼굴부터 닦는다. 처음에 눈 안쪽에서 눈꼬리를 향하여 닦고, 다음에 얼굴, 뺨, 턱을 문지르지 말고 닦고, 마지막으로 귀를 닦는다.

③ 머리를 닦을 때에는 목 부분을 받쳐 안고, 비누를 묻힌 후, 헹구고, 타월로 닦아서 마무리를 한다. 그다음 속옷을 벗겨서 목, 가슴, 손, 발, 복부 등 순으로 비누를 묻히고 안아서 한 손으로 목 부분을 받치고, 다른 한 손으로 엉덩이를 받쳐서, 다리 쪽부터 더운물에 넣어서 목욕시키고, 물에서 나오면 목욕 수건으로 안아서, 가볍게 물을 닦는다([그림 5-3]). 목욕 후 눈·귀·코는 면봉으로 닦아 준다. 곧바로 옷을 갈아입힌다.

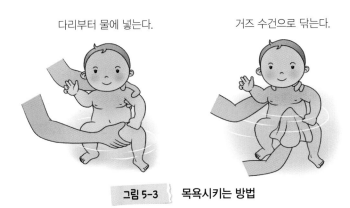

다리부터 물에 넣는다.   거즈 수건으로 닦는다.

그림 5-3   목욕시키는 방법

③ 기저귀 가는 순서

젖은 기저귀를 그대로 방치하면 소변 속의 암모니아로 인해 엉덩이에 습진이 생긴다. 아기의 엉덩이는 잘 씻고 말리는 것이 좋으며 물티슈보다는 물을 이용하여 씻기는 것이 좋다. 기저귀를 갈아 줄 때 "자, 기저귀를 갈자, 기분 좋지?" 하고 말을 건네면 영아의 언어발달에 도움이 된다. 대변이나 소변으로 더러워진 흔적은 남기지 말고 깨끗하게 닦아 내고 청결히 해 준다.

① 새로운 기저귀와 엉덩이를 닦을 때 필요한 물품을 준비한다.

② 따뜻하게 적신 타월로 엉덩이를 닦는 등 젖어 있거나 더러워진 곳을 닦아 내고, 기저귀를 뺀다. 마른 타월로 꾹꾹 눌러 주듯이 물기를 닦아 내고 충분히 건조시킨 후

새 기저귀를 채워 준다. 아기를 반듯하게 눕히고 엉덩이를 들게 한다. 갓 태어난 아기의 몸의 팔은 W자형으로, 다리는 M자형으로 무릎을 굽히고 있는 것을 볼 수 있다([그림 5-4]). 기저귀를 갈 때에나 엉덩이를 닦을 때에도 아기의 자연스러운 상태인 이러한 자세를 항상 유지하도록 한다. 이때 주의할 사항은 잘못된 기저귀 갈기에 의해서 아기의 발목만 잡고 들어 올리게 되어 이 자세가 영향을 받으면 고관절(엉덩이뼈와 다리뼈가 연결되는 관절) 탈구를 일으킬 수 있다(增田, 2005)([그림 5-5]).

③ 한손을 아기 엉덩이 밑으로 넣어 허리까지 받쳐서 살짝 들어 올리고 새로운 기저귀를 채운다.

④ 배 쪽은 손가락이 2개 들어갈 정도의 여유를 둔다. 복식호흡을 저해하지 않도록 주의하고 배꼽 아래까지 기저귀를 채워 배앓이와 소화 장애를 피하도록 한다([그림 5-5]).

⑤ 기저귀를 채우고 옷을 입힌다.

⑥ 영아의 손을 물비누를 바르고 흐르는 물로 씻기고 일회용 종이 타월로 닦는다.

⑦ 기저귀 간 곳과 손댄 물품을 깨끗이 닦고 소독한다.

| 그림 5-4 | 기저귀 가는 체형 | 그림 5-5 | 기저귀 갈 때 방법 |

3) 지각발달

신생아라도 생후 2~3시간 지나면 대상을 응시하는 행동이 나타난다. 특히 물건을 수평으로 움직이면 응시한다. 청각은 엄마의 배 속에서 이미 완성되어 있기 때문에 출생 직후에도 큰 소음이 들리면 몸을 움츠린다. 소리가 나는 방향으로 머리를 돌리기도 하며, 낮은 목소리보다 높은 목소리에 잘 반응한다. 소리나 빛, 색, 피부에 닿는 것 등의 자극에 민감하게 반응한다.

[보육내용]

　신생아기는 모든 것이 반사운동의 세계라 생각할 수 있지만 신생아기의 운동기능은 수의운동이 아니라 원시 반사운동이다. 그 후, 뇌의 성장발달이 촉진됨으로써 여러 가지 원시 반사는 억제되고 수의운동을 획득하며 감정기관과의 협응성도 발달시켜 가게 된다. 보육자는 그 아이의 뇌의 발달을 비롯해 심신의 발육에 대한 지식을 가지고, 경험을 쌓고 그것을 살리면서 무력한 신생아에 대해서는 그 발육을 지원·촉진하는 애정을 가지고 온화하게 영양, 배설, 수면, 의복의 탈의, 목욕, 커뮤니케이션 등의 돌봄을 실천해 갈 필요가 있다.

2. 영아기 보육 진행방법

1) 생후 1~3개월

(1) 성장 및 운동 발달

　영아기는 태내에서 새로운 세상으로 급격한 환경의 변화를 경험하는 시기로 영아는 기어 다니며 얼굴을 조금 든다. 딸랑이 장난감을 쥐어 주면 움직여서 소리를 듣고, 핥고, 냄새를 맡기도 한다.

　이 시기에 영아의 위나 장은 모유를 소화·흡수하고, 신장은 배설하기 시작하며, 피부는 체온조절의 역할을 한다. 모유를 먹는 시간 이외에는 거의 잠을 잔다.

　수유는 일반적으로 4시간마다 4~5회 실시한다. 그러나 3개월까지는 영아가 공복을 호소하며 울 때마다 주는 것도 바람직하다.

(2) 감정발달

　생후 최초의 1개월에 영아는 부모의 소리는 분별하여 들을 수 있다. 강한 소리나 빛에 몸을 떠는 것을 볼 수가 있다. 그럴 때는 아이를 안아 올려서, 흔들어 주면 안정이 된다.

(3) 지각발달

1개월 후반에 접어들면 눈동자를 조금씩 움직여서 사물을 보게 된다. 1개월 전후에는 시력이 완전하지 않아 물체를 수평으로 흔들어야 안정이 되어 시각을 발달시킬 수 있다. 색 지각이 아직 발달되지 않아서 흑백이나 선명한 색을 사용한다. 시각이 발달되면서 생후 2개월이 되면 수평 방향으로 이동하는 움직이는 대상을 눈으로 좇을 수 있다. 시력은 0.02 정도이기 때문에 18~30cm의 거리에서 추시할 수 있다. 또한 판츠 (Fantz, 1961)의 연구결과 생후 2개월경에도 사람의 얼굴 등 복잡한 형상을 좋아하고 응시시간도 길어진다는 것을 설명하고 있다. 영아는 다른 물건과 비교해도 사람의 얼굴에 오랫동안 주목한다. 이는 영아가 태어난 순간부터 어머니의 얼굴을 가장 많이 접촉했기 때문이다. 또한 어머니의 목소리를 알 수 있을 정도로 청각이 발달되어 있다.

(4) 사회성 발달

2개월이 지날 즈음에는 어머니가 달래 주면 얼굴을 보고 생긋 웃는다. 생후 2~3개월경에 사회적인(사람에게 향하는) 미소가 나타난다. 영아는 누구에게도 미소를 보이지만, 특히 상대가 웃어 주는 경우에 더 미소를 짓는다.

놀이   영아의 하루 생활은 모두가 놀이이다. 어머니가 수유하는 동안 영아에게 부드럽고 조용한 목소리로 말을 거는 것, 기저귀를 갈아 주는 것, 노래를 불러 주며 목욕시켜 주는 것 등의 모든 관계를 통하여 즐거움을 배워 간다. 이러한 놀이를 통하여 여러 가지 기능을 학습해 나간다.

- 영아를 달랠 때 오르골이나 소리가 나는 완구를 이용한다.
- 이 시기의 영아는 움직이는 것, 소리가 나는 것을 잘 알기 때문에 모빌은 적색으로 잘 보이는 곳에 매단다. 또한 빠는 장난감, 공갈 젖꼭지 등을 잡게 하거나, 흔들어 보이거나 한다.

(5) 영아와 안전

운동을 아직은 잘할 수 없기 때문에 주위를 안전하게 해 두어야 한다.

- 테이블 등의 가구 위에 영아를 혼자 두지 않도록 한다.
- 영아가 모유병을 받치는 형태로 혼자서 수유할 경우, 폐로 들어가는 위험한 상태가 될 가능성이 있다.
- 영아가 잘 때는 질식하지 않도록 평평한 딱딱한 이불을 사용하고 포근한 베개는 사용하지 않는다.
- 장난감을 쥐어 줄 때는 품질을 확인해서 안전을 기한다.

[보육내용]

　영아는 신진대사가 왕성하고, 분비물, 배설물 등에 의해 피부가 오염될 수 있기 때문에 하루 1회 목욕을 시킨다. 더러워진 기저귀는 바로 갈고, 습진이나 염증을 방지하기 위해 따뜻한 물로 닦으며, 좋은 기분을 느끼도록 항상 청결을 유지한다. 또한 영아의 울음소리를 들었을 때는 보호자는 울음의 원인을 알고 영아의 생리적 욕구에 바로 대응한다.

　양육자를 대신해서 노는 대상이 장난감이다. 장난감이 너무 많으면 과잉된 자극이 되므로 움직이는 장식이나 소리 나는 장난감을 영아 주위에 적절히 두는 것이 필요하다.

2) 생후 3~6개월

(1) 성장 및 운동 발달

　이 시기의 가장 큰 변화는 영아가 목을 가눌 수 있는 것이다. 생후 3개월에는 상반신을 일으키며 발로 차는 연습도 한다. 생후 4개월경에는 주위에 있는 무언가를 만지려 팔을 펴고 뭐든지 가져와서 입에 넣고 깨물고 빤다. 딸랑이 장난감을 깨물기도 하며, 손에 가진 것은 뭐든지 입에 집어넣는다. 5개월경이 되면 영아들은 도움을 받아 앉을 수 있고, 드러누워 옆으로 구른다. 겨드랑이를 잡고 무릎 위에 세우면 발로 버티거나 무릎을 굽히거나 한다. 모유 병을 손으로 쥘 수 있게 되고, 한쪽 손에 쥐고 있던 것을 다른 손으로 바꿔 쥘 수 있게 된다. 수면과 잠에서 깨는 것의 구별이 확실하고, 밤과 낮의 생활 리듬이 정착된다. 잠에서 깨어났을 때에는 주위의 것에 대한 흥미가 생기고, 혼자서 놀고 있는 모습을 볼 수 있다. 소리가 나는 방향으로 눈을 돌리거나, 손으로 만진 것을 잡고 흔드는 등, 귀와 눈과 손의 협응을 할 수 있다. 생후 6개월에는 몸을 뒤집는 것이 자유로워진다.

(2) 생리적 기능

수면   3개월경부터 얕은 잠과 깊은 잠이 조금씩 규칙적으로 반복되기 시작하여 수면의 리듬이 점차 갖추어지기 시작한다. 4개월경부터 하루 1회 정도의 낮잠을 자는 경우가 많아진다. 이때 수면을 충분히 취할 수 있도록 한다. 또한 잠에서 깨어나 있을 때 장시간 방치해 두어서는 안 되고 아이와 상호관계를 가지면서 주위의 사물이나 사람에 대해 흥미를 기르도록 배려한다.

식사   이유식을 시작하는 시기이다. 생후 3개월부터 이유식 준비기로서 연하고 부드러운 음식으로 부족한 영양을 보충하여 주고 생후 5~6개월경에 서서히 이유식을 먹이기 시작한다. 소화가 잘되는 반고형 상태의 음식을 영아에게 주어 부족한 영양분을 보충하고 점진적으로 고형식에 익숙해지도록 훈련한다. 이유식은 아이의 발육 상태에 맞추어 시기를 정한다. 생후 6개월경에는 1일 2회, 소화기능이 비교적 활발한 오전 10시경에 주기 시작하여 오후 2시, 오후 6시 순으로 준다. 영아가 과즙, 스프류 등 모유 이외의 것의 맛이나 냄새, 그리고 스푼으로 마시는 것에 익숙해지면 이유식에 들어가기 쉽다. 이유식을 시작할 때는 극소량부터 시작하여 서서히 양과 종류를 늘려 간다.

울음   울음소리가 공복일 때, 잘 때, 기분이 나쁠 때 등 요구에 따라 변화하고 울음으로 감정을 나타내기 시작한다.

(3) 사회성 발달

놀이   이 시기에는 눈과 귀의 협응이 촉진되어 손으로 사물을 잡거나 흔드는 놀이를 한다. 쥐기 쉬운 딸랑이, 빠는 장난감 등을 잡게 해 주는 것이 좋다.

또한 놀이하면서 아이의 음성을 흉내 내거나, 부드러운 말로 답을 하여 발어에 대한 의욕을 기르게 한다.

(4) 언어발달

옹알이는 단어 이전 시기의 영아가 내는 소리로 자신의 소리를 귀로 듣는 것에 재미를 느껴서 그 소리를 되풀이하는 현상으로 일종의 발성 놀이(vocal play)이다. 대개 3~5개월 무렵에 시작되며 6개월경부터는 자음+모음으로 이루어진 한 가지의 음절, 즉 '다-다' 등의 소리를 내거나 '바-바-'라는 소리를 낸다.

(5) 지각발달

영아가 하나의 물체에 초점을 맞추는 것이 가능해져서 생후 3~4개월 정도면 여러 가지 지각능력을 보인다. 생후 3개월이 되면 수직 방향으로 이동하는 대상을 눈으로 좇을 수 있게 되며 주변의 소리나 사람의 목소리에 반응을 보인다. 생후 4개월경에 원근감을 인식할 수 있고, 거리를 인식함으로써 필요한 시각의 적응능력이 완성된다. 어머니의 모습이 문에 가려 반만 보여도 어머니를 온전하게 지각한다.

깁슨과 워크(Gibson & Walk, 1960)는 시각적 절벽(visual cliff) 실험에서 생후 6개월의 영아가 절벽의 깊이를 지각한다고 하였다. 그 후 캄포스 등(Campos et al., 1970)도 같은 장치를 사용하여 영아의 심박수 변화를 측정하고 아직 기어 다니지도 못하는 생후 2개월까지의 영아라도 이미 깊이를 지각하고 있다는 것을 명확히 하였다(Bower et al., 1970). 4개월경에는 원근감과 거리를 인식함으로써 시각의 적응능력이 완성된다.

(6) 정서발달

생후 3개월에는 누군가가 옆에 있거나 잠을 잘 때에 미소를 짓는다. 생후 4개월에는 웃음소리를 내고 5개월에는 놀고 있는 장난감을 뺏으면 화를 낸다.

4~5개월경에는 다른 사람과 같이 있어도 아이는 어머니에게 미소 짓는다. 이것은 아이가 자신을 보살펴 주는 사람과 그 외의 사람과의 사이에서 보이는 최초의 사인이다. 아이는 애착을 갖기 위한 준비가 되어 있다. 애착을 통해서 신뢰감이나 안정감이 형성된다.

[보육내용]

　　이 시기의 영아는 주위 어른의 양육 행동을 끌어낼 수 있는 생득적 능력을 가지고 있다. 양육자와 정서적 유대관계인 애착을 보이는 시기이다. 따라서 이 시기에 아이의 요구를 만족시킴으로써 신뢰감을 가지게 하고 정서를 안정시킴으로써 애정관계를 깊게 할 수 있다. 4개월까지 영아는 목을 가눌 수 있고 팔도 움직이고 발로 차기도 하므로 자유롭게 몸을 움직일 수 있는 복장이 중요하다. 또한 영아의 변의 횟수, 냄새, 혈변의 유무 등 변 상태를 관찰하는 것도 매우 중요하다.

3) 생후 6~9개월

(1) 성장 및 운동 발달

　6~7개월에는 양손으로 물건을 잡을 수 있고 7개월이 되면 지탱할 것이 있으면 혼자 앉아서 놀고, 8개월경이 되면 독립적으로 앉거나 어른의 도움을 받아 설 수 있는 등 운동 발달에 따른 자세의 변화가 두드러진다. 영아는 가만히 앉아 있지 않고 기어 다니거나 앉는 등의 운동을 자유자재로 할 수 있게 되므로, 주위의 장난감이나 물건에 대한 흥미나 관심을 가지고 손을 뻗어서 잡고 빨거나 흔들고 던지고 하면서 주변 환경에 대해 학습해 간다.

　　또한 소근육 운동으로 엄지손가락과 다른 손가락을 사용하여 나무 쌓기를 하기도 한다. 영아 손의 움직임은 뇌 발달에 영향을 미친다.

(2) 생리적 기능

　이유　　이유식의 목적은 혀끝에 닿는 맛이나 맛에 익숙해지는 것이다. 이유식 동안에 영아가 섭취하는 식품의 양이나 종류가 많아지고 메뉴나 조리의 형태도 변화해 간다. 생후 7, 8개월경부터는 혀로 으깰 수 있는 정도로 잘게 썰어 조리해 준다. 모유는 아이의 요구대로 주고 육아용 우유는 이유식 후에 2회 정도 준다.

(3) 낯가림과 격리불안

이 시기의 영아들의 절반 이상은 '낯가림'이 시작된다. 낯가림은 낯익은 사람과 그 이외의 사람을 분별할 수 있는 것이다. 따라서 낯가림은 항상 보살펴 주는 양육자를 확실히 기억한다는 것을 증명하는 것이다. 또한 이 시기에 영아들은 엄마 옆에 늘 있으려 하고 어머니의 모습이 눈앞에서 사라지면 우는 등의 불안 반응을 보이는 격리불안도 나타난다. 이것은 '대상 영속성'의 발달이 아직 충분히 갖추어져 있지 않기 때문이다. 이는 친숙한 얼굴과 낯선 얼굴과의 차이를 알기 시작하는 영아의 정상발달을 나타내고 있다.

(4) 인간관계

애착　애착이란 한 인간이 친근한 사람들과 맺고 있는 정서적 유대감을 말한다. 이 시기의 영아는 어머니 옆에 붙어서 애착을 나타내며 어머니의 모습이 보이지 않으면 운다. 어머니의 목소리를 들으면 기쁨을 나타낸다.

(5) 언어발달

옹알이가 가장 활발해지는 시기로 돌 전후에 사라지게 된다. 영아는 생후 7개월경이 되면, 어른의 말이나 동작을 이해할 수 있게 된다. 엄마가 "쉬 하자." 하면 화장실 쪽으로 이동하고, "손 씻자."라고 하면 그 의미를 이해하고 그에 대한 반응 동작을 한다. 또한 익숙하지 않은 음성까지 모방할 수 있게 된다. 따라서 식사 준비를 하는 상황에서 "맘마 먹자."라고 말하는 것을 반복함으로써 영아가 말의 의미를 알게 한다.

(6) 감정발달

생후 7개월에는 안아 달라고 요구하기도 하고 불쾌감을 화로 표현하기도 한다. 생후 8개월에는 부모와 헤어져서 혼자가 된다는 것을 무서워하고 모르는 사람을 두려워한다. 9개월경에는 다른 아이가 울고 있으면 덩달아 우는 등 다른 아이의 감정을 느끼게 된다.

(7) 영아와 안전

이 시기의 영아는 이동 운동이 더 활발해지고, 주위 세계에 대한 탐구나 학습에의 요구도 높아져 있다. 이로 인해 아이의 사고도 일어날 가능성이 높아진다. 따라서 사고가 발생하기 전에 계단이나 놀이터 등의 주위가 안전한가 점검해야 한다. 그리고 뜨거운 물과 음식은 아이 옆에 두지 말고, 약품 등의 위험한 물건은 특정 장소에 정리해 둔다. 또한 사용하지 않는 콘센트에는 반드시 커버를 해 둔다.

[보육내용]

    이 시기의 영아는 이동 운동이 활발해지므로 아이가 자유롭게 이동할 수 있는 장소를 제공하는 것이 필요하다. 아이의 주변에는 아이가 흥미를 갖는 장난감이나 물건을 준비하여 둔다. 이 시기 아이의 발달적 특징을 이해하고, 아이 행동에 대해 "위험하니까 하지 마."라고 주의를 하는 것만으로는 아이의 성장을 저해하게 되므로 위험하지 않은 환경에서 보육하는 것이 필요하다.

    어린이집에서 낯가림을 하는 아이에게는 보육교사가 달래거나, 연장아가 노는 곳을 보여 주는 등, 조금씩 주위 사람과의 관계를 넓혀 가도록 해 준다. 보육교사가 교체될 때도 같은 실내에서 친해진 후에 아이를 돌보는 것이 바람직하다.

4) 생후 9~12개월

(1) 성장 및 운동 발달

생후 9개월부터 10개월경의 영아는 엎드린 상태에서 기어 다니기 시작하고 혼자서 설 수 있게 된다. 11개월에는 엄지손가락과 집게손가락으로 단추 등을 잡을 수 있게 되며 눈과 손의 협응 동작도 점점 세밀해진다. 12개월경에는 숟가락을 잡고, 두 손으로 컵을 쥐고 마시며, 앉은 상태에서 스스로 일어서기 시작하고, 혼자서 아장아장 걸을 수가 있다(Mckenzie, Skouteris, Day, Hartman, & Yonas, 1993). '대상 영속성'도 발달하고, 자신이 좋아하는 장난감을 찾으러 장난감이 놓여 있는 장소로 가서, 그 장난감을 찾아내서 놀 수도 있게 된다.

(2) 생리적 기능

식사   이 시기의 영아에게는 고형식을 준다. 9개월경부터 1일 3회 이유식을 하기 때문에 필요한 영양분의 3분의 2를 이유식에서 취한다. 12~18개월이 되면 이유식이 끝나고 식사 횟수가 1일 3회가 된다. 식사할 때 스푼이 흔들려서 흘리기도 하나, 스스로 먹으려 하는 마음을 길러 준다. 흘리는 것을 예상하여 여분의 음식이나 물수건 등을 준비한다. 영아가 스스로 입으로 가져가는 양은 적기 때문에, 양육자가 조금은 먹여 주는 것이 좋다. 아이의 특징에 따라 끈기 있게 식사 습관을 지도할 필요가 있다.

배설   배변 훈련을 시작하는 시기는 개인차가 있다. 6~7개월이 지나면 대소변을 통제하는 근육이나 신경이 발달하지만 대체적으로 영아가 남의 말을 알아들을 수 있는 10개월에서 12개월 정도에 실시하는 것이 바람직하다. 배변 시간은 일반적으로 자다 깬 뒤, 수유한 이후, 외출 전후, 목욕 전후, 잠들기 전 등이다. 시간을 보고 변기에 앉는 경험을 시키고 변이 나왔을 때는 칭찬을 해 준다.

(3) 언어

9개월경에는 몸짓을 통한 의도적인 소통이 나타난다. 고개를 끄덕끄덕 한다든가, 고개를 설레설레 젓는다든가 하는 관습적인 몸짓을 사용한다. 몸짓과 함께 자신의 의도를 표현하기 위한 발성을 하게 되고 성인의 말소리와 억양을 모방하기도 한다.

일반적으로 영아들은 표현할 수 있는 것보다 더 많은 어휘를 이해한다. 9~10개월 정도에 영아들은 '엄마' '맘마'라는 소리를 내며, '안 돼' '앉아' 등과 같은 간단한 지시, 자주 들었던 자신의 이름 등의 단어를 들으면 이를 이해하고 반응한다. 영아가 처음으로 의미 있는 단어를 말하는 것은 대체로 돌 전후인 10~14개월 정도이다. 생후 1년쯤이 되면 자신이 내는 목소리, 다른 사람이 내는 목소리에 흥미를 가진다. 어른의 동작이나 음성을 모방하고 자신이 획득한 10개 정도의 단어를 사용하여 말을 한다. 영아들이 초기에 말하는 단어는 주로 명사가 대부분이다. 예를 들어, '엄마'라고 말했을 때 어떤 의미로 말한 것인지 상황에 따라 달리 해석될 수 있다.

(4) 인간관계

애착   12개월경에 대부분의 영아는 애착을 형성한다. 영아는 보살펴 주는 사람에 대하여 확실한 신뢰감을 발달시켜 가며, 주위에 있는 사람에게도 신뢰감이나 기쁨을 나타낸다. 때로는 모르는 사람을 거부하는 경우도 있는데 이것은 친숙한 사람과 그렇지 않은 사람의 차이를 아직은 학습하고 있기 때문이다. 혼자서 놀고 있을 때 문득 양육자가 곁에 있지 않다는 것을 알면, 울음으로 표현하곤 한다.

(5) 인지발달

이 시기에는 '대상 영속성'이 발달한다. 피아제에 의하면 대상 영속성은 감각운동기 6단계에 발달하는데, 8~12개월에 영아는 완전히 가려진 물체도 찾을 수 있다. 이것은 영아가 자신이 원하는 목표를 지각하고 그것을 성취하기 위한 명백히 의도적인 행동을 보이기 시작하는 것이다.

(6) 감정발달

이 시기에는 감정이 분화해서 여러 가지 감정을 표현하고, 다른 사람의 감정도 이해할 수 있다. 1세경이 되면 자신의 감정을 자발적·의도적으로 통제하기 시작한다. 양육자에게 화난 표정을 짓거나 울음으로써 자신이 화가 났음을 표현할 수 있으며 때로는 과장된 표현을 할 수도 있다. 그리고 두려움과 수줍음도 분명하게 표현한다.

(7) 사회성 발달

자아(self)   9~10개월 사이에 영아는 사회적 상호작용을 통해 자기인식을 더욱 발달시킨다. 낯선 타인과 상호작용을 할 때 타인이나 엄마의 표정에 의해 타인을 인식한다. 즉, 엄마가 긍정적 태도를 보이는 타인에게는 영아도 다정하게 반응하였으며 그렇지 않은 경우에는 영아도 타인을 대하는 태도가 긍정적이지 않았다(Lewis & Michalson, 1983).

[보육내용]

영아는 양육자와 놀이를 하는 중에도 잠깐 방심하면 위험한 곳에 가는 경우가 있으므로 영아로부터 눈을 떼지 않도록 한다. 영아가 위험한 곳에 가려고 하면 위험을 알리는 금지의 말, "안 돼." "하지 마."를 확실하게 말을 하고 양육자는 영아를 위험으로부터 재빨리 멀리해야 한다. 또한 "○○ 주세요." "고맙습니다." 등과 같이 손을 내밀거나, 기쁜 표정으로 인사를 하며 주고받는 것을 해 본다. 그래서 경험을 통해서 말을 몸에 익히게 하는 것도 필요하다.

5) 만 2세(12~24개월 미만)

(1) 성장과 운동 발달

이 시기 영아의 가장 중심과제는 '걷기 시작' '이유식 완료' '언어의 획득'이다. 12~18개월경에는 아직도 걷기가 불안정하며 자주 넘어지고 비틀거리기도 한다. 그러나 모든 영아가 같은 시기에 걷는 것은 아니며 발달에는 개인차가 있다. 15개월경에는 장난감을 누르기도 하고, 당기기도 하며, 계단도 기어 올라간다. 16개월경에는 물건을 같은 것끼리 나열하는 것을 해 보기 시작한다. 17개월경이면 대부분의 영아는 스스로 신발이나 양말을 벗고, 어른에게 도움을 받아 숟가락을 들고 먹는다. 18개월 영아들은 원조도 받지만 혼자서 밥을 먹고 옷을 입을 수 있다. 자립적인 식사는 20~23개월경부터 시작된다.

(2) 생리적 기능

식사　12~15개월 미만의 영아는 이유식이 끝나게 되면서 유아식에 익숙해진다. 따라서 스푼을 사용해서 스스로 먹으려 하는 자발적인 행동을 하도록 배려한다. 포크나 스푼을 잡는 법도 익숙해질 수 있도록 한다. 그리고 영아가 싫어하는 식품은 조리방법을 바꾸거나 좋아하는 식품과 섞는다든지, 친구들이 먹고 있는 것을 보여 주거나 보육교사가 맛있게 먹는 모습을 보여 주면서 싫은 음식도 영아로 하여금 먹으려는 마음을 갖게 한다.

배설　12~15개월 미만의 영아는 변기에서 배설하는 데 익숙해지도록 표정이나 동작을 읽고 "쉬 나와?" 등의 말을 걸면서 배변 습관을 들인다. 15~19개월 미만의 영아는 낮잠 잘 때는 기저귀를 차지만, 낮에는 상태를 보고 속옷을 입고 놀게 하는 등 서서히 기저귀를 뗄 수 있도록 해 간다. 19개월부터 2세 미만 대부분의 영아는 기저귀를 떼지만, 개인차가 있기 때문에 조급해하지 않고 뗄 수 있도록 지도한다.

화장실 훈련　영아기에는 성장과 발달에 따라 개인차는 있지만 영아는 대변이나 소변의 뜻을 알리게 되고 자신의 의지로 화장실에 가고 배설하게 된다. 대개 대변은 15개월, 소변은 20개월 정도가 되어야 가릴 수 있게 된다. 이 시기에 기저귀 대신 변기를 사용하는 것은 이제 영아가 배우는 새로운 기술이다. 다음과 같은 계획을 세워서 화장실 훈련을 개시한다.

① 배설의 장소를 일정하게 한다.

② 화장실이나 세면장의 천장, 벽, 바닥은 온화한 색상의 안정감을 줄 수 있는 분위기로 한다.

③ 울거나, 표정을 바꾸거나, 기저귀 근처를 손으로 만지거나 하면, 영아의 배뇨·배변 신호이므로 바로 변기에 앉힌다.

④ 영아가 앉을 수 있을 즈음, 배뇨하는 시간을 예상할 수 있도록 확인하고 기저귀를 벗겨서 변기에 앉힌다. 1일 7회 이상, 계획적으로 반복해서 변기에 앉힌다. 배뇨는 낮에 어린이집에서 지내는 날은 어린이집의 같은 장소에서 같은 방법으로 하고, 가정에서 지내는 날은 가정에서 같은 방법으로 한다. "쉬-쉬-" "오줌이 나오네." 등으로 말을 걸어 준다.

⑤ 배변은 심리적인 것과 연관되므로 영아를 편안하게 해 준다.

⑥ 강제로 하지 않고, 실수해도 꾸짖거나 무섭게 하지 않는다.

⑦ 서두르지 말고 기다려 주어 영아의 발달에 맞추어서 계획을 재점검하면서 반복한다.

배설의 자립은 사람으로서의 자립을 의미하는 중요한 보살핌이고, 한 사람의 인격을 존중하는 것이다.

(3) 인지발달

피아제에 의하면 12~18개월은 제3차 순환반응 단계인데 이 단계에서 영아는 자신의 행동에 따라 어떠한 새로운 결과가 나타나는지를 알아보기 위하여 다양한 탐색 행동을 시도한다. 즉, 의도적으로 자신의 행동을 다양하게 변화시킬 수 있는 것이 특징이다. 예를 들어, 손이 닿지 않는 곳에 흥미 있는 물건이 있을 경우 손을 뻗쳐도 보고 그 물건이 놓여 있는 깔개를 잡아당겨 보기도 하는 것 등이다. 즉, 목적을 위하여 여러 가지 방법을 시도해 본다는 점에서 시행착오 행동이 처음으로 나타나는 시기라고 할 수 있다.

(4) 기억

이 시기의 영아는 이전에 했던 경험을 기억할 수 있으며 경험했던 내용을 필요한 경우 인출할 수 있는 능력 역시 가능하다. 일반적으로 기억을 재인(recognition)과 회상

(recall)의 두 가지 종류로 구분해 볼 때 12~18개월의 영아는 이 두 가지 기억을 모두 할 수 있다. 재인은 현재 지각되는 어떤 것을 과거에 경험했던 것과 동일하거나 비슷한 것으로 확인하는 것이며, 회상은 현재 존재하지 않는 어떤 것을 자발적으로 기억을 통하여 재생성하는 것을 의미한다. 이러한 의미에서 재인은 기억의 확인과정이라고 할 수 있으며 회상은 기억의 인출과정이라고 할 수 있다.

(5) 언어발달

12~15개월 미만의 영아는 그림책이나 포스터의 그림을 보거나 소꿉놀이 도구나 인형을 사용하여 놀면서 양육자와 말을 주고받는 것을 즐긴다. 따라서 영아가 말할 수 있는 기회를 많이 준다. 16~24개월 정도에 이르면 단어가 급속하게 습득되는데 이 시기를 어휘 폭발기(vocabulary spurt)라고 한다. 영아들은 50~100개 이상의 단어를 표현할 수 있으며 300개 이상의 어휘를 이해할 수 있다. 18~20개월 사이의 영아는 두 단어를 결합시켜 첫 문장을 말한다. "엄마, 우유" 등 두 단어를 사용해 웬만한 의사는 표현할 수 있는 정도가 된다.

(6) 정서발달

이 시기의 영아는 다른 사람의 정서를 인식한다. 생후 15개월경에는 감정을 의식적으로 표현하는 것이 가능하게 된다. 타인에게 자신의 장난감을 양보할 수도 있지만, 곧 되돌려 받는다. 16~18개월의 영아는 불만이 있는 경우 감정표현을 한다. '좋다'와 '나쁘다'의 차이를 이해한다(Mangelsdorf et al., 1995). 따라서 부모의 일관성 있는 태도가 중요하다.

(7) 사회성발달

자아(self)발달　　이 시기의 영아는 자신의 존재를 인식한다. 18~24개월 된 대부분의 영아가 거울에 비친 코가 아닌 자신의 코를 만진다. 즉, 이들은 거울이 자신들의 모습을 반영한다는 것을 인식하며 이에 따라 코에 빨간색 루즈가 묻어 있다는 것을 감지하고 그에 따른 반응으로 자신의 코에 손을 뻗어 빨간색 루즈를 지우려 한다. 따라서 18~24개월 무렵이면 자기를 인식함을 알 수 있다. 그리고 19~20개월에는 친구의 옆에 앉아서 하는 독립적인 평행놀이가 시작된다. 평행놀이는 친구가 옆에 있지만 그들과 함께 놀지는 않는다. 또한 좋아하는 그림책을 혼자서 보면서 알고 있는 것을 가리키고 이름을 말하거나, 동작을 흉내 내기도 한다. 그림책의 페이지를 한 장씩 넘길 수 있기 때문에, 양육자가 다 읽지 않을 동안에 계속 넘겨 버리는 경우도 있지만, 이것도 그림책에 친숙해지는 과정으로서 중요한 경험이다.

[보육내용]

이 시기는 영아 자신의 요구를 강하게 말로 표현하는 것은 아직 곤란하기 때문에 양육자는 영아의 표정이나 몸짓에서 영아의 기분을 알아차리고 적극적으로 상대가 되어 준다. 또한 아직 다른 영아를 생각할 수 있는 단계는 아니기 때문에, 다른 영아와 놀이하면서 놀잇감을 빼앗고 상대를 때리거나 깨무는 경우가 있다. 보육교사는 무조건 꾸짖지 말고, 양쪽의 아이가 만족하도록 대체 놀잇감 등을 준다.

그리고 영아가 소변이 마려운 느낌을 알리려면 생리적인 성숙이 있어야 하기 때문에, 기저귀를 조기에 떼려고 조급해하지 말고, 2세 전후를 기준으로 한다. 19~24개월경에 먹는 음식과 먹지 못하는 음식을 구분할 수 있고 스푼을 정확히 사용한다. 식사시간이 걸리는 영아에 대해서는 일정의 시간 동안에 차분하게 식사를 할 수 있도록 격려하는 말을 걸거나 도움을 준다. 그리고 식전·식후의 손 씻는 습관을 갖도록 지도한다.

3. 유아기(만 3~5세) 보육 진행방법

1) 신체 및 운동 발달

유아는 신체 조절 능력이 발달하여 발을 번갈아 가며 계단을 오를 수 있고 세발자전거를 탈 수 있으며 발끝으로 중심을 잡거나 튀는 공을 잡을 수 있다. 4세가 되면 양발을 교대로 하여 계단을 내려갈 수 있고, 5세경이 되면 신발 끈의 매듭을 묶고 공을 튀기거나 줄넘기를 할 수 있다. 5세 말경에는 대근육 운동과 소근육 운동이 모두 발달하여 손과 눈의 협응이 보다 정교하고 민첩해지는 등 신경 계통이 점차적으로 성숙함을 보인다.

2) 사회성 발달

유아들은 4~5세 정도가 되면 남성과 여성 간의 신체적 차이를 알게 되어 자신의 성과 그에 적합한 행동과 사회적 관계에 관심을 갖게 된다. 3세경에는 '내 것'에 대한 소유개념이 발달하므로 장난감을 감춰 두고 자기만 가지고 노는 모습을 보이지만, 4~5세경에는 친구들과 함께 가지고 놀이를 시작하며 자신의 소유물을 남들에게 보여 주는 것을 좋아한다. 한편, 5세경에는 친한 친구가 분명해지고 친구를 사귀기 위해 또래의 비판을 참아 내며 차례를 기다려야 한다는 것을 알게 된다.

3) 정서발달

3~4세경에 가장 심하게 나타나는 정서는 질투심이다. 질투심은 신체적 · 생리적 상황이나 자신의 행동 자체에서 오는 문제가 아니라 지적 · 사회적 발달에 의해 나타나는 것으로 오줌 싸기, 아양 떨기, 손가락 빨기, 음식물 토하기 등의 퇴행 행동으로 나타난다.

4세가 되면 청각적인 것에 대한 두려움이 강해지고, 5세가 되면 불안, 수치, 실망, 부러움 등과 같은 반응이 불쾌 정서 계열에서 분노가 되어 나타난다. 6세경에는 도깨비나 귀신과 같은 상상적인 대상에 대해 공포를 느끼고 공간과 시간에 대한 두려움을 갖게 되며, 지각하는 상황에서 심리적 위축감을 갖게 된다.

4) 인지발달

이 시기 유아는 상징적 사고가 급격히 발달하여 극놀이를 즐기며 직관적 사고를 하고 모든 사물이 살아 있다는 물활론적 사고를 한다. 또한 직접 활동을 해 보아야 사고가 가능했던 단계에서 벗어나 마음속으로 하는 표상적 사고가 발달하지만 논리적이고 일관적이지 못하다.

흥미 있는 활동에 몰두하다 보면 주변 상황을 고려할 수 없다. 예컨대 공놀이를 하다가 굴러가는 공을 잡으러 차도로 뛰어 들어가는 등의 행동이 그 예라 할 수 있다.

5) 언어발달

4세 이후부터는 '언제' '어떻게' '왜'라는 질문을 하며, '할 수 있다' '할 것이다' '해야 한다' '할지도 모른다'와 같은 말을 할 수 있게 된다. 또한 '왜냐하면' '그래서'와 같은 인과관계를 설명할 수 있다. 5세 이후부터는 언어가 사고의 수단으로 표현되며 동시, 노래 부르기 등을 즐긴다. 5세경부터 언어는 사고의 수단으로서 역할을 하기 시작한다. 6~8개 단어로 된 문장을 사용하며 간단한 단어의 의미를 정의할 수 있고 반대말도 조금씩 알기 시작한다.

[보육내용]

독립에 대한 욕구가 점차 증가하면서, 유아기의 아동은 궁금한 것이 무척 많다. 보육교사는 유아가 자신의 흥미를 발달시키고 가급적 또래 및 다른 사람과 협동적인 작업을 배우도록 많은 기회를 제공해야 한다. 보육교사는 주도성의 단계에 접어든 이 시기의 유아는 스스로 선택한 활동을 탐색하고 추구할 때 가장 유익한 결과를 얻는다는 점을 명심해서 학습의 안내자 혹은 촉진자로서의 역할수행에 참고한다. 특히 탐색 욕구가 강한 유아기 아동에게 보육교사가 정답을 알려 주는 실수를 저질러서는 안 된다. 보육교사의 역할은 아동이 스스로 답을 찾아 나가도록 방법을 안내하고 유도하며 학습동기를 북돋아 주는 것에 머물러야 한다.

어린이집에서 유아가 많이 자랐다는 기쁨에 유아가 할 수 있는 것 그 이상의 것을 교사는 시키지 말아야 한다. 할 수 있는 것은 적극적으로 할 수 있는 기회를 만들어 주며 자신감을 불어넣어 준다.

이 시기의 유아는 성인이 안 된다고 해서 안 되는 것이 아니라 지금까지의 경험을 통해 좋고 나쁨을 판단할 수 있게 된다. 친구들에 대해서도 비판하는 힘이 자란다. 성인이 봐서 '어?' 하고 생각하는 행동도 유아 나름대로의 이유가 있는 경우가 많기 때문에 교사는 유아의 판단을 존중하고 지켜보는 자세가 필요하다. 그것이 유아 마음대로 하거나, 위험하거나, 상대를 상처 입히는 행동이었을 때는 단호한 태도로 금지시키는 것도 중요하다.

제 **6** 장

어린이집의 유형과 설치기준

1. 설립 및 운영 주체에 따른 유형

2. 보육대상에 따른 유형

3. 운영시간에 따른 유형

4. 어린이집 이용 및 현황

5. 어린이집 설치기준

6. 어린이집 놀이터 설치기준

7. 비상 재해대비시설

1. 설립 및 운영 주체에 따른 유형

우리나라 「영유아보육법」 제2조에 의하면 "어린이집"이란 친권자, 후견인, 그 밖의 사람으로서 영유아를 사실상 보호하고 있는 "보호자"의 위탁을 받아 영유아를 보육하는 기관으로 정의할 수 있다. 어린이집은 설치 주체에 따라 국공립어린이집, 사회복지법인어린이집, 법인·단체 등 어린이집, 민간어린이집, 직장어린이집, 가정어린이집, 협동어린이집으로 분류하고 있다(「영유아보육법」 제10조). 어린이집 유형과 유형에 따른 설치기준 등은 「영유아보육법」과 보건복지부(2019)의 '보육사업안내'에 따른 내용이다.

1) 국공립어린이집

국공립어린이집은 국가나 지방자치단체가 설치·운영(위탁운영 포함)하는 어린이집(직장어린이집 제외)을 말한다(「영유아보육법」 제10조).

상시 영유아 11인 이상을 보육할 수 있는 시설을 갖추어야 한다. 어린이집의 명칭은 "○○어린이집"으로 하여야 한다.

국공립어린이집은 저소득층 밀집지역 및 농어촌지역 등 취약지역, 「산업입지 및 개발에 관한 법률」에 따른 산업단지 지역에 우선적으로 설치한다.

국가 및 지방자치단체의 장이 인가절차 없이 직접 설치하되, 법 제11조의 어린이집 수급계획 등을 포함한 보육계획을 사전에 수립하여야 하며 지방자치단체의 경우 설치 등록 시 지방 보육정책위원회의 심의를 거쳐야 한다. 국공립어린이집은 보육통합정보시스템에 설치 등록시 대표자명에 시장·구청장·군수·개인 또는 '○○시장, ○○구청장, ○○군수'로 기재한다.

현행 기존 「영유아보육법」은 500세대 이상 아파트 단지에 국공립어린이집을 우선 설치하도록 규정하고 있다. 하지만 개정법 시행(2019년 6월 25일) 후인 9월 25일 이후 사용검사를 신청하는 500세대 이상 아파트 단지라면 국공립어린이집을 의무적으로 설치해야 한다. 단, 입주자의 과반수가 찬성하지 않으면 설치하지 않을 수 있다.

2) 사회복지법인어린이집, 법인·단체 등 어린이집, 민간어린이집

사회복지법인어린이집은 「사회복지사업법」에 의한 사회복지법인이 설치·운영하는 어린이집이며, 법인·단체 등 어린이집은 각종 법인(사회복지법인을 제외한 비영리법인)이나 단체 등이 설치·운영하는 어린이집이다.

민간어린이집이란 국공립·사회복지법인·법인단체 등·직장·가정·협동 어린이집이 아닌 어린이집을 말한다.

상시 영유아 21인 이상을 보육할 수 있는 시설을 갖추어야 한다. 어린이집의 명칭은 "○○어린이집"으로 하여야 하며, 명칭 사용에 유치원, 학원 등 유사기관으로 오인할 수 있는 명칭은 사용할 수 없다(○○유치원 부설·○○미술·○○영어 어린이집 등 사설학원으로 오인할 수 있는 표기). 지역 보육수요와 어린이집의 공급현황 등을 감안하여 지역별로 균형 있게 배치되도록 하고 있다.

관할 시장·군수 또는 구청장에게 사전에 인가 신청을 하여야 하며, 사회복지법인어린이집은 대표자명에 법인대표의 성명 또는 '○○ 사회복지법인 대표이사'로 기재해야 한다. 근로복지공단어린이집은 대표자명에 공단 이사장의 성명 또는 '근로복지공단 이사장'으로 기재한다.

3) 직장어린이집

사업주가 사업장의 근로자를 위하여 설치·운영하는 어린이집(국가 또는 지방자치단체의 장이 소속 공무원 및 근로계약을 체결한 자를 위하여 설치·운영하는 어린이집 포함)을 말하며 상시 영유아 5인 이상을 보육하여야 하고 어린이집의 명칭은 "○○어린이집"으로 한다.

"상시 여성 근로자 300명 이상 또는 근로자 500명 이상을 고용하고 있는 사업장의 사업주는 직장어린이집을 설치해야 한다. 사업주가 직장어린이집을 단독으로 설치하기 어려운 경우에는 사업주 공동으로 직장어린이집을 설치·운영하거나, 지역의 어린이집과 위탁 계약을 체결하여 근로자 자녀의 보육을 지원하여야 한다.

직장어린이집은 「영유아보육법」상의 설치기준을 모두 갖추어야 하며, 사업주가 직장어린이집을 설치할 경우에는 안전사고 및 재난에 대비한 시설을 갖추어 건물 내 5층까지 보육실을 설치할 수 있다.

상시 영유아 20인 이하를 보육하는 직장어린이집은 가정어린이집을 설치할 수 있는 곳에도 설치할 수 있으며 설치하고자 하는 자는 관할 시장·군수 또는 구청장에게 사전에 인가를 신청하여야 한다. 직장어린이집을 설치할 경우 대표자명에 사업주 개인의 성명 또는 '○○사업장의 대표 직함'으로 기재한다.

보건복지부 장관은 직장어린이집 설치, 위탁 보육 등의 의무를 이행하지 아니하거나 실태조사에 불응한 사업장의 명단을 공표할 수 있으며 시·도지사 또는 시·군·구청장은 직장어린이집 설치의무 미이행 사업장에 대하여 이행 명령, 이행 강제금을 부과할 수 있다.

사업주 단독 또는 공동으로 직장어린이집을 설치하거나, 지역의 어린이집과 위탁 계약을 체결한 경우, 사업주는 직장어린이집의 운영 및 수탁 보육 중인 영유아의 보육에 필요한 비용의 100분의 50 이상을 보조하여야 한다.

4) 가정어린이집

개인이 가정 또는 그에 준하는 곳에 설치·운영하는 어린이집으로 상시 영유아 5인 이상 20인 이하를 보육하여야 하고 어린이집의 명칭은 "○○어린이집"으로 하며, 명칭 사용에 유치원, 학원 등 유사기관으로 오인할 수 있는 명칭은 사용할 수 없다.

지역 보육수요와 어린이집의 공급현황 등을 감안하여 지역별로 균형 있게 배치되도록 한다. 설치 시에는 관할 시장·군수 또는 구청장에게 사전에 인가 신청하여야 한다.

5) 협동어린이집

보호자 또는 보호자와 보육교직원 11인 이상이 조합을 결성하여 설치·운영하는 어린이집을 말하며 상시 영유아 11인 이상을 보육하여야 하고, 어린이집의 명칭은 "○○어린이집"으로 한다.

관할 시장·군수 또는 구청장에게 사전에 인가 신청하여야 한다. 상시 영유아 20인 이하를 보육하는 협동어린이집은 가정어린이집을 설치할 수 있는 곳에도 설치할 수 있다.

출자는 조합원의 약정에 따라 금전, 기타 재산 또는 노무로 할 수 있으며 조합원은 아동보육의 필요성이 없게 되거나 기타 조합계약으로 정하는 시기에 탈퇴할 수 있으며 출자금은 탈퇴 당시 조합의 재산상태 및 지분에 의한다.

어린이집 대표자는 조합원 중에서 선임하고, 시설 운영에 관한 통상 사무는 원장이 전임하며, 주요사항은 조합원 과반수 이상의 찬성으로 결정한다.

● 표 6-1 ● **어린이집 유형**

구분	정의	규모	비고
국공립 어린이집	국가나 지방자치단체가 설치 · 운영하는 어린이집	상시 영유아 11인 이상	• 위탁운영 포함 • 직장어린이집 제외
사회복지법인 어린이집	「사회복지사업법」에 의한 사회복지법인이 설치 · 운영하는 어린이집		
법인 · 단체 등 어린이집	각종 법인이나 단체 등이 설치 · 운영하는 어린이집	상시 영유아 21인 이상	사회복지법인을 제외한 비영리법인
민간 어린이집	국공립 · 사회복지법인 · 법인단체 등 · 직장 · 가정 · 협동어린이집이 아닌 어린이집		
직장 어린이집	사업주가 사업자의 근로자를 위하여 설치 · 운영하는 어린이집	상시 영유아 5인 이상	상시 여성 근로자 300명 이상 또는 근로자 500명 이상을 고용한 경우 의무설치 (미이행 사업장에 대하여 이행 명령, 이행 강제금 부과 가능)
가정 어린이집	개인이 가정 또는 그에 준하는 곳에 설치 · 운영하는 어린이집	상시 영유아 5인 이상 20인 이하	공공임대아파트 단지 내 가정어린이집은 해당 공공주택사업자와 협의하여 인가 가능
협동 어린이집	보호자 또는 보호자와 보육 교직원 11인 이상이 조합을 결성하여 설치 · 운영하는 어린이집	상시 영유아 11인 이상	영리를 목적으로 하지 않는 조합에 한정

출처: 보건복지부(2020). 2020 보육사업안내.

2. 보육대상에 따른 유형

보육대상에 따라 보육의 목적은 달라진다. 보육대상에 따른 보육유형은 영아전담어린이집, 영유아어린이집, 장애아전문어린이집으로 나눌 수 있다.

1) 영아전담어린이집

영아보육은 만 0~2세의 영아를 대상으로 하는 보육의 형태이다. 영아만을 20인 이상 보육하는 어린이집을 영아전담어린이집이라 한다. 보육정원 기준을 가능한 한 2세 미만반이 2세반보다 많게 편성해야 한다. 영아기는 영아의 발달적 특성상 식사, 배변훈련, 낮잠, 휴식 등에 특별한 주의가 필요하다. 영아의 발달단계에 적합한 보육과정과 영아의 발달수준에 적절한 놀이나 활동을 계획하고 지도한다.

2) 영유아어린이집

만 0~2세의 영아 및 만 3~5세의 유아를 대상으로 보육하는 형태이다. 유아보육프로그램은 탁아의 개념에서 탈피하여 발달적으로 적합한 교육을 통합적으로 실시하는 교육내용으로 한다.

3) 장애아전담(전문)어린이집과 장애아통합어린이집

장애아전담어린이집은 장애아만을 보육하는 것이다. 이는 장애아를 위한 전문 시설과 설비, 종사자를 갖추고 장애아 프로그램이 운영되나 보육대상이 장애아들로만 구성되어 있어 통합 보육에서 기대할 수 있는 집단을 통한 사회 접촉의 효과는 얻기 어렵다. 우리나라 「장애아동 복지지원법」 제32조에 따라 요건을 갖추고, 상시 12명 이상의 장애아(단, 미취학 장애아 9명 이상 포함)를 보육하는 어린이집이다.

장애아통합어린이집은 장애아와 비장애아를 통합하여 보육서비스를 제공하는 것으로 장애아와 비장애아들이 같은 공간에서 자연스럽게 상호작용하고 학습하며 생활함으로써 분리 보육의 단점을 극복하고자 하는 의도에서 시행되었다. 장애아들에게는 또래와의 집단생활을 통해 사회 접촉의 기회를 제공함으로써 궁극적으로 사회 적응을 도와줄 수 있으며, 비장애아들에게는 타인을 배려하고 도와주는 태도와 방법을 배울 수 있는 장점이 있다.

우리나라의 경우 정원의 20% 내에서 장애아 종일반을 편성 운영하거나 장애아 종일반을 별도로 편성하지 않은 채 미취한 장애아를 3명 이상 통합 보육하고 있는 어린이집이다.

3. 운영시간에 따른 유형

영유아가 어린이집에서 보육서비스를 제공받는 시간에 따라 보육유형을 구분할 수 있다. 우리나라 어린이집 운영시간은 주 6일 이상, 연중 계속 운영하는 것을 원칙으로 월~금요일은 (오전 7시 30분부터 오후 7시 30분까지) 12시간, 토요일은 (오전 7시 30분부터 오후 3시 30분까지) 8시간 보육을 원칙으로 하고, 2020년 3월부터 기본보육과 연장보육으로 구분해서 운영한다. 2020년부터 차질없이 시행하기 위해 2019년 5월부터 4개 지역을 대상으로 시범사업을 실시하였다. 보육운영 시간에 따른 보육의 유형을 구분하면 다음과 같다(보건복지부, 2020).

1) 기본보육

어린이집의 기본보육은 모든 아동에게 공통으로 적용되는 오전 9시부터 오후 4시까지 7시간 운영되는 보육이다(2020년 3월부터 시행). 단, 지역별·어린이집별 사정에 따라 보호자와 협의하여 9시~16시 전후 30분 범위 내에서 보육시간을 탄력적으로 조정 가능하다.

07:30~09:00±30분의 등원지도 시간과 16:00~17:00±30분의 하원지도 시간은 기본보육으로 간주한다([그림 6-1]).

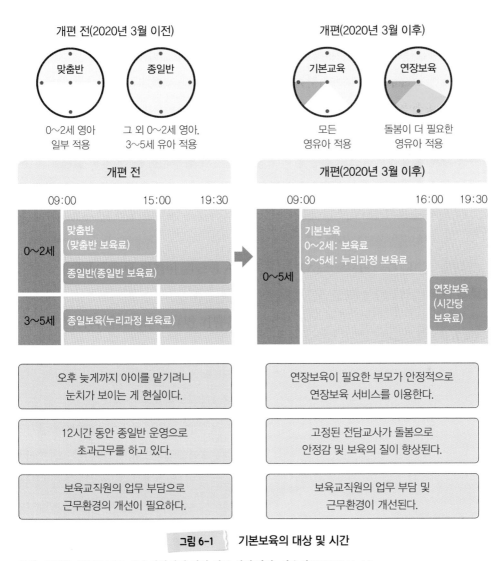

그림 6-1   기본보육의 대상 및 시간

출처: 보건복지부(2019b). 보육지원체계 개편 세부 시행 방안; 서울신문(2019. 7. 4.).

2) 연장보육

연장보육은 오후 4시까지의 기본보육시간에 이어 7시 30분까지 연장보육시간이 운영되는 보육이다. 연장보육으로 인한 기대효과는 연장보육시간에 연장 전담 보육교사가 배치되기 때문에 아이들은 보다 편안하게 지낼 수 있으며, 맞벌이 등으로 장시간 보육이 필요한 영유아 가정은 부모 입장에서 보면 눈치 보지 않고 필요한 시간까지 보육서비스를 이용할 수 있다. 또한 담임교사 입장에서는 업무부담 경감 및 근무환경 개선으로 보육연구 시간을 충분히 준비할 수 있고, 어린이집은 적절한 보상으로 안정적으로 어린이집을 운영할 수 있으며, 수요에 맞는 서비스를 제공하게 된다.

(1) 어린이집 연장보육과 전담교사 배치

어린이집 보육시간이 기본보육시간에 이어 필요에 따라 제공되는 연장보육은 전담교사를 배치해 보육서비스의 질을 높이고 담임교사의 업무부담을 줄일 수 있다.

「영유아보육법」이 2019년 4월 개정됨에 따라 2020년 3월부터 어린이집 운영 보육시간, 보육교사 근무 형태 등이 달라진다. 기존 보육과정과 개편안에 대한 차이는 다음과 같다([그림 6-2]).

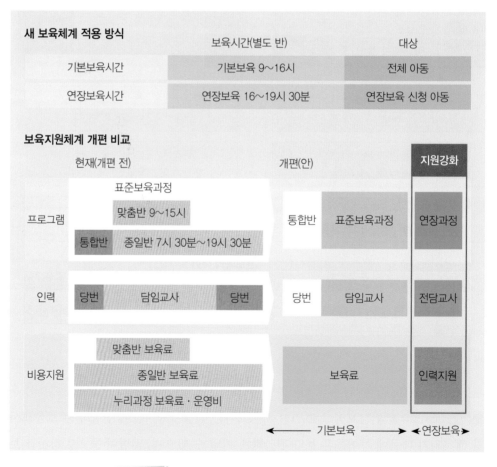

그림 6-2 보육지원체계 개편에 따라 변경되는 보육시간

출처: 서울신문(2019. 7. 4.); 보건복지부(2019b). 보육지원체계 개편 세부 시행 방안.

연장보육은 유아(3~5세)의 경우 필요하면 누구나 신청하여 이용할 수 있지만, 영아 (0~2세)는 맞벌이나 다자녀, 취업 준비 등 장시간 보육의 필요성이 확인되어야 한다. 하지만 긴급한 경우에는 신청하지 않아도 이용할 수 있다. 신청 절차는 [그림 6-3]과 같다.

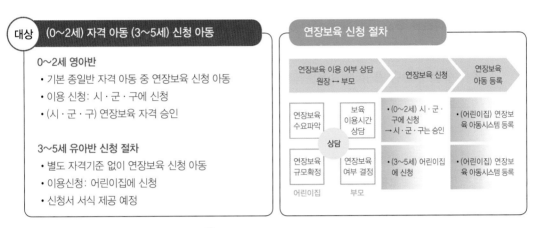

그림 6-3 　연장보육의 이용대상 및 신청 절차

출처: 보건복지부(2019). 보육지원체계 개편 세부 시행 방안.

(2) 연장보육반 전담교사

4시 이후의 연장보육반에 아이들을 전담해 돌보는 교사를 배치한다. 연장보육 전담 교사는 오후 3시에 출근해 4시부터 7시 30분까지 연장반을 전담하여 돌보게 된다. 연 장보육 전담교사가 채용되면 인건비는 4시간 근무기준으로 담임수당 11만 원을 포함 해 월 111만2천 원이다.

연장반 교사는 1명당 만 1세 미만 아동 3명을, 1~2세 반은 5명, 유아(3~5세 반)는 15명을 맡게 된다. 하지만 간혹 예기치 않은 긴급한 경우에는 1~2세 반은 2명, 유아반 은 5명까지 추가로 돌볼 수 있다.

● 표 6-2 ● **연장반 정원**

구분	0세반 및 장애아반	영아반(1~2세반)	유아반(3~5세반)
원칙	3명	5명	15명
탄력편성 가능 인원	0명	2명	5명

(3) 보육료

시간당 단가	영아반 2,000원, 유아반 1,000원, 0세반 및 장애아 3,000원 – 탄력보육 정원 아동도 17시 이후 동일한 보육료 단가 지원
산정방식	17시 이후 이용시간을 30분 단위로 계산 – 예시: 18시 2분 하원 시, 1시간 30분으로 책정 → 영아: 3,000원, 유아: 1,500원
산정기준	자동전자출결 시스템상 하원 시각을 기준으로 산정 – 자동전자출결시스템 오류 또는 태그 미지참 등 사유 시 전자출석부 수기 입력 가능
지원대상	다음 요건을 모두 갖춘 어린이집 ① 자동전자출결시스템에 의한 아동출결 관리 ② 법령 및 지침 위반으로 운영정지 중인 어린이집이 아닐 것

지원절차	전월 말일 →	1일(0시) →	1~3일 →	1~7일 →	10~12일경
	어린이집	보육통합 정보시스템	어린이집	시·군·구	사회보장 정보원
	이용현황 확정	지원금 생성	생성내역 확인 및 지급신청	신청내역 확인 및 지급승인	어린이집 입금

그림 6-4 연장보육의 보육료

출처: 보건복지부(2019). 보육지원체계 개편 세부 시행 방안.

이번 개정안에는 아동의 하원 시간과 상관없이 동일하게 지원하고 있는 보육료도 개편해 시간당 연장보육료를 신설한다.

기본보육시간 해당 보육료 지원은 하원준비, 교사–부모 인계, 순차적 차량하원 등 7:30~17:00의 실제 시간을 반영하고, 연장보육료는 오후 5시 이후 시간당 단가를 정해 지원하는데 12개월 미만은 시간당 3,000원, 영아반 2,000원, 유아반은 1,000원이다.

(4) 연장보육반

연장보육반 프로그램은 표준보육과정에 기초하여 오전과 연계·확장된 활동, 유아의 자유놀이 및 휴식 위주로 구성된다.

(5) 자동 전자출결 시스템 도입

자동 전자출결 시스템을 도입해 영유아 가정에 등·하원을 확인할 수 있는 '등하원 안심 알리미 서비스'를 제공해 영유아의 출결관리와 어린이집에 시간당 보육료를 자동 산출해 지급한다. 이 시스템은 어린이집 출입구에 설치된 인식장치가 아동의 등·하원 시간을 인지하고, 이 정보를 보육 통합 정보시스템에 전송하면 보육료가 생성되는 방식으로 이루어진다. 복지부는 자동 전자출결 시스템을 이용한 출결관리로 보육료 신청에 따른 어린이집의 행정부담을 줄이면서 시스템에서 확인된 시간만큼 보육료를 지급하게 된다.

연장반을 운영하는 어린이집은 자동 전자출결 시스템을 반드시 설치해야 하는데, 설치비용은 정부에서 지원할 방침이다.

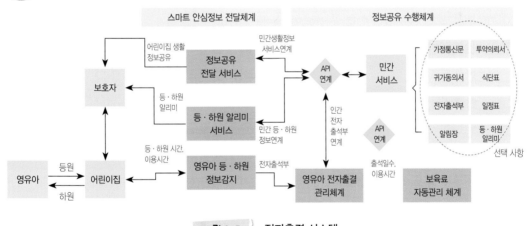

그림 6-5 전자출결 시스템

출처: 보건복지부(2019b). 보육지원체계 개편 세부 시행 방안.

3) 그 밖의 연장보육

(1) 야간연장보육

19:30부터 24:00까지 보육서비스를 제공하는 것이다. 7:30 이전에 이용하는 경우도 야간연장보육으로 간주한다. 해당 시설의 연장보육 아동을 연장하여 보육하는 것이

원칙이나, 주간에 다른 어린이집을 이용한 경우에도 가능하다. 원칙적으로 별도 교사를 두어야 한다. 단, 야간연장 보육교사 근무수당을 지원받는 어린이집의 경우 교사 겸직 원장이나 보육교사가 야간연장반 교사 겸임이 가능하다.

(2) 야간12시간보육

부모가 야간에 경제활동에 종사하는 가정, 한부모 가정 또는 조손 가정 등의 영유아로 야간12시간보육이 필요한 영유아에 대해 19:30부터 익일 07:30까지 운영하는 보육을 말한다.

(3) 24시간보육

07:30부터 익일 07:30까지 24시간 개방하여 운영하는 보육형태로 새벽 또는 밤늦게까지 일하거나 출장이 잦은 직업에 종사하는 부모들이 자녀를 맡기기 위해 주로 이용한다. 24시간보육은 숙박 시설이 있으며 보육교사는 대개 8시간 3교대로 근무한다. 대부분 혼합연령집단으로 운영되며 낮에는 보육프로그램을 운영하지만 야간에는 주로 보호에만 초점을 맞춘다. 24시간 어린이집은 보육 아동이 수면하기에 적합한 시설(수면실 등)과 조·석식을 포함한 급·간식 제공여건 및 자체 야간보육 프로그램을 구비해야 한다.

(4) 휴일보육: 일요일, 공휴일

부모들이 일요일이나 공휴일에 근무하거나 특별한 일로 아동을 돌보기 어려운 경우에 이를 보육해 주는데 보육시간은 09:00~16:00이다. 연장반 별도 구성 및 전담·당번교사 배치 등이 곤란하므로 기본보육만 하도록 한다. 휴일보육은 일부 어린이집에서만 운영되고 있다.

4) 시간제 보육

2013년에서 2014년까지 시범사업을 거쳐 2015년부터 본격 시행한 시간제 보육은 가정양육 부모들의 재취업 기회를 확대하고 육아부담을 경감하는 데 기여하면서 빠르게 정착하고 있는 보육서비스이다.

시간제 보육(drop-in center)은 부모의 요구에 따라 필요한 시간을 제공하기 때문에 부모에게 긴급한 사정이 생겼을 경우나, 잠시 동안 보육이 필요할 경우에 안심하고 아이를 맡길 수 있도록 시간 단위로 이용할 수 있는 보육 형태이다. 어린이집, 육아종합지원센터 등에 설치된 시간제 보육반에 가정양육수당을 받는 6~36개월 미만 영아가 이용할 수 있다(보건복지부, 2019b). 최근에는 식당 · 백화점 · 문화센터 등 고객의 편의를 위해 설치 · 운영하기도 하며, 부모가 필요한 시간에 자녀를 돌보아 주는 베이비시터도 시간제 보육에 포함된다.

5) 방과후 보육

초등학생을 대상으로 학교에서 수업을 마치고 보호자를 만날 때까지 부모가 맞벌이 등으로 돌봐 줄 성인이 없는 아동을 대상으로 안전하게 보호하고 정서적, 교육적인 성장을 지원하는 프로그램이다. 방과후 보육서비스는 4시간 이상(~19:30까지) 제공한다.

4. 어린이집 이용 및 현황

한국보육진흥원의 보육통계 현황을 보면, 2018년 12월 31일 기준 전체 어린이집 수는 39,171개소이며 어린이집 이용 영유아 수는 2018년 말 기준 전체 1,415,742명이다(한국보육진흥원, 2018). 전체 시설 수 중 국공립어린이집은 9.2%, 사회복지법인, 법인 · 단체 어린이집은 5.4%에 불과하고 민간어린이집 34.5%와 가정어린이집 47.6%로 나타나 대부분이 민간시설에 집중되어 있다. 보육교직원 현황을 살펴보면 2018년 말 기준 보육 교직원 수는 333,420명이며, 교직원 1인당 아동 4.9명 수준이다 (2018. 12. 31.).

● 표 6-3 ● **어린이집 현황**   (단위: 개소, 명, %)

구분			계	국공립 어린이집	사회복지 법인 어린이집	법인· 단체 등 어린이집	민간 어린이집	가정 어린이집	협동 어린이집	직장 어린이집
어린이집 수	개소(A)		39,171	3,602	1,377	748	13,518	18,651	164	1,111
	(비중)		100.0	9.2	3.5	1.9	34.5	47.6	0.4	2.8
아동수	정원(B)		1,732,324	230,508	128,810	54,900	886,818	344,412	5,451	81,425
	(비중)		100.0	13.3	7.4	3.2	51.2	19.9	0.3	4.7
	현원 (C)	계	1,415,742	200,783	92,787	41,298	711,209	302,674	4,360	62,631
		남	731,498	103,444	48,702	21,633	367,436	155,682	2,272	32,329
		녀	684,244	97,339	44,085	19,665	343,773	146,992	2,088	30,302
	(비중)		100.0	14.2	6.6	2.9	50.2	21.4	0.3	4.4
	이용률		81.7	87.1	72.0	75.2	80.2	87.9	80.0	76.9
보육 교직원 수	인원 (D)	계	333,420	41,122	19,139	8,259	146,386	100,987	1,051	16,476
		남	12,956	971	1,882	668	8,118	1,100	26	191
		녀	320,464	40,151	17,257	7,591	138,268	99,887	1,025	16,285
	(비중)		100.0	12.3	5.7	2.5	43.9	30.3	0.3	4.9
어린이집 1개당 아동 수(C/A)			36.1	55.7	67.4	55.2	52.6	16.2	26.6	56.4
보육교직원 1인당 아동 수(C/D)			4.2	4.9	4.8	5.0	4.9	3.0	4.1	3.8

* 주: 아동 수는 현원(종일, 맞춤, 야간, 24시간, 방과후) 기준
출처: 한국보육진흥원(2018). 2018년 보육통계 p.5 어린이집 일반현황표.

5. 어린이집 설치기준

　　지방자치단체의 장은 보육수요 · 보건 · 위생 · 급수 · 안전 · 교통 · 환경 및 교통편
의 등을 충분히 고려하여 쾌적한 환경의 어린이집 부지를 선정하여야 한다. 영유아의
신체적 · 사회적 안전에 위험하다고 판단되는 시설(폐기물처리시설, 유흥업소, 전염병원
등) 인근에 어린이집이 입지하지 않도록 인가를 제한할 수 있으며, 위험시설 또한 어
린이집 인근에 입지하지 않도록 하여야 한다. 어린이집은 위험시설로부터 수평거리로
50m 이상 떨어진 곳에 위치하여야 하며 어린이집은 1층 또는 건물 전체(5층 이하)에 설
치할 수 있다.

1) 보육실

보육실은 1층 또는 건물 전체(5층 이하)에 설치한다. 건물 전체가 어린이집인 경우 및 사업주가 직장어린이집을 설치하는 경우는, 1층부터 5층까지 보육실 설치가 가능하나 영아반 보육실은 1층에 우선 배치한다.

2) 조리실

조리실은 1층 이상에 설치하는 것을 원칙으로 하되 「식품위생법」에 의하여 집단급식소로 신고한 경우나 조리실 면적 이상의 선큰(sunken)이 설치되어 있는 경우는 지하 1층에도 설치를 허용하나, 영유아들의 식사를 위한 테이블 등 식당시설은 지하에 설치할 수 없다. 유치원과 같은 건물에 설치된 어린이집은 유치원의 조리실을 함께 사용할 수 있다.

사업주가 직장어린이집을 설치한 경우로서 직장어린이집이 설치된 건물에 집단급식소를 운영하는 경우에는 조리실을 별도로 설치하지 아니할 수 있으나, 영유아를 위한 음식의 조리공간은 분리(별도의 방을 분리함에 있어 벽이나 층 등으로 구분하는 경우를 말한다) 또는 구획(칸막이 · 커튼 등으로 구분하는 경우를 말한다)되어 있어야 한다.

3) 화장실

화장실은 보육실과 동일한 층의 인접한 공간에 설치하며(층간 설치 지양), 목욕실은 보육실과 인접한 공간에 설치(건물 외부 설치 불가)한다. 영유아용 수세식 변기는 가능한 한 10~15인당 1개 이상을 설치하는 것이 바람직하나, 가정어린이집의 경우 성인용 변기에 디딤판 및 탈부착식 유아용 변기를 설치하고 이동식 어린이용 변기를 갖춘 경우 유아용 변기를 설치하지 아니할 수 있다.

4) 교사실

보육정원이 21명 이상인 어린이집은 교사가 교육활동을 계획 · 준비하고 자료 제작 등을 할 수 있도록 구획된 교사실을 설치하여야 하며, 이는 2018년 6월 13일 신규 및 변경인가(정원 감원은 제외) 시설부터 적용된다. 교사실에는 교육활동 준비와 행정사무, 휴식 등에 필요한 설비를 갖추어야 한다.

● 표 6-4 ● **어린이집 실내 설치기준**

법적 근거	내용	
「영유아보육법 시행규칙」 제9조 별표1 (어린이집의 설치기준 등)	영유아 특성에 맞는 어린이집의 구조 및 설비 준수: 어린이집 영유아 1인당 면적 4.29㎡ 이상(놀이터 제외)	
	필수시설	**기준**
	보육실	• 해당 층 4면의 100분의 80 이상이 지상에 노출되고 해당 층 주 출입구의 하단이 지표면으로부터 1m 이내인 층에 설치 • 영유아 1명당 2.64㎡ 이상 • 침구, 놀이기구 및 필요한 교재 · 교구 구비 • 바닥난방시설
	조리실	• 채광, 청정한 실내 환경, 방충망 설치 • 식기 소독, 취사 및 조리할 수 있는 설비
	목욕실	• 난방, 미끄럼방지 장치 • 샤워설비, 세면설비 및 냉온수 공급을 위한 설비 • 수도꼭지는 온도 조정 및 고정 가능해야 함 • 보육실과 인접한 공간에 위치
	화장실	• 바닥 미끄럼방지 장치 • 세정장치와 수도꼭지 등은 온도 조정 및 고정 가능해야 함 • 수세식 유아용 변기는 10~15인당 1개 이상을 설치, 보육실과 같은 층의 인접한 공간에 설치
	교사실	• 보육 정원 21명 이상 어린이집 '교사실' 설치 • 2018년 6월 13일 신규 및 변경 인가 시설부터 적용
	놀이터	• 보육정원 50명 이상인 시설: 영유아 1명당 3.5㎡ 이상의 규모로 옥외놀이터를 설치 • 옥외놀이터: 모래밭에 6세 미만의 영유아가 이용할 수 있는 놀이기구 3종 이상 설치(대근육활동을 위한 놀이기구 1종 이상을 포함) • 옥내놀이터 　－어린이집에 엘리베이터가 설치되지 아니한 경우: 보육실로부터 5층 이내에 설치하며, 안전에 필요한 장비를 구비 　－옥내놀이터를 어린이집으로 사용하는 건물 내의 실외공간에 설치하는 경우: 울타리나 보호난간을 최소 1.5m 이상으로 설치, 난간 사이에 간격이 있는 경우 그 안치수는 80㎜ 이하로 하여야 함

출처: 보건복지부(2018), 안현미, 신회연, 정수진(2014). 어린이집 설치기준 내용을 보완함.

6. 어린이집 놀이터 설치기준

1) 놀이터 설치의 기본 원칙

정원 50인 이상의 어린이집은 영유아 1인당 3.5m² 이상 규모의 옥외놀이터 설치를 원칙으로 하되, 정원 규모별 면적 기준은 달리 적용할 수 있다.

놀이터는 「영유아보육법」「어린이놀이시설 안전관리법」「환경보건법」등에서 정한 기준을 준수하여 설치한다. 어린이집 자체 부지가 있는 경우, 옥외놀이터를 설치하여야 하며 신축, 증·개축, 소재지변경으로 면적 확보가 가능한 경우, 옥외놀이터를 확보하여야 한다. 어린이집의 지하층(1층 아래에 있는 층)에는 놀이터를 설치할 수 없다. 어린이집의 2층 이상에 놀이터를 설치하는 경우, 「영유아보육법」에서 정하는 비상재해대비시설을 설치한다.

직장어린이집은 옥외·대체놀이터(옥내·인근 놀이터) 중 자유롭게 설치가 가능하다. 대체놀이터를 활용할 경우 주 3회, 매회 30분 이상 실외활동을 실시할 수 있도록 한다.

실내놀이터를 제외하고, 놀이터의 바닥은 모래밭, 천연 및 인공 잔디, 고무매트, 폐타이어 블록으로 설치한다.

2) 놀이터 종류

놀이터의 종류는 옥외놀이터, 옥내놀이터, 인근 놀이터로 구분한다. 옥외놀이터는 어린이집의 자체 부지에 부속하여 설치한 실외놀이터이며, 옥내놀이터는 어린이집 건물 내부의 실내외 공간에 설치한 놀이터를 말한다. 옥내놀이터에는 어린이집 내부의 방(이에 준하는 공간)에 설치한 실내놀이터, 어린이집의 중간층의 실외공간(중간옥상, 베란다 등)을 활용한 옥내중간 놀이터, 어린이집의 최상층 바닥면 공간에 설치하는 옥상놀이터로 구분할 수 있다(〈표 6-5〉). 인근 놀이터는 어린이집과 인접하여 설치한 실외놀이터로 어린이집부터 보행거리 100m 이내이며 영유아용 놀이기구가 설치되어 있어야 한다.

● 표 6-5 ● **놀이터 종류**

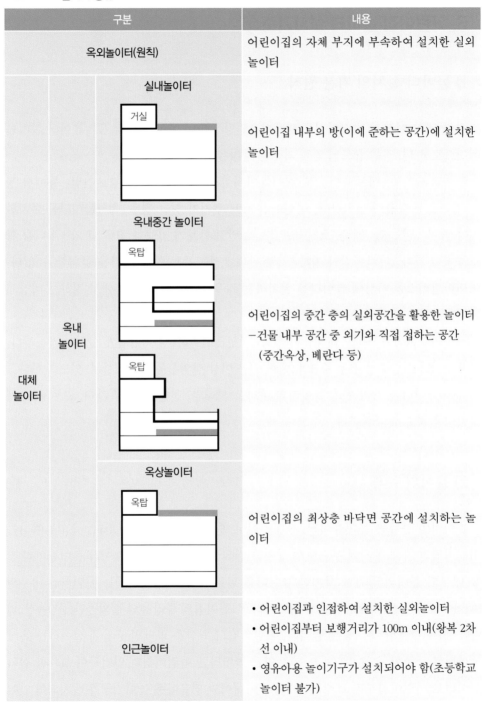

구분			내용
옥외놀이터(원칙)			어린이집의 자체 부지에 부속하여 설치한 실외 놀이터
대체 놀이터	옥내 놀이터	실내놀이터	어린이집 내부의 방(이에 준하는 공간)에 설치한 놀이터
		옥내중간 놀이터	어린이집의 중간 층의 실외공간을 활용한 놀이터 −건물 내부 공간 중 외기와 직접 접하는 공간 (중간옥상, 베란다 등)
		옥상놀이터	어린이집의 최상층 바닥면 공간에 설치하는 놀이터
	인근놀이터		• 어린이집과 인접하여 설치한 실외놀이터 • 어린이집부터 보행거리가 100m 이내(왕복 2차선 이내) • 영유아용 놀이기구가 설치되어야 함(초등학교 놀이터 불가)

출처: 보건복지부(2019). 2019 보육사업안내.

3) 놀이기구 설치기준

놀이기구 설치의 기본 원칙은 어린이집의 놀이기구 및 어린이용품의 경우 「영유아보육법」 및 「어린이놀이시설 안전관리법」 「환경보건법」에서 정한 기준에 적합한 영아용과 유아용 또는 대상 연령별로 설치하여야 한다.

놀이터에 대근육활동 놀이기구(고정식)를 1종 이상 포함하여 최소 3종 이상의 놀이기구를 설치한 경우에 인가가 난다. 대근육활동 놀이기구(고정식)는 영유아의 대근육 발달을 위한 놀이기구로 그네, 미끄럼틀, 정글짐, 회전놀이기구, 공중놀이기구, 흔들놀이기구, 오르는 기구, 건너는 기구 또는 이를 2가지 이상 결합한 조합놀이대 등을 포함한다. 옥외놀이터는 대근육활동 놀이기구(고정식)를 1종 이상 의무로 설치해야 한다(〈표 6-6〉).

모래놀이기구는 영유아의 감각 및 정서발달 등을 위한 모래놀이기구로 모래밭과 모래놀이대 등이 포함된다. 물놀이 도구(수영장 포함), 게임놀이, 공놀이, 사회극적 놀이도구(놀이집, 자동차 등 탈것, 소꿉놀이) 등 놀이도구는 놀이기구에 해당하지 않는다.

● 표 6-6 ● **실외놀이터 놀이기구 설치**

구분		(고정식) 대근육활동 놀이시설, 놀이기구	(이동식) 대근육활동 놀이기구	모래놀이기구
옥외놀이터		○	△	○
대체놀이터	실내놀이터	△	○	○
	옥내 중간놀이터	△	○	○
	옥상놀이터	×	○	○
	인근놀이터	○	×	○

주: 설치가능(○), 설치불가(×), 현장여건에 따라 인정(△)
　　옥외놀이터는 고정식 놀이시설 기구 설치가 원칙이므로, 「어린이놀이시설 안전관리법」 설치 검사 후 고정식
　　놀이기구를 이동식 놀이기구로 대체하지 않도록 유의
출처: 어린이집 안전공제회(2015). 실내외 보육환경.

7. 비상 재해대비시설

1) 어린이집이 1층인 경우

비상시 양방향 대피가 가능하여야 한다. 양방향 대피를 위하여 주 출입구 외에 안전한 지상과 바로 연결되는 비상구 또는 출구(이하 출구)를 설치하여야 한다.

출구까지의 경로상에는 주방 등 화기시설을 설치할 수 없으며, 출구 접근 및 개방에 방해되는 장애물을 두지 않도록 하며 2018년 6월 13일부터는 소방청장이 정하여 고시하는 '단독경보형 감지기'를 설치하도록 되어 있다.

2) 어린이집이 2층과 3층인 경우

비상시 각 층별로 양방향 대피가 가능하여야 한다. 양방향 대피를 위하여 주 계단 외에 각 층별로 건물 내부를 경유하지 않고 지상으로 바로 연결되는 비상계단 또는 미끄럼대를 당해 건물의 외부에 설치하여야 하며, 「화재예방, 소방시설 설치 · 유지 및 안전관리에 관한 법률 시행령」 별표 6에 따라 면제되는 경우를 제외하고는 「화재 예방, 소방시설 설치 · 유지 및 안전관리에 관한 법률」 제9조 제1항에 따라 소방청장이 정하여 고시하는 단독경보형 감지기의 화재 안전기준에 따른 '단독경보형 감지기'를 설치하여야 한다(2018.6.13. 시행).

다만, 건물 전체를 어린이집으로 사용하는 건물에서 내부 직통계단을 2개 이상 설치하거나, 주 계단 외에 피난층(직접 지상으로 통하는 출입구가 있는 층) 또는 지상으로 통하는 직통계단을 설치한 경우 비상계단을 설치한 것으로 인정한다.

또한 2층, 3층의 경우 「화재예방, 소방시설 설치 · 유지 및 안전관리에 관한 법률 시행령」에서 규정하는 스프링

그림 6-6 하강식 경사구조대

클러(간이형 스프링클러 포함)가 건물 전체에 걸쳐 유효하게 설치되고, 피난 기구의 화재안전기준(NFSC)에서 정한 피난 기구를 설치한 경우, 비상계단 및 미끄럼대를 설치하지 않아도 된다.

2014년부터 수직 구조대(나선형, 협착형), 피난 트랩 등은 인정하지 않고, 2~3층에 설치할 수 있는 피난 기구 중 구조대는 하강식 경사구조대만 인정한다([그림 6-6]).

3) 어린이집이 4층과 5층인 경우

「화재예방, 소방시설 설치·유지 및 안전관리에 관한 법률 시행령」에 따른 스프링클러 설비 및 자동화재탐지 설비를 건물 전체에 설치하여야 하며 건물 내 양방향 대피가 가능한 2개소 이상의 직통계단을 설치하여야 한다(2개 이상의 직통계단 설치가 곤란한 경우 직통 계단 1개소는 건물 외부에 비상계단으로 설치 가능).

보육실의 주 출입구는 직통계단 또는 비상계단까지의 보행거리가 30m 이내가 되도록 설치해야 한다. 그리고 건물의 천장·바닥과 벽체 등의 내부마감재는 불연재로 설치해야 하고, 벽체 등에는 가연성 장식물을 부착하지 않아야 하며, 조리실은 내화구조로 된 바닥, 벽 및 「건축법 시행령」 제64조에 따른 방화문으로 외부와 구획되어야 한다.

「소방시설 설치·유지 및 안전관리에 관한 법률 시행규칙」 제7조에 따른 연소 우려가 있는 건물의 구조가 아니어야 하고 2급 이상의 소방안전관리자를 고용(직원 중 방화관리자 자격증을 가진 자가 있을 경우에는 제외)하여 방화관리를 해야 한다.

제 **7** 장

어린이집 환경구성

1. 보육실 환경구성의 기본방향

2. 연령별 실내 보육환경 구성

3. 실외환경

영유아들은 어린이집에서 하루 중 많은 시간을 보내면서 일상생활과 더불어 교육적 경험을 하게 되므로 어린이집의 환경은 영유아에게 매우 중요하다. 어린이집의 환경은 영유아들이 활동만을 하는 공간적인 의미에서 벗어나 영유아의 전인 발달에 영향을 주기 때문에 영유아들의 발달수준에 적합하도록 보육환경이 구성되어야 한다.

어린이집 환경구성은 '제3차 어린이집 표준보육과정'에 기초하여 0~1세 보육과정, 2세 보육과정, 3~5세 보육과정(누리과정 포함)으로 구성된 내용을 중심으로 살펴보고자 한다(한국보육진흥원, 2019b; 보건복지부, 2013b; 강란혜, 2006).

1. 보육실 환경구성의 기본방향

보육실의 환경구성에서 가장 고려할 점은 발달적 적합성에 기초한 흥미영역 구성으로 프로스트(J. Frost)의 관점에 의하면 다음과 같이 4가지로 구성된다.

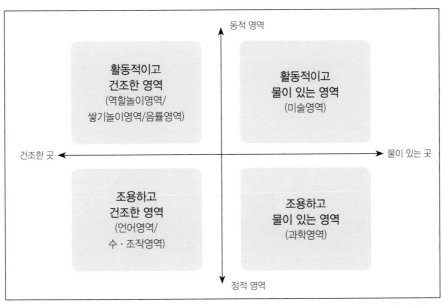

※ 수 · 조작영역 및 과학영역은 통합 가능

그림 7-1 　 프로스트(J. Frost)의 흥미영역 구성

출처: 한국보육진흥원(2019b). 어린이집 평가 매뉴얼.

- 활동적이고 건조한 영역: 대근육 활동인 적목놀이, 목공놀이, 극화놀이, 음률활동 등을 위한 곳으로 역할놀이·쌓기놀이·음률 영역은 영유아의 활동변경이 넓고 활동 시 소음도 큰 편이므로 보육실 안쪽보다 입구 가까운 쪽에 배치한다.
- 활동적이고 물이 있는 영역: 물감 그리기 등을 위한 곳으로 미술영역은 물을 사용하거나 영유아들이 상호작용이 원활하므로 보육실 안쪽보다 입구에 배치한다.
- 조용하고 건조한 영역: 책 보기, 듣기, 이야기 나누기, 동화, 쓰기, 게임과 소집단 활동을 위한 곳으로 언어영역과 수·조작영역은 보육실 안쪽에 위치한다.
- 조용하고 물이 있는 영역: 식물 기르기 등의 활동이 많은 과학영역으로 창문 쪽에 배치한다.

1) 실내 보육환경 구성원리

(1) 영아의 건강과 안전을 최우선으로 고려한다

실내환경은 우선 채광이 좋고 환기가 잘되어야 한다. 쾌적하고 위생적인 공간과 설비, 놀잇감이 마련되고, 지속적으로 청결하게 관리되어야 한다.

(2) 정서적 안정감을 줄 수 있어야 한다

집과 같이 포근하고 편안하게 느껴지도록 환경을 구성한다. 또한 영아가 정서적으로 안정감을 느낄 수 있도록 안락하게 쉴 수 있는 휴식공간을 갖춘다.

(3) 움직임과 이동성을 확보한다

공간은 영아가 탐색하며 활동할 수 있을 만큼 충분히 넓어야 한다. 또한 걸음마를 배우고 활동성이 증가하는 영아의 발달특성을 고려한 공간배치가 필요하다. 정적·동적 활동들을 마음대로 할 수 있게 설계되어야 한다.

(4) 탐색과 발견의 기회가 마련되어야 한다

영아의 특성을 반영하여 탐색과 놀이가 충분히 이루어지도록 다양한 놀이영역을 구성한다.

(5) 영아의 일과를 고려하여 일상생활영역과 놀이영역을 함께 구성한다

영아에게는 수유, 낮잠, 기저귀갈이 등 일상생활을 위한 공간이 필요하다.

(6) 흥미영역 간 상호 연결이 될 수 있도록 해야 한다

보육교사와 영아 간에 상호작용을 하는 가운데 영아의 기본적인 욕구를 돌보면서 영아와 밀접한 관계로 머물 수 있는 환경이 되어야 한다. 보육교사는 기저귀를 채우기 위해 영아 곁에 있어야 하고 우유를 먹이기 위해 우유병을 데워야 하므로 소품의 위치가 편리해야 한다.

2) 보육실 환경구성 시 고려할 점

- 영유아의 키 등을 고려하여 놀잇감 등을 사용하기 편리하도록 연령에 적합한 교구장 제공
- 영유아 활동과 관계없는 비품은 영유아 손이 닿지 않는 곳에 안전하게 보관
- 영아는 발달특성상 혼자놀이에 익숙하므로 똑같은 놀잇감을 충분히 제공
- 영유아 연령에 적합한 탁자를 배치하여 놀이활동 및 급·간식 활동 지원
- 영유아 눈높이를 고려하여 벽면에 활동자료 게시
- 영역을 구성할 때 모든 영역이 교사 시야에 들어올 수 있도록 배치

3) 연령별 흥미영역 구성

흥미영역이란 영유아의 활동특성에 따라 보육실 공간을 나누고 각 놀이 특성에 따라 자료들을 모아서 영역별로 배치하는 것이다.

흥미영역은 영유아의 연령과 발달특성을 고려하여 구성하고 공간은 놀이하는 영유아가 방해받지 않을 정도의 크기로 구성한다.

● 표 7-1 ● **연령별 보육환경 구성**

구분	영아반 보육환경 구성							
	일상생활영역		놀이영역					
0세반	수유	기저귀갈이	신체	언어	감각·탐색	–	–	–
1세반	수유	기저귀갈이	신체	언어	감각·탐색	역할·쌓기	–	–
2세반	–	–	신체	언어	감각·탐색	역할·쌓기	미술	음률
만 3~5세반	언어영역, 미술영역, 음률영역, 수·조작영역, 과학영역, 역할놀이영역, 쌓기놀이영역							

출처: 보건복지부(2013b). 제3차 어린이집 표준보육과정 교사용 지침서.

2. 연령별 실내 보육환경 구성

1) 0~1세 영아를 위한 실내 보육환경

(1) 일상생활영역

일상생활영역은 수유 및 기저귀갈이, 잠자기, 휴식, 배변 등 영아의 기본적인 욕구를 충족시킬 수 있는 곳이다. 0~1세 영아는 혼자서 이동하기가 어려워 실외환경을 접할 기회가 제한적이므로 보육공간은 햇빛이 잘 드는 곳에 위치하고 가정처럼 따뜻한 분위기와 정서적인 안정감을 주어야 한다.

① 수유 및 이유 영역

영아들이 식사하는 곳으로 기저귀갈이·낮잠·놀이 영역과는 분리되어 있는 것이 보다 위생적이고 청결할 수 있다. 또한 교사가 어린 영아를 안고 수유할 때 앉을 수 있는 편안한 의자가 있어야 한다. 이유식을 하는 영아나 식사를 시작하는 영아를 위해서는 낮은 책상과 영아용 테이블을 마련하여 소집단으로 함께 식사하여도 좋다. 영아를 위한 개인 그릇과 우유병에 이름표를 붙여서 식기 소독기에 보관하고, 수유 용품은 개별 수납장에 보관하고, 집에서 가져온 음식을 데우고 준비하기 위한 전자레인지와 냉장고를 마련한다.

컵 소독기, 냉장고

전자레인지

② 기저귀갈이 및 화장실 영역

기저귀갈이영역은 수유 및 이유 영역 등과 분리되어 있어야 하며 영아의 휴식 공간 가까이에 위치한 따뜻한 공간이어야 한다. 기저귀 교환대는 화장실 또는 세면대 가까이에 두어 교사가 바로 손을 씻을 수 있도록 한다.

기저귀 교환대의 높이는 교사가 허리에 부담을 느끼지 않을 높이로 하되, 영아가 떨어지지 않도록 주의한다. 기저귀를 가는 동안 영아가 탐색할 수 있도록 거울이나 모빌 등을 설치해도 좋다. 또한 교환대는 부드러우며 아래쪽에 서랍이 달린 작업대를 두어 비누, 로션, 기저귀와 타월 등을 정리한다. 기저귀 교환대 위에 모빌이나 놀잇감, 그림 등을 두어 영아들이 흥미를 느끼도록 하고 영아와 눈을 마주치며 피부를 접촉하여 질적 상호작용을 도모해야 한다.

배변 훈련을 시작하는 영아를 위해 화장실 바닥은 영아가 미끄러지지 않도록 미끄럼

기저귀갈이대

영유아 화장실

방지 처리를 하고 손을 씻을 수 있도록 수건, 비누 등을 비치한다. 화장실의 물리적 시설은 영아로 하여금 배설에 대한 긍정적인 감정을 갖게 하는 데 중요한 역할을 한다.

환경구성으로는 기저귀 관련 용품 수납장과 기저귀 갈이 매트, 뚜껑 있는 휴지통을 준비한다.

③ 낮잠 및 휴식 영역

낮잠영역은 소음이 없는 조용하고 쾌적한 공간이 필요하다. 침대나 매트는 개별적으로 준비하고 공유하지 않도록 한다. 침대는 난간이 있는 것이 안전하다. 개인별 잠자는 시간대가 다르므로 별도로 잠자리를 정해 주어야 다른 영아에게 방해를 주지 않는다. 낮잠영역은 직사광선이 들어오지 않도록 블라인드나 커튼을 친다.

휴식영역은 영아가 조용히 쉴 때 이용하는 공간으로 조용한 곳에 아늑함과 부드러움을 느낄 수 있도록 구성하며 가급적 보육실 안쪽에 마련한다. 영아가 누워서 볼 수 있는 곳에 모빌을 설치하고 잠에서 깨어나거나 잠들려는 영아에게 부드러운 음악을 제공하기 위한 카세트 등을 비치한다.

낮잠영역

휴식영역

(2) 놀이영역

① 대근육영역

대근육운동이 급속히 발달되는 시기이므로 넓고 안전한 공간을 충분히 마련해 주어야 한다. 실내에 영아가 오르내릴 수 있는 낮은 기구, 실내용 미끄럼틀, 밀고 당기는 놀잇감, 흔들말 같이 탈 수 있는 시설과 설비를 갖춘다. 안전사고를 예방하기 위해 바닥

대근육영역

에 충격을 흡수하는 고무나 스펀지 매트 등을 깔아 준다.

② 감각 및 탐색 영역

　영아는 감각을 통해 사물에 대한 특성을 인식하여 소근육을 조절하는 경험을 하면서 눈과 손의 협응력을 발달시킨다. 영아가 풍성한 감각적 경험을 형성할 수 있도록 다양한 질감, 형태, 색감을 느낄 수 있는 교구를 마련해 준다.

　모빌, 딸랑이, 오뚝이, 봉제완구, 모양 블록 등을 비치하되, 영아들은 입으로 가져가는 특성이 있으므로 독성이 없고 삼킬 수 없을 정도로 커야 하며 소독을 자주 할 수 있도록 한다.

감각 및 탐색 영역

③ 언어영역

영아들은 1세 전후에 말을 시작하므로 언어 습득을 돕기 위한 흥미로운 책과 환경을 준비한다. 이 영역은 책을 읽거나 놀이를 하면서 영아와 교사가 편안한 느낌을 경험하도록 아늑한 분위기의 공간으로 구성하되 조용하고 밝은 곳에 두고 출입구, 화장실, 피아노 등과 떨어진 곳에 배치한다. 작고 넘기기 쉬운 책을 제공하며 촉감이 있고 누르면 소리가 나는 그림책 등을 제공한다. 책장을 쉽게 넘길 수 있는 약간 두꺼운 종이로 된 책이 좋다. 등받이 쿠션, 낮은 소파 등을 비치하여 편안하게 활동하도록 한다. 영아기는 급속한 언어발달을 보이는 시기로서 교사와의 풍부한 언어적 상호작용이 이루어져야 하므로 일상생활에서 볼 수 있는 친숙한 자료들이 있는 그림책을 제공한다.

언어영역

④ 역할 및 쌓기 놀이 영역

영아가 일상생활에서 경험한 내용을 역할놀이를 통해 표현해 봄으로써 모방과 상상놀이가 이루어진다. 가상놀이나 역할놀이를 할 수 있는 놀잇감으로 자신을 둘러싼 생활을 모방하는 놀이를 할 수 있다. 역할놀잇감으로 부엌 용품, 청소 용품이나 인형놀이를 위한 봉제 인형, 의상 등을 제공하며 가정과 같은 분위기를 느낄 수 있도록 꾸며 준다.

쌓기놀이를 통한 영아의 또래와의 자연적인 상호작용은 영아의 사회성 발달에도 긍정적인 영향을 미치며 공간에 대한 지각력, 도형에 대한 이해의 기초를 형성한다. 다양한 크기, 색, 모양의 블록이나 나무블록, 다양한 크기와 촉감의 인형, 소꿉놀잇감, 동물인형, 우레탄블록, 종이블록, 레고 등의 쌓기놀잇감을 준비한다.

역할 및 쌓기 놀이 영역

● 표 7-2 ● 만 0~1세반 보육실 내 흥미영역

영역	내용	지도가 필요한 사항
일상생활 영역	보육실 내에 마련 (예: 수유, 기저귀갈이 등) 기저귀갈이대　　영유아 화장실	소독액, 뜨거운 물 등
낮잠 및 휴식 영역	낮잠영역　　휴식영역	

대근육 영역	• 영아반의 경우 보육실 내 배치 • 탐색과 움직임을 위한 충분한 공간 확보 	끌차 등 바퀴 달린 놀잇감
감각 및 탐색 영역		
언어영역	• 책상은 조용하고 밝은 곳에 배치 • 자료는 편안한 자세로 꺼낼 수 있게 배치 • 보육실 공간이 협소할 경우 휴식공간과 함께 사용 가능 	
역할 및 쌓기놀이 영역	 역할놀이영역　　　　　　　　　쌓기놀이영역	

2) 2세 영아를 위한 실내 보육환경

(1) 신체영역

만 2세가 되면 신체의 움직임이 민첩해지고 움직임이 많은 활동을 좋아하므로 넓은 대근육활동 영역이 필요하다. 대근육활동은 실외놀이터를 주로 이용하지만 보육실 내에서도 영아들이 쉽게 이용할 수 있는 실내 미끄럼틀, 공놀이, 끌차, 유모차, 볼풀놀이대 등을 마련해 준다.

신체영역

(2) 언어영역

2세 영아는 언어를 이용한 의사소통에 많은 흥미를 보인다. 영아가 말하고, 듣고, 읽고, 쓰는 의사소통의 기회를 경험할 수 있는 공간과 놀잇감을 배치한다. 이 영역은 활동량과 소음이 많이 유발되는 영역과는 멀리 떨어진 곳에 배치하여 조용하게 책을 읽을 수 있도록 한다. 자연조명이 잘되는 밝은 곳에 배치하는 것이 좋다. 또한 쾌적하고 편안한 공간을 위해 카펫을 깔거나 낮은 책상이나 소파, 흔들의자, 쿠션 등을 비치하여 교사와 영아가 함께 앉아서 책을 볼 수 있도록 한다.

언어영역에는 영아들이 실제 경험과 관련된 다양한 주제의 그림책을 비치하여야 한다. 책은 표지가 보이도록 전시하고, 계절이나 절기마다 그림책을 조금씩 첨가해 주는 것이 영아들에게 도움이 된다. 그림책뿐만 아니라 사진책, 포스터, 동시판, 팸플릿, 메뉴판 등을 준비하여 영아가 생활 속에서 문자의 역할을 이해하고 문자와 친숙해질 수 있도록 돕는다. 또한 카세트와 녹음기, 마이크 등을 이용하여 자신의 말소리를 녹음하고 듣는 등의 말하기와 듣기 경험을 확장하도록 한다.

2세 언어영역

(3) 감각 및 탐색 영역

이 영역은 영아들이 자유롭게 탐색할 수 있도록 영아들의 통행이 적고 햇빛이 잘 드는 정적인 공간으로 배치한다. 2세 영아는 새로운 것을 발견하는 호기심이 많은 나이이고 손의 소근육 발달이 정교해지는 시기로 직접 조작해 보고 탐색할 수 있는 여러 가지 조작 놀잇감을 준비하여 소근육활동의 기회를 제공하여 호기심을 증진시켜 주는 것이 좋다. 또한 2세가 되면 동식물에 관심을 가지기 시작하므로 실내에서 기를 수 있는 동물(거북이, 달팽이)과 화분 열매, 곡물, 구슬꿰기, 어항 등을 비치하여 탐색하도록 한다. 영아들은 다양한 재료 경험을 통해 느끼고 비교하면서 경험과 사고력이 발달하게 된다.

2세 감각 및 탐색 영역

(4) 역할 및 쌓기 놀이 영역

역할놀이영역에서는 움직임이 많고 다양한 활동이 이루어지므로 넓은 공간이 필요하다. 2세경의 영아기에는 가족과 관련된 역할놀이를 선호하므로 가족놀이, 아기놀이 등을 위한 놀잇감을 제공하되 안전하고 청결을 위해 씻을 수 있는 재료이어야 한다. 또한 계절을 고려하여 역할놀잇감을 변화시켜 주고, 영아 스스로 정리할 수 있도록 수납장을 설치한다.

쌓기놀이영역은 역할놀이영역과 인접한 곳에 설치하며 소음이 많이 발생하므로 다른 공간과 차단 시설을 하거나 카펫을 깔아 준다. 2세 영아는 놀잇감을 친구와 공유하면서 활동하기 어려운 시기이므로 분쟁의 소지를 예방하기 위해 여러 명이 사용해도 부족하지 않도록 다양한 재질과 크기의 블록들을 충분하게 준비하는 것이 중요하다.

블록 등의 놀잇감을 보관하는 교구대 바닥에 사진을 붙여 주어 영아 스스로 정리할 수 있도록 돕는다.

2세 역할놀이영역

(5) 미술영역

이 영역은 활동적이면서도 물이 필요하므로 세면대나 출입구 가까운 곳에 배치한다. 영아는 미술활동을 통해 창의적인 표현을 하며 자신의 생각을 자유롭게 표현하고 다양한 모양과 색 재질을 탐색해 보는 기회를 가진다. 다양한 크기와 모양의 종이, 색종이, 크레파스, 색연필, 그림물감, 신문지 등을 비치하여 많은 경험을 할 수 있도록 한다. 제공하는 자료가 위생적이고 안전한지 점검하고 바닥에 물이나 물감 등이 떨어져 영아가 미끄러지는 사고가 발생하지 않도록 유의한다.

2세 미술영역

(6) 음률영역

2세가 되면 한두 가지 멜로디를 기억하여 부를 수 있고 음악에 맞추어 흔들고 몸으로 표현하며 악기를 두드린다. 영아가 다양한 소리와 동작을 경험할 수 있도록 북, 트라이앵글, 실로폰, 녹음기 등을 비치한다. 이 영역은 소음이 발생하므로 조용한 영역과 분리시켜 구성하는 것이 좋다.

2세 음률영역

● 표 7-3 ● **만 2세반 보육실 내 흥미영역**

영역	내용	지도가 필요한 사항
신체영역	• 영아반의 경우 보육실 내 배치 • 탐색과 움직임을 위한 충분한 공간 확보	끌차 등 바퀴 달린 놀잇감
언어영역		
감각 및 탐색 영역		
역할 및 쌓기 놀이 영역	역할놀이영역 쌓기놀이영역	

3) 유아를 위한 실내 보육환경

환경구성은 유아의 심리적 안정, 신체적 안전, 발달적 적합성, 다양성을 고려하여 구성하는 것이 바람직하며, 그 원리는 다음과 같다(보건복지부, 과학기술부, 2013).

(1) 실내 보육환경의 구성 원리

① 공간은 유아가 활동할 수 있을 만큼 충분히 넓어야 한다.

② 시설 설비와 교구는 유아의 연령 및 신체 발달에 적합하여 유아가 성인의 도움 없이 스스로 사용하고 정리할 수 있도록 한다.

③ 유아에게 매력적이고 교육적으로 의미 있는 활동을 제공하도록 환경을 구성한다. 이를 위해 유아에게 활동선택권을 주는 다양한 흥미영역을 실내외 공간에 배치할 수 있다.

④ 청결하고 안전한 환경을 제공하고, 적정 온도나 습도를 유지해야 한다.

⑤ 환경은 유아의 발달특성에 적합하여야 한다. 예를 들면, 유아의 연령이 낮을수록 일상적이고 개별적인 보살핌을 위한 환경구성이 필요하고, 감각적인 경험의 기회가 많이 포함되는 환경을 제공한다.

⑥ 유아가 장시간 유치원이나 어린이집에 머물 경우, 혼자 놀거나 쉴 수 있는 공간이

필요하며, 일상적인 보살핌이나 낮잠을 위한 공간과 물건이나 놀잇감 보관을 위한 저장 공간을 마련한다.

(2) 유아를 위한 실내 보육환경 구성 시 고려할 점
① 안전이 보장되는 환경에서 유아는 자유롭게 움직이고 탐색하여 새로운 도전을 시도할 수 있다.
② 건강을 유지시킬 수 있는 환경이어야 질병과 감염 가능성을 줄인다.
③ 편안함을 느끼며 생활할 수 있는 공간에서 유아와 교사는 편안히 쉬며 서로를 즐기게 해 준다.
④ 편리하게 생활할 수 있도록 고려된 환경은 유아와 교사의 욕구를 충족시키고 활동하기에 편리하다.
⑤ 유아의 신체 크기가 고려된 공간 속에서 유아 스스로 관심 있는 것을 탐구해 볼 수 있다.
⑥ 융통성 있게 공간을 변경시킬 수 있어야 한다.
⑦ 유아의 요구에 따라 놀잇감이나 활동을 선택할 수 있는 공간이어야 한다.
⑧ 개인적 생활이 보장되는 공간이 준비되어서 유아가 지치고 피곤할 때 쉴 수 있어야 한다.

(3) 유아를 위한 실내 보육환경
유아(만 3~5세)를 위한 흥미영역은 언어영역, 미술영역, 음률영역, 수ㆍ조작영역, 과학영역, 역할놀이영역, 쌓기놀이영역으로 구성된다. 흥미영역의 수는 유아의 수와 연령, 흥미, 설치인가기준을 고려하여 조절할 수 있다. 흥미영역에 비치하는 모든 교재ㆍ교구는 안전과 위생을 고려해야 한다. 흥미영역은 1년에 3~4번 위치를 바꾸어 줌으로써 변화를 줄 수 있다.

① 쌓기놀이영역
쌓기놀이영역은 눈과 손의 협응력과 대ㆍ소근육 운동을 발달시키며 또래와의 협동적 놀이를 통해 사회성을 발달시킨다. 유아는 다양한 색, 모양, 크기의 블록을 통해 서열화와 공간관계 개념을 익히고, 구성하고, 허무는 과정에서 체계적 사고가 발달하며 공격성과 긴장을 해소할 수 있다. 쌓기놀이영역에서 고려하여야 할 점은 넓고 개방적이며 동적인 공간에 배치하고, 쌓기의 경우 비교적 소음이 발생하기 쉬우므로 인접 영역에 방해가 되지 않도록 조용한 곳과 분리시키고, 카펫을 깔아서 소음을 줄이는 것이 좋으며, 블록은 아이가 던지더라도 위험하지 않아야 한다는 것이다. 쌓기를 한 결과물을 역할놀이에서 사용하는 경우가 있으므로 인접해서 배치하여도 좋다.

만 3세에게는 작은 끼우기블록보다는 발과 다리의 대근육을 사용하여 구성할 수 있는 적당히 큰 쌓기블록이 좋다.

만 4세는 소근육이 발달하므로 적당한 크기의 쌓기블록과 함께 중간 정도 크기의 끼우기블록도 함께 제공할 수 있다.

만 5세 유아는 다소 복잡한 구조물을 만드는 것도 가능하므로, 이를 고려하여 영역을 구성한다. 만 5세의 경우 소품은 유아들이 직접 제작한 것을 활용할 수도 있다.

3세 쌓기놀이영역   4세 쌓기놀이영역   5세 쌓기놀이영역

② 언어영역

언어영역은 듣기, 말하기, 읽기, 쓰기와 관련된 활동을 경험하는 영역으로 조용하고 밝은 곳에 위치하여야 한다. 듣기 자료는 다양한 종류의 책, CD 플레이어, 헤드폰, 카세트 레코드와 테이프 등이 필요하며, 말하기 자료는 이야기 꾸미기 자료와 융판, 그림카드, 막대 인형이나 퍼펫, 인형극 틀, 녹음기, 마이크 등이며, 읽기 자료는 종류별 책과 책꽂이, 그림책, 잡지류, 글씨가 적혀 있는 다양한 종류의 카드(예: 친구 이름 카드, 글자 카드, 모래 글자 카드) 등이 필요하고, 쓰기 자료로는 각종 필기구, 단어 카드, 컴퓨터와 프린터, 한글 고무 글자판과 스탬프, 잉크, 소형 화이트보드와 마커펜, 가위, 펀치, 스테이플러 등이 필요하다. 유아의 키에 맞춘 탁자와 앉을 수 있는 소파나 쿠션을 비치하여 편안히 있을 수 있도록 하고 책장과 벽걸이형 책꽂이를 설치하여 유아가 스스로 찾아

보고 정리할 수 있도록 한다.

만 3세에게는 다양한 그림책을 제공해 주는 것이 필요하다.

만 4세는 쉬운 단어와 짧은 문장 읽기가 가능해진다. 따라서 짧고 반복되는 단어와 문장이 있는 동시, 동화를 제시해 주어 유아 스스로 글자 읽기에 흥미를 가지도록 한다.

만 5세는 듣고 말하는 활동에서 나아가 읽고 쓰는 활동이 보다 활발하게 이루어진다.

| 3세 언어영역 | 4세 언어영역 | 5세 언어영역 |

③ 역할놀이영역

유아가 가장 흥미를 갖는 영역 중 하나가 역할놀이영역이다. 역할놀이는 다양한 사람들의 역할을 맡으며 놀이하는 것을 말하는데 놀이를 하면서 자기중심적인 사고나 행동에서 벗어나 사회성 발달을 이룰 수 있다. 이런 경우 서로의 의사소통이 중요하며, 유아가 실생활을 연상하며 내적인 욕구를 표현하도록 환경을 마련해 주어야 한다. 비교적 여러 유아가 같이 놀이하여야 하므로 충분히 넓은 공간을 확보하여야 하며, 동적인 영역에 배치하는 것이 좋다. 또한 진행되고 있는 생활주제와 관련된 소품을 제공하여 활동이 더욱 흥미롭고 풍부하게 이루어지도록 한다. 역할놀이 주제로 병원, 은행, 미장원, 시장, 주유소, 우체국, 서점, 소방관 놀이 등을 할 수 있는 소품과 상황을 제공하면 놀이가 확장된다. 따라서 여러 직업의 역할에 따른 소품 등을 제공하여 사회적 역할을 습득하고 표현할 수 있게 된다.

만 3세는 실제와 상상을 구별하기 힘든 시기로 실물사진과 실물자료들을 준비하여 역할놀이를 활성화한다.

만 4세는 애착이 강한 시기로 소품을 유아들이 직접 만들어서 놀이에 활용하도록 한다.

만 5세는 주제활동의 전개와 유아들 간의 계획에 따라 병원, 미장원, 음식점, 세탁소, 서점 등의 사회 극놀이를 통해 다양한 사회 구성원의 역할을 해 볼 수 있도록 한다.

| 3세 역할놀이영역 | 4세 역할놀이영역 | 5세 역할놀이영역 |

④ 수 · 조작영역

수 · 조작영역은 일대일 대응, 분류, 비교, 서열 등의 수활동이나 퍼즐 맞추기나 끼워서 구성하기, 간단한 게임 등 논리적 문제해결, 소근육 조작 등과 관련된 활동을 주로 하는 영역이다. 수 · 조작영역의 경우 언어, 과학, 책 보기 영역과 인접한 조용한 곳에 배치하는 것이 좋으며 소형 장난감을 바닥에 앉은 채 구성하거나 조작해 볼 수 있는 공간이므로 카펫이나 자리를 깔아 주어 앉아서 활동하기 편한 환경을 조성해 준다. 이 영역에서 유아는 무게나 부피, 공간과 형태 개념에 도움이 되는 교재 · 교구를 통해 수리적 개념의 활동을 익히며 퍼즐 맞추기, 구슬 끼우기, 순서 짓기 활동과 같은 조작놀이를 통해 소근육 능력을 배우며, 눈과 손의 협응력을 키운다.

만 3세에게는 의자와 책상에 앉는 것보다 낮은 책상을 활용하는 것이 좋으며 바닥에는 카펫을 깔아 준다. 수활동을 위해 1~10까지 셀 수 있는 놀잇감 등이 필요하다. 조작놀이를 위해 5~10조각의 퍼즐류, 일상생활 훈련 자료, 작은 구슬을 숟가락으로 옮기기 등을 제시한다.

만 4세는 개별놀이와 소집단놀이를 모두 수용하도록 영역을 구성해 준다. 수활동을 위해 색깔이나 형태, 크기가 다른 끼우기 블록, 수 막대 등 구체물을 제시하며, 조작 활동을 위해 계절과 활동주제를 반영한 퍼즐, 구슬 끼우기, 지퍼 올리기와 단추 끼우기 등의 일상생활 훈련 등 주로 소근육을 사용하는 자료들을 제시한다.

만 5세는 전략적인 수놀이 게임을 즐기며, 개별적인 탐색을 즐기는 조작활동을 한다. 그러므로 다양한 게임판을 제시해 주며, 15~30조각 정도의 퍼즐 맞추기, 바느질하기, 실뜨기, 직조 짜기 등 조작활동을 할 수 있도록 한다. 책상에서만이 아니라 게임판이나 교구를 바닥에 놓고 사용할 수 있도록 바닥에 카펫을 깔고 편안한 자세로 활동할 수 있다.

3세 수 · 조작영역

4세 수 · 조작영역

5세 수 · 조작영역

⑤ **과학영역**

과학영역은 유아들의 호기심, 탐구심 문제해결을 자극하는 다양한 활동공간이다. 여러 가지 과학 기자재를 활용하여 생물과 무생물, 물질의 성질, 자연현상 등 유아가 접하는 자연환경을 관찰, 실험, 탐구, 동물, 식물의 성장 과정 등을 탐색하며 과학적 개념을 익히는 영역이다. 조용하고 햇볕이 잘 드는 안정된 장소로 물 공급을 쉽게 받을 수 있도록 수도 가까이에 배치한다. 금붕어, 개구리, 거북이 등의 관련 책이나 표본, 나뭇잎, 열매, 씨앗 등의 식물과 자연물 자료를 비치한다. 실내에서 동식물을 기를 때는 동물의 배설물이나 털, 흙으로 인해 주변이 더러워지지 않도록 청결 유지에 신경을 써야 한다.

만 3세는 살아 있는 생물, 특히 움직이는 동물에 대해 관심이 많다. 작은 곤충에서 큰 동물까지 직접 또는 비디오나 사진, 그림책을 통해 자주 경험할 수 있도록 한다.

만 4세는 관찰하고 탐색하기 쉽도록 관찰대나 낮은 탁자를 사용할 수도 있다.

만 5세는 직접 경험이 가능하도록 동식물 기르기, 과학적 도구로 스스로 탐색하고 실험할 수 있도록 그림책, 백과사전, 활동 카드, 녹음기 등도 제시한다.

3세 과학영역

4세 과학영역

5세 과학영역

⑥ **음률영역**

음률영역은 유아들의 지적·정서적 발달을 촉진하면서 영아기에 비해 움직임이 커지고 더 많이 리듬을 느낄 수 있는 공간이다. 유아는 여러 가지 악기를 다루어 보고 음악에 맞추어 자유롭게 몸을 움직이거나 창의적인 신체 표현활동을 경험하는 영역이다.

따라서 신체를 자유롭게 움직일 수 있는 충분히 넓은 공간이 필요하며 소음이 많이 나는 영역이므로 카펫을 깔아 주고 언어영역이나 조작영역과 같이 조용한 영역에서 분리되어야 한다.

만 3세는 다양한 장르의 음악을 듣고 자유롭게 표현해 보는 활동을 할 수 있도록 하며, 다양한 리듬악기나 유아나 교사가 만든 악기, 소리를 녹음하여 들을 수 있는 녹음기 등을 비치하여 언제든 원할 때 활용할 수 있도록 한다.

만 4세는 음악과 함께 몸을 마음대로 움직여 보고 노래를 부르며 여러 가지 악기를 자유롭게 만지고 경험해 보도록 리듬악기류와 유아들이 직접 만든 마라카스와 수술, 리본 막대, 우드블록, 핸드벨, 실로폰, 소고 등을 제시한다.

만 5세는 음악을 들어 보고 만들어 가는 경험을 할 수 있도록 유아 스스로 조작 가능한 CD 플레이어를 제공하며, 그림으로 된 간단한 가사 악보를 벽에 부착하여 간단한 연주를 해 보도록 한다.

| 3세 음률영역 | 4세 음률영역 | 5세 음률영역 |

⑦ **미술영역**

미술영역은 그리고 오리고 자르고 붙이면서 창작의 욕구를 충족하고 자유로운 표현을 하면서 정서적 만족을 얻으며 공격성을 해소시킬 수 있는 활동이어야 한다.

미술영역은 물을 사용해야 하므로 수도에 인접해야 하며 색감 구분을 위해 밝은 곳에 비치하는 것이 좋다. 아울러 유아가 그린 작품을 보관하고 물감의 건조를 위한 공간이 마련되어야 하며 다른 유아의 그림과 같이 전시할 수 있는 전시장소도 필요하다. 유아들의 흥미, 주제, 재료, 기법 및 구성에 따라 다양한 미술활동이 전개될 수 있도록 하여야 하며, 평면작업뿐만 아니라 입체작업 등 아동이 다양한 미술활동을 경험할 수 있도록 다양한 재료의 특징을 살려 작품활동을 할 수 있는 환경을 구성하여야 한다.

만 3세는 미술활동이 능숙하지 않으므로 다른 유아의 방해를 받지 않고 마음껏 집중을 할 수 있는 충분한 공간과 시간을 마련해 주는 것이 필요하다. 다양한 그리기 도구, 점토류를 포함하여 쉽게 이용할 수 있는 기본 미술영역 자료를 제시한다.

만 4세는 다양한 매체를 이용하여 자신의 생각과 느낌을 표현하는 작업활동과 함께 작품전시 및 감상활동을 할 수 있도록 재료와 공간을 제공한다. 폐품이나 헝겊, 나뭇잎 등 주변에 있는 사소한 물건들도 작업활동의 자료가 될 수 있다.

만 5세는 미술적 표현과 자료의 탐구를 통한 창의적 표현력을 길러 줄 수 있도록 풍부하고 다양한 재료를 항상 비치하여 유아가 필요에 따라 손쉽게 꺼내 사용할 수 있도록 한다. 미술활동의 자료는 모양, 크기나 재질 등이 매우 다양하므로 큰 자료와 작은 자료를 유아가 보기 쉽게 잘 분류하여 두어야 한다.

3세 미술영역

4세 미술영역

5세 미술영역

● 표 7-4 ● **유아반 보육실 내 흥미영역**

영역	내용	지도가 필요한 사항
역할 및 쌓기 놀이 영역	• 소음과 움직임이 많으므로 다른 놀이를 방해하지 않도록 배치 • 다수의 영유아가 함께 참여할 수 있도록 충분한 공간 확보 3세 쌓기놀이영역 4세 쌓기놀이영역 5세 쌓기놀이영역 3세 역할놀이영역 4세 역할놀이영역 5세 역할놀이영역	• 깨진 놀잇감, 스카프나 넥타이, 가방, 각종 끈 등 • 실물자료 내용물(화장품 등)
언어영역	• 책상은 조용하고 밝은 곳에 배치 • 자료는 편안한 자세로 꺼낼 수 있게 배치 • 보육실 공간이 협소할 경우 휴식공간과 함께 사용 가능 3세 언어영역 4세 언어영역 5세 언어영역	• 연필 등 날카로운 쓰기 도구 • 동화책의 종이(손이 베이지 않도록 유의) • 카세트 볼륨버튼 조작
수·조작 및 과학 (탐색) 영역	• 가급적 조용한 곳에 책상과 함께 배치 • 특히 과학영역은 식물이나 곤충을 키울 수 있도록 햇볕이 잘 드는 곳에 배치 3세 수·조작영역 4세 수·조작영역 5세 수·조작영역 3세 과학영역 4세 과학영역 5세 과학영역	• 깨지기 쉽거나 날카로운 탐색물 • 식물, 새싹, 양파, 고구마 등의 싹틔우기의 경우 곰팡이 여부 수시로 확인

| 음률영역 | • 활동적이고 소리가 많으므로 조용한 영역과 떨어진 곳에 배치
• 카펫을 깔아서 소음이 크지 않도록 함 | • 리본끈
• 깨지기 쉬운 마라카스
• 카세트 볼륨버튼 조작 |

3세 음률영역　　4세 음률영역　　5세 음률영역

| 미술영역 | • 밝은 곳, 물을 사용하기 쉬운 곳에 배치
• 영유아들이 손쉽게 자료를 꺼내고 정리할 수 있는 자료장 구비
• 완성된 작품을 말리거나 전시할 수 있는 공간 제공 | • 스테이플러, 펀치, 목공용 본드, 칼날이 드러나 있는 테이프 커터기 등
• 지점토 (유통기한) |

3세 미술영역　　4세 미술영역　　5세 미술영역

● 표 7-5 ● **영역별 활동자료의 예**

영역	영아	유아
신체(대근육)영역	• 일상생활에서 활용하는 대근육활동 놀이기구 (예) 기어오르는 계단, 경사로, 스펀지블록, 큰 공, 밀고 당기는 놀잇감, 점핑 바운서, 볼풀놀이대, 이동식 놀이기구(목마, 끌차 등) 등	• 몸의 균형을 유지하고 몸을 조정하여 움직이는 놀이기구 (예) 조합놀이대, 놀이집, 그네, 사다리, 매트, 이동식 농구대, 다양한 공류, 줄넘기, 훌라후프, 던지기용 고리, 드럼통 터널 등
언어영역	• 소리 구분 및 말소리, 몸짓으로 표현 가능한 자료 (예) 전화기, 손 인형, 그림 및 사진카드, 카세트, 짧은 이야기와 노래테이프, 그림책, 짧고 굵은 크레용, 색연필, 쓰기판, 전지 등	• 다양한 언어활동 기회 제공 자료 (예) CD 플레이어와 CD, 헤드폰, 손 인형, 그림책, 환경인쇄물, 글자퍼즐, 종이, 필기도구, 화이트보드, 마커펜, 단어카드, 글자도장 등
미술영역	• 창의적 표현과 감각적 탐색 기회 제공 (예) 도화지, 무독성 크레파스, 색연필, 밀가루 점토, 스티커, 모양 도장, 안전가위, 풀 등	• 자신의 생각과 느낌을 표현할 수 있는 미술 도구 (예) 필기구류, 물감류, 종이류, 만들기 도구류 및 재료류, 점토류, 폐품류 등

음악 · 동작 영역	• 자신의 신체와 감각자극을 탐색할 수 있는 자료 (예) 딸랑이, 안전한 방울, 마라카스, 녹음기, 음악 테이프, 소리나는 놀잇감, 리듬악기, 보자기, 리본 막대 등	• 자신의 생각과 느낌을 표현할 수 있는 음률 도구 (예) 리듬악기, 가락악기, 전통악기, 연주 관련 사진, 그림 있는 노래가사, 녹음기, 헤드폰, 다양한 카세트/CD 플레이어, 보자기, 스카프, 한삼 등
수 · 조작/ 과학 (감각 · 탐색) 영역	• 영아의 오감을 활용한 감각 · 탐색 활동자료 (예) 촉각판, 오뚝이, 누르면 튀어나오는 놀잇감, 모양 찾아 맞추기, 고리 끼우기, 자연물, 돋보기, 큰 조각 퍼즐 등	• 사물과 자연현상을 탐구할 수 있는 자료 (수 · 조작활동자료 예) 1~10까지 셀 수 있는 구체물, 크기가 점차 커지는 10개의 컵, 숫자카드, 수 세기 자석판, 양팔저울, 시계, 달력, 가위바위보 게임, 윷놀이, 주사위 게임 등 (과학활동자료 예) 거울, 자석, 돋보기, 자연물 자료, 자연현상 사진, 온도계, 도구와 기계 관련 주변 물건 등
역할놀이 영역	• 영아의 상상놀이가 가능한 활동 자료 (예) 다양한 크기와 촉감의 인형, 자동차류, 소꿉놀잇감, 전화기 등	• 다양한 주제로 역할놀이할 수 있는 자료 (예) 기본 가구류(화장대, 식탁과 의자, 씽크대 등), 소꿉놀잇감, 의상류, 신발류, 장신구 및 소품 등 각종 역할놀이 소품
쌓기놀이 영역	• 영아에게 안전한 다양한 쌓기 놀이 자료 (예) 우레탄블록, 스펀지블록, 종이벽돌블록, 안전한 나무블록, 큰 끼우기형 블록 등	• 다양한 구성활동이 가능한 활동자료 (예) 종이벽돌블록, 유니트블록, 우레탄블록, 스펀지블록, 자석블록, 와플블록, 띠블록, 동물이나 로봇 등 인형류, 자동차, 배, 교통표지판 등 소품류

※ 출처: 한국보육진흥원(2018). 2018 제3차 어린이집 평가인증 안내(통합지표), pp. 249~253.

(4) 보육실 외 다양한 공간

어린이집에는 '보육실' 외에 보육교직원 및 영유아, 부모를 위한 다양한 공간이 있다. 다음에 제시된 실내공간은 모든 어린이집에 반드시 설치해야 하는 것은 아니며 어린이집 규모와 상황에 따라 그 기능을 분리하거나 중복하여 활용할 수 있다.

● 표 7-6 ● **실내공간 구성의 예**

구분	공간 구성
원장실	• 원장이 시설의 운영 및 관리를 위해 사무를 보는 공간 • 교사와의 상호작용이나 부모와의 상담을 위한 장소
교사실 (휴게공간)	• 교사 회의 및 활동자료 준비할 수 있는 별도의 공간 마련(영유아 활동 공간과 분리) • 컴퓨터, 프린터, 책상, 의자, 참고자료 등 업무지원 설비 구비 • 교사의 개인사물함 마련
자료실	• 영유아 활동공간과 분리하여 비품과 활동자료 보관 • 복도나 유희실 등을 이용할 경우에는 별도의 선반을 만들어 보관 • 활동자료는 연령, 주제 또는 영역 등 체계적인 분류기준에 따라 명칭, 내용, 관련 영역 등 표시
유희실 (강당)	• 영유아가 대근육활동을 할 수 있는 유희실 등 공간 마련 • 유희실에는 대근육활동을 위한 놀이기구와 놀잇감 비치
도서 공간	• 영유아가 그림책을 편안하게 볼 수 있도록 책꽂이와 의자(소파) 등 마련
상담실	• 보육교직원과 영유아 부모(보호자)가 함께 상담할 수 있는 공간 • 탁자, 의자 등 비품과 육아정보 책자, 어린이집 안내서 등 자료 비치
참관실 (관찰실)	• 영유아의 보육활동을 부모(보호자)가 자연스럽게 참관할 수 있도록 별도 참관실 구성(보육실 옆) • 참관실에는 일방경을 설치하여 부모의 관찰을 영유아가 인지하지 못하도록 함 (부모의 관찰을 인지할 경우 영유아 활동에 방해가 됨)
양호공간	• 아픈 영유아가 누워서 쉴 수 있는 양호공간(원장실 등 활용 가능) • 비상약품, 간이침대(매트) 등 비치
화장실	영유아에게 적합한 세면대, 변기 등 마련(성인용 변기 및 세면대 이용 시, 안전발판, 보조 변기 등 사용)
조리실	영유아의 급·간식을 지원하기 위해 어린이집 내에서 청결하고 위생적으로 조리할 수 있는 환경 및 관련 설비, 비품을 지원
식당	• 어린이집 내 별도로 영유아와 교사가 식사를 할 수 있는 공간 • 영유아 동선을 고려하여 탁자를 배치하고 청결하게 관리

출처: 중앙육아종합지원센터(2018). 어린이집 설치운영 길라잡이.

3. 실외환경 구성

1) 영아를 위한 실외환경

0~1세 영아는 신체 조절 능력이 덜 발달되어 다른 연령에 비해 바깥놀이가 자유롭지 못하다. 그러나 바깥 놀이터는 영아가 날씨의 변화와 자연현상을 감각적으로 경험할 수 있는 공간이며, 0~1세 영아가 직접 참여하지 않더라도 다른 연령의 영유아의 놀이를 관찰할 수 있는 흥미로운 공간이다.

실외환경은 동적인 영역과 정적인 영역을 구분하여 배치한다. 동적인 영역에서는 걷기 전 영아를 위한 유모차나 걷기 시작한 경우에는 붕붕차 등 영아의 발달수준에 맞추어 바깥놀이를 위한 놀잇감도 준비한다. 영아는 교사와 함께 미끄럼틀과 그네, 시소 등의 놀잇감을 경험할 수도 있다. 정적인 영역에서는 휴식하기나 물놀이나 모래놀이 등을 할 수 있도록 실외환경을 구성할 수 있다.

2세 영아 실외 놀이터는 영아가 날씨의 변화와 자연현상을 감각적으로 경험할 수 있는 공간이다. 영아를 위한 실외환경은 영아의 신체 크기에 적합한 공간을 확보하고 발달단계에 따른 지각력과 개별운동을 고려하여 구성한다. 영아가 다양한 바닥 소재와 흥미로운 시야, 소리, 냄새 등을 경험할 수 있도록 배려한다.

동적인 영역에서는 바퀴 달린 놀잇감이나 세발자전거 등을 이용하기 위해 단단한 바닥재 영역이 필요하며 미끄럼틀과 그네, 시소 등의 놀잇감을 배치해도 좋다. 정적인 영역에서는 휴식을 위한 공간과 더불어 영아가 만지고 탐구할 수 있도록 잔디, 모래, 돌, 진흙, 물 등의 탐색 공간을 포함하여 환경을 구성할 수 있다.

2) 유아를 위한 실외환경

실외환경은 신체활동이 주가 되는 환경으로 신체기능의 발달을 가져오며 또래들끼리 넓은 공간에서 서로의 공간을 설정하므로 공간적 개념을 형성할 수도 있다. 정적인 영역과 동적인 영역을 분리하여 달리기, 공놀이, 자전거 타기, 물 · 모래 놀이 등 적극적인 활동은 동적 활동영역에 배치하고, 작업하기, 휴식하기, 책 읽기 등은 정적인 활동영역에 배치한다. 물놀이 시설의 경우 모래놀이터에 인접하여 설치할 수 있다. 물놀이를 통해 유아들은 물에 대한 과학적 탐구 활동을 하면서 탐구심을 길러 간다.

모래놀이의 경우 3~5세를 위한 모래놀이터와 같은 형태로 설치할 수 있으나 다른 놀이로의 확장으로 이어질 수 있도록 하며 모래놀이터에서 사회적 경험을 토대로 한다. 역할놀이 환경과 연계하거나 혼합 연령 간 사용도 좋은 방안이다.

목공놀이는 다른 놀이 장소와 약간 떨어진 곳에 설치하되 너무 격리되면 교사의 감독이 어려우므로 너무 떨어지지는 않도록 한다. 유아에게 미리 안전 규칙을 설정해 둠으로써 아동이 스스로 규칙을 준수하여 안전하게 사용할 수 있도록 미리 교육한다. 목공놀이 영역은 대·소근육의 발달 및 여러 물체를 탐구하는 탐구심과 창의력을 키워 주는 공간이다.

신체놀이 공간의 경우 마룻바닥이 적당하며 운동의 종류와 사용되는 기구에 따라 카펫을 이동하고 접어 보관할 수 있는 것이 좋다. 또한 신체활동을 돕는 여러 도구를 보관할 수 있도록 튼튼한 정리장이 필요하며 안전을 고려한 가구여야 한다.

(1) 실외환경의 구성 원리

- 영유아의 발달에 적합하여야 한다. 영유아의 신체 크기와 운동능력에 적합한 놀이기구와 환경을 제공한다.
- 영유아의 욕구를 반영하여야 한다. 영유아기는 신체적 유연함과 이동성이 발달하는 시기로 뛰고 달리고 뒹구는 신체적 놀이를 즐긴다. 또한 자연적인 자료를 통하여 경험할 수 있는 감각적 탐색활동을 즐긴다.
- 도전성을 고려하여야 한다. 영유아의 신체 및 운동능력에 따라 난이도를 조절한다. 적절한 난이도는 영유아로 하여금 도전하고 싶은 욕구를 가지게 한다.
- 안전해야 한다. 실외놀이는 신체적 움직임과 이동성이 많이 요구된다. 그러나 영유아는 자신의 신체를 통제할 능력이 부족하므로 안전성이 고려되어야 한다. 놀이장과 놀이시설 주변 바닥은 잔디나 모래를 깔아 주거나 충격을 흡수할 수 있는 표면처리를 한다. 움직임이 큰 동적 놀이기구는 조용한 정적 놀이 영역과 분리하여 배치한다.
- 다양성이 있어야 한다. 영유아가 혼자 개별적으로 놀이할 공간을 제공한다. 또래와 함께 놀이하면서 사회적 상호작용이 활발하게 일어날 수 있는 공간을 제공한

다. 인지적·사회적·신체적 놀이 등 다양한 유형의 놀이가 서로 증진될 수 있도록 한다. 다양한 감각적인 자극을 제공할 수 있도록 한다. 자연적인 탐색과 동식물을 기르고 재배할 수 있는 다양한 공간을 마련한다.

• 안락함을 주어야 한다. 편안하게 자연을 보며 휴식하는 안락한 정적 활동을 할 공간을 마련하여야 한다. 동적영역과 정적영역을 균형 있게 배치하여 활동의 균형성과 정서적인 안정감을 갖도록 한다.

(2) 실외공간 구성 시 고려할 점

• 그룹의 크기나 연령에 맞는 공간을 제공한다.
• 유효 실외공간의 크기가 제한되어 있을 경우 실외공간 사용시간을 하루 중 다르게 계획하여 한 번에 적은 유아들이 실외놀이 공간을 사용할 수 있도록 고려한다.
• 인근 공원이나 학교, 그 밖의 놀이 공간을 이용하여 선택공간을 넓혀 주도록 한다.
• 각 코너와 구석의 사용 가능성을 계획하고 평가하며 다목적 시설을 구입하고 제작함으로써 공간을 효과적으로 사용한다.
• 시설물 및 부속물, 계절별 활동에 필요한 도구를 보관할 창고가 있어야 한다.
• 기후나 풍토에 대비한 그늘막이나 바람막이 등이 고려되어야 한다.
• 개방된 영역, 시설이 설비된 영역, 개인이나 집단이 사용할 수 있는 격리된 공간 등을 마련한다.
• 날씨가 허용되면 실내 흥미영역의 일부를 실외로 이동하기도 한다.

(3) 유아를 위한 실외환경

① 운동놀이영역

운동놀이영역은 대근육 운동능력을 기르고 기구를 이용하는 방법을 습득할 수 있도록 하기 위해 기어오르기, 매달리기 등 다양한 운동놀이를 할 수 있는 놀이시설을 설치한다. 운동놀이영역은 다른 영역보다 공간을 많이 차지하므로 다른 영역과의 조화를 고려하고 조용한 영역과 떨어진 곳에 배치한다.

만 3세는 미끄럼이나 오름틀의 경사가 완만하고 길이가 짧은 것을 제공하며, 자전거 등 탈것은 소형으로 제공하여 운동 놀이의 즐거움을 갖도록 한다.

만 4세는 미끄럼이나 오름틀은 신체 조건에 적합한 것을 제공하고 신체조절 능력, 평형감각, 지구력 등을 길러 주는 평균대 걷기, 공굴리기, 고무줄 뛰기 등 다양한 운동 놀이기구를 비치한다.

만 5세는 모험놀이를 비치하여 도전적인 놀이를 해 보도록 하고, 달리기, 구르기, 균형 잡기, 뛰어내리기 등 다양한 신체 경험을 하고 해 보고, 놀이기구를 다른 용도로 활용하는 아이디어를 내어 놀이를 할 수 있도록 영역을 구성한다. 또한 한 가지 놀이를 지속적으로 하여 신체나 기구를 다루는 데 익숙해지게 하며 스스로 안전 규칙을 만들어 보도록 한다.

바깥놀이

② 모래 · 물놀이 영역

모래 · 물놀이 영역은 자연물인 모래와 물을 놀잇감으로 마음대로 가지고 놀이하는 영역이다. 모래놀이영역과 물놀이영역을 인접하게 배치하면 놀이를 확장할 수 있다. 햇볕이 잘 드는 곳에 그늘진 공간으로 배수가 잘되는 곳이 적합하다. 유아가 상상력을 키울 수 있도록 다양한 형태의 구조물이나 놀이 집, 테이블, 극화놀이 소품 등을 마련한다.

만 3세는 모래와 물을 탐색하는 놀이를 많이 하므로 모래나 물을 그릇에 담기, 손으로 만지기, 모래 모양 찍기 등을 할 수 있도록 다양한 종류의 그릇, 인형, 공 등을 준비한다.

만 4세는 물의 특성을 알아볼 수 있는 다양한 도구를 제공하고 모래를 탐색하는 활동 이외에 소꿉놀이 도구, 자연물 등을 이용하여 여러 가지 놀이로 확장하도록 한다.

만 5세는 물의 양을 측정할 수 있는 다양한 계량도구를 비치하고, 물과 모래를 이용한 여러 가지 실험을 해 볼 수 있도록 모래 삽, 수로용 플라스틱 관, 투명 호스 등을 제공하여 모래 · 물놀이가 확장되도록 한다.

모래놀이

물놀이

③ 자연탐구 및 관찰 영역

자연탐구 및 관찰 영역은 나무와 꽃을 기르고 동물 사육장을 설치하여 유아가 스스로 기르면서 자연과 생명체를 사랑하는 마음을 가질 수 있도록 돕는 영역이다. 햇볕이 잘 드는 곳, 물을 주기 쉬운 곳, 통풍이 잘되는 곳에 설치한다. 유아들은 관찰하고, 조사하고, 실험하는 등의 탐구과정에 적극적으로 참여함으로써 탐구를 즐기게 되고, 유아가 직접 씨를 뿌리고 재배하고 수확하는 과정을 통해 식물의 성장과정과 변화를 관찰하며 이해하도록 한다. 위생상태가 불량해지기 쉬우므로 청소가 용이하도록 만들고 청결하게 관리하여야 한다.

만 3세는 동물에게 먹이를 주거나 식물에 물을 주는 활동을 한다.

만 4세는 씨를 뿌리거나 모종을 하여 꽃밭과 텃밭을 가꾸며 식물을 기르도록 하며, 동물과 식물의 성장과정이나 변화를 그림으로 나타낼 수 있도록 관찰 기록 용지를 준비한다.

텃밭 가꾸기

만 5세는 동물과 식물의 성장에 관련된 책 등의 자료를 제공한다. 또한 자기 몫을 정하여 텃밭을 가꾸어 자신이 기르는 동물과 식물의 성장과정이나 변화를 그림이나 글로 기록할 수 있도록 관찰 기록 용지를 준비한다.

④ **휴식영역**

휴식영역은 유아들이 동적 활동 후 휴식을 취하거나 다른 유아들이 놀고 있는 모습을 보며 편안하게 시간을 보낼 수 있는 영역이다. 휴식영역은 유아들이 편안하게 휴식을 취할 수 있도록 조용한 공간을 마련하여 구성하며, 다양한 종류의 나무 그늘이나 정자, 지붕이 있는 테라스를 설치하거나 텐트나 비치 파라솔 등을 활용하여 그늘을 마련한다.

휴식영역

제 **8** 장

보육과정

1. 보육과정의 기초

2. 표준보육과정의 기초

3. 2019 개정 누리과정

4. 보육과정의 운영

1. 보육과정의 기초

1) 보육과정의 개념

보육과정은 어린이집에서 시행되는 교육과정이다. 교육대사전에 보면 보육과정이란 보육과정 계획과 평가 사이에 위치하는 절차로 정의하고 있다. 미국유아교육협회(NAEYC)에서는 보육과정이란 영유아가 학습할 내용, 보육목표를 성취해 나가는 과정, 영유아의 보육목표 성취를 돕기 위한 교사의 역할, 교수와 학습이 발생하는 상황에 관해 조직화된 틀이라 정의하고 있다.

보육과정을 광의로 정의해 보면 영유아의 전인적 성장과 발달을 돕기 위해 무엇을 가르칠 것인가 하는 제반 교육 목표의 설정과 그 목표를 달성하기 위해 어떻게 가르쳐야 하는가 하는 제반 학습경험의 조직, 그리고 그 결과를 어떻게 평가하여 활용할 것인가 하는 평가의 과정을 포함하는 모든 교수·학습 경험을 체계적으로 구성하고 있는 하나의 커다란 설계도라고 할 수 있다.

보육과정을 협의로 정의해 보면 영유아 보육프로그램은 만 1세부터 만 5세까지의 영유아를 대상으로 연령 및 발달수준과 개별적 특성에 기초하여 확장된 교육적 경험을 제공하는 교육적 욕구를 충족시키는 동시에 사회적 욕구를 충족시키기 위한 보호 영역과 부모들의 복지적 욕구를 충족시키기 위한 영역을 위해 어린이집에서 제공되는 제반 활동을 의미한다고 할 수 있다.

요약하면, 보육과정이란 어린이집에서 보육의 목적이나 목표를 향하여 영유아를 대상으로 어떤 과정으로 보육을 진행해 가는가를 나타내는 기본적이고 전체적인 보육계획이다.

이러한 보육과정에 대한 구체적 지침을 살펴보면 다음과 같다.

첫째, 보육과정은 영유아의 발달수준에 적합하게 구성되어야 한다. 영유아의 발달적 요구에 맞춰 보육과정 내용을 전개할 때 영역별 발달이 빠른 영유아와 느린 영유아를 두루 고려하여 개인차에 따라 수준별로 적용될 수 있게 구성되어야 한다.

둘째, 보육과정은 영유아의 신체·정서·언어·사회성 및 인지적 발달을 도모할 수 있는 내용 외에도 생리적 욕구와 기본생활 지도를 보육과정에 포함하여야 한다.

셋째, 보육과정은 영유아의 권리를 존중하여야 한다. 부모나 교사의 입장이 아닌 영유아의 권리를 최우선으로 하여 제공되어야 한다.

넷째, 보육과정은 영유아 보육유형에 적합한 보육과정을 개발하여 적용한다. 표준보육과정과 누리과정을 기초로 하되, 어린이집 유형, 보육대상, 운영시간에 따른 보육유형 등의 특성을 고려하여 구성되어야 한다.

2) 보육과정의 구성

(1) 목적과 목표 설정하기

보육과정의 목적과 목표는 보육내용과 방법을 선정하고 조직하는 데 중심역할을 하므로 중요하다. 보육과정의 목적이 보육과정을 실현하고자 하는 것이라면, 목표는 목적을 이루기 위해 보육과정에서 실제로 무엇을 다루고 어떠한 내용을 선정하고 강조해야 하는지에 대한 구체적인 내용을 말한다.

영유아를 위한 보육의 목적과 목표를 설정할 때는 다음과 같은 내용을 살펴야 한다.

첫째, 영유아에 대한 교사의 철학적 신념이다.

둘째, 영유아에 대한 이해이다.

셋째, 사회문화적 요구를 반영해야 한다.

넷째, 보육목표 간의 일관성과 실현 가능성을 고려해야 한다.

다섯째, 보육목표를 진술할 때는 보육의 결과가 평가될 수 있어야 하기 때문에 영유아가 성취하게 될 행동이 구체적이고 명확한 행동적 용어로 진술되어야 한다.

(2) 보육내용 선정

목적과 목표를 이루기 위한 내용을 선정하기 위해서는 다음의 사항을 유의하여야 한다.

첫째, 연령별 특성, 개별 적절성, 사회문화적 배경을 고려하여야 한다.

둘째, 각 영역들의 내용이 통합적이고 균형적으로 조직 및 선정되어야 한다.

셋째, 편견이 없고 다문화적인 내용이어야 한다.

넷째, 영유아의 생활 속에서 경험할 수 있는 내용이어야 한다.

다섯째, 영유아의 발달수준에 적합하고 유용한 내용이어야 한다.

(3) 보육내용 조직

보육내용을 선정한 다음, 이를 효과적으로 이루어지도록 조직하기 위해서는 다음과 같은 원리를 적용해야 한다.

- 계속성의 원리: 보육과정의 요소가 여러 영역에서 계속적으로 반복되어 경험되도록 조직하는 것을 의미한다. 다양하고 지속적인 경험을 제공하도록 보육내용을 조직해야 새롭게 익혀야 하는 내용을 완전히 익힐 수 있는 것이다.
- 계열성의 원리: 보육내용이 제시되는 시간적 순서를 의미한다. 보육과정은 단순한 것에서 점차 복잡한 것으로, 친숙한 내용에서 친숙하지 않은 내용으로, 구체적 사실에서 추상적 개념으로 조직하는 것이 바람직하다.
- 통합성의 원리: 영유아가 경험하게 될 여러 가지 활동이 하나의 통합된 의미를 지니고 있도록 내용을 조직해야 한다는 원리이다. 영유아가 한 영역에 영향을 주는 활동은 다른 영역에도 영향을 주기 때문에 경험하게 될 여러 가지 활동이 하나의 통합된 의미를 지니도록 조직하는 것이 중요하다.
- 균형성의 원리: 활동을 조직할 때 활동 장소 및 교수방법의 균형을 고려한다. 동적 활동과 정적 활동의 균형, 실내활동과 실외활동의 균형을 고려하여 보육내용을 조직한다.

(4) 교수 · 학습 방법

영유아를 위한 보육활동은 영유아들의 발달과 학습의 기본 원리를 전제로 하여 영유아 중심의 보육과정이 이루어져야 한다. 이러한 교수 · 학습 과정이 효율적으로 일어나기 위해서는 영유아들의 보육은 놀이중심으로 이루어질 때 가장 효율적이다. 영유아들은 놀이를 하는 동안 주변의 사물을 관찰하고, 상황을 이해하는 지식, 기술, 태도를 발달시키기 때문이다. 또한 영유아들은 개인차가 존재하기 때문에 보육교사는 영유아의 발달 상태에 따라 지도하기 위해서 다양한 종류의 학습활동을 준비한다. 그리고 보육교사는 영유아의 탐구학습을 위해 다양한 경험의 기회를 제공하고 관찰과 실험의 활동을 시도하며, 창의적 문제해결 과정 등을 격려하는 교수 · 학습 방법이 필요하다.

(5) 보육과정의 평가

보육과정 평가란 보육의 질적 향상을 위해 각 보육시설에서 주기적으로 보육과정 구성과 운영에 관한 모든 내용을 평가하는 것을 말한다. 평가 시에는 보육과정이 목표를 달성하였는지, 영유아에게 적합하였는지, 영유아들이 무엇을 좋아하는지, 긍정적인 발달 결과를 가져왔는지를 살펴보게 된다. 교수법, 영유아의 반응, 자료활용 등에 대한 평가 결과는 보육교사들이 영유아의 학습을 도모하는 데 도움이 되는 정보를 제공해 주어야 한다. 평가를 통해 영유아의 요구에 부합하도록 보육과정 구성과 수행에 관한 내용을 수정하여 다음 목표를 세우는 데 반영함으로써 보육과정 실행 및 교수방법을 증진시키는 데 활용하게 된다.

(6) 일일보육계획 평가 시 고려사항

- 일일보육계획 평가는 계획했던 여러 가지 놀이활동과 하루일과 등이 어떻게 진행되었는지 실행결과를 기록하고 하루일과 전체에 대해 평가하여 추후 활동에 반영한다.
- 목표의 달성 여부, 영유아의 발달이나 흥미 정도, 교재·교구의 적절성, 시간 안배의 적절성 등을 고려하여 평가를 실시하고, 교사 스스로 계획하고 진행한 활동에 대해 돌아보고 개선점이나 반영할 점 등을 기록한다.
- 일일보육계획 평가는 영유아 관찰 내용이나 반응을 기록하는 것은 아니다.
- 일일보육계획 평가 이후, 그 내용을 다음 계획에 반영하는 것이 중요하다.
  (중앙육아종합지원센터, 2018)

● 표 8-1 ● **일일보육계획 평가 예시**

시간 및 활동명	활동계획	실행 및 평가
10:55~11:20 대소집단활동	[게임] 배가 되어 보아요 • 바닥에 누워 노를 저어 움직이는 배처럼 움직여 본다. • 게임방법을 알아본다. • 게임규칙에 맞게 게임을 한 후 평가한다.	유아들이 바닥에 누워 노를 저어 움직이는 배처럼 표현하기를 재미있어하여 시간을 더 사용하였더니 본 게임을 소개하고 활동하는 데 5분 정도 시간이 추가로 필요하였다.

(중략)

일일평가	배와 비행기의 교통수단은 우리 반 유아들이 관심과 호기심을 많이 느끼는 주제이다. 그러나 흥미에 비해 아이들의 사전경험이 많지 않아서 인지 해상/항공교통이라는 주제로 진행한 지 4일째가 되는 날인데도 놀이가 깊이 있게 진행되지 않고 있다. 역할놀이나 쌓기놀이에서도 주어진 놀이를 시작하자마자 빨리 끝내고 다른 놀이로 전환되거나 같은 놀이가 반복되며 단조롭게 활동하였다. 내일은 배나 비행기 모형 소품을 촉각상자에 넣어 더 자세히 탐색할 기회를 제공하고 간접적인 경험을 더 하기 위해 언어영역에 비치된 관련 도서를 아이들과 함께 읽어야겠다.

출처: 중앙육아종합지원센터(2018). 표준보육과정의 이해와 실제, pp.139-141.

2. 표준보육과정의 기초

1) 표준보육과정의 개념

2007년부터 실시되기 시작한 '표준보육과정'은 「영유아보육법」에 따라 어린이집의 만 0~5세 영유아들에게 보편적이고 공통적인 보육의 목표와 내용을 제시한 국가수준의 보육과정이다. 어린이집 표준보육과정은 0~1세 보육과정, 2세 보육과정, 3~5세 보육과정(누리과정)으로 구성한다. 국가수준의 어린이집 표준보육과정을 시행함으로써 영유아의 전인적 발달과 우리 문화에 적합한 내용을 일관성 있고 연계적으로 실천하며, 궁극적으로 사회에서 추구하는 인간상을 구현하고 전국 어린이집의 질적 수준을 높이는 데 기여할 수 있다.

2) 표준보육과정 추진배경 및 진행과정

1991년 1월 「영유아보육법」이 제정되면서 보육의 법적 토대를 구축하였으며 2004년에 개정된 「영유아보육법」 제29조에 의거하여 표준보육과정 개발의 근거를 마련하고, 2007년에 0~5세 보육프로그램을 개발하여 보급하였다. 이후 사회환경의 변화를 반영하여 보육의 공공성이 요구되었고, 2010년 만 5세 공통과정인 누리과정의 고시와 보육프로그램이 개발되었다.

2012년 3월부터 유치원과 어린이집 만 5세를 위한 공통과정인 누리과정을 시행하기로 결정하였다. 표준보육과정이 개정되어 2차 표준보육과정이 2012년에 고시되어 3월부터 만 5세 누리과정을 시행하였다. 2012년 7월에는 기존 개발된 5세 누리과정을 3~5세로 확대하여 고시하였다. 또한 개정된 내용을 반영하여 2013년 1월 3차 표준보육과정을 고시하고 이에 대한 적용을 위해 3세와 4세 보육프로그램과 영아용(0~2세)

● 표 8-2 ● **표준보육과정 및 보육프로그램 추진과정**

표준보육과정의 개정과정	내용
「영유아보육법」 전문 개정	표준보육과정 **개발**의 근거 마련 (「영유아보육법」 제29조 제2항, 제4항, 시행규칙 제30조)
표준보육과정 고시 (2007.1.)	표준보육과정의 구체적 보육 내용 및 교사지침 **고시함** (여성가족부 고시 제2007-1호)
표준보육과정 보육프로그램 (2008.7.)	표준보육과정 보육프로그램 총론(1권), **0~5세용** 어린이집 프로그램 (총 6권), **장애아용** 프로그램(1권) **개발** 및 보급
표준보육과정 재고시 (2010.9.)	여성가족부의 보육업무가 **보건복지부로 이전**되면서 2007년 1월의 표준보육과정 고시가 보건복지부 고시(제2010-71호로 **재고시함**)
5세 누리과정 고시 (2011.9.)	보건복지부, 교육과학기술부에서 어린이집과 유치원 5세를 위한 **공통과정으로서 5세 누리과정을 제정 고시함**
5세 누리과정에 기초한 어린이집 프로그램 (2012.2.)	**5세 누리과정**에 기초하여 5세 어린이집 프로그램(4권)과 DVD(4개), 연령연계 프로그램(1권)을 **개발**하여 보급
제2차 표준보육과정 고시 (2012.2.)	5세 누리과정 제정과 더불어 **0~4세를 포함하여 제2차 표준보육과정을 고시함**(보건복지부 고시 제2012-28호)
3~4세 누리과정 고시 및 5세 누리과정 개정 고시 (2012.7.)	보건복지부와 교육과학기술부가 함께 **5세 누리과정 개정**과 더불어 **3~4세 누리과정을 고시함**
제3차 어린이집 표준보육과정 고시 (2013.1.)	0~1세 보육과정, 2세 보육과정, 3~5세 보육과정(누리과정)을 포함하여 **전체적으로 고시함**(보건복지부 고시 제2013-8호)
3~4세 누리과정에 기초한 어린이집 프로그램 (2013.2.)	**3세 누리과정**에 기초한 어린이집 프로그램(7권)과 DVD(6개), **4세 누리과정**에 기초한 어린이집 프로그램(8권)과 DVD(7개) 개발하여 보급
어린이집 표준보육과정에 기초한 영아 보육프로그램 (2013.3.)	제3차 어린이집 표준보육과정에 기초하여 총론(1권), **0~2세용 영아 보육프로그램**(총 7권)과 DVD(1개) **개발**

출처: 보건복지부, 중앙육아종합지원센터(2015). 제3차 어린이집 표준보육과정에 기초한 연령별 보육프로그램의 활용.

보육프로그램을 추가로 개발하여 보급하였다(〈표 8-2〉).

3) 표준보육과정이 추구하는 인간상

표준보육과정의 목표를 통해 궁극적으로 기르고자 하는 인간상은 다음과 같다.

- 심신이 건강하고 행복한 사람
- 자율적이고 창의적인 사람
- 자신과 타인을 존중하고 배려하는 사람
- 자연과 우리 문화를 사랑하는 사람
- 다양성을 인정하는 민주적인 사람

4) 표준보육과정의 기본 전제

- 영유아는 개별적인 특성을 지닌 고유한 존재이다.
- 영유아는 연령에 따라 발달적 특성이 질적으로 다르다.
- 영유아는 그 자체로서 존중받아야 하는 존재이다.
- 영유아는 직접적으로 경험할 때 의미 있는 지식, 기술 및 바람직한 태도를 형성해 간다.
- 영유아는 일상생활이 편안하고 학습과 경험이 놀이중심으로 이루어질 때 최대의 능력이 발휘된다.
- 영유아는 민감하고 반응적인 성인과의 신뢰 있는 관계 속에서 최적의 발달을 이룬다.
- 영유아가 속한 가정, 지역사회가 함께 협력할 때 영유아에게 가장 긍정적인 영향을 미친다.

5) 구성 방향 및 체계

(1) 구성방향

- 영유아의 발달특성과 개인차를 고려하여 연령 및 수준별로 구성한다.
- 어린이집에서 편안하고 행복한 일상생활이 되도록 중점을 두어 구성한다.
- 질서, 배려, 협력 등 기본생활습관과 바른 인성을 기르는 데 중점을 두어 구성한다.
- 자율성과 창의성을 기르는 데 중점을 두고, 전인발달을 이루도록 구성한다.
- 사람과 자연을 존중하고, 우리 문화를 이해하는 데 중점을 두어 구성한다.

(2) 구성체계

- 어린이집 표준보육과정은 0~1세 보육과정, 2세 보육과정, 3~5세 누리과정으로 구성한다.
- 어린이집 표준보육과정은 영역, 내용 범주, 내용, 세부내용으로 구분하고, 내용 간에 연계가 이루어지도록 구성한다.
- 세부내용이라 함은 0~1세 보육과정, 2세 보육과정에서는 수준별 세부내용을 의미한다.
- 0~1세 보육과정은 기본생활, 신체운동, 의사소통, 사회관계, 예술경험, 자연탐구의 6개 영역을 중심으로 구성한다.
- 2세 보육과정은 기본생활, 신체운동, 의사소통, 사회관계, 예술경험, 자연탐구의 6개 영역을 중심으로 구성한다([그림 8-1]).

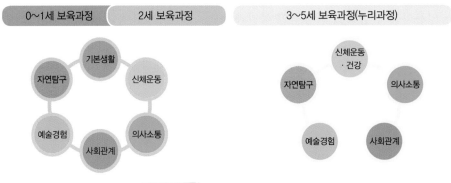

그림 8-1   표준보육과정 구성체계

출처: 한국보육진흥원(2019a). 2019년도 부모모니터링단 운영매뉴얼.

6) 표준보육과정의 목적과 목표 및 내용

(1) 목적

국가수준 어린이집 표준보육과정은 영유아의 심신의 건강과 전인적 발달을 도와 행복을 도모하며 민주시민의 기초를 형성하는 것을 목적으로 한다.

(2) 목표

목적을 달성하기 위하여 0~1세 보육과정에서는 영아의 '건강하고 안전한 일상생활을 경험한다.' '감각 및 기본 신체운동 능력을 기른다.' '말소리를 구분하고 의사소통의 기초를 마련한다.' '친숙한 사람과 관계를 형성한다.' '아름다움에 관심을 가진다.' '보고 듣고 만지면서 주변 환경에 관심을 가진다.'의 여섯 가지 목표를 제시한다.

2세 보육과정에서는 영아의 '건강하고 안전한 생활습관의 기초를 마련한다.' '감각, 신체조절 및 기본운동능력을 기른다.' '의사소통 능력의 기초를 기른다.' '나를 인식하고 다른 사람과 더불어 생활하는 경험을 한다.' '아름다움에 관심을 가지고 예술경험을 즐긴다.' '주변 환경에 호기심을 갖고 탐색하기를 즐긴다.'의 여섯 가지 목표를 제시한다(〈표 8-3〉).

표준보육과정에서 제시하고 있는 관련 영역의 명칭은 표준보육과정의 목표 달성을 위해서 기본습관은 생활 속에서, 신체발달은 운동을 통해서, 의사표현은 소통을 통해서, 사회성은 관계 속에서, 예술성은 경험을 통해서, 자연현상에 대한 이해는 탐구를 통해서 습득하도록 목표를 두고 있다.

국가수준의 어린이집 표준보육과정은 영유아의 전인적 발달과 일관성 있는 내용을 연계적으로 실천하므로 궁극적으로는 사회에서 추구하는 인간상을 구현하고 전국 어린이집의 질적 수준을 높이는 데 기여한다. 표준보육과정의 영역별 보육내용은 〈표 8-4〉와 같다.

● 표 8-3 ● **표준보육과정의 영역별 보육목표**

관련 영역	0~1세 보육과정	2세 보육과정
기본생활영역	건강하고 안전한 일상생활을 경험한다.	건강하고 안전한 생활습관의 기초를 마련한다.
신체운동영역	감각 및 기본 신체 운동능력을 기른다.	감각, 신체조절 및 기본운동 능력을 기른다.
의사소통영역	말소리를 구분하고 의사소통의 기초를 마련한다.	의사소통 능력의 기초를 기른다.
사회관계영역	친숙한 사람과 관계를 형성한다.	나를 인식하고 다른 사람과 더불어 생활하는 경험을 한다.
예술경험영역	아름다움에 관심을 가진다.	아름다움에 관심을 가지고 예술경험을 즐긴다.
자연탐구영역	보고, 듣고, 만지면서 주변 환경에 관심을 가진다.	주변 환경에 호기심을 갖고 탐색하기를 즐긴다.

● 표 8-4 ● **표준보육과정의 영역별 보육내용**

관련 영역	내용 범주	0~1세 내용	2세 내용
기본생활 영역	건강하게 생활하기	몸을 깨끗이 하기	몸을 깨끗이 하기
		즐겁게 먹기	바르게 먹기
		건강한 일상생활 하기	건강한 일상생활하기
	안전하게 생활하기	안전하게 지내기	안전하게 놀이하기
		위험한 상황에 반응하기	교통안전 알기
			위험한 상황 알기
신체운동 영역	감각과 신체 인식하기	감각적 자극에 반응하기	감각능력 기르기
		감각기관으로 탐색하기	감각기관 활용하기
		신체 탐색하기	신체를 인식하고 움직이기
	신체조절과 기본운동 하기	신체 균형 잡기	신체 균형 잡기
		대근육 조절하기	대근육 조절하기
		소근육 조절하기	소근육 조절하기
		기본운동하기	기본운동하기
	신체활동에 참여하기	몸 움직임 즐기기	신체활동에 참여하기
		바깥에서 신체 움직이기	바깥에서 신체활동하기
		기구를 이용하여 신체활동 시도하기	기구를 이용하여 신체활동 하기

의사소통 영역	듣기	주변의 소리와 말소리 구분하여 듣기	말소리 구분하여 듣고 의미 알기
		경험과 관련된 말 듣고 알기	짧은 문장 듣고 알기
		운율이 있는 말 듣기	짧은 이야기 듣기
	말하기	말하는 사람을 보기	말하는 사람을 주의 깊게 보기
		발성과 발음으로 소리내기	낱말과 간단한 문장으로 말하기
		표정, 몸짓, 말소리로 말하기	자신이 원하는 것을 말하기
		말할 순서 구별하기	상대방을 바라보며 말하기
	읽기	그림책과 환경 인쇄물에 관심 가지기	그림책과 환경인쇄물에 흥미 가지기
	쓰기	끼적이기	끼적이며 즐기기
사회관계 영역	나를 알고 존중하기	나를 구별하기	나를 구별하기
		나의 것 인식하기	좋아하는 것 해 보기
	나와 다른 사람의 감정 알기	나의 감정을 나타내기	나의 감정을 나타내기
		다른 사람에게 주의 기울이기	다른 사람의 감정에 반응하기
		안정적인 애착 형성하기	내 가족 알기
	더불어 생활하기	또래에 관심 가지기	또래와 관계하기
		자신이 속한 집단 알기	자신이 속한 집단 알기
		사회적 가치를 알기	사회적 가치를 알기
예술경험 영역	아름다움 찾아보기	예술적 요소에 호기심 가지기	예술적 요소 탐색하기
	예술적 표현하기	리듬 있는 소리로 반응하기	리듬 있는 소리와 노래로 표현하기
		움직임으로 반응하기	움직임으로 표현하기
		단순한 미술 경험하기	자발적으로 미술 활동하기
		모방 행동 즐기기	모방과 상상 놀이하기
	예술 감상하기	아름다움 경험하기	아름다움 즐기기

자연탐구 영역	탐구하는 태도 기르기	사물에 관심 가지기	호기심 가지기
		탐색 시도하기	반복적 탐색 즐기기
	수학적 탐구하기	수량 지각하기	수량 인식하기
		주변 공간 탐색하기	공간과 도형에 관심 가지기
		차이를 지각하기	차이에 관심 가지기
		간단한 규칙성 지각하기	단순한 규칙성에 관심 가지기
			구분하기
	과학적 탐구하기	물체와 물질 탐색하기	물체와 물질 탐색하기
		주변 동식물에 관심 가지기	주변 동식물에 관심 가지기
		주변 자연에 관심 가지기	자연을 탐색하기
		생활 도구 탐색하기	생활 도구 사용하기

7) 편성과 운영

(1) 편성
- 어린이집의 운영시간에 맞추어 편성한다.
- 표준보육과정에 제시된 각 영역의 내용을 균형 있게 통합적으로 편성한다.
- 영유아의 발달특성 및 개인차, 경험을 고려하여 놀이를 중심으로 편성한다.
- 영유아의 일과 중 일상생활을 포함하여 편성한다.
- 어린이집과 보육실의 특성에 따라 융통성 있게 편성한다.
- 성별, 종교, 신체적 특성, 가족 및 민족 배경 등으로 인한 편견이 없도록 편성한다.

(2) 운영
- 보육계획(연간, 월간, 주간, 일일 계획 등)에 의거하여 운영한다.
- 실내외 환경을 다양한 흥미영역으로 구성하여 운영한다.
- 영유아의 능력과 장애 정도에 따라 조정하여 운영한다.
- 부모와 각 기관의 실정에 따라 부모교육을 실시한다.
- 가정과 지역사회와의 협력과 참여에 기반하여 운영한다.
- 교사 재교육을 통해 어린이집 표준보육과정 운영을 개선해 나간다.

8) 교수 · 학습 방법

- 주도적인 놀이를 중심으로 교수 · 학습 활동이 이루어지도록 한다.
- 흥미를 중심으로 활동을 선택하고 지속할 수 있도록 한다.
- 생활 속 경험을 소재로 하여 지식, 기술, 바람직한 태도를 기르도록 한다.
- 교사와 신뢰감을 형성하고 개별적인 활동이 이루어지도록 한다.
- 교사, 환경, 또래와 능동적인 상호작용이 이루어지도록 한다.
- 주제를 중심으로 여러 활동이 통합적으로 이루어지도록 한다.
- 만 0~1세아, 만 2세아는 일상생활 및 개별 활동, 휴식 등이 균형 있게 이루어지도록 한다.
- 만 3~5세아는 실내 · 실외활동, 정적 · 동적 활동, 대 · 소집단활동 및 개별 활동, 일상생활 및 휴식 등이 균형 있게 이루어지도록 한다.

9) 평가

(1) 운영평가

- 어린이집 표준보육과정의 목표와 내용에 근거하여 보육내용이 적절히 편성 · 운영되는지 평가한다.
- 어린이집 표준보육과정의 운영 내용 및 활동이 영유아의 발달수준과 흥미, 요구에 적합한지 평가한다.
- 영유아의 발달수준, 흥미, 요구에 적합한 경험 및 학습을 촉진할 수 있는 다양한 활동과 교수 · 학습 방법이 계획되고 통합적으로 운영되는지 평가한다.
- 일과 운영 및 보육활동 구성 시 놀이활동과 일상생활 활동의 양과 내용이 영아 및 유아 각 연령의 발달에 적합하게 계획되고 운영되는지 평가한다.
- 만 0~1세아, 만 2세아는 집단활동보다 개별적인 상호작용과 교수법을 중심으로 상호작용이 진행되는지를 평가한다.
- 어린이집 표준보육과정 운영평가 결과를 수시로 반영하여 보육과정 운영 계획을 수정 · 보완하거나 다음 연도의 계획 수립 및 운영에 반영하는지 평가한다.

(2) 영유아평가

- 어린이집 표준보육과정의 목표와 내용에 근거하여 영유아의 특성과 변화 정도를 평가한다.
- 지식, 기술, 태도 등을 평가한다.
- 일상생활과 보육과정 활동 전반에 걸쳐 평가한다.
- 관찰, 활동 결과물 분석, 부모면담 등 다양한 방법을 사용하여 종합적으로 평가하고, 그 결과를 기록한다.
- 평가 결과는 영유아에 대한 이해와 어린이집 표준보육과정운영 개선 및 부모면담 자료로 활용한다.

3. 2019 개정 누리과정

1) '2019 개정 누리과정'의 개발 배경 및 절차

2011년 5월, 유아교육·보육에 대한 국가의 책임을 강화하기 위해 5세의 유아교육과 보육의 내용을 통합하여 일원화한 공통과정이 고시되었다. 이런 정책을 현실화하기 위해 법령을 정비하고 2011년 9월 '5세 누리과정'을 '공통과정'으로 제정하였고, 2012년 3월부터 유치원과 어린이집에 다니는 5세 모든 유아에게 공통으로 시행하였다. 2012년 7월 유치원과 어린이집에 다니는 3~5세 유아를 위한 교육·보육을 통합한 '공통과정'인 '3~5세 연령별 누리과정'이 고시되어 2013년 3월부터 실시하였다. '3~5세 연령별 누리과정'은 현장에 적용되면서 교육과정으로서 구성체계 보완의 필요성 및 과다한 연령별 교육 내용과 현장 적용의 획일성 등에 대한 문제가 제기되어 왔다. 이에 교육부는 국정과제를 구현하기 위해 2017년 12월 27일 출발선 평등을 실현하기 위한 '유아교육혁신 방안'을 발표하였으며 주요 내용 중 하나로 '유아가 중심이 되고 놀이가 살아나는 유아중심·놀이중심의 교육과정 혁신'을 발표하게 되었다. 이러한 맥락에서 육아정책연구소는 교육부의 위탁으로 2018년 6월부터 누리과정 개정 정책연구를 수행하였고, 보건복지부는 2019년 7월 24일 기존의 '3~5세 연령별 누리과정'을 '3~5세 누리과정'으로 개정하여, 개정된 누리과정을 2020년 3월부터 모든 유치원·어린이집에 공통 적용한다고 한다고 확정, 발표하였다(보건복지부 고시 제2019-152호).

우선 369개의 연령별 세부내용을 59개의 연령통합으로 간략화했으며, 다양한 교육방식이 발현될 수 있도록 현장 자율성을 확대했다. 단, 기존의 교육과정 5개 영역(신체운동 · 건강 · 의사소통 · 사회관계 · 예술 경험 · 자연탐구)은 유지하도록 했다.

'2019 개정 누리과정'의 개요를 요약하면 다음과 같다(교육부, 보건복지부, 2019a)

2) 개정 누리과정의 특징

(1) 유아중심 · 놀이중심 교육과정

교사 주도 활동을 지양하며, 유아가 충분한 놀이 경험을 통해 몰입과 즐거움 속에서 자율성과 창의성을 신장하고, 전인적 발달과 행복을 추구할 수 있도록 하였다.

(2) 국가수준 교육과정으로서 구성체계 확립

누리과정의 성격을 국가수준 공통 교육과정으로 명시하고, 미래사회 핵심역량을 반영한 인간상과 목표를 밝혀 교육과정으로서 구성체계를 확립하였다.

(3) 내용구성의 간략화를 통한 현장 자율성 확대

교육과정의 5개영역은 유지하되, 연령별 세부내용(369개)을 연령 통합(59개)으로 간략화하고 다양한 교육방식이 발현될 수 있도록 현장 자율성을 확대하였다.

(4) 교사의 누리과정 실행력 지원(교사의 자율성 강조)

교사의 과다한 일일교육계획 작성을 경감하고, 주제와 유아놀이를 일치시켜야 하는 부담감 등을 완화해 교사의 자신감 회복을 도우며 자율성과 책무성을 강조하여 누리과정 실행력을 지원하는 데 중점을 두었다.

개정된 누리과정의 주요 특징은 '유아중심 · 놀이중심 교육과정'에 있다.

놀이중심 교육이란 영유아가 '자신의 경험을 능동적으로' 선택, 진행, 마무리하도록 선택권, 결정권을 주어서 놀이의 힘이 발휘되도록 하며, 내적동기(흥미)를 높이는 활동으로, 대부분 운영되는 하루 일과, 주 · 월 · 연간 과정을 의미한다. 유아가 충분한 놀이

유아중심 · 놀이중심 교육과정

국가수준공통 교육과정으로서 구성 체계 확립

내용구성의 간략화를 통한 현장 자율성 확대

교사의 누리과정 실행력 지원
➡ 2020년부터 유치원 · 어린이집 공통 적용

그림 8-2   2019 개정 누리과정 주요 특징

출처: 교육부(2019). 2019 개정 누리과정 확정 발표.

경험을 통해 자율성과 창의성을 신장하고, 전인적 발달과 행복을 추구할 수 있도록 규정하고 있을 뿐만 아니라, 교육과정 내용구성의 간략화를 통해 현장 자율성도 확대했다. 이처럼 개정 누리과정은 교사가 유아 놀이의 가치와 의미를 이해하고, 유아의 놀이를 통한 배움을 지원하도록 하는 데 중점을 두고 있다.

3) 누리과정의 성격(신설)

누리과정은 3~5세 유아를 위한 국가수준의 공통 교육과정이다.

가. 국가수준의 공통성과 지역, 기관 및 개인 수준의 다양성을 동시에 추구한다.
나. 유아의 전인적 발달과 행복을 추구한다.
다. 유아중심과 놀이중심을 추구한다.
라. 유아의 자율성과 창의성 신장을 추구한다.
마. 유아, 교사, 원장(감), 학부모 및 지역사회가 함께 실현해 가는 것을 추구한다.

4) 누리과정의 구성방향

누리과정은 성격, 총론과 영역별 목표 및 내용으로 구성되어 있다. 성격은 개정 누리과정이 국가 수준 공통 교육과정임을 명시한 것이다. 총론은 누리과정의 구성방향과 누리과정의 운영으로 구성되어 있으며, 누리과정의 구성방향에서는 추구하는 인간상, 목적과 목표, 구성의 중점을 제시하였다. 누리과정 운영에 관한 내용은 편성·운영, 교수·학습, 그리고 평가로 나누어 기술하였다. 영역별 목표 및 내용에서는 신체운동·건강, 의사소통, 사회관계, 예술경험, 자연탐구 등 5개 영역의 목표와 59개의 내용을 기술하고 있다. 총론은 현장에서 누리과정을 어떻게 운영해야 하는지를 안내하고, 영역별 목표 및 내용은 유아가 놀이를 통해 배우며 궁극적으로 추구하는 인간상을 향해 성장해 갈 수 있도록 돕는 내용이다.

추구하는 인간상	• 건강한 사람, 자주적인 사람, 창의적인 사람, 감성이 풍부한 사람, 더불어 사는 사람
목적	• 유아가 놀이를 통해 심신의 건강과 조화로운 발달을 이루고 바른 인성과 민주 시민의 기초를 형성하는 데에 있다.
목표	• 자신의 소중함을 알고, 건강하고 안전한 생활 습관을 기른다. • 자신의 일을 스스로 해결하는 기초능력을 기른다. • 호기심과 탐구심을 가지고 상상력과 창의력을 기른다. • 일상에서 아름다움을 느끼고 문화적 감수성을 기른다. • 사람과 자연을 존중하고 배려하며 소통하는 태도를 기른다.

↑

놀이, 일상생활, 활동

누리과정 영역	신체운동·건강	의사소통	사회관계	예술경험	자연탐구
영역별 목표	실내외에서 신체활동을 즐기고, 건강하고 안전한 생활을 한다.	일상생활에 필요한 의사소통 능력과 상상력을 기른다.	자신을 존중하고 더불어 생활하는 태도를 가진다.	아름다움과 예술에 관심을 가지고 창의적 표현을 즐긴다.	탐구하는 과정을 즐기고, 자연과 더불어 살아가는 태도를 가진다.

그림 8-3　개정 누리과정의 구성

출처: 교육부(2019). 2019 개정 누리과정 확정·발표.

2019 개정 누리과정 구성의 중점은 〈표 8-5〉와 같다.

● 표 8-5 ● **제3차 표준보육과정과 개정누리과정 구성의 중점**

3~5세 연령별 누리과정(2015)	2019 개정 누리과정
Ⅰ. 구성방향 누리과정의 구성방향은 다음과 같다. 1. 질서, 배려, 협력 등 기본생활습관과 바른 인성을 기르는 데 중점을 두어 구성한다. 2. 자율성과 창의성을 기르는 데 중점을 두고, 전인발달을 이루도록 구성한다. 3. 사람과 자연을 존중하고, 우리 문화를 이해하는 데 중점을 두어 구성한다. 4. 만 3~5세아의 발달특성을 고려하여 연령별로 구성한다. 5. 신체운동·건강, 의사소통, 사회관계, 예술경험, 자연탐구의 5개 영역을 중심으로 구성한다. 6. 초등학교 교육과정과 0~2세 표준보육과정과의 연계성을 고려하여 구성한다.	3. 구성의 중점 누리과정 구성의 중점은 다음과 같다. 가. 3~5세 모든 유아에게 적용할 수 있도록 구성한다. 나. 추구하는 인간상 구현을 위한 지식, 기능, 태도 및 가치를 반영하여 구성한다. 다. 신체운동·건강, 의사소통, 사회관계, 예술경험, 자연탐구의 5개 영역을 중심으로 구성한다. 라. 3~5세 유아가 경험해야 할 내용으로 구성한다. 마. 0~2세 보육과정 및 초등학교 교육과정과의 연계성을 고려하여 구성한다.

5) 누리과정의 운영

(1) 편성 · 운영

다음의 사항에 따라 누리과정을 편성 · 운영한다.

● 표 8-6 ● **제3차 표준보육과정과 개정누리과정 편성운영 비교**

3~5세 연령별 누리과정(2015)	2019 개정 누리과정
1. 편성 가. 1일 4~5시간을 기준으로 편성한다. 나. 5개 영역의 내용을 균형 있게 통합적으로 편성한다. 다. 유아의 발달 특성 및 경험을 고려하여 놀이를 중심으로 편성한다. 라. 반(학급) 특성에 따라 융통성 있게 편성한다. 마. 성별, 종교, 신체적 특성, 가족 및 민족 배경 등으로 인한 편견이 없도록 편성한다. 바. 일과 운영 시간에 따라 심화 확장할 수 있도록 편성한다. 2. 운영 가. 연간 · 월간 · 주간 · 일일 계획에 의거하여 운영한다. 나. 실내외 환경을 다양한 흥미 영역으로 구성하여 운영한다. 다. 유아의 능력과 장애정도에 따라 조정하여 운영한다. 라. 부모와 각 기관의 실정에 따라 부모교육을 실시한다. 마. 가정과 지역사회와의 협력과 참여에 기반하여 운영한다. 바. 교사 재교육을 통해서 누리과정 활동이 개선되도록 운영한다.	1. 편성 · 운영 다음의 사항에 따라 누리과정을 편성 · 운영한다. 가. 1일 4~5시간을 기준으로 편성한다. 나. 일과 운영에 따라 확장하여 편성할 수 있다. 다. 누리과정을 바탕으로 각 기관의 실정에 적합한 계획을 수립하여 운영한다. 라. 하루 일과에서 바깥 놀이를 포함하여 유아의 놀이가 충분히 이루어지도록 편성하여 운영한다. 마. 성, 신체적 특성, 장애, 종교, 가족 및 문화적 배경 등으로 인한 차별이 없도록 편성하여 운영한다. 바. 유아의 발달과 장애 정도에 따라 조정하여 운영한다. 사. 가정과 지역사회와의 협력과 참여에 기반하여 운영한다. 아. 교사 연수를 통해 누리과정의 운영이 개선되도록 한다.

(2) 교수 · 학습

유아중심 및 놀이중심을 추구하는 개정 누리과정에서는 교사를 유아의 놀이 지원자로 제안하고 있다. 교사는 다음 사항에 따라 유아가 놀이에 몰입하고 놀이를 확장하도록 돕는 역할을 한다.

● 표 8-7 ● **제3차 표준보육과정과 개정누리과정 교수·학습 비교**

3~5세 연령별 누리과정(2015)	2019 개정 누리과정
3. 교수 · 학습 방법	2. 교수 · 학습
가. 놀이를 중심으로 교수 · 학습활동이 이루어 지도록한다.	교사는 다음 사항에 따라 유아를 지원한다.
나. 유아의 흥미를 중심으로 활동을 선택하고 지속할 수 있도록 한다.	가. 유아가 흥미와 관심에 따라 놀이에 자유롭게 참여하고 즐기도록 한다.
다. 유아의 생활 속 경험을 소재로 하여 지식, 기능, 태도 및 가치를 습득하도록 한다.	나. 유아가 놀이를 통해 배우도록 한다.
라. 유아와 교사, 유아와 유아, 유아와 환경 간에 능동적인 상호작용이 이루어지도록 한다.	다. 유아가 다양한 놀이와 활동을 경험할 수 있도록 실내외 환경을 구성한다.
마. 주제를 중심으로 여러 활동이 통합적으로 이루어지도록 한다.	라. 유아와 유아, 유아와 교사, 유아와 환경 간에 능동적인 상호작용이 이루어지도록 한다.
바. 실내 · 실외활동, 정적 · 동적활동, 대 · 소집단활동 및 개별활동, 휴식 등이 균형 있게 이루어지도록 한다.	마. 5개 영역의 내용이 통합적으로 유아의 경험과 연계되도록 한다.
사. 유아의 관심과 흥미, 발달이나 환경 특성 등을 고려하여 개별 유아에게 적합한 방식으로 학습하도록 한다.	바. 개별 유아의 요구에 따라 휴식과 일상생활이 원활히 이루어지도록 한다.
	사. 유아의 연령, 발달, 장애, 배경 등을 고려하여 개별 특성에 적합한 방식으로 배우도록 한다.

'2019 개정 누리과정'은 유아 · 놀이 중심 교육과정을 추구한다. 유아가 주도하는 놀이에 배움이 있고 유아는 놀이하며 배울 수 있는 학습의 주체임을 강조한다. 교사는 유아가 놀이를 통해 배우도록 하고 놀이에 자유롭게 참여하고 즐기도록 지도하도록 하고 있다. 교사는 유아의 놀이를 따라 가면서 유아의 놀이를 읽을 수 있다. 교사가 유아의 놀이를 따라 간다는 것은 유아가 놀이에서 무엇을 경험하고 배우는지, 어떻게 놀고 배우는지 그리고 놀이를 어떻게 만들고 이어 가는지를 이해하는 것이다(교육부, 보건복지부, 2019b). 어린이집에서 놀이중심 학습을 운영하고 있는 한 예를 보면 다음과 같다.

친구야 같이 놀자! −게임으로의 놀이 초대−

로야어린이집 만 4세반/교사 유지윤

○○이도 같이 한대!

숲체험이 있는 날, 자연으로 나가서 자유롭게 뛰던 아이들 4명이 실로폰 나무 곁에서 '무궁화 꽃이 피었습니다' 놀이를 시작한다. 술래를 터치한 뒤 도망가면서 게임 한 번이 끝나고 새롭게 술래가 정해지자 출발선에 두 명이 더 추가되어 서 있다. "○○이도 같이 한대!"라고 말하며 놀이에 인원이 추가되고, "야, 나도 할 거야~" "아니야, 술래가 봤으면 나가야지~" "이름을 불러~ 너무 많아서 너라고 하면 누군지 모르겠어."라면서 세분화된 규칙이 있는 놀이가 된다. 4명으로 시작한 무궁화 꽃이 피었습니다 놀이가 어느 순간 10명이 넘는 유아가 모여 커다란 놀이가 되고 있었다.

으악! 잡혔다~ 살려 줘~

다양한 자연물을 마주한 유아들이 OHP 위에 봄에 볼 수 있는 것들을 표현하고 맞추는 놀이를 하던 중 "으악! 잡혔다~ 살려 줘~"라는 말과 그물 모양의 천이 아이들이 만든 모양에 덮이면서 이야기가 만들어진다. "쿠웅~ 쿠웅~ 로봇이 왔어~"라고 하면서 로봇을 만들고 "로봇이 살려 줬어~"라고 이야기의 결말을 만들어 가면서 놀이는 하나에 국한되지 않고 자연스럽게 회절되어 이어져 나간다.

이거 다 시합하면 재미있겠다

놀이공유 시간이 되어 아이들과 이야기를 나눈다. "나는 딱지, 딱지 게임이 재밌었어요." "팽이~" "꼬리잡기~!"라고 하며 자신이 경험한 다양한 게임을 말로 표현하고 서로의 감정을 공유한다. "이거 다 시합하면 재밌겠다."라는 유아의 말 한마디에 다른 아이들이 동의를 하고, "손 들어서 더 많이 나온 걸로 하자."라는 의견을 수렴하여 다양한 놀이 중 미로, 메모리, 팽이, 딱지 시합(게임 운동회)을 하기로 한다. 또 기존의 게임 도구가 아닌 새로운 것을 만들기로 하고 각 분야를 나누어 놀이를 만들어 나간다.

비타민 목걸이는 누가 주지?

하늘 놀이터를 꾸미고 교사의 도움을 받아 만국기를 달고 게임을 준비한 팀원이 게임을 담당하기로 하였다. 게임 운동회 진행 전 동선을 체크하던 중 "그런데 비타민 목걸이는 누가 주지?"라는 한 유아의 궁금증과 "운동회를 하다 다치면 어떻게 할까?"라는 질문에 '구급차' '어린이집 약상자' 등을 생각해 내면서 '약 발라 주는 사람이랑 비타민 목걸이 주는 사람을 팀으로 만들자'라고 의견을 모은다. 이렇게 게임을 시작하는 당일 '안전팀'이 만들어진다.

게임 운동회를 하면서 마주치는 다양한 문제상황에 대해 스스로 고민하고 해결해 나가는 모습들이 보였다. "어? 동생들이 신발이 없이 왔어!" "큰일이야~ 어떻게 하지?" "딱지치기 돗자리에 앉혀야겠다." "게임을 어떻게 해?" "가져와서 하게 해야지~ 아기들이 못 가잖아."라고 하면서 동생들을 배려하는 마음을 키워 나갔다. 운동회의 모든 게임을 다 참여하지 않아도 미리 목걸이를 주기도 하고 게임도 해 볼 수 있도록 유도하는 놀이가 되어 간다.

많이 더웠고, 계속 서 있는 것이 조금 힘들었어. 그래도 재밌더라.
게임 운동회를 마친 뒤 느낌에 대해 이야기를 나누었다. 자신이 맡은 팀에서 있었던 일들을 공유하고 아쉬웠던 점을 나누었다. "많이 더웠고, 계속 서 있는 게 조금 힘들었어. 그래도 재밌더라." "형님들도 같이 하고 싶었는데 견학을 가서 아쉬워."라는 말이 나오면서 "또 하자."라는 의견이 나왔고, 오늘의 아쉬움을 반영하여 그늘이 있는 곳(어린이집 현관)에서 등원맞이 게임을 하면서 문제를 보완해 나가는 놀이로 이어졌다.

아이의 흥미를 따라서 놀이하기!
그동안 주제에 맞춰 항상 먼저 준비해야 하고 아이들의 발달수준에 맞춰서 수업을 해야 한다는 부분에 있어서 '아이들마다 차이가 있는데'라는 고민이 있었다. 아이들과 관계를 맺고 놀이를 함께 하면서 아이들의 놀이에 좀 더 몰입할 수 있었고, 아이들의 말소리에 귀 기울이면서 다양한 방향으로 나아가는 놀이를 바라볼 수 있게 되었다. 또 교사로서는 친구가 되어 함께 놀이에 참여하기도 하고, 필요시 적절한 환경을 마련해 주는 교사가 되어 아이들과 같이 성장해 나가는 시간이 될 수 있었다. 아이들이 중심이 되어도 전인적인 성장이 이루어짐을 다시 한번 느낄 수 있었고, 자기주도적으로 놀 줄 아는 아이가 더 크게 성장할 것이라는 믿음을 다지게 되는 시간이었다.

놀이는 아이가 아이의 흥미를 따라 가는 것!
교사는 관찰을 하며 아이의 놀이를 따라 지원하는 것!

〈놀이중심 교수 · 학습의 예〉

(3) 평가

개정 누리과정에서 평가는 유치원과 어린이집에서 유아·놀이 중심 교육과정을 운영하는 데 도움이 되고자 평가를 간략화하고 각 기관의 자율적인 평가를 강조하였다. 평가는 다음 사항에 중점을 두고 실시한다.

● 표 8-8 ● **제3차 표준보육과정과 개정누리과정 평가**

3~5세 연령별 누리과정(2015)	2019 개정 누리과정
4. 평가 가. 누리과정 운영 평가 (1) 운영 내용이 누리과정의 목표와 내용에 근거하여 편성·운영되었는지 평가한다. (2) 운영 내용 및 활동이 유아의 발달수준과 흥미·요구에 적합한지를 평가한다. (3) 교수·학습 방법이 유아의 흥미와 활동의 특성에 적합한지를 평가한다. (4) 운영 환경이 유아의 발달특성과 활동의 주제, 내용 및 효율성 등을 고려하여 구성되었는지를 평가한다. (5) 계획안 분석, 수업 참관 및 모니터링, 평가척도 등 다양한 방법을 활용하여 평가한다. (6) 운영 평가의 결과를 반영하여 운영계획을 수정·보완하거나 이후 누리과정 편성·운영에 활용한다. 나. 유아 평가 (1) 누리과정 목표와 내용에 근거하여 유아의 특성과 변화 정도를 평가한다. (2) 유아의 지식, 기능, 태도를 포함하여 평가한다. (3) 유아의 일상생활과 누리과정 활동 전반에 걸쳐 평가한다. (4) 관찰, 활동 결과물 분석, 부모면담 등 다양한 방법을 사용하여 종합적으로 평가하고, 그 결과를 기록한다. (5) 유아평가 결과는 유아에 대한 이해와 누리과정 운영 개선 및 부모 면담 자료로 활용할 수 있다.	3. 평가 평가는 다음 사항에 중점을 두고 실시한다. 가. 누리과정 운영의 질을 진단하고 개선하기 위해 평가를 계획하고 실시한다. 나. 유아의 특성 및 변화 정도와 누리과정의 운영을 평가한다. 다. 평가의 목적에 따라 적합한 방법을 사용하여 평가한다. 라. 평가의 결과는 유아에 대한 이해와 누리과정 운영 개선을 위한 자료로 활용할 수 있다.

● 표 8-9 ● **유아 놀이관찰 내용과 누리과정 운영 평가를 함께 기록한 예**

일시	년 월 주
유아 놀이관찰 내용	 #주현이가 봄나물로 가방을 만들었다. 서진: 이거 가방! 가방이야 가방! 서진이 거야. 주현: 서진아 너도 만들래? 주현이가 서진이에게 지퍼백을 준다. 서진이가 가방 만들기를 어려워하자 주현이, 교사가 도움을 주어 완성한다. 가방이 완성되자 서진이는 주현이에게 가방을 보여 준다. 교사: 이거 가방이야. 서진: 이거 가방이야. 교사는 서진이가 주현이에게 언어로 표현할 수 있도록 지원한다.
누리과정 운영 평가	• 친구의 놀이를 관심 있게 지켜보는 장애유아를 관찰하던 중, 일반 유아가 장애 유아의 놀이참여를 유도하는 상호작용이 일어났고, 긍정적인 통합놀이의 모습을 관찰할 수 있었음. • 장애유아가 어려워하는 부분에 대해서는 교사가 신체적 촉진, 언어적 모델링 등을 통해 지속적인 놀이지원을 하였음. • 놀이 전반에서 장애유아와 일반유아의 놀이가 즐겁게 이루어졌으며, 친구의 이야기에 집중하고 모방하여 표현하는 장애유아를 관찰할 수 있었음. • 바깥놀이에서 할 수 있는 통합활동을 계획해 보고자 함.

출처: 교육부, 보건복지부(2019). 누리과정(놀이실행자료).

6) 누리과정의 영역별 목표 및 내용

개정 누리과정은 신체운동·건강, 의사소통, 사회관계, 예술경험, 자연탐구의 5개 영역으로 각 영역은 3개의 내용 범주를 두어 총 15개의 내용범주로 구성되어 있다. 각 영역에 포함된 내용은 신체운동·건강 영역 12개, 의사소통 영역 12개, 사회관계 영역 12개, 예술경험 영역 10개, 자연탐구 영역 13개로서 총 59개로 구성되어 있다. 또한 개정 누리과정 5개 영역도 '내용 이해'와 '유아 경험의 실제'가 연계되어 있어 각 영역마다 그 예시를 제시하였다(교육부, 보건복지부, 2019a).

(1) 신체운동 · 건강

① 목표
실내외에서 신체활동을 즐기고, 건강하고 안전한 생활을 한다.

- 신체활동에 즐겁게 참여한다.
- 건강한 생활 습관을 기른다.
- 안전한 생활 습관을 기른다.

② 내용

내용 범주	내용
신체활동 즐기기	신체를 인식하고 움직인다.
	신체 움직임을 조절한다.
	기초적인 이동운동, 제자리 운동, 도구를 이용한 운동을 한다.
	실내외 신체활동에 자발적으로 참여한다.
건강하게 생활하기	자신의 몸과 주변을 깨끗이 한다.
	몸에 좋은 음식에 관심을 가지고 바른 태도로 즐겁게 먹는다.
	하루 일과에서 적당한 휴식을 취한다.
	질병을 예방하는 방법을 알고 실천한다.

안전하게 생활하기	일상에서 안전하게 놀이하고 생활한다.
	TV, 컴퓨터, 스마트폰 등을 바르게 사용한다.
	교통안전 규칙을 지킨다.
	안전사고, 화재, 재난, 학대, 유괴 등에 대처하는 방법을 경험한다.

|신체운동 · 건강 영역의 통합적 이해|

"나 잘하죠?"

바깥 놀이터에서 4세 반과 5세 반 유아들이 함께 놀이하고 있다. 유아들은 모래를 파 커다란 구덩이를 만들었다. 4세 은제는 모래 구덩이를 뛰어넘다가 모래 구덩이 속에 빠진다.

은제: (모래 구덩이를 바라보며) 아, 이거 어려운데….
은제는 한쪽 다리를 크게 들어올려 모래 구덩이에서 위로 올라온다. 그러다 옆에서 소꿉놀이를 하던 수하의 얼굴에 모래가 튄다.

은제: (수하의 표정을 살피며) 수하야, 미안해.
4세 수하는 얼굴을 찡그리더니 말없이 얼굴에 묻은 모래를 털어 낸다. 옆에 있던 5세 지원이가 말한다.

지원: 음…… 나는 이거 할 수 있을 것 같은데…… 하얏!
지원이는 모래 구덩이를 가볍게 뛰어넘는다. 지원이는 모래 구덩이의 가장 긴 거리를 뛰어넘고, 반대편에서 또 다시 뛰어넘기를 반복한다. 지원이는 모래 구덩이 뛰어넘기를 성공할 때마다 웃는다.

지원이를 지켜보던 은제가 모래 구덩이 뛰어넘기를 다시 시도한다. 은제는 모래 구덩이 가장자리 끝을 뛰어넘었지만, 두 발로 서서 착지하지 못하고 넘어졌고, 두 손으로 바닥을 짚고 곧바로 일어난다. 그리고 손바닥과 무릎에 묻은 모래를 툭툭 털어 낸다.

지원이와 은제의 모습을 보고 있던 4세 수하가 소꿉놀이를 멈추고 벌떡 일어난다. 그리고 금세 모래 구덩이를 풀쩍 뛰어넘는다. 그리고 활짝 웃으며 말한다.

수하: 나 잘하죠?

(2) 의사소통

① 목표
일상생활에 필요한 의사소통 능력과 상상력을 기른다.

- 일상생활에서 듣고 말하기를 즐긴다.
- 읽기와 쓰기에 관심을 가진다.
- 책이나 이야기를 통해 상상하기를 즐긴다.

② 내용

내용 범주	내용
듣기와 말하기	말이나 이야기를 관심 있게 듣는다.
	자신의 경험, 느낌, 생각을 말한다.
	상황에 적절한 단어를 사용하여 말한다.
	상대방이 하는 이야기를 듣고 관련해서 말한다.
	바른 태도로 듣고 말한다.
	고운 말을 사용한다.
읽기와 쓰기에 관심 가지기	말과 글의 관계에 관심을 가진다.
	주변의 상징, 글자 등의 읽기에 관심을 가진다.
	자신의 생각을 글자와 비슷한 형태로 표현한다.

책과 이야기 즐기기	책에 관심을 가지고 상상하기를 즐긴다.
	동화, 동시에서 말의 재미를 느낀다.
	말놀이와 이야기 짓기를 즐긴다.

|의사소통 영역의 통합적 이해|

말놀이
끝없이 이어지는 아이들의 이야기

유아들이 모여 솔비가 풍부한 상상력을 발휘하여 지어낸 이야기를 듣고 있다. 솔비는 운율과 리듬을 실어 자신이 상상으로 지어낸 이야기를 신나게 펼쳐 내고, 친구들은 서로 맞장구를 치며 재미있게 듣고 있다.

솔비: 어떤 아이가~ 엄~~청 엄청 부잣집에 살고 있었는데✓, 그 집은…… 엄~청 밥도✓ 많고✓ ~ 장난감도✓ 많고✓ 돈도✓ 많고✓ 쌀도 많고✓ 가구도 엄청 좋은 거고~ 지호 변기통도✓ 많고✓~ 바가지도✓ 많고✓~

아이들: 하하하하

솔비: 근데 방이…… 만~ 개가 되는 거야.

정훈: 옛날 집인데도?

솔비: (속삭이며) 옛날 집 아니야. 근데 그 옆에는 엄~~~청 가난한 집이 있었어. 쌀도 한 개도✓ 없고✓ 집에 방도 하나도✓ 없고✓~ 아예 집에~ 코딱지 한 개도 없는 거야.

지호: 벌레 하나도 없어가지고~~~~ 하하하.

솔비: 그런데 거기는 아~~주 유명한 공주 장난감이 있었는데, 그 공주 장난감에는 사다리가 하늘까지 하늘을 넘어가고 우주를 넘어가고 저어~~~~우주를 넘는 사다리가 아주 긴~~사다리가 나오는데, 그게…… 만 원도✓ 넘고✓ 그 다음 백만 원도✓ 넘고✓ 너~무 비싼 거야~~.

현민: 일억도 넘어?

솔비: (고개를 끄덕임) 너~~무 비싸 가

지고…… 억만 백천구백 원이었대.

아이들: 헤엑~~~

지호: 만 원 백 개로 살 수 있겠다.

현민: 만 원 백 개 있으면 백만 원인데?

솔비: 그래서~ 나무를 팔아 가지고 책상도＼ 만들고／~ 의자도＼ 만들고／~ 해서, 그 가난한
　　　　집은 금방 부자가 됐대~~.

(3) 사회관계

① 목표

자신을 존중하고 더불어 생활하는 태도를 가진다.

- 자신을 이해하고 존중한다.
- 다른 사람과 사이좋게 지낸다.
- 우리가 사는 사회와 다양한 문화에 관심을 가진다.

② 내용

내용 범주	내용
나를 알고 존중하기	나를 알고 소중히 여긴다.
	나의 감정을 알고 상황에 맞게 표현한다.
	내가 할 수 있는 것을 스스로 한다.
더불어 생활하기	가족의 의미를 알고 화목하게 지낸다.
	친구와 서로 도우며 사이좋게 지낸다.
	친구와의 갈등을 긍정적인 방법으로 해결한다.
	서로 다른 감정, 생각, 행동을 존중한다.
	친구와 어른께 예의 바르게 행동한다.
	약속과 규칙의 필요성을 알고 지킨다.
사회에 관심 가지기	내가 살고 있는 곳에 대해 궁금한 것을 알아본다.
	우리나라에 대해 자부심을 가진다.
	다양한 문화에 관심을 가진다.

| 사회관계 영역의 통합적 이해 |

알겠어. 미안해!

하원 시간, 우주는 놀이를 계속하고 있는 서연이에게 블록 정리를 하자고 말한다.

우주: (서연이의 귀 뒤쪽에 대고) 이제 블록 정리하는 시간이야!

서연이가 듣기에 우주의 큰 목소리는 자신의 귀에 대고 크게 소리를 지르는 것처럼 들린다.

서연: 귀에 대고 하지 마! 귀 아파!

우주: 아니야. 나는 머리카락에 대고 말했거든. (서연이의 귀 뒷면 머리를 만진다.)

서연: 너가 내 귀에 대고 크게 말했잖아. 귀 아팠거든.

우주: (매우 큰 목소리로) 아니야. 나는 여기에 대고 말했어.

우주와 서연이의 모습을 지켜보던 은성이가 다가와 무슨 일인지 묻는다.

우주: (울먹이는 듯한 목소리로) 있잖아. 내가 귀에 말 안 하고 여기 머리카락에 말했는데, 서연
    이가 자꾸 내가 귀에 대고 말했다고 하잖아. 나 기분 진짜 안 좋아. 힝!

은성: 알겠어. 서연이가 어떤 말했는데?

서연: 얘가 내 귀에 대고 말했다구! 여기가 귀야. (서연이는 자신의 귀를 만지며 소리가 들렸던
    위치를 가리킨다.)

은성이는 두 유아의 말을 듣고 팔짱을 끼고 잠시 말없이 생각하더니, 서연이에게 "귀를 막아
봐."라고 말한다. 서연이가 두 손가락으로 귀를 막는다. 은성이는 서연이의 등 뒤로 돌아가 서연
이의 귀 옆에서 소리를 낸다.

은성: 아 아…… (서연이에게) 어때? 소리 들려?

서연: 응. 귀에 대고 하는 것처럼 들려.

은성: 이제 됐지?

우주: 봐 봐, 맞지? 나 여기 뒤에다 대고 말했지?

서연: 알겠어. 미안해.

(4) 예술경험

① 목표

아름다움과 예술에 관심을 가지고 창의적 표현을 즐긴다.

- 자연과 생활 및 예술에서 아름다움을 느낀다.
- 예술을 통해 창의적으로 표현하는 과정을 즐긴다.
- 다양한 예술 표현을 존중한다.

② 내용

내용 범주	내용
아름다움 찾아보기	자연과 생활에서 아름다움을 느끼고 즐긴다.
	예술적 요소에 관심을 갖고 찾아본다.
창의적으로 표현하기	노래를 즐겨 부른다.
	신체, 사물, 악기로 간단한 소리와 리듬을 만들어 본다.
	신체나 도구를 활용하여 움직임과 춤으로 자유롭게 표현한다.
	다양한 미술 재료와 도구로 자신의 생각과 느낌을 표현한다.
	극놀이로 경험이나 이야기를 표현한다.
예술 감상하기	다양한 예술을 감상하며 상상하기를 즐긴다.
	서로 다른 예술 표현을 존중한다.
	우리나라 전통 예술에 관심을 갖고 친숙해진다.

비 오는 날

비가 내리는 날, 창문 밖을 바라보던 유아들은 선생님에게 바깥으로 나가자고 제안한다. 우비와 장화 차림으로 친구들과 함께 바깥 놀이 터로 나온 신유와 지효는 친구들과는 조금 떨어진 곳으로 걸어간다. 그리고 비가 와서 생긴 흙탕물 도랑을 밟으며 말없이 천천히 걷는다.

신유: (작은 목소리로) 소리가 난다.

지효: (미소 지으며 작은 목소리로) 응. 우비에서 소리가 난다.

신유: 응. 신발에서도 소리가 난다. … 이것 봐. 발자국이 생긴다.

지효: 너 발자국 위에 내 발자국 올라간다.

지효가 화단에 동백꽃잎들이 떨어진 것을 발견하고 동백꽃잎을 줍는다. 지효가 "아, 정말 부드럽다."라고 말하자 신유가 "살살 만져야겠어. 우리 동백꽃잎 케이크 만들자. 정말 맛있을 거야." 하며 제안한다. 지효는 동백꽃잎을 주워 오고, 신유는 동백꽃잎으로 케이크를 만들기로 한다.

신유는 큰 냄비에 모래를 가득 담아 바닥에 엎고, 작은 그릇에도 모래를 가득 담아 그 위에 엎는다. 그리고 손으로 모래를 다듬으며 동백꽃잎을 하나씩 꽂는다.

교사가 분홍색 꽃잎이 비에 젖으니까 더 선명하고 예쁜 것 같다고 말한다. 신유는 "동백꽃잎 케이크예요. 친구에게 선물하고 싶어요."라고 말하며 계속 모래를 다듬으며 동백꽃잎을 꽂고, 지효는 계속 동백꽃잎을 주워 신유에게 전달한다.

동백꽃잎 케이크를 만든 뒤 지효는 화단에서 짧고 가느다란 나뭇가지를 주워 온다. 그리고 작은 목소리로 신유에게 "나무가 연필이라고 생각하고 서로 그려 주자."라고 말한다. 지효와 신유는 모래 위에 서로의 모습을 나뭇가지로 그려 준다.

(5) 자연탐구

① 목표
탐구하는 과정을 즐기고, 자연과 더불어 살아가는 태도를 가진다.

- 일상생활에서 호기심을 가지고 탐구하는 과정을 즐긴다.
- 생활 속의 문제를 수학적 · 과학적으로 탐구한다.
- 생명과 자연을 존중한다.

② 내용

내용범주	내용
탐구과정 즐기기	주변 세계와 자연에 대해 지속적으로 호기심을 가진다.
	궁금한 것을 탐구하는 과정에 즐겁게 참여한다.
	탐구과정에서 서로 다른 생각에 관심을 가진다.
생활 속에서 탐구하기	물체의 특성과 변화를 여러 가지 방법으로 탐색한다.
	물체를 세어 수량을 알아본다.
	물체의 위치와 방향, 모양을 알고 구별한다.
	일상에서 길이, 무게 등의 속성을 비교한다.
	주변에서 반복되는 규칙을 찾는다.
	일상에서 모은 자료를 기준에 따라 분류한다.
	도구와 기계에 대해 관심을 가진다.
자연과 더불어 살기	주변의 동식물에 관심을 가진다.
	생명과 자연환경을 소중히 여긴다.
	날씨와 계절의 변화를 생활과 관련짓는다.

| 자연탐구 영역의 통합적 이해 |

꿀벌처럼

첫 번째 날

유아들은 바깥 놀이터에서 바닥에 힘없이 널브러져 있는 벌을 발견한다. "아! 여기 벌이 있어. 죽었나 봐!" 유아의 외침에 화단에서 곤충을 찾던 유아들이 모여든다. 그때, 죽은 듯이 움직이지 않던 벌이 바르르 떨며 꿈틀거린다. 유아들은 "으악! 도망쳐!"라고 말하며 벌떡 일어나 사방으로 흩어져 달아난다.

두 번째 날

유아가 선생님에게 「꿀벌나무」 그림책을 읽어 달라고 한다. 유아들이 선생님 주위로 모여든다. 그림책을 읽은 뒤, 유아는 "꿀벌들은 말도 못하는데, 어떻게 그렇게 집으로 잘 돌아가요?" 하고 호기심을 가진다. 선생님은 "사람은 목소리로 이야기를 하는데 꿀벌은 어떻게 말을 할까?"라고 묻자 유아는 "엉덩이로 말해요." 하며 엉덩이를 좌우로 흔든다. 선생님도 "이렇게?" 하며 유아를 따라 몸을 움직인다. 선생님은 점심 식사 시간에 〈꿀벌의 여행〉 동요를 들려준다. 유아들은 밥을 먹으며 제자리에서 엉덩이를 흔들며 까르르 웃는다.

세 번째 날

오전에 선생님은 〈꿀벌의 여행〉 동요를 다시 들려준다. 유아들은 꿀벌처럼 두 팔을 벌려 날갯짓하며 친구의 옷, 사진, 화초, 꽃무늬, 창문에 전시한 압화, 선생님의 물병 등에서 꽃을 찾는다. 이제 교실에서는 더 이상 꽃을 찾기 어려워지자 유아가 교사에게 말한다.

유아: 선생님, 꿀벌은 꽃이 있어야 돼요. 붕붕이가 배고파서 꿀을 먹어야 돼요.
교사: 그럼 어떻게 하면 좋을까?
유아: 우리가 꽃을 그려 줘요.

유아들은 미술 영역으로 가서, 제 나름대로 꽃을 그리고 색을 칠하고 오리고 수수깡을 붙여 꽃자루도 만든다. 선생님은 유아들이 꽃을 만드는 동안 꿀벌을 그리고 오려서 수수깡을 붙인다. 선생님은 벌을 유아들의 꽃에 살포시 얹어 꿀을 빨아먹는 시늉을 하며 함께 놀이한다.

과학 영역에서 자석 놀이를 하고 있던 유아가 "이거 재미있는데" 하며 놀이에 참여한다. 은호와 지율이는 "꿀을 많이 먹어서 이젠 좀 쉬어야겠다. 히히." 하며 교실 바닥에 드러눕는다.

유아들은 선생님께 "선생님, 밖에 나가요. 밖에는 꽃이 많아요." 하며 큰 소리로 요청한다. 선생님은 "그래. 이따 점심 먹고 나가 보자. 꿀벌은 꽃을 많이 먹어서 배부르겠다. 너희도 맛있게 점심 먹으렴." 하며 즐겁게 유아들의 제안을 받아들인다.

오후 바깥 놀이터에서, 유아들은 꽃을 찾기보다는 개미, 공벌레, 송충이 등 곤충들을 찾아다닌다. 지율이의 자전거 짐칸 바구니에는 공벌레 몇 마리가 기어다니고 있다. 유아는 "공벌레한테 자전거 태워 줄 거예요." 하며 자전거를 타고 힘차게 달린다.

네 번째 날

교사는 유아들이 꿀벌에 많은 관심과 흥미가 있다는 것을 이해하여, 유아들의 흥미를 재미있게 지속시키고 싶었다. 그래서 교사는 꿀벌 머리띠도 만들고 꿀벌 날개도 만들 계획을 한다. 그러나 교사는 여러 가지 고민 끝에 꿀벌 머리띠와 꿀벌 날개를 구입하기로 하고, 유아들과는 꿀벌 날개가 햇빛에 비칠 때 반짝거리는 느낌을 꾸미는 활동을 하는 것으로 계획을 변경한다. 교사는 꿀벌 머리띠와 꿀벌 날개를 어떻게 유아들에게 전달하고 소개해야 꿀벌 활동이 놀이처럼 보다 즐겁고 재미있게 지속될 수 있을지 고민한다.

교사: (택배 상자를 보여 주며) 얘들아, 우리가 꿀벌을 좋아한다고 붕붕이가 꿀벌 머리띠를 선물해 줬어.

유아들: 와! 붕붕이가 우리한테 선물해 줬대. 붕붕아, 고마워.

교사: 우리 붕붕이에게 고맙다고 인사해야 하는데, 어떻게 인사를 하지?

유아: 엉덩이춤으로 말해 줘요.

유아들은 선생님과 함께 창문 밖에 꿀벌이 있는 듯, 꿀벌을 향해 엉덩이를 흔들어 준다.

유아들과 선생님은 꿀벌 머리띠와 날개를 달고 바깥 놀이터로 나가 벌을 찾으러 다니기도 하고, 흙을 파고 지렁이와 개미, 공벌레를 찾아 탐색하기도 하고, 손으로 잡아 자전거 짐칸 바구니에 넣고 달리며 놀이한다.

다섯 번째 날

바깥 놀이터 미끄럼틀 근처에 피어 있는 노란 민들레꽃 위에 벌이 내려앉았다. 벌은 민들레꽃 위에서 방향을 바꾸며 엉덩이를 흔든다. 유아들은 꿀벌이 빨아먹고 있는 꿀맛에 대해 이야기를 나누며 벌을 관찰한다. 그리고 민들레 옆에서 기어가고 있는 송충이를 발견하고 서로 이야기를 주고받으며 오랫동안 관찰한다.

여섯 번째 날

오전 시간, 유아는 곤충 그림책을 읽는다. 그림책에는 육각형으로 표현된 벌집 그림이 있다. 유아는 선생님에게 벌집에 관해 묻는다. 유아들과 선생님은 벌과 벌집에 대한 영상을 감상한 뒤 벌집을 만들기로 한다.

일곱 번째 날

오늘도 유아들은 꿀벌 머리띠와 꿀벌 날개를 달고 교실의 이곳저곳에 있는 꽃, 꽃을 닮은 무늬를 찾아다니며 놀이한다. 유아가 갑자기 놀이를 멈추고 미술 영역으로 가더니, A4용지, 가위, 투명테이프를 활용하여 벌의 '침'을 만들어 자기 엉덩이에 붙여 달라고 한다.

5개 영역 한 눈에 보기

영역	내용 범주	내용
신체운동·건강	신체활동 즐기기	신체를 인식하고 움직인다.
		신체 움직임을 조절한다.
		기초적인 이동운동, 제자리 운동, 도구를 이용한 운동을 한다.
		실내외 신체활동에 자발적으로 참여한다.
	건강하게 생활하기	자신의 몸과 주변을 깨끗이 한다.
		몸에 좋은 음식에 관심을 가지고 바른 태도로 즐겁게 먹는다.
		하루 일과에서 적당한 휴식을 취한다.
		질병을 예방하는 방법을 알고 실천한다.
	안전하게 생활하기	일상에서 안전하게 놀이하고 생활한다.
		TV, 컴퓨터, 스마트폰 등을 바르게 사용한다.
		교통안전 규칙을 지킨다.
		안전사고, 화재, 재난, 학대, 유괴 등에 대처하는 방법을 경험한다.
의사소통	듣기와 말하기	말이나 이야기를 관심 있게 듣는다.
		자신의 경험, 느낌, 생각을 말한다.
		상황에 적절한 단어를 사용하여 말한다.
		상대방이 하는 이야기를 듣고 관련해서 말한다.
		바른 태도로 듣고 말한다.
		고운 말을 사용한다.
	읽기와 쓰기에 관심 가지기	말과 글의 관계에 관심을 가진다.
		주변의 상징, 글자 등의 읽기에 관심을 가진다.
		자신의 생각을 글자와 비슷한 형태로 표현한다.
	책과 이야기 즐기기	책에 관심을 가지고 상상하기를 즐긴다.
		동화, 동시에서 말의 재미를 느낀다.
		말놀이와 이야기 짓기를 즐긴다.
사회관계	나를 알고 존중하기	나를 알고 소중히 여긴다.
		나의 감정을 알고 상황에 맞게 표현한다.
		내가 할 수 있는 것을 스스로 한다.
	더불어 생활하기	가족의 의미를 알고 화목하게 지낸다.
		친구와 서로 도우며 사이좋게 지낸다.
		친구와의 갈등을 긍정적인 방법으로 해결한다.
		서로 다른 감정, 생각, 행동을 존중한다.
		친구와 어른께 예의바르게 행동한다.
		약속과 규칙의 필요성을 알고 지킨다.
	사회에 관심 가지기	내가 살고 있는 곳에 대해 궁금한 것을 알아본다.
		우리나라에 대해 자부심을 가진다.
		다양한 문화에 관심을 가진다.
예술경험	아름다움 찾아보기	자연과 생활에서 아름다움을 느끼고 즐긴다.
		예술적 요소에 관심을 갖고 찾아본다.
	창의적으로 표현하기	노래를 즐겨 부른다.
		신체, 사물, 악기로 간단한 소리와 리듬을 만들어 본다.
		신체나 도구를 활용하여 움직임과 춤으로 자유롭게 표현한다.
		다양한 미술 재료와 도구로 자신의 생각과 느낌을 표현한다.
		극놀이로 경험이나 이야기를 표현한다.
	예술 감상하기	다양한 예술을 감상하며 상상하기를 즐긴다.
		서로 다른 예술 표현을 존중한다.
		우리나라 전통 예술에 관심을 갖고 친숙해진다.
자연탐구	탐구과정 즐기기	주변 세계와 자연에 대해 지속적으로 호기심을 가진다.
		궁금한 것을 탐구하는 과정에 즐겁게 참여한다.
		탐구과정에서 서로 다른 생각에 관심을 가진다.
	생활 속에서 탐구하기	물체의 특성과 변화를 여러 가지 방법으로 탐색한다.
		물체를 세어 수량을 알아본다.
		물체의 위치와 방향, 모양을 알고 구별한다.
		일상에서 길이, 무게 등의 속성을 비교한다.
		주변에서 반복되는 규칙을 찾는다.
		일상에서 모은 자료를 기준에 따라 분류한다.
		도구와 기계에 대해 관심을 가진다.
	자연과 더불어 살기	주변의 동식물에 관심을 가진다.
		생명과 자연환경을 소중히 여긴다.
		날씨와 계절의 변화를 생활과 관련짓는다.

출처: 교육부, 보건복지부(2019a). 누리과정 해설서.

4. 보육과정의 운영

1) 보육계획

보육과정의 계획은 영유아가 어떻게 성장하고 각 발달단계에서 신체적 · 사회적 · 인지적 · 정서적으로 어떠한 발달적 특성이 있으며 무엇에 관심을 보이는지에 대한 지식에 기초하여 수립되어야 한다. 보육교사는 영유아 발달수준에 적합한 보육계획안을 사전에 수립하고 그 계획안을 기초로 영유아의 요구나 상황을 고려하여 융통성 있게 운영하는 것이 중요하다.

보육과정의 계획은 연간보육계획, 월간보육계획, 주간보육계획, 일일보육계획을 보건복지부(2018)가 제시한 '어린이집 설치운영 길라잡이'를 중심으로 살펴본다.

(1) 연간보육계획

연간보육계획은 어린이집에서 1년 동안 진행되는 보육내용으로 영유아들에게 흥미 있는 주제나 계절, 어린이집과 지역사회의 행사 등을 근거로 작성한다. 따라서 연간보육계획 수립에서 어떤 주제를 선정하는가에 따라 영유아의 연령이나 흥미, 발달 적합성, 계절, 어린이집이나 지역사회의 특성을 반영하게 된다. 연간보육계획을 수립하면 1년 동안 어린이집에서 진행할 보육내용의 전체적인 흐름을 파악할 수 있다.

● 표 8-10 ● **연간보육계획**

정의	어린이집에서 이루어지는 포괄적인 보육계획으로 1년 동안 어린이집에서 진행할 주제를 통해 보육의 방향, 보육목표, 보육내용의 전체적인 윤곽을 파악할 수 있음
고려사항	• 1년 동안 영유아가 달성해야 할 보육목표와 내용을 주제로 묶어 제시함 • 영유아의 발달 특성과 흥미에 기초하여 선정하되, 표준보육과정(누리과정)의 목표와 전 영역이 포함되도록 계획 • 연간 주제를 선정할 때는 영유아의 발달수준, 개인차, 흥미와 관심, 사전 경험을 고려하면서 행사 및 사회적 이슈, 지역적 특성 또는 계절을 반영

주요 점검사항	선정된 주제와 소주제가 영유아 연령 및 흥미에 적합한가?

선정된 주제와 소주제가 영유아 연령 및 흥미에 적합한가?

주제	소주제	주제	소주제
어린이집과 친구 (만 3세)	• 어린이집의 환경 • 어린이집에서의 하루 • 어린이집에서 만난 친구 • 함께 놀이하는 어린이집	교통기관 (만 2세)	• 여러 가지 육상 교통기관 • 고마운 육상기관 • 항공/해상 교통기관 • 즐거운 교통생활

어린이집과 친구: 주제 및 소주제가 만 3세의 흥미에 적합
교통기관: 주제 및 소주제가 사회적 지식이 불필요한 만 2세에게 부적합

Tip	• 연간보육계획안 주제는 반드시 매월 1개씩 선정해야 하는 것이 아니라 영유아의 연령 및 흥미, 어린이집의 상황적 특성에 따라 조절할 수 있음 • 연간보육계획안과 함께 연간 부모참여활동 계획안, 지역사회 연계활동 계획안, 안전교육계획안 등을 함께 수립하면 문서관리가 편리함

2세반 보육프로그램 연간보육계획을 예로 살펴보면 〈표 8-11〉에서 주제를 연령, 흥미, 발달 적합성, 계절, 어린이집이나 지역사회의 특성 등에 비추어 9개 주제로 선정하고 있으며 각각의 소주제는 〈표 8-12〉와 같다.

● 표 8-11 ● **2세반 연간보육계획 선정 주제의 특성**

특성	주제명	비고
연령, 흥미, 발달	어린이집이 좋아요 나는요 나는 가족이 있어요 나는 친구가 있어요 동물놀이 해요	• 관계에 대한 체계성 추구 • 친근한 환경에 대한 관심
계절	봄나들이 가요 재미있는 여름이에요 알록달록 가을이에요 겨울과 모양을 즐겨요	계절 및 색깔, 모양 주제를 자연스럽게 포함

● 표 8-12 ● **2세반 연간보육계획안**

순서	주제	주	소주제
1	어린이집이 좋아요(7주)	1	나는 ○○반이에요
		2	엄마, 아빠와 헤어질 수 있어요
		3	우리 반 선생님과 친구들이에요
		4	재미있는 놀잇감이 있어요
		5	내가 좋아하는 놀잇감이에요
		6	편안하게 지내요
		7	안전하게 놀아요
2	봄나들이 가요(5주)	1	바깥놀이가 재미있어요
		2	안전하게 바깥놀이 해요
		3	꽃구경은 즐거워요
		4	벌레가 꿈틀꿈틀해요
		5	봄나들이 갈까요
3	나는요(5주)	1	나는 ○○○이에요
		2	내 몸을 살펴보아요
		3	나는 느껴요
		4	내가 좋아하는 것이 있어요
		5	혼자서도 잘해요
4	재미있는 여름이에요(7주)	1	날씨가 더워졌어요
		2	비가 많이 와요
		3	깨끗하게 씻어요
		4	물놀이가 재미있어요 1
		5	물놀이가 재미있어요 2
		6	여행을 가요
		7	
5	나는 가족이 있어요(5주)	1	엄마 아빠가 좋아요
		2	우리 가족을 흉내 내요 1
		3	우리 가족을 흉내 내요 2
		4	우리 가족을 소개해요 1
		5	우리 가족을 소개해요 2

6	동물놀이 해요(6주)	1	여러 가지 동물이 있어요
		2	엄마 동물 아기 동물
		3	동물처럼 소리를 내어 보아요
		4	동물처럼 움직여 보아요
		5	○○반이 좋아하는 동물
		6	동물을 사랑해요
7	알록달록 가을이에요(6주)	1	가을이에요
		2	가을 나들이
		3	단풍이 물들어요
		4	자연물로 놀이해요
		5	알록달록 색깔나라
		6	재미있는 그리기 나라
8	겨울과 모양을 즐겨요(5주)	1	여러 가지 모양이 있어요
		2	모양놀이 해요
		3	즐거운 성탄이에요
		4	추워요
		5	따뜻하게 지내요
9	나는 친구가 있어요(6주)	1	내 친구가 좋아요
		2	친구와 함께하는 놀이가 있어요
		3	우리는 ○○살(설날)
		4	형·언니가 되었어요
		5	즐거웠던 우리 반이에요

(2) 월간보육계획

월간보육계획은 연간보육계획을 토대로 작성한 1개월 내외의 보육계획으로 연간보육계획의 목표를 달성하기 위한 구체적인 내용을 계획하는 것으로서 소주제에 대한 내용이 활동별로 수립되어 있다. 월간보육계획안에 포함될 내용은 생활주제와 선정 이유, 목표, 환경구성, 주제망 등이다.

● 표 8-13 ● **월간보육계획**

정의	월간보육계획은 일반적으로 연간보육계획안 주제를 다시 월별 한 주 단위로 하여 소주제로 나누어 주별 진행할 활동을 계획한 것임
고려사항	• 월간보육계획은 연간보육계획과 연계하여 작성하는데 한 달의 대략적인 계획을 한 눈에 볼 수 있도록 소주제와 목표, 간략한 내용으로 작성할 수도 있고, 주 단위로 영역별 내용을 상세히 계획할 수도 있음 • 월간보육계획에서는 일상생활과 놀이활동을 구분하여 주제 및 소주제에 맞는 활동을 계획 • 등원부터 자유선택활동(자유놀이), 바깥놀이, 낮잠, 점심, 간식 등의 내용을 포함하여 수립 • 대·소집단활동은 유아반의 경우에 수립하며, 영아반은 개별활동 위주로 계획

주요 점검사항에 대한 표:

주요 점검사항	소주제와 통합적인 활동을 수립하였는가?	

소주제	어린이집의 환경
자유선택활동	[쌓기] 블록으로 만든 차를 타고 어린이집에 가요 [역할] 딩동! 누구십니까? [미술] 색종이로 나비 만들기 [언어] 교실물건 수수께끼 [수] 영역과 놀잇감 짝짓기 [과학] 여러 종류 씨앗 관찰하기 [음률] 음률영역 악기 탐색하기
바깥놀이	폴짝 폴짝 쓱! 쓱!
대·소집단활동	[이야기나누기] 화장실에 가고 싶어요 [게임] 놀잇감의 위치를 알아요 [동화] 배고픈 애벌레

[미술] 색종이로 나비 만들기 [과학] 여러 종류 씨앗 관찰하기 [그림자동화] 배고픈 애벌레	소주제와 통합성이 나타나지 않으므로 활동 수정 필요

Tip	• 어린이집에서 반드시 월간보육계획을 수립해야 하는 것은 아니며, 주간보육계획안으로 대체할 수 있음 • 소주제가 반드시 월당 4~5개 주제로 계획되어야 하는 것은 아니며, 연령, 흥미 등에 따라 조절할 수 있음

주제별 보육계획에서는 하루일과에 기초하여 일상적 양육 활동과 놀이 활동, 가정 및 지역사회 연계 등을 포함하여 계획을 수립하는데, 2세반 보육프로그램 예시로 '알록달록 가을이에요'를 살펴보면 〈표 8-14〉와 같다.

● 표 8-14 ● '알록달록 가을이에요' 주제별 월간보육계획안

주	1주	2주	3주	4주	5주	6주
소주제	가을이에요	가을 나들이	나뭇잎이 물들어요	자연물로 놀이해요	알록달록 색깔나라	재미있는 그리기나라
등원 및 맞이하기	아침에 먹고 온 음식을 이야기해 보기					
기본 생활 안전	• 스스로 겉옷을 벗어보기, 겉옷을 벗어 옷걸이에 걸어 보기 • 길을 잃었을 때는 제자리에서 기다리기 주변의 어른에게 '도와주세요' 이야기해 보기					

일상 생활	점심 및 간식	• 바르게 앉아서 먹어 보기 • (새로운) 음식을 먹어 보기					
	낮잠	자고 나서 내 베개를 정리해 보기					
	배변 활동	• 배변 후 선생님의 도움받아(스스로) 옷을 올려 보기 • 지퍼, 단추 잠가 보기					

실내 자유 놀이	신체	낙엽비가 내려요	나뭇잎처럼 움직여 보기	나뭇잎 징검다리 건너기	콩 주머니 던지기	색 풍선 놀이	같은 색깔 도미노
	언어	과일, 열매 까꿍카드	나들이 사진 보며 이야기 나누기	나뭇잎에 그림 편지 쓰기	자연물(탐색) 그림책	색깔에도 이름이 있어요	내가 좋아하는 색깔이 있어요
	감각 · 탐색	내 짝을 찾아 주세요(과일 반쪽 찾기)	숟가락으로 열매 옮기기	단풍(은행잎) 방석	조각 천 염색하기	색 탁구공을 옮기기	알록달록 색 소금 만들기
	역할 · 쌓기	낙엽을 청소해요	가을 소풍 놀이	나뭇잎 (단풍잎, 은행잎) 왕관 쓰고 놀이하기	열매, 나뭇잎 소꿉놀이	삼색 밀가루 반죽으로 요리하기	삼색 밀가루 케이크 (생일파티 놀이)
		큰 나무, 작은 나무 쌓아 보기	블록 돗자리 만들기	가을 동산 만들기	나무 무늬 블록으로 식탁, 의자 구성하기	알록달록 색깔 길 만들기	무지개 촉감 블록 쌓고 무너뜨리기
	미술	알록달록 가을 나무 꾸미기	산책 가방 만들기	나뭇잎 왕관 만들기	솔방울에 색깔 입히기	색깔 공을 굴려 그림 그리기	까만 크레파스 그림
	음률	열매 마라카스 흔들기	노래 '오리소풍'에 맞춰 춤추기	나무악기 연주하기	춤추는 씨앗 (큰 북 두드리기)	리듬악기 두드리며 '가을바람' 노래 부르기	색 스카프 흔들기

바깥놀이	동물 인형 목욕 시키기	여러 가지 색, 모양의 나뭇잎이 있어요	가을 나들이	나뭇가지에 매달린 물체 탐색하기	흙으로 놀아요	색 돋보기로 바깥 풍경 관찰하기	
	여러 가지 색과 모양의 나뭇잎이 있어요	가을 나들이	나뭇가지에 매달린 물체 탐색하기	흙으로 놀아요	색 돋보기로 바깥 풍경 관찰하기	무지개 낙하산 놀이	

귀가 및 연계	귀가	가을 날씨 이야기하며 귀가하기 나뭇잎의 변화 살펴보며 귀가하기
	가정 및 지역 사회 연계	• 가정과의 연계: 가족과 함께 공원 나들이해 보기 • 지역사회와의 연계: 공원으로 산책 가기(어린이집에서 가까운 근린공원으로 산책 가기)

비고	• 잘자요 달님 • 숲속에 숲속에 • 날마다 자라요	• 풀밭에 풀밭에 • 나무에 나무에 • 봉숭아 하나 둘 셋	• 나무 • 사과야 빨리 익어라 • 행복한 껴안기	• 재미난 그림책 • 무엇을 만들까? • 사과를 자르면	• 깜짝깜짝 색깔들 • 맛있는 그림책 • 사과가 쿵	• 엉뚱한 그림책 • 크고 작고 • 무엇을 만들까?
	• 이 주제는 10월 중순~11월에 실시해 보도록 하는 것이 바람직하다. • 가을의 날씨를 고려하여 진행 시기를 정하고 색깔 주제와 연계하여 6주 동안 계획하되, 교사가 융통성 있게 운영할 수 있다.					

(3) 주간보육계획

주간보육계획은 1주 동안에 이루어지는 모든 활동을 한눈에 파악할 수 있는 세부적인 보육계획으로 월간보육계획의 소주제에서 제시한 여러 가지 관련 활동을 요일별로 배치하여 수립한다. 주간보육계획안에는 소주제에 따른 보육목표와 집단활동, 프로젝트, 견학, 모든 흥미영역, 보육과정 관련 생활영역 활동 등이 모두 포함된다(〈표 8-15〉). 2세반 보육프로그램 중 소주제 '가을이에요'를 살펴보면 〈표 8-16〉과 같다.

● 표 8-15 ● **주간보육계획**

정의	주간보육계획은 매주 진행될 소주제 관련 활동을 월요일부터 금요일(또는 토요일)에 걸쳐 요일별, 시간대별, 실내외 공간별, 흥미영역별로 어떻게 배분하여 진행할 것인가에 대한 계획임

고려사항

- 주간보육계획의 소주제와 내용은 연간 또는 월간 보육계획과 연계되도록 작성
- 주간보육계획은 전 주의 평가를 토대로 연계성을 갖고 계획하는 것이 중요
- 관련 활동은 반별 영유아의 발달 수준과 흥미, 경험 정도에 따라 융통성 있게 기간 조절 배치
- 매주 새로운 활동을 월요일에 배치해야 하는 것은 아니며, 새로운 활동과 전에 진행되었던 친숙한 활동이 균형적으로 배치되도록 계획
- 영아반의 경우, 동일 연령반이라도 월령 차이가 많은 경우 발달수준 및 개인차를 고려하여 활동 수립
- 혼합반의 경우, 해당 연령의 발달수준을 고려한 활동을 수립하여 동 시간대에 활동에 참여하는 모든 영유아에게 지원

주요 점검사항

주간 보육계획 수립 시 월~금(또는 토)에 어떻게 배치할 것인지를 고려하여 선정된 활동을 배치하였는가?

구분		월	화	수	목	금	토
등원 및 맞이하기		아침에 먹고 온 음식을 이야기해 보기					
일상 생활	기본생활 안전	스스로 겉옷을 벗어 보기 / 길을 잃었을 때는 제자리에서 기다리기					
	점심 및 간식	바르게 앉아서 먹어 보기 / 새로운 음식 먹어 보기					
	낮잠	자고 나서 내 베개를 정리해 보기					
	배변 활동	배변 후 선생님의 도움 받아(스스로) 옷 올려 보기 / 지퍼, 단추 잠가 보기					
실내 자유 놀이	신체	낙엽비가 내려요					
	언어	과일, 열매 까꿍카드					
	감각·탐색	내 짝을 찾아주세요(과일 반쪽찾기)					
	역할 쌓기	낙엽을 청소해요					
					큰 나무, 작은 나무 찾아보기		
	미술	알록달록 가을나무 꾸미기					
	음률	열매 마라카스 흔들기					
바깥놀이		동물인형 목욕시키기 / 여러 가지 색, 모양의 나뭇잎이 있어요					
귀가 및 연계	귀가	가을 날씨 이야기하며 귀가하기					
	가정 및 지역사회 연계	가정과의 연계 / 가족과 함께 공원 나들이 해 보기					

월요일부터 토요일까지 이번 주에 제시된 일상생활 관련 활동 내용을 하루일과에서 자연스럽게 반복 실행하여 영아가 즐겁게 습관화하도록 지원한다.

요일별로 새롭게 계획한 흥미영역 활동을 소개하여 진행하고 소개되지 않는 영역에는 기본 놀잇감을 항상 비치하여 자유롭고 다양한 활동이 이루어지도록 진행한다.
또한 소개한 활동은 계속해서 이루어지도록 하여 놀이활동의 반복 및 확장이 자연스럽게 이루어지도록 한다.

요일에 계획한 바깥놀이를 진행하고 그 외 실외놀이터에서 자유롭게 놀기를 진행한다.

Tip.	• 어린이집에서 반드시 월간보육계획을 수립해야 하는 것은 아니며, 주간보육계획안으로 대체할 수 있음 • 소주제가 반드시 월 당 4~5개 주제로 계획되어야 하는 것은 아니며 연령, 흥미 등에 따라 조절할 수 있음

● 표 8-16 ● **소주제 '가을이에요' 주간보육계획안**

주제	알록달록 가을이에요		1주	가을이에요		
구분		**월**	**화**	**수**	**목**	**금**	**토**

구분		월	화	수	목	금	토
등원 및 맞이하기		아침에 먹고 온 음식을 이야기해 보기					
일상 생활	기본생활안전	스스로 겉옷을 벗어 보기 길을 잃었을 때는 제자리에서 기다리기					
	점심 및 간식	바르게 앉아서 먹어 보기 (새로운) 음식 먹어 보기					
	낮잠	자고 나서 내 베개를 정리해 보기					
	배변활동	배변 후 선생님의 도움받아 (스스로) 옷을 올려 보기 지퍼, 단추 잠가보기					
실내 자유 놀이	신체	낙엽비가 내려요					
	언어	과일, 열매 까꿍카드					
	감각 · 탐색	내 짝을 찾아주세요(과일 반쪽 찾기)					
	역할 · 쌓기	낙엽을 청소해요 큰 나무, 작은 나무 쌓아 보기					
	미술	알록달록 가을나무 꾸미기					
	음률	열매 마라카스 흔들기					
실외놀이		동물 인형 목욕시키기		여러 가지 색, 모양의 나뭇잎이 있어요			
귀가 및 연계	귀가	가을 날씨 이야기하며 귀가하기					
	가정 및 지역사회 연계	가정과의 연계: 가족과 함께 공원 나들이해 보기					

주간보육계획안을 실행하기 전에 주간진행계획을 한번 생각해 보는 과정은 일주일 동안 영아의 연령별 수준, 흥미를 고려하여 표준보육과정의 다양성, 균형성, 통합성을 실행하는 데 도움이 된다.

(4) 일일보육계획

일일보육계획은 주간보육계획에 기초하여 가장 구체적인 계획이며 실천적인 계획이기 때문에 하루 일과의 시간대에 따라 관련 활동을 정하고 활동별 계획 및 준비물 등을 수립한다. 매일 일관성 있게 실행될 수 있도록 하여 영유아가 자연스럽게 다음 활동에 대한 예측이 가능하고 활동에 대해 안정감을 가질 수 있도록 한다. 따라서 어린이집에서는 일일보육계획을 수립할 때 다음 주요 사항을 고려하도록 한다(〈표 8-17〉).

● 표 8-17 ● **일일보육계획**

정의	일일보육계획은 주간보육계획에 기초하여 등원에서 귀가까지의 일과에 대해 시간대별로 활동계획과 필요한 준비물 등의 내용을 수립하는 계획임
고려사항	• 일일보육계획은 시간 및 활동명, 활동계획, 준비물 등의 내용을 포함하는 형식으로 서식은 어린이집에 맞게 자율적으로 구성 가능 • 등원에서 귀가까지의 일상생활(간식, 배변, 휴식 등 생리적 욕구 등)과 놀이활동 중심으로 일과를 균형 있게 수립하고 현장학습이나 지역사회 연계활동 진행, 계절에 따른 기온 및 일조량 등을 고려하여 융통성 있게 일과를 조절하는 등의 상황 이외에는 일관성 있게 수립 • 하루일과는 정적 활동과 동적 활동, 실내 및 바깥놀이활동을 고루 계획 • 다양한 상호작용이 포함되도록 수립 • 연령이 어릴수록, 집단 내 영유아의 개별 차이가 클수록 대·소집단활동보다는 개별활동 위주로 운영 • 자유선택활동시간은 오전과 오후를 합쳐 총 2시간 30분 이상 계획하되, 오전에는 50% 이상의 영유아가 등원한 시점부터 1시간 이상 연속적으로 계획 • 바깥놀이 시간은 만 0세는 주 3회 30분 이상, 만 1세는 매일 30분 이상, 만 2세 이상은 매일 1시간 이상 계획 • 영아는 의도적인 대·소집단활동을 별도로 계획하지 않고, 가급적 개별활동으로 진행 • 유아의 대·소집단활동 시간은 정해진 기준은 없으나, 유아들의 집중 시간을 고려하여 약 15~30분 정도 계획하고, 연령이 높을수록 시간을 길게 배정 • 만 3세까지는 반드시 낮잠시간을 배정하고, 만 4세 이상은 낮잠 및 휴식시간으로 배정

일일보육계획안 수립 필요 내용을 다음 예시안을 보고 참조하도록 한다.

주요 점검사항	등원에서 귀가까지 다음 사항을 어린이집의 특성과 일반적 고려사항을 고려하여 시간을 계획하고 활동명을 기록함 • 등원 및 귀가 • 오전간식, 오후간식 • 점심, 이 닦기 • 자유선택활동 • 대·소집단활동 (연령 고려하여 계획) • 바깥놀이 • 화장실(기저귀 갈기) 손 씻기 • 낮잠(만 3세까지 수립)

○○반(만 ○세) 일일보육계획안	○○○○년 ○월 ○일 ○요일 날씨: ○○		담임	원장
주제	월 주제 표기			
소주제	주간 주제 표기			
목표	주간 활동 목표 표기			
시간 및 활동명	활동 계획		준비물 및 유의점	실행
	• 시간대별로 계획된 활동을 구체적으로 표기 • 일과의 흐름상 반복되는 활동은 처음에 소개하는 경우에 구체적으로 표기하고 이후 반복 진행되는 경우에는 활동 제목으로 표기하면 편리		해당 활동에 필요한 준비물 및 요일별로 제공할 간식 및 점심식사의 내용을 구체적으로 표기	
평가	하루 일과 중 교사의 보육과정 실행에 대한 주요 내용 기록			
비고	매일 발생하는 상황이 아닌 내용을 기록하면 편리			

Tip	• 하루 일과 전 일일보육계획을 수립하고 계획에 따라 실행한 후 실행 및 평가를 기록하여 보관함 • 자유선택활동시간이나 바깥놀이 시간 배정 시에는 손 씻기, 정리정돈, 화장실 가기 등의 시간은 전이시간으로 별도 계획·운영하여 영유아가 자유선택활동과 바깥놀이를 충분히 진행할 수 있도록 함

(5) 평가계획

보육계획의 단계에서 설정하는 보육목표와 보육내용의 조직, 적절한 보육방법을 계획하는 것과 더불어 보육의 실행이 얼마나 잘되었는지를 검증해야 한다.

보육평가의 영역은 보육과정의 목적과 목표가 올바로 설정되었는지, 보육내용의 조직은 바람직하였는지, 계획된 바에 따라 보육과정이 운영되었는지를 확인하는 보육과정 평가와 유아들이 얼마나 학습목표를 성취했는지 알아보는 유아평가로 나눌 수 있다.

평가 결과는 보육과정 개선과 보완을 위한 기초자료 및 유아에 대한 이해와 지원을 위한 자료가 된다.

5. 하루 일과의 구성 및 운영

어린이집에서 하루는 영유아의 놀이와 매일 반복되는 일상생활 그리고 활동으로 구성된다. 하루 일과의 구성을 등원, 실내 자유선택활동, 정리·정돈 및 전이활동, 대·소집단활동, 실외 자유선택활동, 점심 및 낮잠, 귀가지도 및 가정과의 연계로 나누어 영아반과 유아반을 살펴보면 〈표 8-18〉〈표 8-19〉와 같다. 보육교사가 하루 일과표의 보육진행에 대한 예시를 제시하였다(〈표 8-20〉〈표 8-21〉〈표 8-22〉).

● 표 8-18 ● **영아반 일과운영 기본사항**

일과운영 구성요소	내용
등원	• 밝은 표정으로 맞이하고 보호자와 영아정보(집에서 있었던 특별한 일, 건강 상태, 기분, 수면과 아침, 수유나 식사 등)를 교환 • 기저귀와 수유용품, 여벌 옷 챙기기 및 알림장에 투약의뢰 등 확인
수유 및 이유 (간식과 식사)	• 간식은 오전과 오후에 두 차례 제공(맞춤반 운영시간 고려하여 제공) • 점심은 영아의 식습관과 위생 개념이 형성되도록 배려해 주고 안정된 분위기 조성 • 개별 영아 상황에 맞는 이 닦기 등을 지원
낮잠 및 휴식	• 일정한 시간대에 계획하여 조용한 음악을 들려주거나 편안하고 안정감 있게 잘 수 있도록 배려
기저귀 갈기 (화장실 다녀오기)	• 기저귀 갈기는 일상생활에 이루어지는 반복적인 활동이며, 또한 영아의 긍정적 정서발달과 교사와의 신뢰감 형성에 매우 중요한 활동임을 인지 • 배변훈련을 하는 영아의 경우, 자연스럽게 배변활동을 할 수 있도록 지원하고 실수한 경우에 영아가 스트레스를 받지 않도록 주의
자유놀이활동	• 하루 2시간 30분 이상 영아의 연령(월령)과 발달적 수준에 적합한 자료를 충분히 제공하면서 다양한 영역활동을 지원하여 영아에게 다양한 탐색과 경험의 기회 제공 • 교사는 영아와 함께 놀아 주기, 관찰을 통해 영아 놀이 수준을 파악, 놀이가 확장되도록 지원
바깥놀이	• 만 0세는 주 3회 30분 이상, 만 1세는 매일 30분 이상, 만 2세는 매일 1시간 이상 바깥놀이를 실행하여 영아의 신체적인 발달과 심리적 발산 기회, 주변 자연환경에 대한 적극적 탐색 경험 제공 • 미세먼지, 황사, 날씨 등의 영향으로 바깥놀이를 할 수 없는 경우에는 실내에서 신체(대근육)활동으로 대체 가능
귀가지도 및 가정과의 연계	부모에게 영아의 상태, 하루 동안 지낸 일 등에 대해 이야기 나누고, 부모를 만나지 못할 경우 일일보고서(알림장 등)를 통해 하루일과의 정보를 전달

● 표 8-19 ● **유아반 일과운영 기본사항**

일과운영 구성요소	내용
등원	밝은 표정으로 맞이하고 보호자와 유아 정보(집에 있었던 특별한 일, 건강 상태, 기분, 수면과 아침 식사 등)를 교환하고 투약의뢰 등 확인
간식 및 점심	• 오전과 오후 간식 및 점심을 통해 영양을 충분히 제공, 즐거운 경험이 되도록 편안한 분위기 조성 • 손 씻기, 다 먹은 후 자리와 그릇 등 정리하기, 식사 후 이 닦기 등 지원
낮잠 및 휴식	• 만 3세까지는 낮잠을 일정한 시간대에 계획하여 조용한 음악을 들려주어 편안하게 잘 수 있도록 배려 • 만 4세 이상은 휴식 공간을 준비하여 휴식할 수 있도록 배려. 만 4세 이상이더라도 낮잠이 필요한 경우 낮잠을 잘 수 있도록 지원
화장실 다녀오기	유아가 필요한 경우 화장실에 다녀올 수 있도록 지원하고, 화장실 사용 후 손을 깨끗이 씻을 수 있도록 세면대 위에 손 씻기 그림 등 붙여 놓기
정리정돈	친사회적 행동(나누기, 협동하기, 양보하기 등)과 정리정돈 같은 기본생활 습관을 기를 수 있는 시간으로 오전과 오후 실내자유선택활동 후 사용한 놀잇감을 정리정돈 할 때, 바깥놀이와 점심 및 낮잠이 끝났을 때, 하루 일과를 마치고 집으로 귀가하기 전에 계획하여 실행
자유선택활동	• 종일 2시간 30분 이상 유아 발달수준에 적합한 자료를 충분히 제공하면서 다양한 영역활동을 지원하여 다양한 탐색과 경험의 기회를 제공 • 교사는 유아와 놀아 주기, 관찰을 통해 놀이수준을 파악한 후, 보다 다양하고 통합적인 놀이로 확장될 수 있도록 지원하고 유아 간 갈등이 일어나지 않고 또래와 놀이활동이 충분히 이루어지도록 배려
대 · 소집단활동	교사 계획 활동이나 유아가 흥미로워하는 주제를 전체 또는 소집단으로 진행하며, 이야기 나누기/게임/노래 부르기/신체표현/이야기 듣기/손유희/요리활동 등이 포함
바깥놀이	• 매일 1시간 이상 바깥에서 신체적인 발달과 심리적인 발산 기회를 제공하고 주변 자연환경 탐색과 대근육활동, 물 · 노래놀이, 책보기, 동식물 관찰하기 등 다양한 활동 진행 • 미세먼지, 황사, 날씨 등의 요인으로 바깥놀이가 어려울 경우에는 실내에서 신체(대근육)활동으로 대체활동을 마련하여 지원
귀가지도 및 가정과의 연계	• 유아가 하루 일과를 마치고 집으로 돌아가기 전에 하루 동안 지낸 일들을 돌아보고 자신이 계획했던 활동들을 잘했는지, 즐거웠던 일, 속상했던 일 등을 함께 이야기 나눔 • 보호자와 유아의 하루 일과에 대해 대화하고 귀가 지도

● 표 8-20 ● **일과 중 보육활동 진행 예시**

등원 및 맞이하기		등원할 때 영아가 아침에 먹고 온 음식 등에 대한 관심을 표현하면서 개별적인 상호작용을 한다. 밝게 인사를 나눈다.
기본생활 · 안전		• 영아들이 등원할 때 혹은 바깥놀이 후 "우리 ○○이 혼자서 겉옷을 벗어 볼까요? 그래 선생님이랑 같이 해 보자."라고 하면서 일관성 있게 함께 활동을 지원하며 점차 영아 스스로 벗는 시간을 주고 기다린다. • 하루 일과 중 놀이상황에서 "곰돌이 친구가 길을 잃었는데 어른들이 올 때까지 가만히 기다리고 있지요. 그래서 엄마를 만났구나. 우리 ○○이도 길을 잃어버리면 가만히 기다리세요." 등의 상호작용을 통해 자연스럽게 영아에게 개별적으로 이야기를 나눈다.
점심 및 간식		• 점심시간이나 간식시간에 "음식(간식)을 다 먹을 때까지 자리에 앉아서 먹어 보자. 선생님처럼 이렇게 앉아서 해 볼까?"라고 영아에게 밝은 표정으로 말하고 이것을 주간 일과에 지속적으로 실천한다. • 또한 새로운 음식을 영아의 개별적인 상황에 맞추어 함께 살펴보거나 조금씩 맛보기 등을 통하여 영아가 새로운 음식에 대한 관심을 자연스럽게 가지고 맛볼 수 있도록 주간 일과에 지속적으로 실천한다.
낮잠		낮잠을 자고 난 후, "우리 ○○이 베개 선생님한테 주면 선생님이 이불장에 정리할게요." 등의 언어적 표현을 하면서 함께 베개를 정리하는 활동을 반복적으로 진행하여 점차 영아 스스로 베개를 정리하는 시간을 늘려 나간다.
배변활동		화장실에 함께 가서 변기 사용 후 "○○이가 선생님이랑 바지 지퍼 함께 잡고 같이 올려 볼까요?"라고 질문하면서 영아의 반응을 기다리고 영아의 개별 상황에 맞추어 지퍼를 올리거나 단추를 잠글 수 있도록 일관성 있게 안내한다.
귀가 및 가정과의 연계		• 귀가: 〈가을 날씨 이야기하며 귀가하기〉를 하원시간에 영아의 개별 상황에 맞추어 회상하여 부모님에게 표현할 수 있도록 지원한다. • 가정과의 연계: 〈가족과 함께 공원 나들이하기〉를 가정통신문 등에 사전 공지하여 영아가 가정에서도 주제를 통합적으로 이해할 수 있도록 협조를 구하여 연계한다.
실내 자유놀이	월	• 오전 실내 자유 놀이시간: 신체활동〈낙엽비가 내려요〉, 언어활동〈과일열매 까꿍카드〉, 역할놀이활동〈낙엽을 청소해요〉를 개별적으로 소개하면서 자유롭게 놀이하도록 지원 • 새로운 활동 소개되지 않은 탐색영역, 쌓기놀이영역, 미술영역, 음률영역도 지원 • 놀잇감 배치하여 자유롭게 놀도록 지원 • 오후 실내 자유 놀이시간: 오전 활동 반복하거나 기타 영역에서 자유롭게 놀이하도록 지원

실내 자유놀이	화	• 오전 실내 자유놀이 시간: 감각탐색활동 〈내 짝을 찾아주세요(과일 반쪽 찾기)〉, 미술활동 〈알록달록 가을 나무 꾸미기〉를 개별적으로 소개하면서 자유롭게 놀이하도록 지원. 이전에 소개된 활동 자유롭게 반복, 심화되도록 지원 • 오후 실내 자유놀이 시간: 오전 활동 반복하거나 기타 영역에서 자유롭게 놀이하도록 지원
	수	• 오전 실내 자유놀이 시간: 쌓기놀이활동 〈큰 나무, 작은 나무 쌓아 보기〉, 음률활동 〈열매 마라카스 흔들기〉를 개별적으로 소개하면서 자유롭게 놀이하도록 지원 • 이전에 소개된 활동 자유롭게 반복, 심화되도록 지원 • 오후 실내 자유놀이 시간: 오전 제시 활동 반복하거나 기타 영역에서 자유롭게 놀이하도록 지원
	목~토	• 오전 실내 자유놀이 시간: 주간에 소개된 영역활동 자유롭게 반복, 확장하도록 지원 • 오후 실내 자유놀이 시간: 원하는 영역 활동 자유롭게 반복, 확장하도록 지원
바깥놀이	월~수	월요일에 전 주에 진행되었던 〈동물 인형 목욕시키기〉를 영아들과 함께 회상하면서 실행하고 영아의 흥미도나 상황을 고려하여 다음 날 반복 진행하거나 자유롭게 놀기로 진행
	목~토	목요일 무렵에 새로운 실외 놀이활동 〈여러 가지 색, 모양의 나뭇잎이 있어요〉를 영아들과 함께 실행하고 영아의 동기유발과 호기심을 장려하며 반복하거나 확장하면서 지원

● 표 8-21 ● **보육일지(만 2세)**

		결재	담임	원장

보육일지(만 2세)

주제	나는요	소주제	나는 ○○○이에요	기간	2019년 6월 3일~6월 8일				
목표	나에 대해 관심을 가지고, 나의 존재를 긍정적으로 인식한다.			날씨	월	화	수	목	금
					맑음 미세먼지	맑음 미세먼지	맑음 미세먼지	미세먼지	비오다 갬 미세먼지

일과		활동계획					실행여부 (○×확장, 심화, 축소, 대체 표기)				
		3일(월)	4일(화)	5일(수)	6일(목)	7일(금)	월	화	수	목	금
등원 및 자유놀이 (7:30~9:00)		• 내 이름을 이야기 하며 등원을 해요 • [사회관계증진] 친구에게 내 이름을 말하며 소개해요					○	○	○		○
오전 간식 (9:00~9:50)		• 내 자리에 떨어진 음식을 휴지로 주워요 • [기본생활] 줄을 서서 기다려요					○	○	○		○
오전 자유 선택 활동 (9:50~10:50)	신체	• 높이 뛸 수 있어요(1수준) • 보자기를 펄럭이며 높이 뛰어 봐요(2수준)					○	○	○		반영
	언어	• 내막대 인형 놀이 • 내 이름 위에 끼적여요(1수준) • 내 이름을 선 따라 끼적여요(2수준) [교통안전: 카시트에 안전하게 앉아요]					○	○	확장		○
	감각·탐색	• 다양한 입모양 찍어 보기 • 거울에 비친 내 모습					×	확장	○		○
	역할·쌓기	• 무대 위에서 나를 뽐내요 • 나를 소개하는 무대를 만들어요					○	○	○		○
	미술	• 호일그림 그리기 (1수준) • 호일을 구겨 나를 만들어요 (2수준)					×	○	○		○
	음률	• 새 노래 '당신은 누구십니까'					○	○	반영		확장
정리정돈 (10:50~11:00)		• 정리정돈 음악을 들으며 스스로 놀잇감을 정리한다. • 화장실로 이동하여 소변을 보고 옷을 바르게 입는다.					○	○	○		○
바깥놀이 (11:00~12:00)		• 내 그림자. (대체활동) 나처럼 해봐라 • 날씨와 영아의 건강상태를 고려하여 실외놀이 또는 산책을 진행한다.					대체	대체	○		대체
손 씻기 및 화장실 다녀오기 (12:00~12:10)		• 손을 깨끗이 씻어요 • 화장실 이용을 한 후 물을 내려요					○	○	○		○

점심 식사/ 이닦기 (12:10~13:00)	• 입안에 있는 음식물을 삼키고 이야기해요 • 점심을 먹은 후 교사의 도움을 받아 이를 닦고 얼굴을 씻는다.	○	○	○	○
특별활동 (13:00~13:30) 낮잠 및 휴식 (13:00~15:00)	특별활동수업: 월-체육, 목-세븐큐 음악, 금-바른 자세 • 이불을 깔고 낮잠을 잘 준비를 한다. • 개별 수면 습관을 고려해 편안하게 잘 수 있도록 한다. (또는 휴식)	○ ○	× ○	× ○	○ ○
오후간식 (15:00~15:30)	• 화장실을 다녀온 후, 손을 닦는다. [기본생활: 줄을 서서 기다려요] • 간식을 먹고, 손과 얼굴을 닦는다.	○	○	○	○
오후 자유놀이 및 귀가지도 (15:30~17:00) 연장반 통합 (16:00~19:30)	• 오전 활동과 연계하여 영역별 자유놀이 활동을 한다. • 연장반 영아는 연장반교사와 함께 연장반으로 이동한다. [교통안전: 카시트에 안전하게 앉아요]	○	○	○	○
귀가 및 가정연계 (17:00~19:30)	• 영아가 안전하게 자유놀이를 하다가 용모를 단정히 하고, 보호자에게 하루 일과, 특이사항 등을 전달한 뒤 인사를 나누며 순차적·개별적으로 귀가한다.	○	○	○	○

총평(중점활동 및 일과평가 기록)

월　6월 생일잔치를 하였다. 생일을 맞이한 친구의 생일을 축하하고 생일축하노래를 불러 볼 수 있었다. 영아들과 케이크 위에 촛불의 숫자가 4가 되었음을 알고 같이 세어 볼 수 있었다. 오늘 새로운 원아가 입소를 하여 친구들에게 소개를 해 볼 수 있었다. 아직 많이 낯설어 하고 엄마와 헤어지기 힘들어 하여 바깥놀이 대신 교실에서 영아들과 나처럼 해봐라 노래를 틀어 보며 율동을 해 볼 수 있었다. (1수준) 끼적이기 판에 영아들의 이름도안을 오려 붙여 주었더니 영아들이 처음에는 무엇인지 교사에게 물어보고 교사가 영아들의 이름을 가리키며 알려주자 자신의 이름 위에 가서 관심을 가지며 그 위에 끼적이기를 해 볼 수 있었다. (2수준) 끼적이기에 능숙한 영아들은 자신의 이름 위 도안에 선을 이어 볼 수 있었다.
[교통안전: 카시트에 안전하게 앉아요] 동화자료를 보여주며 우리에게 왜 카시트가 중요한 지에 대하여 같이 생각해 보고 가족과 함께 차량에 탑승할 때에도 꼭 카시트에 바르게 앉기를 약속해 볼 수 있었다.

화　음률활동을 할 때 당신은 누구십니까 노래에 맞춰서 영아들이 자신의 이름을 말하였는데 한 영아가 자신의 이름을 말하며 얼굴에 꽃받침을 하자 주변의 영아들이 재미있어 하였다. 점차 자신을 소개할 때 일어나기도 하고 재밌는 포즈를 취하여 영아들과 내일도 새로운 자기소개 포즈를 해 보기로 하였다. 입술모양 찍어 보기 활동을 할 때 영아들의 입술이 작아 생각보다 다양한 입술모양이 나오지 않아 아쉬웠다. 흰 종이에 모양이 잘 나오지 않아 탐색영역에 있는 거울 위에 영아들이 자신의 입술을 보며 찍어 보도록 거울을 제공해 주었는데 거울에 찍으니 내 모습도 관찰하고 거울에 찍힌 입술모양도 같이 관찰해 볼 수 있어 좋았다. 신입원아가 이틀 차인데 오늘도 부모님과 헤어지기 힘들어하여 바깥놀이 대신 강당에서 자동차 타기로 대체하며 어린이집에 긍정적인 느낌을 가지도록 도와주었다. 요즘 영아들이 편식이 많아져서 식사를 할 때 영아들과 바른 자세로 먹어야 소화가 잘됨을 이야기하며 스스로 골고루 먹어보도록 격려해 보았다.

수	노래에 맞춰 나를 소개할 때 어제 영아들이 재밌는 포즈를 취하는 것에 흥미가 많아 오늘도 해 볼 수 있었는데 아이언맨 포즈를 취하기도 하고 토끼처럼 뛰기도 하며 영아들 스스로 포즈를 생각하며 자신을 소개해 볼 수 있었다. 영아들의 사진을 작게 코팅하여 아이스크림 막대를 달아 내인형을 만들어 주었는데 처음에는 손에 들고 다니며 놀이를 할 때 자신의 옆에 두고 있다가 교사가 하얀 옷을 입은 영아막대 위에 별을 하나 그려 주자 흥미를 보인 영아들이 미술영역에 마련된 스티커를 자신의 막대인형에 붙이기도 하고 매직으로 끄적이기를 하듯 자신을 표현하였다. 요즘 날이 좋아 영아들과 실외놀이를 하였는데 해가 많이 비쳐 그림자놀이를 하기 좋았다. 교사가 동작을 크게 해 주며 그림자를 보여 주자 영아들도 흥미를 보이며 교사의 모습을 모델링하였다. 바깥놀이 후 영아들과 화장실을 사용하고 비누로 손을 깨끗이 씻어야 병균이 없어진다고 이야기해 보며 손씻기를 하였다.
목	현충일(휴원)
금	음률영역에서 '당신은 누구십니까' 노래를 부를 때 영아들이 반복적으로 자신을 나타내는 포즈를 취하기를 좋아하였는데 교사의 개입 없이도 영아들이 음률영역에서 자기들끼리 둘러앉아 노래를 부르며 친구와 자신을 소개하기도 하고 노래에 맞춰서 다양한 리듬악기를 자유롭게 다루면서 음률활동을 하였다. 비가 와서 바깥놀이 대신 실내 대체활동을 하였는데 '나처럼 해 봐라' 노래에 맞춰서 영아들이 자유롭게 율동을 해 볼 수 있었다.
주간 평가	이번 주 주제는 나를 소개해고 나를 알아보는 활동으로 진행해 보았다. 친구들에게 나를 소개해 볼 수 있는 새 노래를 하며 내 이름을 말해 볼 수 있었다. 이번 주는 날씨가 좋았지만 새로운 신입원아가 새로 와서 적응기간이 필요할 듯하여 바깥놀이 대신 대체활동을 많이 진행해 볼 수 있었다. 영아들의 모습을 작게 만들어 막대인형으로 만들어 주기도 하고 본인의 얼굴크기 만한 얼굴사진 교구를 제시해 주었는데 인형놀이 하듯 언어적 상호작용을 하며 막대인형을 가지고 놀면서 좋아하고 얼굴사진 교구로 빨래집게 꽂기 놀이를 하며 영아들 스스로 가면놀이를 변형해 보며 평소보다 영아들이 더 적극적으로 활동에 참여해 볼 수 있는 시간이었다. 요즘은 줄을 서서 내 차례를 기다려 볼 수 있는 기본생활습관 활동을 하고 있는데 손을 씻을 때, 화장실 변기 사용을 할 때 등 꾸준히 연습을 해 나가야겠다.
비고	6월 생일잔치

출처: 서울 동작구 육아종합지원센터.

● 표 8-22 ● **보육일지(만 4세)**

		2019년 6월		
보육일지(만 4세)				요일
		날씨: 맑음		
주제	게임 프로젝트		**담임**	**원장**
소주제	나랑 같이 게임하자			
활동목표	• 다양한 게임을 통해 규칙을 이해하고 나만의 게임을 만들어 본다. • 게임을 통해 느끼는 다양한 감정을 이해하고 바르게 표현한다.			
시간/활동명	**활동계획 및 방법**			**실행 및 평가**
등원 및 통합보육 자유선택활동 (7:30 ~ 9:30)	[등원 맞이] 존중 인사하며 들어오기 • 등원하는 유아와 눈을 맞추고 반갑게 인사하고 원아를 시진한다. • 자신의 옷과 가방을 스스로 정리한다. • 약을 가지고 온 유아는 꺼내고 교사는 보관방법과 시간을 확인하여 보관한다.			주말 동안 잘 지냈는지 안부를 물으며 등원하였다. 투약의뢰서를 확인한 뒤 약을 가져온 유아의 약을 받아 보관하였다.
오전간식 (9:30 ~ 10:00)	• 손을 씻고 간식 먹을 준비를 한다. • 간식을 먹어 본 경험에 대해 이야기하며 감사한 마음으로 즐겁게 먹는다. • 간식을 먹은 후 그릇과 자리를 정리한다.			아이들의 등원을 확인하였다.
대소집단활동 (10:00 ~ 10:15)	【새 노래: 얼굴 찌푸리지 말아요】 • 새노래 가사판을 탐색하고 음을 들어 본다. • 허밍으로 음을 탐색하고 율동을 하며 노래를 익힌다. • 음률영역에 가사판을 제공해 주어 지속적으로 볼 수 있도록 돕는다.	(O)		차를 타고 가면서 많이 들어 보았다고 이야기하는 유아들이 있었다. 유아들과 음을 익히고 손유희를 만들어 노래를 불러 볼 수 있었다.
실내자유놀이 (10:15 ~ 11:20)	【쌓기 영역】 • 팽이시합	(O)		빨간모자 미로게임에 관심을 보이고 참여하는 유아들이 많았다. 스스로 정답을 찾아보려 노력하는 유아도 있었으나 정답을 보고 바로 매칭하려 하는 유아들도 있었다. 스스로 노력하는 유아들을 지지해 주자 스스로 해보겠다고 하는 모습을 볼 수 있었다.
	【역할 영역】 • 술래잡기	(O)		
	【미술 영역】 • 딱지 접기	(O)		
	【언어 영역】 • 스머프 메모리 게임, 고피쉬, 빨간모자 미로게임 • 달콤책방–우리아빠 • 안전교육–교통안전: 놀이동산 가는 길	(O)		

	【수조작 영역】 • 자석 퍼즐	(O)	빨간 모자 동화책을 제공해 주자 유아들의 관심이 확장되어 동화를 읽어 볼 수 있었다.
	【과학 영역】 • 꽃 관찰하기	(O)	
	【음률 영역】 • 스카프 율동	(O)	
정리정돈 및 화장실 다녀오기 (11:20~11:30)	• 정리 5분 전 활동이 마무리됨을 미리 알린다. • 정리시간을 알리고 자신이 하던 놀이를 정리한다. • 다른 영역의 친구들을 도와준다. • 화장실을 다녀오고 손을 씻는다.		
대소집단활동 (11:30 ~ 12:00)	【신체: 게임 운동회 홍보해요】 • 지난 주 만든 포스터를 들고 원을 돌아다니며 게임 　운동회를 홍보한다. • 포스터를 각 반에 나누어 주어 지속적으로 관심을 　가질 수 있도록 한다.	(O)	지난주 완성한 포스터를 들고 어린이집을 순회하며 수요일에 있을 운동회를 홍보하였다.
점심식사 (12:00 ~13:00)	• 화장실에서 배변을 하고 차례로 손을 씻는다. • 오늘 점심 식단을 알아보고 먹어 본 경험을 이야기해 본다. • 친구, 교사와 즐겁게 이야기를 나누며 먹는다. • 점심을 먹은 후 식판과 자리 주변을 정리한다. • 개인 양치 컵과 칫솔로 양치한 후 소독기에 넣는다.		푸드브릿지인 피망에 대해 이야기를 나누고 식사를 할 수 있었다.
바깥놀이 (13:00~14:00)	【흙 가져가기 게임】 • 흙을 모아놓고 긴 막대를 꽂는다. • 순서를 정한 뒤 흙을 가져간다. • 막대가 쓰러지면 게임이 끝나고 승패가 나뉜다. 【대체활동: 멀리 뛰기】 • 실내에서 멀리 뛰기를 해 본다.	(대체)	비가 온 후여서 모래놀이를 하지 못하고 대체활동을 교실에서 하였다.
특별활동 (14:00~14:30)	【체육】 • 몸풀기 운동을 통해 몸을 푼다. • 다양한 도구를 이용하여 규칙을 지키며 체육활동을 참여한다. • 활동 후 몸을 정돈한 뒤 마무리한다.		
대ㆍ소그룹활동 (14:30~14:50)	【안전교육: 교통안전 – 놀이동산 가는 길】 • 안전교육 주제에 대해 알아본다. • 이야기 나누기, 영상자료, 게임 등을 통해 안전교육을 진행한다. • 안전한 생활을 할 것을 약속하며 활동을 마무리한다.	(O)	놀이동산을 갈 때 차량 이용법과 안전벨트 착용에 대해 중점적으로 이야기하며 안전교육을 진행하였다.

오후간식 (14::50~15:20)	• 손을 씻고 간식을 먹을 준비를 한다. • 간식을 먹어 본 경험에 대해 이야기하며 감사한 마음으로 즐 겁게 먹는다. • 간식을 먹은 후 그릇과 자리를 정리한다.
오후 실내 자유놀이 및 귀가지도 (15:20~17:00) 연장반 통합 (16:00~19:30)	• 오전 실내자유놀이를 이어가며 활동한다. • 실내자유놀이를 자유롭게 할 수 있도록 한다. • 유아들 스스로 놀잇감을 제자리에 정리하고 먼저 정리한 유아 들은 친구의 놀잇감 정리를 도와준다.
통합보육 및 귀가 (17:00~19:30)	• 책을 보고 활동을 해 본다. • 통합교실에서 실내자유놀이를 선택해서 놀이한다. • 개별적으로 약속된 보호자와 귀가를 한다. • 당직교사가 계획한 수업을 진행한다.
총평	유아들이 수요일에 있을 운동회에 대해 직접 홍보하는 시간을 갖자 흥미도가 많이 올라감이 보였다. 홍보 후 점심을 먹기 전 선물 준비에 대해 고민하는 유아들이 있어 내일 함께할 것을 이야기하자 많이 기대하는 모습들을 볼 수 있었다. 내일은 ○○문화원에서 연극을 본 뒤 오후에는 운동회 때 줄 선물을 준비할 예정인데 아이들이 참가하는 동생들에게 비타민 목걸이를 주자고 하여 아이들과 다시 의논하여 보기로 하였다.
비고	안전교육 교통안전 놀이동산 가는 길 *반영: 초록(주1회) *확장: 주황(주3회) *대체: 파랑 *축소: 보라 *안전교육: 빨강

출처: 서울 동작구 육아종합지원센터.

제 **9** 장

영유아의 건강 · 영양 · 안전관리

1. 건강관리
2. 영양관리
3. 안전관리

영유아기는 성장과 발달이 가장 빠르게 이루어지고 평생 살아가는 동안 초석이 되는 중요한 시기이므로 건강과 영양관리는 필수적이다. 따라서 어린이집 내에서의 영유아의 안전과 건강관리에 대한 사회적 관심이 증가하고 있으며 그 중요성이 더욱 강조되고 있다.

1. 건강관리

1) 건강관리 및 지도

최근에는 영유아가 어린이집에서 보내는 시간이 늘어남에 따라 부모가 했던 영유아 건강관리의 역할을 교사가 상당 부분 책임을 지게 된다. 영유아기는 성인에 비해 면역력이 약하고 질병에 취약하여 전염 가능성이 높기 때문에 건강관리에 세심한 주의를 기울여야 하므로 보육교사는 영유아가 건강하게 성장할 수 있도록 민감하게 반응하고 안정적인 환경을 유지하여 건강에 대한 올바른 태도와 습관을 기르도록 교육을 실시해야 한다.

어린이집에서의 영유아 건강관리는 「영유아보육법」 및 동법 시행규칙에 명시되어 있으며, 이에 따라 실습되어야 한다.

(1) 제3차 표준보육과정의 '건강영역'

- 영아의 쾌적함에 대한 기본적인 욕구를 충족시키도록 하고 몸이 깨끗할 때 기분 좋음을 알도록 교사가 적절한 도움을 제공하도록 한다.
- 영아가 모유와 우유에서 시작하여 점차 다양한 음식을 적응해 가는 과정을 도와주며 먹는 것에 대한 즐거움과 도구를 사용해 보는 경험을 할 수 있도록 주안점을 둔다.
- 영아가 수유 또는 이유 및 식사, 수면, 휴식, 배변 등의 활동을 가정에서와 같이 편안하게 느끼도록 환경을 구성하며, 건강하고 즐겁게 일상생활을 경험하는 것에 중점을 둔다.

- 영아의 건강한 생활을 위해 신체의 청결과 위생과 관련된 생활 습관의 기초를 형성할 수 있도록 영아가 손 씻기, 몸 씻기, 이 닦기를 스스로 시도하는 데 중점을 둔다.
- 영아의 바른 식습관 형성을 위해 영아가 음식을 골고루 먹고, 도구를 사용하여 스스로 먹으며, 정해진 자리에서 먹는 것에 중점을 둔다.
- 영아의 건강한 생활 습관 형성을 위해 규칙적인 휴식과 수면, 배변 습관을 가지고 즐겁게 생활하는 태도를 형성하는 데 중점을 둔다.
- 환경 변화에 대한 적응력과 질병에 대한 저항력이 약한 영아를 세심하게 보살피며 영아가 질병의 위험에 대해 알도록 하는 데 중점을 둔다.

(2) 누리과정의 '신체운동·건강영역(건강하게 생활하기)'

- 신체활동에 즐겁게 참여한다.
- 건강한 생활 습관을 기른다.
- 안전한 생활 습관을 기른다.

(3) 『영유아 건강관리 가이드북: 유치원·어린이집용』

- 화장실 또는 배변 훈련 장소: 매일 1회 이상 깨끗한 상태가 유지되도록 청소하고 소독해야 한다.
- 기저귀 교환 장소: 사용할 때마다 청소하고 소독해야 한다. 아이의 어깨부터 발까지 덮을 수 있을 만한 크기의 방수포로 표면을 덮어야 하며, 사용 후 버려야 한다. 표면이 젖거나 더럽혀지면 바로 청소해야 한다. 기저귀 교환 장소는 음식을 준비하는 장소와 떨어져 있어야 하며 절대 이곳에 음식이나 음료나 식기를 임시라도 두지 않도록 한다. 기저귀를 교환한 후 손을 씻는 세수대는 음식을 준비하는 공간에 있으면 안 된다.
- 기저귀 교환 방법: 기저귀 교환 장소에 기저귀 교환 절차를 붙여 놓는다. 1회용 기저귀는 뚜껑이 있고 손을 갖다 댈 필요가 없는 전용 플라스틱 폐기통에 버린다. 소변이나 대변은 기저귀 밖으로 새지 않게 주의하며 주변 환경이나 다른 사람에게 닿지 않도록 한다. 만약 옷에 대소변이 묻은 경우 따로 보관하여 집으로 보내어 세탁하게 한다. 기저귀 교환 후에 교환한 어른과 아이 모두 손을 비누로 씻는다.
- 화장실: 어린이에게 맞는 크기의 변기 또는 어린이 보조 시설이 갖춰진 변기 사용

을 권장한다.

- **손 위생**: 손 위생 절차를 문서화하여 관리해야 한다. 손을 씻을 수 있는 세수대가 화장실과 기저귀 교환 장소 바로 근처에 있어야 하며, 매일 1회 이상 청소 및 소독을 시행해야 하고, 절대 음식을 준비하는 용도로 쓰지 말아야 한다. 아이들 키에 맞는 높이의 세수대, 비누, 종이 수건이 위치해야 한다.

- **개인위생 관리**: 교직원과 어린이들을 위한 개인위생 관리 정책을 문서화해야 한다.

- **환경위생 관리**: 환경 위생 관리 정책을 문서화한다. 매일 바닥과 물품 보관 상자를 청소하고, 놀이 탁자를 청소 및 소독해야 하며, 만약 혈액이나 체액이 떨어진 곳이 있다면 그때그때 청소 및 소독을 시행한다.

- **침구**: 각 침구는 한 명의 어린이만 사용하도록 하며 매주 혹은 다른 어린이가 사용하기 전에 세탁해야 한다. 아기 침대의 매트리스 표면은 방수가 되고 닦아 내기 쉬워야 한다. 만약 젖거나 오염된 경우 세탁하고 소독한다.

- **장난감 관리**: 장난감이 어린이의 입에 닿았거나 다른 체액으로 오염된 경우, 다른 아이에게 닿기 전에 물과 세제로 닦고 소독한 후 공기에 건조해야 한다. 3세 미만의 아이들이 가지고 노는 장난감은 매일 세척하고 소독해야 한다. 부드러우면서 세탁이 불가능한 장난감은 놓아두지 않는다. 3세 이상의 어린이들의 장난감은 최소 주 1회, 또는 오염되었을 경우 세척해야 한다.

- **음식 준비**: 음식 준비 전 꼭 비누와 물을 사용하여 손을 씻어야 하고, 음식을 준비하거나 식사하는 장소는 사용할 때마다 닦고 소독해야 한다. 구토, 설사, 황달 또는 감염성 피부질환이 있는 사람은 음식을 준비하지 말아야 한다. 원칙적으로는, 어린이들의 기저귀를 교환하는 직원들은 음식을 준비하지 않아야 한다. 불가피하게 해야 한다면, 음식을 준비하고 난 다음에 기저귀를 교환해야 하며, 꼭 철저하게 손을 씻는다.

- **애완동물 관리**: 애완동물을 키우는 장소는 따로 분리되어 있어야 하며 배설물이 사람에게 닿지 않게 깨끗하게 관리되어야 한다. 애완동물이나 배설물, 음식, 우리(cage)를 만진 후에는 꼭 손을 씻어야 한다. 애완동물은 예방접종을 적절히 받은 상태여야 하며 영유아들이 애완동물과 함께할 때에는 꼭 보육교사가 감독해야 한다. 5세 미만의 영유아들은 파충류, 설치류, 양서류, 가금류 및 그 서식지와 접촉하지 않도록 한다.

- 예방접종: 국가 예방접종 정책에 맞는 문서화된 정책을 갖춰야 한다. 주기적으로 (최소 매년 1회) 어린이와 직원들의 예방접종 기록을 확인해야 한다. 영유아들은 매년 인플루엔자 백신을 포함하여 나이에 맞는 예방접종을 해야 한다.
- 모유 수유: 모유를 보관하여 영아에게 수유하는 경우, 모유 관리에 대한 문서화된 정책을 마련해야 한다. 다른 아이에게 잘못 수유하는 일이 없도록, 꼼꼼하게 이름을 붙여 보관하고, 해당 영아에게 주기 전에 확인하는 절차를 거쳐야 한다.

2) 건강 관찰 및 기록

보육교사는 영유아가 어린이집에 도착했을 때 반갑게 맞이하면서 영유아의 건강상태를 파악하고 일과 활동이 진행되는 동안 계속 관찰하여 그 결과를 기록해야 한다.

(1) 일일 건강검진(등원 시 시진 및 건강체크)
- 교사는 매일 아침 영유아와 인사를 나누며 영유아의 기분과 건강상태를 묻는다. 영아의 건강상태(충분한 수면과 안정된 식사, 병의 징후 등)는 부모에게 묻는다.
- 아침에 영유아를 맞이하면서 영유아가 열이 있는지 손으로 점검한다.
- 영유아의 피부 상태를 살핀다. 영아기는 기저귀를 갈면서 등과 배, 다리 등의 피부를 점검한다.
- 교사는 질병의 징후 유무를 관찰한 영유아의 건강상태에 대해 정확하게 건강 관찰 기록장에 기록한다. 기록은 철저히 보안을 유지한다.
- 약간이라도 의심의 징후가 나타날 경우는 하루 일과를 진행하면서 지속적으로 영유아를 예의 주시하면서 관찰한다.

이상이 발견되면 병의 상태에 따라 격리, 귀가조치를 하거나 부모에게 즉시 구체적으로 알려 준다. 교사가 기록한 건강상태 기록장은 가정에서 건강관리 할 때 또한 전문의의 진단을 받을 때 도움을 줄 수 있도록 한다.

「영유아보육법」에 의하면, 어린이집의 원장은 영유아 및 보육교직원, 어린이집 거주자 등에 대한 건강검진 결과나 그 밖의 의사의 진단 결과 감염병에 감염 또는 감염된 것으로 의심되거나 감염될 우려가 있는 영유아, 어린이집 거주자 및 보육교직원을 보건복지부령으로 정하는 바에 따라 어린이집으로부터 격리시키는 등 필요한 조치를 할 수 있다(제32조 제2항).

격리가 필요한 경우

- 발열과 함께 구역질, 구토(24시간 내 두 번 이상의 구토가 있었을 경우) 등이 있을 때
- 열과 함께 몸에 발진이 돋았을 때
- 설사: 기저귀 밖으로 새거나 두 번 이상 무른 변을 보았다거나 평소 배변습관에서 변화를 보인 경우(예: 변을 지렸다든지, 무른 변, 피가 섞인 변 등을 보았을 때)
- 피부나 눈에 황달이 관찰된 경우
- 영유아가 계속 보채고 달래지지 않고 지속적으로 울 경우

(2) 정기 건강검진

정기 건강검진이란 건강 전문의에게 의뢰하여 정기적으로 영유아의 건강평가와 진단을 받는 것이다. 영유아 건강검진은 생후 4개월부터 71개월까지의 영유아의 성장 이상이나 발달 이상, 비만, 청각 이상, 시각 이상 등의 발달 사항을 체크하고 관리하는 검진이다. 이러한 정기 건강진단을 통해 영유아의 정상적인 발육상태를 알 수 있다.

어린이집에 입소하는 영유아들은 「영유아보육법」에 따른 건강검진을 매년 1회 이상 실시한다(일반적으로 5월, 11월 매년 2회 정도). 영유아는 출생부터 만 6세까지 4~6개월, 9~12개월, 18~24개월, 30~36개월, 42~48개월, 54~60개월, 66~71개월, 총 7차례 (2차례의 구강검진 별도)에 걸친 단계별 건강검진을 받을 수 있다.

영유아 건강검진은 신체 계측, 문진 및 진찰, 발달평가 및 상담, 시력검사, 건강교육 (안전사고 예방, 영양, 수면, 구강, 취학 전 준비)으로 구성되어 있으며, 발달평가 및 상담은 9개월부터, 시력검사는 42개월부터 시행한다.

3) 질병관리

(1) 질병관리

집단으로 생활하는 어린이집에서는 면역성이 낮은 영유아들이 쉽게 전염병에 노출되어 있다. 전염성이 있는 질병은 초기에 치료하는 것이 좋으며 발병 시 격리시킨다. 영유아가 전염병을 앓게 되면 개인에게뿐 아니라 다른 영유아에게도 감염을 시키므로 특히 시설 안에서의 전염병은 주의해야 한다. 어린이집에서는 〈표 9-1〉을 참고로, 전염병에 걸린 영유아를 부모에게 알려 결석시키도록 하고 회복 후에 기관에 오도록 한다.

● 표 9-1 ● **결석을 요하는 질병**

병명	증상	잠복 기간	결석 기간
홍역	발열, 재채기, 결막염, 발진	9~13일	발진이 없어질 때까지 → 발진 후 약 5일
유행성 이하선염 (볼거리)	발열, 귀밑이 부어오름	7~21일	귀밑 부기가 다 빠질 때까지 → 발진 후 약 5일
수두	발열, 발진, 물집이 생김	10~21일	딱지가 떨어질 때까지 → 발진 후 약 7일
수족구	38℃ 정도의 고열, 1~2일간 입속, 손바닥, 발바닥에 수포가 생김	3~6일	주요 증상이 사라질 때까지
유행성 감기	발열, 기침, 목이 아픔, 뼈마디 아픔	1~3일	주요 증상이 사라질 때까지
유행성 결막염	눈이 붓고 흰자위가 충혈, 눈꼽이 많음	7일	주요 증상이 사라질 때까지
간염(A형)	식욕부진, 두통, 열, 황달, 관절통	10~15일	주요 증상이 사라질 때까지

주: 이상의 질환은 전염성이 강한 질병으로서 각별한 주의가 필요함
　　이상의 질환 이외에 의사의 진단에 의해 전염성이 있다고 판명된 질병은 휴원을 요함

건강한 영유아로 성장하기 위해서는 치료보다는 예방을 통해 건강을 지키도록 해야 한다. 전염병은 예방접종이 필요하다. 예방접종은 면역성이 제일 약한 출생 직후부터 실시해야 하는데 보육교사는 육아 수첩을 참고하여 접종할 것이 무엇이고 몇 차 접종인지 등을 정확히 숙지해야 한다. 또한 백신의 종류에 따라 추가 접종하는 것이 있으므로 주의한다.

어린이집에서 영유아에게 해열제, 감기약 등을 투약할 경우에는 서식에 따라 투약의 뢰서를 확인하고 투약을 실시해야 한다.

투약의뢰서	투약확인서
금일 투약을 의뢰합니다. 원 아 명 : 원아증상 : 약의 종류 : □물약 □가루약 □연고 보관방법 : □상온 □냉장 투약시간 :　시　분 투약횟수 :　회　투약용량 : 　　　20　년　월　일　요일 투약으로 인한 책임은 보호자(의뢰자)가 집니다. 　　의뢰자　　　　　(사인)	자녀의 투약을 보호자의 의뢰에 따라 아래와 같이 투약하였음을 알려드립니다. 자녀의 투약을 보호자의 의뢰에 따라 아래와 같이 투약하였음을 알려드립니다. 원 아 명 :　　　　원아증상 : 약의종류 : □물약 □가루약 □연고 보관방법 : □상온 □냉장 투약시간 :　시　분 투약횟수 :　회　투약용량 : 　　　20　년　월　일　요일 　　의뢰자　　　　　(사인) 　　○○○ 어린이집

그림 9-1　투약의뢰서와 투약확인서 예시

(2) 예방접종

예방접종은 특정 질병에 대해 신체가 면역이 생기도록 하는 방법으로 영유아의 질병에 대한 면역을 갖도록 하는 것이다. 집단생활을 하게 되는 어린이집에서는 많은 아이들이 함께 여러 활동에 참여하고 가정과는 다른 환경에 접하므로 전염성 질환을 일으키는 병원체에 노출되기 쉽다. 이 시기에 발병하는 전염성 질환은 1차 예방접종 및 추가 접종으로 어느 정도 예방이 가능하므로 철저한 예방접종과 질병의 조기발견 및 치료가 중요하다.

어린이집에서는 영유아의 예방접종 카드를 관리하고 전염병이 유행할 경우 예방접종에 관한 안내문이나 정보를 어린이집의 부모들이 쉽게 볼 수 있는 장소에 게시하거나 가정통신문을 통하여 부모들에게 예방접종 시기와 백신 종류를 알려 주도록 한다.

예방접종 시 주의할 사항은 먼저 소아과 전문의의 검진을 받아 열이 있는지, 현재 이미 감염된 질병은 없는지를 확인하는 것이다. 또한 이전에 같은 종류의 예방접종을 했을 때 특이한 반응은 없었는지 미리 알아보는 것도 중요하다. 예방접종을 하기 전에 접종 부위를 청결히 하도록 하며, 접종 후 2일 정도는 목욕을 삼가고 별다른 이상이 없는지 관찰하여 이상이 있을 경우에는 전문의의 지시를 따르도록 한다.

(3) 감염관리

감염관리는 어린이집 내에 감염의 전파를 감소시키기 위한 것이 목적이다. 영유아는 감염병에 매우 취약하여 관리가 매우 중요하다. 이에 따라 어린이집 이용 영유아들의 건강관리를 위하여는 응급상황 · 감염병 및 환경관리 등 집단생활에서 발생할 수 있는 건강 관련 위험요소에 대한 보육교직원의 주의가 필요하다(보건복지부, 대한소아과학회, 2011).

① 감염이 의심되는 어린이집 교직원의 격리
- 아픈 교사는 직장근무를 하지 않도록 한다.
- 영유아에게 적용되는 격리기준은 교직원에게도 동일하게 적용된다.
- 교직원 스스로 몸이 좋지는 않지만 일을 할 수 있다고 여겨지면 손 씻기를 자주 하고, 영유아들과 접촉을 가능한 한 줄인다.
- 아픈 교직원은 주방 일을 하지 않도록 한다.
- 어린이집 교직원을 고용할 경우 피고용자에게 어린이집의 격리지침을 미리 알려 주어야 한다.
- 감염 관련 지침은 문서화되어 있어야 한다.

② 감염병이 의심되는 영유아에 대한 일반적 지침
- 아픈 영유아가 발생하면 즉시 다른 영유아들과 격리한다.
- 아픈 영유아의 증상을 잘 관찰하여 건강기록지에 기록한다. 다음의 증상을 유의하여 본다(평소와 다른 행동, 기침, 발열, 식욕저하, 충혈, 설사, 잠만 자려고 함, 발진, 구토).
- 장기적 격리가 필요하면 집에서 어린이를 돌보도록 한다.
- 만약 영유아가 법정 감염병이 의심되면 관할 보건소로 보고하며 보건소 또는 협력

소아과 의사의 지시에 따른다.

- (응급진료가 필요한 경우) 만약 영유아가 자극에 반응이 없다든지 호흡이 곤란한 경우, 경련이 있을 경우, 상태가 급격히 악화되는 경우에는 즉각적인 응급진료를 요한다.
- 만약 어린이집에 데리고 있지 못할 만큼 영유아의 상태가 좋지 않으면 다음과 같은 조치를 하면서 보호자를 기다려야 한다.
  - 가능한 한 아픈 영유아를 별도의 방에 건강한 영유아와 격리한다.
  - 한 명의 어린이집 보육교사가 전담하여 아픈 영유아를 돌보아야 한다.
  - 아픈 영유아가 가지고 놀 장난감은 구별하여야 하며 사용 후에는 소독하도록 한다.
  - 물놀이를 하지 않도록 한다.

③ 만약 영유아가 아픈 상태이지만 어린이집에 있어도 될 정도의 상태라면 다음의 사항을 잘 준수하도록 한다.

- 영유아가 자주 손을 씻게 도와준다.
- 어린이집 보육교사도 자주 손을 씻는다.
- 아픈 영유아가 함께 물놀이를 하지 않도록 한다.
- 놀이시설 및 장난감을 자주 소독한다

4) 영유아의 건강 지도 및 교육

식사 전에는 손을 깨끗이 씻고, 편안한 분위기를 유지하도록 한다. 자세를 바르게 하고 자리를 뜨지 않도록 지도하며, 정해진 시간 내에 식사를 하되 식사 중 간단한 대화 정도는 허용한다. 대소근육 조절이 어려우므로 흘리는 것을 허용해 주고, 기다리기 등이 어려우므로 기다리는 시간을 줄일 수 있도록 보육교직원이 도움을 준다. 자신이 사용한 식기와 수저는 스스로 치우는 습관을 기르도록 하고, 식사 후에는 얼굴, 입술, 손 등을 깨끗이 닦도록 한다([그림 9-2]).

아무리 자주 손을 씻어도 그냥 물에 대충 씻어서는 효과가 없으며 다음의 순서를 잘 지켜서 제대로 씻는 것이 중요합니다.

1) 흐르는 미지근한 물에 손과 팔목을 적 십니다.

2) 충분한 양의 비누를 바릅니다.

3) 손바닥과 손바닥을 마주대고 문지릅니다.

4) 손가락을 깍지 낀 상태에서 손바닥으로 손등을 닦습니다.

5) 손가락을 깍지 낀 상태에서 양손바닥을 닦습니다.

6) 두 손을 깍지 낀 상태로 돌리면서 씻습 니다.

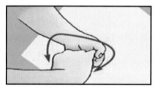

7) 반대편 손으로 엄지손가락을 쥐고 돌리 면서 씻습니다.

8) 손톱 밑을 주의해서 씻습니다.

9) 흐르는 물에 비눗기를 완전히 씻어 냅 니다.

10) 종이수건으로 물기를 닦습니다.

* 수도꼭지 잠그는 걸 주의해서 보세요.

그림 9-2 **손 씻기 방법**

출처: 보건복지부, 대한소아과학회(2011). 어린이집 건강 관리 매뉴얼.

각종 질환은 손을 잘 씻음으로써 빈도를 줄일 수 있다. 특히 손 씻기를 통해 감염 설사는 30~50%, 호흡기 감염은 21~24% 빈도가 감소한다. 식중독, 유행 눈병, 세균 이질, 콜레라, 상기도 감염(감기), 폐렴, 독감, A형 간염, 기생충 감염, 피부 감염 등의 각종 감염 질환은 손을 잘 씻음으로써 줄일 수 있다.

따라서 유아들에게 손 씻기 교육을 지도한다. 유아기에는 일상생활에서 독립심이 생기고 아이가 혼자서 일상적인 일들을 할 수 있는 것을 좋아한다. 이 시기는 어린이집 등 집단생활이 증가하는 시기이며 집단생활에 노출되는 빈도와 시간이 늘어나면서 감염 질환이 증가하는 시기이다.

영유아와 보육교사가 손을 씻어야 할 때는 다음과 같다(보건복지부, 대한소아과학회, 2011).

● 표 9-2 ● **손을 씻어야 할 때**

영유아	보육교사

• 음식물 먹기 전
  (점심식사, 오전 · 오후 간식 전)
• 바깥놀이 후
• 대소변 이후
• 손이 더러운 경우
• 애완동물을 만진 후
• 피, 토사물, 코 흘린 것 등 신체 분비물을
  만진 후 등
	• 영유아에게 음식을 먹이기 전
	  (점심식사, 오전 · 오후 간식 전)
	• 음식을 다루거나 먹고 마실 때
	• 바깥놀이 후
	• 변기사용 후, 기저귀를 갈아주거나 영유아의 변기
	  사용을 도와준 후
	• 투약을 하기 전(특히 안약 투약 전)
	• 상처를 소독하거나 밴드를 붙이기 전
	• 애완동물을 만진 후
	• 쓰레기통을 만지거나 사용한 후
	• 피, 토사물, 코 흘린 것 등 신체 분비물을 만진 후
	• 손이 더러운 경우 등

2. 영양관리

어린이집에서 돌보고 있는 영유아들은 전 생애 중에서 성장이 가장 빠른 시기에 있기 때문에 그들에게 적절한 영양을 공급하는 것은 매우 중요하다. 영양부족이나 불균형이 있는 경우에 최적의 성장과 발달을 이룰 수 없으며 이는 개인이나 사회에 장기적인 손실을 가져온다. 특히 1일 보육시간이 10시간이 넘는 어린이집에서 최소한 하루에

1회 식사와 2회 간식을 먹으므로 영양에 대한 책임이 많은 부분 어린이집에 주어지고 있다.

또한 이 시기에 형성되는 식습관은 평생 영향을 주게 되므로 영유아의 식습관은 어려서 올바르게 확립시켜 주는 것이 가장 중요하다. 따라서 다양한 음식, 맛과 질에 대한 경험을 통해 식품과 식생활에 대한 가치 형성의 기초를 세우도록 해 준다. 이에 어린이집은 간식이나 점심 급식을 통한 식생활 지도 차원의 교육과 영양 및 건강과 관련된 내용을 중심으로 체계적이고 포괄적인 영양 지도를 실시하여야 한다(김남수 외, 2017).

영아기의 영양

• 영아의 성장 속도는 어느 시기보다 빠르다. 생후 4~6개월에 출생시 체중의 2배, 생후 12개월에는 출생시 체중의 3배, 출생시 신장의 2배가 된다.

• 5~6개월까지는 모유나 조제유로 필요한 에너지와 영양소를 얻을 수 있지만, 그 후에는 이유식으로 바꾸는 영양공급의 변화가 필요하다.

• 영아기에 공급되는 에너지와 단백질 등 각종 영양소의 양은 적절한 성장과 발육을 촉진하기 위하여 충분하게 공급하되 영아의 소화와 배설 능력을 초과하지 않아야 한다.

유아기의 영양

• 5세까지의 유아기 성장 속도는 영아기에 비해 비교적 완만하나 성장 발육은 여전히 왕성하므로 단백질, 무기질, 비타민 요구량이 증가한다.

• 유아기를 통해서 어린이의 사회화가 계속적으로 이루어진다. 또래 집단의 식습관이 유아에게 크게 영향을 미치는데, 이는 유아의 건강과는 직접적으로 연관이 되며 길게는 평생의 식습관 형성에 영향을 미치게 된다.

• 영아에 비해 식욕이 감소하거나 불규칙한 경우가 흔하며 음식에 대한 관심이 적어진다. 유아가 음식에 흥미가 떨어지면 다양한 종류의 영양가 있는 음식을 제공하고, 쾌적한 식사환경을 조성한다.

• 음식 선택과 섭취를 강요해서는 안 되며, 다양한 식품의 종류와 색, 모양 등에도 신경을 쓰면 유아의 창의력과 정서 발달에도 도움을 줄 수 있다.

1) 영양소와 식품

어린이집에서는 연령에 맞는 필요 영양소와 적절한 식품, 그에 따른 영양섭취를 해야 한다. 이는 영유아들이 1일 영양권장량을 각 영양소별로 골고루 섭취할 때만 신체적·정신적으로 성장과 발달이 이루어지기 때문이다. 3~5세 아동의 에너지 요구량은 일일 1,400kcal이다. 유아의 식단은 보통 하루 세 끼의 식사와 2~3회의 간식으로 구성해 주는 것이 바람직하다.

식품구성자전거 모형을 통해 식품의 종류, 횟수, 비중을 표현해 균형된 식사를 하도록 권고하고 있다. 다양한 영양소가 풍부한 6가지 식품군(곡류군, 어육류군, 채소군, 과일군, 우유 및 유제품군, 지방군)과 물을 섭취해야만 자전거가 평탄하게 바퀴를 굴릴 수 있다(보건복지부, 2015).

영유아에게 필요한 영양소의 성분을 잘 파악하고 질병을 예방하는 데 도움이 되도록 식품의약품안전청과 한국영양학회에서 제시한 영양소 섭취 기준에 대해 알아본다.

그림 9-3　식품구성자전거

출처: 보건복지부, 한국영양학회(2015). 한국인 영양소 섭취기준.

2) 영유아에게 필요한 5가지 기초 영양군

(1) 탄수화물

영유아가 아침 식사를 하지 않게 되었을 때 혈당 부족 현상이 발생하게 된다. 혈액 중 당 부족은 두통이나 뇌의 활동 저하, 짜증, 불안 등을 발생시키고, 산만함을 증가시켜 안전사고의 위험이 높아지게 된다.

영유아기에는 총 열량의 30~60% 정도를 탄수화물에서 섭취할 것을 권장한다. 식품으로는 과일, 곡류, 감자류, 식혜 등이 있다.

(2) 단백질

단백질은 조직의 구성과 성장, 호르몬, 항체와 같은 물질을 구성하고 생명 유지를 위해 꼭 필요한 영양소이다. 영아의 필요한 단백질은 체중 1kg당 2.0~2.5g이며, 1g당 4~5kcal의 열량을 지니고 있다. 단백질 결핍증은 저개발국가나 저소득층 아동들에게서 흔히 나타난다. 단백질이 결핍되면 성장지연 및 뇌기능 감퇴, 성성숙의 지연 등이 나타나게 된다. 과잉 시에는 체지방이 축적된다.

단백질은 육류, 생선, 치즈, 콩, 달걀, 우유 등과 같은 음식에 함유되어 있다. 영유아들의 체내에서 형성이 안 되기 때문에 반드시 단백질을 섭취해야 한다. 영유아의 1일 단백질 섭취기준은 〈표 9-3〉과 같다.

● 표 9-3 ● **영유아의 일일 단백질 섭취기준**　　　　　　　　　(단위: g/일)

구분	연령	평균 필요량	권장섭취량	충분섭취량
영아	0~5(개월)			10
	6~11(개월)	10	15	
유아	1~2(세)	12	15	
	3~5(세)	15	20	

출처: 보건복지부, 한국영양학회(2015). 한국인 영양소 섭취기준.

(3) 지방

지방은 세포 구성 성분 및 필수 지방산의 공급, 지용성 비타민의 흡수를 돕는 등 인체에 필요한 영양소이다. 영유아가 섭취하는 전체 영양소 중 20%를 차지해야 하는 영양소이다. 체내에서 g당 9kcal의 에너지를 제공한다. 지나치게 많이 먹었을 경우에는 비만을 유발한다. 결핍 시에는 피부병, 성장 발육 지연이 나타난다. 급원으로는 버터, 올리브유, 생선기름 등이 있다. 영유아에게 있어 지방은 단백질로부터 흡수되기도 하지만, 식물성 기름은 반드시 모유나 인공적 영양소로부터 공급되어야 하는 특징을 가지고 있다.

(4) 비타민

비타민은 영유아의 신체 생리기능을 조절하는 역할을 한다. 영유아 시기에는 체내에서 생산되지 않기 때문에 반드시 외부로부터 섭취해야 하며, 비타민이 부족하게 되면 신체 생리기능 마비로 생명이 위험하게 된다.

(5) 무기질

무기질은 영유아들이 꼭 섭취해야 할 칼슘과 나트륨, 철과 요오드, 인과 마그네슘 등 금속성 원소가 주를 이룬다. 영유아들이 필요로 하는 무기질의 영양분은 극소량이지만 없어서는 안 될 영양소이다.

정상적으로 태어난 아기는 생후 4~6개월까지는 철분이 충분하며, 그 이후에는 철분을 보충해 주어야 한다. 만약 영유아기에 무기질 공급이 부족하면 두통이나 현기증, 소화 장애, 근육 경련 등의 이상 증상을 일으킬 수 있으므로 반드시 공급해 줘야 할 영양소이다. 철분 섭취를 위해 좋은 식품은 고기, 달걀노른자, 견과류, 녹황색 채소 등이다.

인공영양아는 모유영양아보다 더 많은 칼슘 양을 필요로 한다. 칼슘은 우유, 유제품, 뼈째 먹는 생선 등에 함유되어 있다. 우유 100g에는 110㎎의 칼슘이 함유되어 있어 가장 중요한 칼슘 공급원임에는 틀림없다.

모유 영양인 경우 어린이집에서는 어머니가 보내 온 모유를 위생적으로 잘 관리해야 하는데 모유는 한 번 먹일 양만큼 한 용기에 보관하고 짜 놓은 모유는 실온에서는 8~10시간, 냉장고에서는 48시간 보관(겨울철에도 냉장 보관)한다. 여러 개를 준비한 경우에는 날짜를 기록해 두어서 먼저 짜 놓은 것을 먼저 먹이도록 한다.

분유 영양 시 분유의 농도는 제시된 양을 엄수해야 한다. 분유를 탈 때는 우유병 속의 수증기가 분유를 계량하는 숟가락에 묻어 정확히 계량하는 것을 방해받지 않도록 한다.

(6) 수분

수분은 생명을 유지하기 위해서는 매우 중요한 물질로 대사물질의 운반이나 체온조절 등의 역할을 한다. 1일 수분 필요량은 영아 체중의 15%이다. 체내 수분이 부족하지 않도록 놀이나 활동 시 틈틈이 영아들에게 물을 마실 것을 권유하여 자주 먹을 수 있도록 한다.

영아가 설사나 구토를 할 때에는 무엇보다 탈수가 되지 않도록 수분 섭취에 신경을 써야 하며 열이 날 경우에 수분을 자주 주면 열을 내리는 효과가 있다.

3) 영양문제

(1) 편식

편식은 어떤 종류의 식품만을 특히 좋아하고 다른 식품을 싫어하고 거부할 때 흔히 사용되는 표현이다. 편식은 자아의식이 발달하는 3세 정도부터 많아지며, 아동기를 거쳐 사춘기에 이르러서는 어느 정도 고정화되는 경향이 있다. 편식은 성장을 방해하는 문제가 된다.

편식은 이유식이 미숙할 때, 음식에 대해 나쁜 경험이나 선입관을 가졌을 때, 부모나 가족이 편식을 할 때, 사회적으로 다양한 음식을 접해 볼 기회가 없을 때, 과자류 등의 단맛에 대한 경험이 많을 때 등이 원인으로 나타난다. 편식을 해결하기 위해서는 음식을 만드는 과정에 영유아가 직접 참여하게 해 보고, 강압적으로 음식을 먹이지 말고, 예쁜 그릇에 음식을 담아 주거나 편식하는 음식을 예쁜 모양으로 만들어서 주며 간식을 줄이게 해야 한다. 또한 친구들과 함께 다양한 요리활동을 하고 함께 먹으며 음식에 대한 즐거움을 경험하게 하고 부모와 교사가 영유아 앞에서 즐겁고 맛있게 음식을 먹는 모습을 보이는 것도 좋은 모델링이 된다.

(2) 식욕부진

유아기에는 4세를 전후로 음식을 먹으려고 하지 않거나 일시적으로 식욕부진이 일어나는 경우가 있다. 식욕부진은 간식을 빈번히 주어서 식사를 안 하거나, 식사 중에 혐오감을 느낀 경험이 있거나, 식사를 강요하거나, 운동이 부족하거나 결핵이나 감기 등의 질병이 있을 때 일어나게 된다.

식욕부진이 일어났을 때 부모나 교사는 초반에 지나치게 신경을 써서 식사 분위기가 경직되는 역효과를 만들지 않도록 하고, 식사시간 자체를 즐겁고 편안한 분위기 속에서 하는 환경을 마련해 준다. 또한 음식의 색과 모양, 냄새, 맛 등을 다양하게 하여 조리하여 주고 충분한 운동을 하여 식욕을 돋구어 준다.

(3) 비만

영유아의 비만의 원인은 주로 과다한 열량 섭취이다. 부모로부터 물려받은 유전적인 영향이 있거나 부모가 당분이 들어간 음식을 선호할 때, 운동부족일 때 발생하기도 한다. 또는 내분비선 장애나 약물 부작용으로도 일어날 수 있다.

비만의 문제는 고혈압, 당뇨, 심장병의 원인이 된다는 것이다. 또한 외모적으로 부정적인 자아를 형성하고, 대인관계를 기피하며, 낮은 자존감을 형성하는 사회 · 정신적인 문제를 유발하므로 조기에 발견하고 치료하여야 한다. 비만 예방은 영아기 때부터 시작해야 한다.

비만을 해결하기 위해서는 영양소가 결핍되지 않는 선에서 과잉 섭취를 하지 않고 간식과 패스트푸드 음식을 줄이며, 영유아가 될 수 있으면 많이 움직이게 한다.

4) 어린이집의 급식

어린이집의 원장은 영유아에게 균형 있고 위생적이며 안전한 급식을 해야 한다(「영유아보육법」 제33조). 어린이집에서의 급식관리의 기준은 다음과 같다(「영유아보육법 시행규칙」 제34조 및 별표 8).

- 어린이집의 원장과 어린이집에서 급식을 조리 · 제공하는 보육교직원(이하 "원장 등"이라 함)은 어린이집에서 식중독 환자가 발생하지 않도록 위생관리를 철저히 해야 한다.
- 원장 등은 영유아가 필요한 영양을 섭취할 수 있도록 영양사가 작성한 식단에 따라 급식을 공급해야 한다.
- 영양사(5개 이내의 어린이집이 공동으로 두는 영양사를 포함)를 두고 있지 않은 100명 미만의 영유아를 보육하고 있는 어린이집은 육아종합지원센터, 보건소 및 「어린

이 식생활안전관리 특별법」제21조에 따른 어린이집 급식관리지원센터 등에서 근무하는 영양사의 지도를 받아 식단을 작성해야 한다.

• 원장 등은 영유아에 대한 급식을 어린이집에서 직접 조리하여 제공해야 한다. 급식은 어린이집에서 직접 조리하여 공급하는 것을 원칙으로 하되, 현장학습 등 어린이집에서 직접 조리하여 제공하기 어려운 경우에는 보건복지부 장관이 정하는 바에 따라 그러하지 아니할 수 있다(시행규칙 제34조). 학부모에게 급식(외부 음식) 제공에 대해 미리 고지·안내하여 학부모 동의를 거치는 경우에는 직접 조리하여 제공하지 않아도 된다.

• 원장 등은 식기, 도마, 칼, 행주, 그 밖에 주방 용구를 정기적으로 세척·살균 및 소독하는 등 항상 청결하게 유지·관리하여야 하며, 어류·육류·채소류를 취급하는 칼·도마는 각각 구분하여 사용해야 한다.

• 원장 등은 유통기한이 지나거나 상한 원료 또는 완제품을 조리할 목적으로 보관하거나 이를 음식물의 조리에 사용하여서는 안 되며, 이미 급식에 제공되었던 음식물을 재사용해서는 안 된다.

• 원장 등은 식품 등의 원료 및 제품 중 부패·변질이 되기 쉬운 것은 냉동·냉장시설에 보관·관리해야 한다.

• 조리원 등 음식물의 조리에 직접 종사하는 보육교직원은 위생복·앞치마·위생모를 착용하는 등 개인위생 관리를 철저히 해야 한다.

(1) 위반 시 제재

보건복지부 장관은 어린이집의 원장이 비위생적인 급식을 제공하거나 영유아 안전보호를 태만히 하여 영유아에게 생명·신체 또는 정신적 손해를 입힌 경우에 1년 이내의 범위에서 다음과 같이 어린이집 원장의 자격을 정지시킬 수 있다(「영유아보육법」제46조 제1호 다목, 「영유아보육법 시행규칙」제39조 및 별표 10).

1차 위반	2차 위반	3차 위반
자격 정지 6개월	자격 정지 1년	자격 정지 1년

(2) 배식관리

- 영유아가 사용하는 식탁은 급식, 간식 전후로 닦아 항상 청결하게 관리한다.
- 배식 직전에 반드시 손을 씻는다.
- 각각의 음식마다 집게 또는 배식도구를 사용하여 배식한다.
- 배식 시 일회용 장갑을 착용하고, 착용 시 찢어진 경우에는 바로 교체한다.
- 청결하지 않은 손, 맨손, 사용하던 젓가락이나 포크 등으로 음식을 배식하지 않는다.
- 음식을 보육실 바닥에 내려놓지 않는다.
- 하나의 식기 도구에 한 가지 음식을 담고, 여러 가지 음식을 혼합하지 않는다.
- 개별 식기를 사용하지 않고 하나의 음식을 한 그릇에 담아 여러 명이 함께 먹지 않는다.
- 영유아들이 사용하던 숟가락을 바닥에 떨어뜨렸을 때는 숟가락을 씻어 주거나 새것으로 교체하여 준다.
- 물컵은 개별 컵을 사용하거나 깨끗한 컵을 여러 개 비치하여 사용 전과 사용 후를 구분하고, 마신 컵은 재사용하지 않는다.
- 물컵, 우유병, 젖꼭지 등은 먼지나 습기가 없도록 한다.

남은 음식 전량 폐기

남은 음식 다시 제공

그림 9-4　배식 후 남은 음식의 올바른 처리방법 예시

출처: 육아정책연구소(2017). 영유아 건강관리 가이드북.

5) 영유아의 식습관 지도

바른 식습관은 영유아의 건강을 증진시키는 초석이 되므로 중요하다. 식습관 지도를 위해 영유아의 발달에 따라 나타나는 식생활 행동을 알고 그에 맞는 교육을 하는 것이 필요하다.

음식에 대한 선호도가 분명해지는 영유아기에 영유아의 건강한 성장, 발달을 위해서는 영양적으로 균형 있는 식단을 제공하는 것뿐만 아니라 올바른 식생활 지도를 하는 것이 중요하다. 이를 위해 어린이집에서는 연령에 맞는 바람직한 식생활 교육을 하여야 한다. 보육교사는 식습관을 지도할 때 다음의 사항을 유의해야 한다.

식습관 지도는 가능한 일찍부터 시작되어야 하며 연령별 발달수준에 적합한 내용이어야 한다. 1세 반까지의 기간은 스스로 먹을 수 있도록 준비시켜야 한다. 이 시기의 교사는 어느 정도 영아들의 서툰 기술에 허용적이어야 하며 인내를 가지고 지도해야 한다.

- 식습관 지도는 편안하게 음식을 먹는 분위기에서 이루어져야 한다.
- 가능한 한 즐거운 식사 시간을 갖도록 한다.
- 가능한 한 조용한 장소에서 산만하지 않게 식사 시간을 갖도록 한다.
- 간식 시간은 약 15분 정도, 식사 시간은 약 30분 정도로 제한한다.
- 정해진 시간 내에 먹지 못할 때는 그날 영아의 특성, 식성, 정서적 · 신체적 상태 등을 고려하여 융통성 있게 대처한다.
- 교사는 바람직한 식생활 모델이 되도록 한다.
- 가정과의 연계를 가지고 일관성 있게 이루어져야 한다.
- 교육활동과 연계되도록 한다.
- 영아가 독립심을 가질 수 있도록 한다.
- 영아가 스스로 먹을 수 있도록 준비해 주고 필요한 부분만 도와준다.
- 먹는 것과 식사예절은 지나치게 연관시키지 않는다.
- 영아가 그만 먹겠다고 할 때 인정해 준다.
- 음식은 상이나 벌, 선물이 아니다.

6) 식습관 지도 시 고려사항

(1) 과일과 야채를 자주 먹인다

충치의 발생은 음식의 당분에 의해 영향을 받는다. 그러나 과일과 야채에서 제공되는 당분은 충치를 예방하며 왕성하게 성장하는 영유아에게 필요한 영양분을 제공한다.

(2) 비만을 예방한다

비만 예방은 영아기 때부터 시작해야 한다. 영아의 만족감 표시를 살피고 이 표시를 나타내면 식사하는 것을 멈추게 한다. 또한 부모 중 비만한 사람이 있다면 영유아들이 영양가가 높은 음식을 선택하는 데 현명한 결정을 하도록 도와야 한다. 그리고 영유아들을 더 많은 신체적 활동에 참여시키고, TV 시청을 줄이는 등 노력해야 정상 체중을 유지하는 데 도움이 된다.

(3) 저염식 식단을 생활화한다

고혈압은 과다한 소금과 관련이 있다. 가족 중 고혈압이 흔한 가정의 영유아들은 특히 위험하다. 이들은 소금의 섭취를 가능한 한 줄이고 저염식 식단을 생활화하도록 한다.

(4) 바른 식습관을 갖도록 지도한다

영유아는 배가 부르거나 다른 것을 먹고 싶을 때, 자신이 좋아하는 장난감이나 TV 시청 등 더 재미있고 새로운 관심거리가 생길 때 산만한 식습관을 가진다. 이를 위해 부모는 식사 규칙을 만들고, 영유아들에게 지속적으로 주의를 주며, 영유아를 산만하게 하는 요인들을 제거함으로써 바른 식습관이 형성되도록 한다.

(5) 편식을 예방한다

편식은 예방으로 해결하는 것이 최선이다. 이유식을 통해 다양한 음식을 접할 수 있도록 하며, 영유아가 좋아하는 음식의 조리법도 연구한다. 아이들과 함께 다양한 요리 활동을 하는 것도 편식 지도에 많은 도움이 된다.

(6) 일관성 있는 성인의 태도가 중요하다

영유아들의 음식 먹는 태도에 대해 부모와 보육교사가 정보를 상호교환하면서 협조하는 등 일관성 있는 태도를 가질 때, 영유아들은 바른 식습관을 형성할 수 있고, 식습관 교육은 더욱 효과적이다.

3. 안전관리

영유아는 호기심이 많고 행동반경이 넓어지는 시기지만 위험 상황에 대한 대처능력이 부족하여 크고 작은 사고도 끊이지 않는다. 어린이집에서는 영유아를 위해 안전한 보육환경을 조성하는 것이 필요하다.

보육시설의 안전관리에 대해 「영유아보육법」(2019)에서는 다음과 같이 규정하고 있다.

• 보육시설의 장은 안전점검표 양식에 따라 일정 기간별로 시설의 안전점검을 시행하여 화재 · 상해 등의 위험 발생 요인을 사전에 제거하여야 한다.
• 각 놀이시설물에 대하여 적절한 점검 일정을 세워 점검하여야 한다. 이 경우 놀이시설물의 볼트, 너트 등 이음장치, 울타리, 구조물의 부식 여부 등을 매일 점검하고, 움직이는 부분들이 서로 맞물리는 놀이시설물의 경우 영유아의 신체 일부분이 놀이기구에 끼지 아니하도록 맞물림의 형태 등을 점검하여야 한다.
• 보육시설의 장은 소방 계획을 작성하고 매월 소방 훈련을 실시하여야 한다.
• 보육시설의 장은 매년 안전교육 계획을 수립하여 보육 영유아에 대하여 안전교육을 실시하여 이를 시장 · 군수 · 구청장에게 보고하여야 하고, 보육시설 종사자에게도 안전교육을 실시하여야 한다.
• 보육시설의 장은 보호자와의 비상 연락망을 확보하고, 사고에 대비하여 보육 영유아에 대한 응급처치 동의서를 받아 비치하여야 한다.
• 보육시설의 장은 영유아에 대한 사고가 발생한 때에는 즉시 보호자에게 알리고, 사고가 중대한 경우 시장 · 군수 · 구청장에게 보고하여야 하며, 사고 보고서를 작성하여 비치하여야 한다.

• 보육시설 종사자는 영유아에게 아동학대의 징후 등을 발견하는 때에는 즉시 아동 보호 전문기관 또는 수사기관에 신고하여야 한다.

1) 안전교육

안전교육의 목표는 영유아들에게 사고를 예방하고 위급한 상황에서 자신과 다른 사람들을 보호할 수 있는 지식과 기술 그리고 안전에 대한 태도를 기르는 것이다.

어린이집의 원장은 아동의 연령을 고려하여 안전교육계획을 수립하여 교육을 실시하고 교육계획 및 교육 실시 결과를 관할 시장·군수·구청장에게 보고하여야 한다. 아동의 안전에 대한 교육기준의 내용을 살펴보면, 성폭력 및 아동학대 예방 교육, 실종·유괴의 예방·방지 교육, 감염병 및 약물의 오용·남용 예방 등 보건위생 관리 교육, 재난대비 안전교육, 교통안전교육 등으로 이루어져 있다.

어린이집에서 영유아들이 안전하게 생활할 수 있는 안전조건에 관한 내용을 지속적으로 가르치는 것은 매우 중요한 일이므로 영유아기의 안전교육은 체계적이고 지속적으로 이루어져야 한다.

제3차 표준보육과정에서는 '안전하게 생활하기'의 내용 범주에 속하며, 만 0~1세는 '안전하게 지내기'와 '위험한 상황에 반응하기'의 내용으로 1~4수준까지 세부내용이 제시되어 있으며, 만 2세는 '안전하게 놀이하기' '교통안전 알기' '위험한 상황 알기'의 내용으로 1~2수준까지 세부내용이 제시되어 있다.

2) 안전교육의 내용

(1) 실내환경 안전관리

영유아들이 어린이집에서 가장 많은 시간을 보내는 실내환경은 스스로 자신을 보호하는 능력이 부족한 시기에 안전하고 편안하게 지낼 수 있도록 관리해야 한다. 실내환경에서는 넘어지고, 충돌하고, 미끄러지고, 부딪치며, 베이거나 찔리고, 상해 등의 문제가 발생할 수 있으므로 적절한 조치를 해야 한다. 이와 같은 사고가 발생하는 것을 사전에 예방하기 위해 안전한 시설과 설비를 해야 한다(보건복지부, 2018).

① 보육실

- 보육실은 넓고 개방적인 공간(1인당 2.64㎡)이어야 함. 보육실이 협소한 경우, 유사한 영역을 통합하여 배치하되 교사가 영유아를 한눈에 파악 가능하도록 하기
- 보육실 문에 손가락과 발가락이 끼이지 않도록 하는 끼임 방지장치 설치
- 보육실 가구 등에 모서리 보호대 설치
- 바닥은 턱이 없어야 하며 미끄럼 방지 처리
- 창문은 유아가 밖을 볼 수 있는 높이에 설치(2층 이상 보호대 설치)
- 유리는 안전유리를 설치해야 하고, 부딪침 방지를 위해 유리에 스티커 부착
- 소리를 흡수할 수 있는 방음장치를 천장, 벽 또는 바닥에 설치
- 영아반에는 안전문(안전울타리) 설치

② 현관

- 현관은 가능하면 넓게 설치
- 신발장은 영유아가 함께 사용 시 혼잡을 피하기 위해 높이는 낮고 가로는 넓게 설치
- 신발장 위에는 물건을 적치하지 않기
- 어린이집 현관문은 영유아가 성인의 보호 없이 나갈 수 없고, 외부인이 침입하지 못하도록 개폐장치 설치 및 관리
- 영유아가 사용하는 모든 출입문에는 손 끼임 방지장치 부착
- 문이 닫힐 때 서서히 닫힐 수 있도록 속도조절장치(도어체크)를 설치
- 눈이나 비가 오는 날의 경우에는 물기를 제거하거나 우산꽂이, 고무매트를 깔기

③ 유희실

- 대근육활동 기구는 서로 충분한 공간을 두고 비치
- 사용하지 않는 물건은 장에 보관하고 잠금장치를 설치
- 넓은 공간을 확보하기 어려운 경우 소그룹으로 나누어 활동하기
- 영유아 키 높이의 벽면, 바닥, 기둥, 모서리에 충격을 완화할 수 있는 장치 또는 안전매트 설치, 대근육활동 시 충격을 흡수할 수 있는 매트 깔기
- 창문 없는 벽면에 놀이기구 배치하기

④ 화장실

- 화장실 바닥재는 표면이 미끄럽지 않은 것을 사용
- 바닥이 미끄러울 경우 미끄럼 방지대 또는 물기 제거판 설치
- 영유아용 화장실 문은 안과 밖에서 다 열 수 있도록 설치
- 비상시 보육교사가 안을 들여다볼 수 있는 높이로 설치
- 영유아가 수도꼭지를 조작해서 뜨거운 물이 나오지 않도록 수온을 조절하고 온수 조절장치 등을 설치
- 위험한 물건은 영유아 손이 닿지 않는 곳에 별도 보관하거나 잠금장치를 하여 보관
- 돌출형 라디에이터의 경우는 화상방지를 위한 안전장치 의무설치

⑤ 계단

- 계단의 난간은 세로봉 10cm 이하의 간격으로 설치
- 계단 바닥재는 미끄럽지 않은 재질을 사용, 계단의 끝부분에 미끄럼 방지대를 설치
- 손잡이(긁힘 없는 부드러운 표면)는 벽을 따라 연결
- 계단에서는 천천히 걸어갈 수 있도록 지도
- 일렬로 줄을 서서 이동할 경우, 앞의 영유아와 간격 유지할 수 있도록 보육교사가 항시 주시

(2) 실외환경 안전관리

실외환경에서는 실내에서보다 더 많은 안전사고가 일어난다. 그러므로 보육교사는 세심한 주의를 해야 한다. 실외환경에서는 그네, 미끄럼틀, 오르기 등에서 떨어지는 경우가 많고, 놀이기구의 부실 등으로 사고가 발생한다. 어린이집에서는 영유아들이 스스로 안전을 인식할 수 있도록 교육함과 동시에 시설에 대한 안전을 정기적으로 확인해야 한다.

- 영유아가 길이나 도로에 나가는 일을 방지하기 위해서 울타리 설치
- 위험시설로부터 50m 이상 떨어진 곳에 위치
- 영아용과 유아용 놀이터를 따로 구분하여 적합한 크기의 구조물 설치
- 입에 넣을 만한 것이나 손이 베일 만한 위험한 물건이 없는지 확인

- 모래놀이터는 무게감 있는 덮개로 덮어 놓으며, 주기적으로 살균 소독
- 실외놀이 도중 일사광선을 피해 잠시 쉴 수 있는 그늘 확보

3) 어린이집 통학 차량 안전

어린이집에서 통학 차량을 운행하고자 할 경우에는 「도로교통법」에서 규정하고 있는 어린이 통학버스 신고요건을 구비하여 관할 경찰서장에게 신고해야 한다. 통학 차량 내부에 안전수칙을 부착하고 차량용 소화기 및 구급상자를 비치해야 하며 어린이집 통합 안전점검표에 의한 안전점검을 실시해야 한다. 보건복지부의 『2019 보육사업 안내』에서 제시하는 어린이집 통학 차량 운전자 및 동승 보호자 표준 매뉴얼의 내용은 다음과 같다.

어린이통학버스 운전자 및 동승보호자 표준매뉴얼

〈운전자 매뉴얼〉

공통
- 어린이는 뛰어다니는 경향이 있으므로 항상 주위를 살핀다.
- 어린이는 몸이 작아 잘 보이지 않고, 작은 충격으로도 큰 피해를 입을 수 있으니 항상 속도를 줄여 운행한다.

승차 시
- 차량 주위에 어린이가 있는지 확인한다.
- 보도나 길 가장자리 구역 옆에 안전하게 정차한다.
- 동승보호자가 어린이를 차례대로 승차시키는지 확인한다.
- 동승보호자가 어린이를 좌석에 앉힌 후 안전띠를 매는지 확인한다.
- 모두 승차하고 동승보호자가 문을 닫으면 출발을 알린다.
- 광각 실외후사경 등을 통해 차량 주위에 어린이가 있는지 확인한다.
- 다른 어린이가 있는 경우 동승보호자를 통해 안전한 곳으로 이동시킨다.
- 안전하게 서서히 출발한다.

운행 중
• 어린이가 안전띠를 풀고 있지 않은지 수시로 확인한다.
• 어린이 안전띠가 풀어진 경우 서행하면서 동승보호자에게 즉시 안전띠를 매도록 한다.
• 어린이가 차창 밖으로 손, 물건 등을 내밀거나 장난치지 않도록 수시로 확인한다.

하차 시
• 차를 보도나 길 가장자리 구역 옆에 안전하게 정차한다.
• 기어를 주차(수동일 경우 중립)에 놓고, 사이드브레이크를 올린 후 동승보호자에게 알린다.
• 동승보호자에게 오토바이나 자전거가 오는지 뒤쪽을 살피도록 한다.
• 동승보호자가 문을 열고 먼저 내리도록 한다.
• 한 명씩 안전하게 하차시켜 보호자에게 인계하는 것을 확인한다.
• 하차한 어린이가 안전한 장소에 도착한 것을 확인한다. 어린이가 반대편으로 길을 건널 경우 동승보호자가 함께 건너도록 한다.
• 차량에 남아 있는 아동이 없는지 차량 맨 뒷좌석까지 확인한다.
• 차문을 닫고 서서히 출발한다.

〈동승보호자 매뉴얼〉

공통
• 어린이는 뛰어다니는 경향이 있으므로 항상 주위를 살핀다.
• 어린이는 몸이 작아 잘 보이지 않고, 작은 충격으로도 큰 피해를 입을 수 있으니 항상 세심한 주의를 기울여야 한다.

승차 시
• 차량이 보도나 길 가장자리 구역 옆에 안전하게 정지한 것을 확인한다.
• 어린이를 차례대로 승차시킨다.
• 좌석에 앉힌 후 안전띠를 매 준다.
• 주변에 다른 어린이가 있는지 다시 확인한다.
• 모두 승차하면 문을 닫는다.
• 운전자에게 알려 서서히 출발하도록 한다.

차량 운행 중
- 어린이가 안전띠를 풀고 있지 않은지 수시로 확인한다.
- 어린이의 안전띠가 풀어진 경우 즉시 매 준다.
- 어린이가 차창 밖으로 손, 물건 등을 내밀거나 장난치지 않도록 한다.

하차 시
- 차량이 보도나 길 가장자리 구역 옆에 안전하게 정지한 것을 확인한다.
- 어린이 안전띠를 풀어 준다.
- 오토바이나 자전거가 오는지 뒤쪽을 살피고, 먼저 하차한다.
- 어린이를 한 명씩 안전하게 하차시켜 보호자에게 인계한다.
- 하차한 어린이가 안전한 장소에 도착하는 것을 확인한다. 하차한 어린이가 반대편으로 길을 건널 경우 동승보호자가 함께 건넌다.
- 차량에 남아 있는 아동이 없는지 차량 맨 뒷좌석까지 확인한다.
- 차문을 닫고 운전자에게 알려 서서히 출발하도록 한다.

4) 긴급사태의 대피

화재나 재난 등 예기치 못한 긴급사태 사고에 대해 준비를 철저히 해야 한다. 모든 방에는 출구가 2개 있어야 하고, 비상구는 어느 때에도 사용할 수 있도록 개방되어 있어야 한다. 비상사태 시 무엇을 할지 보육교직원마다 업무가 분담되어 있어야 하며, 특히 영유아를 보호하는 훈련을 미리 해야 한다. 사고 발생 시 보육교사는 책임지고 영유아의 인원을 파악해야 하여 아이들을 잃어버리지 않도록 한다.

긴급사태에 대처하기 위해서는 예방과 훈련이 중요하다. 소방훈련은 한 학기에 적어도 2번 이상 하고, 실제 상황과 같이 신속하고 정확하게 훈련을 통해서 대처능력을 익힌다. 긴급사태 발생 시 대피할 장소도 미리 정하되, 영유아에게 위협이 되는 훈련이 되지 않도록 주의한다.

어린이집 원장은 사회재난(화재, 감염병 발생 등) 등의 긴급한 사유로 정상적인 보육이 어렵다고 인정될 경우 보건복지부 장관, 시·도지사 또는 시·군·구청의 직권으로 휴원을 명령할 수 있으며, 이때에도 긴급보육수요에 대비하여 휴원계획과 당번 교사 배치를 통한 긴급보육계획을 가정통신문 등을 통해 보호자에게 미리 안내하는 등 필요한 조치를 하여야 한다.

또한 가스, 전기, 난방, 연기 감지기, 소화기 등의 작동 여부 정기 점검실시와 함께 전체 영유아와 보육교직원의 재난 시 행동 및 대피 요령 등의 훈련을 정기적으로 실시한다(조성연 외, 2004).

다음은 소방훈련 시 교사가 가르쳐야 할 사항이다.

• 화재경보기가 울리면 하고 있던 것을 그대로 둔 채, 조용히 문 쪽으로 간다.
• 대피 훈련을 할 때 친구와 장난을 치거나 떠밀지 않는다.
• 대피 시에는 몸을 낮추고 젖은 수건이나 손으로 입과 코를 막고 나온다.
• 열기와 유독가스를 피하기 위해 몸을 바닥에 가깝게 한다. 옷에 불이 붙었을 경우에는 즉시 움직임을 멈추고 불이 꺼질 때까지 바닥에서 구른다.
• 정해진 장소로 조용히 걸어간다.
• 지시 없이 건물로 다시 돌아가지 않는다.

5) 아동학대

아동학대란 보호자를 포함한 성인이 아동의 건강 또는 복지를 해치거나 정상적 발달을 저해할 수 있는 신체적 · 정서적 · 성적 폭력이나 가혹행위를 하는 것과 아동의 보호자가 아동을 유기하거나 방임하는 것을 말한다(「아동복지법」 제3조 제7호).

(1) 아동학대의 유형
• 신체학대: 보호자를 포함한 성인이 아동에게 우발적인 사고가 아닌 상황에서 신체적 손상을 입히거나 또는 신체 손상을 입도록 허용한 모든 행위이다. 신체학대는 체벌까지 포함하며 체벌의 범위는 훈육의 목적으로 성인이 신체나 도구를 이용하여 영유아에게 신체적 압박을 가하는 것이다.
• 정서학대: 보호자를 포함한 성인이 아동에게 행하는 언어적 모욕, 정서적 위협, 감금이나 억제, 기타 가학적인 행위를 말하며 언어적 · 정신적 · 심리적 학대라고도 한다.

- 성학대: 보호자를 포함한 성인이 자신의 성적 충족을 목적으로 18세 미만의 아동과 함께하는 모든 성적 행위이다.
- 방임: 보호자가 아동에게 위험한 환경에 처하게 하거나 아동에게 필요한 의식주, 의무교육, 의료적 조치 등을 제공하지 않는 행위를 말한다.
- 유기: 아동을 보호하지 않고 버리는 행위, 아동을 병원에 입원시키고 사라진 경우, 시설 근처에 버리고 가는 행위를 말한다(중앙아동보호전문기관, http://www.korea1391.go.kr).

(2) 아동학대의 징후

다음은 영유아가 학대를 당했을 경우에 나타나는 행동 변화를 설명한 것이다(〈표 9-4〉).

● 표 9-4 ● **아동학대의 신체적·행동적 징후**

구분	신체적 징후	행동적 징후
신체학대	• 설명하기 어려운 신체적 상흔 • 발생 및 회복에 시간 차가 있는 상처 • 비슷한 크기의 반복적으로 긁힌 상처 등	• 어른과의 접촉 회피 • 다른 아동이 올 때 공포를 나타냄 • 공격적이거나 위축된 극단적 행동 등
정서학대	• 발달지연 및 성장장애 • 신체발달 저하 등	• 특정 물건을 계속 빨고 있거나 물어뜯음 • 행동장애(반사회적·파괴적 행동장애) • 신경성 기질장애(놀이장애) 등
성학대	• 학령 전 아동의 성병 감염 등	• 나이에 맞지 않는 성적 행동 • 위축, 환상, 유아적 행동(퇴행 행동) 등
방임	• 발달지연 및 성장장애 • 비위생적인 신체 상태 등	• 계절에 맞지 않는 부적절한 옷차림 • 음식을 구걸하거나 훔침 등

출처: 보건복지부(2019). 2019년도 보육사업안내.

(3) 아동학대 신고 의무자의 역할

어린이집 보육교직원은 「아동학대범죄의 처벌 등에 관한 특례법」 제10조의 규정에 의한 신고 의무자로서 직무상 아동학대를 알게 된 경우 및 의심되는 경우 즉시 아동보호전문기관 또는 수사기관에 신고하여야 한다(보건복지부, 2019a).

신체적 · 행동적 징후 발견 및 증언을 통해 아동학대를 알게 되거나 아동학대가 의심되는 경우 즉시 112로 신고한다. 응급상황인 경우 신속한 출동 판단을 위해 구체적인 응급상황을 설명하면 경찰이 우선 10분 이내 출동 가능하며, 신고자는 경찰이 긴급 출동할 때까지 아동의 신병을 확보하여 추가 학대로부터 보호하고, 치료가 필요한 경우 즉시 의료기관에서 치료받을 수 있도록 한다. 시간 여유가 있다면 경찰서의 사복 전담 형사 요청 및 아동보호 전문기관 담당자 동반 요청이 가능하며, 관할 경찰 및 아동보호 전문기관을 방문하여 신고 및 상담을 할 수 있다. 정당한 사유 없이 아동학대를 신고하지 않을 경우에는 500만 원 이하의 과태료를 부과한다(「아동학대범죄의 처벌 등에 관한 특례법」, 제63조).

제 **10** 장

보육교직원

1. 보육교직원의 자질과 역할

2. 보육교직원의 자격과 배치

3. 보육교사 자격취득 기준

4. 보육교직원 보수교육

「영유아보육법」 개정(2011년) 제18조에 따르면 "어린이집의 원장은 어린이집을 총괄하고 보육교사와 그 밖의 직원을 지도·감독하며 영유아를 보육한다."라고 직무를 명시하고 있으며, 보육교사는 "영유아를 보육하고 어린이집의 원장이 불가피한 사유로 직무를 수행할 수 없을 때는 그 직무를 대행한다."라고 직무 기준을 명시하고 있다.

이 장에서는 보육교직원의 자질 및 역할에 대해 살펴보고자 한다.

1. 보육교직원의 자질과 역할

어린이집은 영유아, 시설과 설비, 프로그램, 보육종사자의 4가지 기본 요소를 갖추어야 한다. 이 모든 요소는 서로 유기적인 연결을 하며 의미 있는 결과를 창출한다. 어린이집의 4가지 기본 요소 중 보육의 질을 향상시키기 위해 무엇보다도 역점을 두어야 할 것은 어린이집 원장과 보육교사의 전문적 자질과 역할수행 능력임을 연구자들은 일관성 있게 지적하고 있다(Bloom & Sheere, 1992; Bowman, 1995).

1) 원장의 자질과 역할

(1) 원장의 자질

자질이란 타고난 성품이나 소질 또는 맡은 분야의 일에 대한 능력이나 실력의 정도를 의미한다. 원장은 가정어린이집을 제외하고는 직접적으로 영유아의 교수활동에 참여하지 않고 시설의 전반적인 운영을 책임진다. 어린이집 원장이 갖추어야 할 자질을 구체적으로 살펴보면 다음과 같다(Bloom & Sheere, 1992; Larkin, 1992; Morgan; 1993, 강란혜, 2006).

① 보육철학을 실천할 수 있는 능력

원장이 설정한 보육철학은 전반적인 보육활동의 방향을 결정하게 되고 보육효과에 영향을 미친다. 영유아 보육에 대한 열정과 중요성에 대한 확신과 사명감을 가진 보육철학을 가지고 이를 긍정적·적극적인 인성을 통해 실천할 수 있는 능력이 있어야 한다.

② 전문적인 능력

원장은 다양한 역할을 수행하기 위한 전문적 지식을 갖추어야 하고 이를 활용하고 발달시키고자 하는 개인적 능력이 뒷받침되어야 한다. 영유아 발달에 대한 지식, 발달에 적합한 보육과정 및 보육환경을 고안 · 조직하고, 보육교직원 특성에 관한 지식과 인사조직 이론에 관한 지식, 부모와의 의사소통, 어린이집의 영양, 건강과 안전, 원아 모집과 등록, 보육교사의 인사관리 등 운영기술에 대한 전문적 전문성을 지니고 있어야 한다.

③ 경영관리 능력

원장은 효과적으로 보육체계를 확립하고 유지하는 경영관리 능력을 가지고 있어야 한다. 정부가 제시하는 법, 규정 및 지침, 보육시설 운영 전략과 계속적인 평가 및 계획, 예산을 계획하고 재정을 보관하는 재정 관리 등이 포함된다. 또한 시설의 설비를 주기적으로 점검하고 개선하며 유지하는 능력이 있어야 한다.

④ 리더십

원장은 보육시설의 행정 조직을 확립하고 유지시키기 위한 리더십이 있어야 한다. 리더의 자질이 있는 원장은 시설 내 보육종사자들 간의 협상뿐 아니라 시설 밖의 부모와 지역사회 인사들과 밀접한 관계를 유지 · 발전시킬 수 있는 능력을 갖춘 사람이어야 한다.

(2) 원장의 역할

원장은 어린이집을 총체적으로 관리 · 감독해야 하고 어린이집 이외의 여러 장소와 영역에도 적극적으로 참여하여야 한다. 이를 위해 원장은 다음과 같은 다양한 임무를 수행해야 한다.

데커와 데커(Decker & Decker, 2001)가 주장하는 원장의 역할은 다음과 같다.

• 전반적인 운영 계획의 수립과 운영관리

- 보육목표 설정 및 보육과정의 계획과 관리
- 원아의 모집 및 관리
- 시설·설비의 관리
- 비품 및 교재·교구의 구입과 관리
- 재정관리
- 행정적 업무 처리 및 기록의 보관 유지
- 부모교육 및 부모와의 관계 유지
- 행정 당국, 지역사회 관련 기관 및 단체들과의 관계 유지

Simons(1988)가 제시한 원장의 역할은 다음과 같다.

- 연간교육과정의 계획 및 운영을 주관하는 프로그램 및 교육과정 관리자
- 교직원이나 자원봉사자 및 운영위원회와 학부모를 관리하는 교직원관리자
- 시설의 예산·결산 관리 및 보고와 기부금 모금 및 관리 등을 담당하는 재정관리자
- 시설, 비품 및 교구의 구입 및 수리 관리자
- 보험관리 등을 시행하는 재산관리자
- 위생, 의료처리, 원아보호, 안전환경 유지, 안전교육을 시행하는 건강 및 안전 관리자
- 이러한 관리 및 운영과 관련된 임무를 각 구성원에게 부여하고 그 관리를 총괄하는 관리담당자를 임명하는 자

원장의 역할을 종합해 보면 크게 2가지로 나누어 볼 수 있다.

① 어린이집의 전반적 운영을 책임지는 관리의 역할
- 어린이집의 보육철학을 수립한다. 양질의 보육과정을 운영하기 위해 보육교사와 협의하여 수립하고 평가해야 한다.
- 원의 운영을 위해 재정관리, 물품관리, 인사관리, 시설관리를 하고, 보육교직원과 영유아에 대한 신상기록부, 운영과 관련된 각종 서류를 보관하고 관리해야 한다.
- 영유아의 학대, 전염병관리, 보험과 법적인 문제, 안전사고에 관한 문제 등에 대해

처리하여야 한다.

- 영유아의 보육에 필요한 교재 · 교구를 구입하고 배치해야 한다.

② 리더로서의 역할

- 보육교사들이 보육활동을 충실히 수행할 수 있도록 보육의 내용을 점검하고 그 실행을 장학하며, 전문적 성장을 해 나갈 수 있도록 이들을 지원해야 한다.
- 보육교사를 동료로 인정하고 존중하며 보육교사들과 협의하고 긍정적인 분위기를 조성하고 격려해야 한다.
- 지역사회와의 연계 및 교류를 추진하고 행정 당국과 협력적인 관계를 형성해야 한다.
- 보육의 효과를 높이기 위해 부모의 요구를 파악하고 부모참여나 부모교육 등을 통해 부모와의 유기적 관계를 형성해야 한다.

종합해 보면 어린이집 원장은 영유아 및 그 가족에게 통합적 서비스를 제공하는 소규모 공동체를 운영하는 역할을 수행한다. 소규모 조직의 장으로서 조직 운용에 따르는 제반 업무를 담당하고 보육철학 제시, 예산 계획 및 집행, 보육운영계획 수립 및 평가, 영유아 보호와 교육, 종사자 임용, 보육교직원 전문성 증진을 위한 교육, 부모교육, 가정과 지역사회 간의 연계 및 교류, 보육교직원 및 기타 인사와의 의사교환 및 회의 참여 등의 영역과 관련된 역할을 수행한다.

2) 보육교사의 자질과 역할

(1) 보육교사의 자질

보육교사는 하루 중 많은 시간을 어린이집에서 지내는 영유아에게 심리적 안정감을 바탕으로 기본적 욕구를 충족시켜 주는 부모를 대신한 양육자인 동시에 학습과 발달을 돕는 중요한 존재이다. 보육교사의 자질은 저절로 이루어지는 것이 아니며, 보육현장에서 경력을 쌓아 가면서 더 좋은 교사가 되기 위해 끊임없이 노력하고 실천한 결과로 갖추게 되는 것이다.

보육교사의 자질은 크게 개인적 자질과 전문적 자질로 나누어 생각해 볼 수 있다. 개인적 자질이란 교사 개개인의 사람됨과 관계되는 특성으로 주로 인성적 측면의 자질을 말한다. 구체적으로 인간에 대한 애정, 따뜻함, 신뢰, 인간사의 모든 어려움에 대한 이해와 공감, 밝고 희망적인 인간성, 원만한 인간관계 기술, 신체적 건강함, 효율적인 의사소통의 능력, 통찰력과 판단력 및 주의력 등이다. 전문적 자질은 영유아를 보육하는 사람으로서 자부심을 갖는 자질을 갖추어야 한다(Wilson, 1986; 강란혜, 2006; 나종혜 외, 2014).

① 개인적 자질

- 신체적으로 건강해야 한다. 보육교사는 끊임없이 요구하는 영유아와 하루 종일 상호작용해야 하므로 신체적으로 건강해야 한다.
- 정신적으로 건강해야 한다. 보육교사는 정신적으로 건강하고 정서적으로 안정되어야 하며 다양한 상황에서 스스로 감정통제를 할 수 있어야 한다.
- 사랑과 관심으로 유아를 대하고 돌볼 수 있는 사람이어야 한다. 하루 종일 영유아와 함께 생활해야 하므로 기본적으로 인간에 대한 애정과 관심이 있어야 하며 영유아를 사랑하는 마음을 갖고 인격적으로 돌볼 수 있어야 한다.
- 인내심이 많아야 한다. 영유아는 정서를 조절하거나 사회적 기술을 발휘하는 것이 미숙하며 자기중심적이기 때문에 연령의 특성을 고려하여 영유아의 행동을 이해하려는 노력이 필요하다.
- 영유아에게 바람직한 모델이 되어야 한다. 보육교사의 언어, 행동, 태도에 있어 바람직한 행동은 영유아의 전인발달에 크게 영향을 미친다. 그 뿐만 아니라 보육교사가 업무를 원활하게 수행하기 위해서 다른 사람에게 협력하면서 우호적인 교사의 모습도 영유아의 사회성이 발달해 가는 데 긍정적 영향을 미치게 된다.

② 전문적 자질

- 영유아 발달에 대한 지식을 갖추어야 한다. 보육교사는 영유아의 성장과 발달에 적합한 보육을 하기 위해 체계적이고 전문적인 지식을 갖추어야 한다.
- 보육과정에 대한 지식을 갖추어야 한다. 보육교사는 보육과정을 계획하고 이를 위한 보육활동을 운영하는 데 필요한 지식과 보육프로그램에 대한 평가를 할 수 있는 능력이 있어야 한다.

- 교수·학습 방법에 대한 지식이 있어야 한다. 보육교사는 보육과정을 효과적으로 실천하기 위하여 적절한 교수방법과 매체를 이용하여 수행할 수 있어야 하며 보육환경을 구성하고 교재·교구를 제작하여 이를 활용할 수 있어야 한다.
- 직업윤리를 가지고 있어야 한다. 보육교사는 영유아의 개인차를 존중하여야 하며 모든 영유아를 인격적으로 편애하지 않아야 한다. 또한 보육에 대한 소명감이나 보육교사로서의 직업적 긍지를 가지고 이에 적합하게 행동해야 한다.
- 자발적 자기계발 능력에 힘써야 한다. 보육교사는 전문직 종사자로서 다양한 교사 재교육에 적극적으로 참여하므로 자기발전을 위해 부단히 노력해야 한다.

(2) 보육교사의 역할

보육교사는 어린이집 교직원 중 가장 많은 수를 차지하고 있고 영유아의 성장과 발달에 중요한 역할을 하며 보육프로그램의 운영자로서 보육에 많은 영향을 주고 있는 전문직종에 종사하는 사람이다.

보육교사의 역할에 대한 학자들 간의 견해에는 다소 차이가 있다. 데커와 데커(1976)는 보육교사의 역할을 영유아를 보호하고 교육하는 이중적인 역할로 보았고, 사라초(Saracho, 1984)는 보육교사의 역할을 교육과정 설계자, 교수 구성자, 학습 운영자, 상담자 및 조언자, 의사결정자로 보았다.

한편, 스포텍(Spodek, 1986) 외 여러 학자는 보육교사의 역할을 양육자적 역할, 교수자적 역할, 지식 전달자로서의 역할, 계획·조직·평가자로서의 역할, 관계자적 역할(relational role), 훈육자로서의 역할, 의사결정자로서의 역할로 구분하였다(Spodek, 1986; Saracho, 1988b; Schickedanz, 1990).

이상에서 언급된 여러 학자의 관점을 살펴보면 사용한 용어만 다를 뿐 보육교사의 역할에 대한 견해는 거의 비슷하다는 것을 알 수 있다. 이들의 주장을 종합해 보면 보육교사의 주된 역할은 영유아의 신체적·심리적 건강과 안전을 위한 보호자 역할, 보육활동의 계획과 지도, 학습환경의 조성과 활용, 영유아 생활지도 및 평가를 위한 교수자 역할, 부모 및 지역사회와의 교류, 영유아와의 상호작용과 효과적인 보육활동을 위한 의사결정자 역할 등으로 요약될 수 있다. 구체적으로 살펴보면 다음과 같다.

① 양육자의 역할

영유아의 기본적인 생리적 욕구를 충족시켜 준다는 점에서 양육자의 역할을 수행한다. 보육교사가 부모와 같은 편안함과 신뢰감, 안정감을 제공해 주는 양육자로서의 역할을 잘 수행할 때, 영유아는 어린이집에서 정서적으로 안정감을 느끼고 타인과 애정적인 관계를 맺을 수 있는 능력을 발달시킬 뿐만 아니라 높은 자아존중감을 발달시킨다. 이처럼 보육교사는 영유아들에 대한 보육을 통해 전인적 성장과 발달을 도모하는 부모와 같은 역할을 수행하여야 한다.

② 교수자의 역할

보육교사는 영유아의 학습을 도와주는 교수자의 역할을 담당해야 한다. 보육교사가 교수자로서의 역할을 제대로 수행하기 위해서는 영유아의 인지적 능력을 파악하고 그것에 맞는 적절한 지식을 제공해야 한다. 따라서 보육교사는 교수방법에 대한 학습을 게을리하지 않아야 한다.

③ 환경조성자의 역할

어린이집에서 영유아가 일상생활을 하는 과정을 통해 긍정적인 경험을 할 수 있도록 보육내용과 최적의 학습이 가능하도록 보육교사는 보육환경을 조성해야 할 역할이 있다. 이를 위해, 영유아의 발달단계를 고려해서 보육실 환경을 꾸미고, 영유아들이 주변 환경과 효율적으로 상호작용을 해서 학습의 효과를 최대한 이룰 수 있도록 끊임없이 새롭고 다양한 환경을 제공할 책임이 있다.

④ 부모 및 지역사회와의 교류자로서의 역할

보육교사는 어린이집 내의 동료 교직원과 개방적인 태도로 대화를 나누며 서로 의견을 교환하고 상반된 의견을 조정해 가면서 의사결정자로서의 역할을 한다. 또한 영유아와 가정의 요구를 파악하기 위하여 부모와 원활한 의사소통을 해야 하며 부모와 어린이집 사이의 신뢰감을 형성하기 위해 상호협력적인 관계를 갖도록 노력해야 한다. 또한 지역사회에 어린이집 프로그램을 소개하고 지역공동체로부터 지원을 얻는 역할도 해야 한다.

⑤ 평가자로서의 역할

보육교사는 영유아의 일상생활의 관찰을 통해 행동 특성이라든가 변화된 발달 상태 및 욕구 등을 주기적으로 관찰하고 정확하게 평가한다면 영유아의 전인적 발달을 위한 보육계획의 수립에 도움이 될 수 있으므로 평가자로서의 역할이 중요하다.

종합해 보면 보육교사의 역할은 영유아의 성장·발달의 과정에 있어 보호와 교육적 측면의 전문가로서 신체적·사회적·정서적·지적 발달을 균형 있게 지도할 수 있는 교육방법을 연구하고 적용하며, 보육환경을 구성하고 영유아를 가르치는 교육자로서 영유아의 연령과 발달수준을 이해하여 적절한 자극을 제공해야 한다. 나아가 부모들이 자녀걱정 없이 안심하고 사회경제활동을 할 수 있도록 부모와의 정보교환 교류자로서 원활한 의사소통을 통해 교사나 어린이집에 대한 신뢰감을 형성하도록 하는 역할을 담당하게 된다.

3) 기타 교직원의 역할

보육시설에는 시설장과 교사 외에 영유아의 건강과 영양 및 안전을 위해 다양한 역할을 수행하는 간호사, 영양사, 취사부 등의 교직원의 역할도 중요하다.

(1) 간호사

간호사는 영유아의 일반적 상태, 안색, 발열, 오한, 구토, 설사 등 일일건강 점검을 하고 안전사고가 발생했을 때 응급조치를 해야 한다. 간호사가 없는 대부분의 어린이집에서는 담임교사가 이런 역할을 담당하는 경향이 있지만 영유아의 상태가 보통과 다를 때는 즉시 간호사에게 알려 적절한 조치를 취할 수 있도록 해야 한다. 「영유아보육법」에서는 영유아 100인 이상을 보육하는 시설의 경우 간호사(간호조무사를 포함한다) 1인을 두도록 하고 있다.

(2) 영양사 및 취사부

영양사는 영유아의 발달단계와 영양 상태를 고려하여 식사와 간식의 양과 종류를 조절하여 식단을 계획하고 규칙적인 식사와 간식을 제공함으로써 충분하고 균형 있는 영양을 공급해 주어야 한다. 최근 들어 연장보육이나 24시간 보육 등 어린이집이 다양화되고 있으므로 어린이집에서 영유아에게 충분한 영양을 공급하는 것은 무엇보다 중요하다고 볼 수 있다.

영유아 100인 이상을 보육하는 시설의 경우, 영양사 1인을 두는 것을 원칙으로 하되, 보육시설 단독으로 영양사를 두는 것이 곤란할 때는 동일 시·군·구의 5개 이내 보육시설에 공동으로 영양사를 둘 수 있다. 만일 영양사를 두고 있지 아니한 100인 미만 보육시설은 보육정보센터, 보건소 등에 근무하는 영양사의 지도를 받아 식단을 작성하여야 한다.

취사부는 영양사의 지도를 받아 영유아들이 먹기 좋게 간식과 식사를 직접 만들어 제공하는 역할을 한다. 영유아의 건강과 직결되므로 주방과 식당은 위생과 청결 및 취사부 자신의 위생상태에 주의를 기울여야 한다. 취사부는 영유아 40인 이상 80인 이하를 보육하는 시설의 경우 취사부 1인을 두며, 영유아 매 80인을 초과할 때마다 1인씩 증원한다. 보육시설장이 간호사 또는 영양사 자격이 있을 때는 간호사 또는 영양사를 겸직할 수 있다.

(3) 그 밖의 종사자

시설의 규모와 특성에 따라 의사(또는 촉탁 의사), 보조교사, 사무원, 관리인, 위생원, 운전기사, 치료사 등의 종사자를 둘 수 있다.

2. 보육교직원의 자격과 배치

보육교직원의 자격과 배치는 「영유아보육법」에 의한다. 어린이집 원장과 보육교사의 자격검정은 무시험을 원칙으로 하며 「영유아보육법 시행령」 제21조에 의한 자격기준을 갖추었는지 여부를 신청자가 제출한 서류를 심사하여 검정한다.

1) 어린이집 원장

어린이집 원장 자격기준(「영유아보육법 시행령」 제21조)에 해당하는 자로서 보건복지부 장관이 검정·수여하는 국가자격증을 받은 자이어야 한다.

일반어린이집, 가정어린이집, 영아전담 어린이집, 장애아전담 어린이집 원장 자격기준 중 어느 하나에 해당하는 사람은 보건복지부령으로 정하는 사전직무교육을 받아야 한다.

어린이집 원장 자격 기준(2014. 3. 1. 시행)은 다음과 같다.

(1) 일반기준(300인 이하 어린이집)
- 보육교사 1급 자격을 취득한 후 3년 이상의 보육 등 아동복지업무 경력이 있는 사람
- 「유아교육법」에 따른 유치원정교사 1급 자격을 취득한 후 3년 이상의 보육 등 아동복지업무 경력이 있는 사람
- 유치원 원장의 자격을 가진 사람
- 「초·중등교육법」에 따른 초등학교 정교사 자격을 취득한 후 5년 이상의 보육 등 아동복지업무 경력이 있는 사람
- 「사회복지사업법」에 따른 사회복지사 1급 자격을 취득한 후 5년 이상의 보육 등 아동복지업무 경력이 있는 사람
- 「의료법」에 따른 간호사 면허를 취득한 후 7년 이상의 보육 등 아동복지업무 경력이 있는 사람
- 국가 또는 지방자치단체에서 7급 이상의 공무원으로 보육 등 아동복지업무에 5년 이상 근무한 경력이 있는 사람
- 보육 관련 경력을 쌓은 특수학교 정교사(2019년 「영유아보육법 시행령」 일부 개정)

(2) 가정어린이집(5인 이상 20인 이하 어린이집)
- 일반기준에서 정한 자격을 갖춘 사람
- 보육교사 1급 이상 자격을 취득한 후 1년 이상의 보육업무 경력이 있는 사람

(3) 영아전담 어린이집(만 3세 미만의 영아만을 20명 이상 보육하는 어린이집)
- 일반기준에서 정한 자격을 갖춘 사람
- 간호사 면허를 취득한 후 5년 이상의 아동간호업무 경력이 있는 사람

아동간호업무 경력

• 병원의 소아청소년과나 신생아실, 보건소 모자보건센터, 초등학교 보건실 등에서 근무한 경력

(4) 장애아전담 어린이집[1]

• 일반기준에서 정한 자격을 갖춘 사람으로서 다음의 어느 하나에 해당하는 사람
   - 대학(전문대학을 포함)에서 장애인복지 및 재활 관련 학과를 전공한 사람
   - 장애영유아 어린이집에서 2년 이상의 보육업무 경력이 있는 사람

보육업무 경력

• 어린이집에서 어린이집의 원장, 보육교사, 특수교사 또는 치료사로 근무하거나 보육정보센터에
  서 보육정보센터의 장, 보육전문요원 또는 특수교사로 근무한 경력
• 「유아교육법」에 따른 교육과정과 방과 후 과정을 운영하는 유치원에서 원장, 원감, 수석교사 또
  는 교사로 근무한 경력

(5) 대학 또는 교육 훈련 시설이 운영하는 어린이집

• 일반기준에서 정한 자격을 갖춘 사람
• 어린이집을 운영하는 대학의 조교수 또는 교육 훈련시설의 전임교수 이상으로서
  보육 관련 교과목에 대하여 3년 이상의 교육경력이 있는 사람

2) 보육교사

　보육교사는 자격 기준(시행령 제21조 [별표1])에 해당하는 자로서 보건복지부 장관이
검정·수여하는 국가자격증을 받은 자이어야 한다(법 제21조). 보육교직원의 배치에
있어서는 보육교사 대 영유아의 비율을 규정하는 것으로 보육의 개별성을 고려하면 매
우 중요한 것이라 할 수 있다. 「영유아보육법」에 명시된 보육시설 교직원의 자격기준
과 배치기준을 살펴보면 다음 〈표 10-1〉과 같다.

---

1) 「장애복지법」 제32조에 따라 장애아 전문 어린이집은 장애영유아만을 20명에서 12명 이상 보육하는 어
　린이집으로 2019년 개정.

● 표 10-1 ● **보육교사 자격기준**

등급	자격기준
보육교사 1급	1. 보육교사 2급 자격을 취득한 후 3년 이상의 보육업무 경력이 있는 사람으로서 보건복지부 장관이 정하는 승급교육을 받은 사람 2. 보육교사 2급 자격을 취득한 후 보육 관련 대학원에서 석사 학위 이상을 취득하고 2년 이상의 보육업무 경력이 있는 사람으로서 보건복지부 장관이 정하는 승급교육을 받은 사람
보육교사 2급	1. 전문대학 또는 이와 같은 수준 이상의 학교에서 보건복지부령으로 정하는 보육 관련 교과목 및 학점을 이수하고 졸업한 사람 2. 보육교사 3급 자격을 취득한 후 2년 이상의 보육업무 경력이 있는 사람으로서 보건복지부 장관이 정하는 승급교육을 받은 사람
보육교사 3급	고등학교 또는 이와 같은 수준 이상의 학교를 졸업한 사람으로서 보건복지부령으로 정하는 교육 훈련시설에서 정해진 교육과정을 수료한 사람

주: 보육 관련 대학원이라 함은
　① 학과(전공) 및 학위명에 '보육, (영)유아, 아동'의 단어가 포함된 대학원
　② ①의 경우가 해당되지 않을 경우 보육 관련 교과목 이수 기준으로 인정(보육 관련 교과목 최소 15학점 이상 이수 여부를 확인하여 인정)
출처: 보건복지부(2019). 보육사업안내.

● 표 10-2 ● **연장보육반 전담교사 자격**

연장보육반 전담교사 자격	1. 연장보육 전담교사는 기존 보육교사와 동일하게 보육교사 1, 2, 3급 자격을 보유하고 있는 사람이다. 2. 또한 연장보육 전담교사 전문성 강화를 위해 장기 미종사자 교육과정 운영(2019년 9월부터 개설), 임용 전 어린이집 실습이나 보수교육 이수(2020년 3월 이전) 안내 등을 통해 전담교사의 전문성을 강화할 계획이다. 3. 장기 미종사자 교육 　① (교육대상) 어린이집의 원장 또는 보육교사로서 만 2년 이상 보육업무를 수행하지 아니하다가 다시 보육업무를 수행하려는 사람 　② (교육 이수 시기) 다시 보육업무를 수행하기 전까지 이수해야 하되, 2020년 3월 이후 채용자부터 적용 　　*(사업지침 규정) 보육업무 수행 이전 만 2년 기간 내에 보수교육 이수 또는 연속 40시간 이상 보육업무 경력이 있으면 이수한 것으로 봄 　③ (교육시간) 40시간 　④ (교육비용) 시·도지사가 정하는 바에 따라 교육기관에 납부, 지자체 교육비 보조 가능 　⑤ (교육기관) 시·도지사가 지정, 위탁 4. 원장이 연장보육반 전담교사를 사전·상시 교육토록 하고, 필요시 수습기간을 거쳐 연장보육반 전담교사로 임용하는 방안을 검토 중이다.

3) 어린이집 원장 · 보육교사의 자격검정 및 자격증 발급

　어린이집 원장 및 보육교사의 자격검정과 자격증 발급 · 재발급에 관한 업무는 한국
보육진흥원에서 수행하는데 「영유아보육법 시행령」 제21조에 의한 자격 기준을 갖추
었는지 여부를 신청자가 제출한 서류를 심사하여 검정한다. 자격증 교부신청 및 절차
는 [그림 10−1]과 같다.

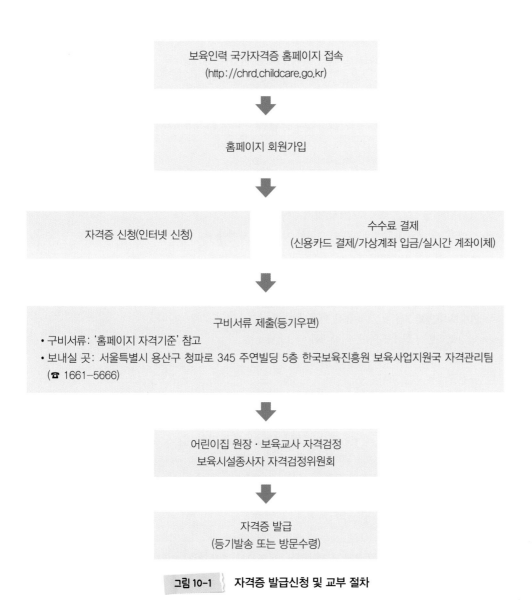

보육인력 국가자격증 홈페이지 접속
(http://chrd.childcare.go.kr)

↓

홈페이지 회원가입

↓

자격증 신청(인터넷 신청)　　　수수료 결제
(신용카드 결제/가상계좌 입금/실시간 계좌이체)

↓

구비서류 제출(등기우편)
• 구비서류: '홈페이지 자격기준' 참고
• 보내실 곳: 서울특별시 용산구 청파로 345 주연빌딩 5층 한국보육진흥원 보육사업지원국 자격관리팀
(☎ 1661−5666)

↓

어린이집 원장 · 보육교사 자격검정
보육시설종사자 자격검정위원회

↓

자격증 발급
(등기발송 또는 방문수령)

그림 10−1 자격증 발급신청 및 교부 절차

출처: 보건복지부(2019). 보육사업안내.

4) 보육교직원의 배치

보육교직원의 배치는 보육서비스의 질적 수준을 설명하는 지표가 된다. 「영유아보육법」에 의한 보육교직원의 배치기준을 제시하면 〈표 10-3〉과 같다.

● 표 10-3 ● **보육교직원 배치기준**

구분	배치기준							비고	자격기준
원장	• 어린이집별 1인 ※ 다만, 영유아 20인 이하를 보육하는 어린이집은 어린이집의 원장이 보육교사를 겸임할 수 있음. 이 경우, 보육교사 겸직 시 원장 자격증과 보육교사 자격증 모두 소지							정원기준	「영유아보육법 시행규칙」 제10조 [별표2]
보육교사	• 교사 대 아동 비율							현원기준	「영유아보육법 시행규칙」 제10조 [별표2]
보육교사	만 0세	만 1세	만 2세	만 3세	만 4세 이상	장애아	취학 아동	현원기준	
보육교사	1:3	1:5	1:7	1:15	1:20	1:3	1:20	현원기준	
보육교사	※ 유아 40인당 1인은 보육교사 1급 자격자여야 함 ※ 장애아 9인당 보육교사 1인은 특수교사 자격소지자여야 함							현원기준	

연장 보육교사 배치	• 연장반에는 연장반 전담교사 배치가 원칙
	  (배치 후 임면보고)
	• 연장보육반 만 3세 미만 ⇒ 영아 5인당 1인
	• 연장보육반 만 3세 이상 ⇒ 유아 15인당 1인
	※ 연장보육반의 만 1세 미만 및 장애아 ⇒ 3인당 1인
	• 연장반 '전담'의 범위
	  −신규채용 전담 교사
	  −기본보육 보조교사
	  −시간연장교사
	  ※ 단, 기존 시간연장 교사가 연장반 전담 시 근무시간 범위 내의 근무로 추가적 인건비 지원 없음
	  −연장보육 반 수, 전담 교사 현황(아이사랑 보육포털에 공개)
	• 담임교사의 연장반 겸직 허용 예외
	  −인건비 지원 기준에 미달되는 경우
	  −농어촌 지역인 경우
	  −다수 연장반이 있는 경우로서 신규채용, 보조교사 겸직, 시간 연장 교사 활용을 해도 추가적 전담교사 확보 어려운 경우
	  ※ 겸직 교사에게는 연장보육료 수입의 일부를 수당으로 지급								

• 시범사업(2019년 5~8월) 연장반 교사 현황

야간연장 교사 14.4%
보조교사 12%
담임교사 8.6%
신규채용 65%

구분	0세	1세	2세	3세	4세 이상
원칙	3명	5명	7명	15명	20명

특례인정 범위	기본보육	4명 이내	7명 이내	9명 이내	19명 이내	24명 이내
	연장보육	7명 이내 (0세 포함 시 4명 이내)			19명 이내	

간호사	• 영유아 100인 이상-간호조무사도 가능	현원기준	-
영양사	• 영유아 100인 이상 ※ 어린이집 단독으로 영양사를 두는 것이 곤란한 때에는 동일. 시·군·구의 5개 이내 어린이집이 공동으로 영양사를 둘 수 있음	현원기준	-

조리원

• 영유아 40인 이상
• 영유아 매 80인을 초과할 때마다 조리원 1인씩 증원

조리원 수	1인	2인	3인	4인
영유아 수	40~80인	81~160인	161~240인	241~320인

현원기준 (방과후 제외)   -

기타	• 원장은 어린이집의 규모와 특성에 따라 의사(또는 촉탁의사), 사회복지사, 사무원, 관리인, 위생원, 운전기사, 특수교사(치료사) 등의 교직원을 둘 수 있으며, 원장이 간호사 또는 영양사 자격이 있는 경우에는 겸직 가능

※ 출처: 보건복지부(2018). pp.198-200.

담임교사 1인당 아동 수를 예외 적용한 경우에도 가급적 성인 1인당 아동 수는 일반 기준을 준수할 수 있도록 원장, 보조교사 등이 해당 시간에 순환 근무하여 영유아를 관찰·보호하도록 노력하여야 한다. 교사 대 아동 비율 적용예시는 〈표 10-4〉와 같다.

● 표 10-4 ● **교사 대 아동 비율 적용 예시**

구분	교사 1인당 아동 수	
	일반기준	보육교사 휴게시간 시 예외
0세	3명	최대 6명
1세	5명	최대 10명
2세	7명	최대 14명
3세	15명	최대 30명
4세 이상	20명	최대 40명

3. 보육교사 자격취득 기준

보육교사 자격증 취득을 위하여 전문대학 또는 이와 동등 이상의 학교에서 이수하여야 하는 보육 관련 교과목 및 학점 기준은 「영유아보육법 시행규칙」 제12조 제1항에 정해져 있다.

1) 적용 대상

보육교사 자격취득을 위한 대상자는, 첫째, 「고등교육법」에 의한 전문대학, 대학 등에서 보육 관련 교과목 및 학점을 이수하고 전문학사학위 이상을 취득한 사람, 둘째, 「학점인정 등에 관한 법률」에 따라 학점은행제로 보육 관련 교과목 및 학점을 이수하고 전문학사학위 이상을 취득한 사람, 셋째, 다른 법률에서 졸업 시 전문대학 이상의 학력이 인정되는 시설에서 보육 관련 교과목 및 학점을 이수하고 전문학사학위 이상을 취득한 사람으로 정하고 있다.

2) 교과목 및 학점 기준(2016. 8. 1. 시행)

보육교사 2급 자격취득을 위해 이수해야 할 교과목 및 학점 기준은「영유아보육법」 시행규칙 제12조 제1항의 규정에 의하여 보육 관련 교과목 중 총 17과목 51학점 이상 이수하고 졸업하는 경우이다(〈표 10-5〉).

● 표 10-5 ● **보육교사 2급 자격 취득과목**

구분		교과목	이수과목 (학점)
교사 인성 영역	필수 교과목	보육교사(인성)론, 아동권리와 복지	2과목 (6학점)
보육 지식과 기술 영역	필수 교과목	보육학개론, 보육과정, 영유아발달, 영유아교수방법론, 놀이지도, 언어지도, 아동음악(또는 아동동작, 아동미술), 아동수학지도(또는 아동과학지도), 아동안전관리(또는 아동생활지도)	9과목 (27학점)
	선택 교과목	아동건강교육, 영유아 사회정서지도, 아동문학교육, 아동상담론, 장애아지도, 특수아동 이해, 어린이집 운영관리, 영유아 보육프로그램 개발과 평가, 보육정책론, 정신건강론, 인간행동과 사회환경, 아동간호학, 아동영양학, 부모교육론, 가족복지론, 가족관계론, 지역사회복지론	4과목 (12학점) 이상
보육 실무영역	필수 교과목	아동관찰 및 행동연구, 보육실습	2과목 (6학점)
전체		3개 영역 17과목 51학점 이상	

3) 보육교사 자격취득을 위한 보육실습 기준

(1) 보육실습 교과목 및 학점 기준

보육실습은 '보육실습'이라는 교과목으로 이수하는 것이 원칙(보육실습은 현장실습과 이론수업으로 구성되어야 함)이다. 따라서 성적증명서를 통하여 교과목 확인이 가능하여야 한다. 다만, 교과목 명칭이 다르더라도 다음의 유사교과목을 이수한 경우로서 실습기관과 실습기간의 조건을 만족하는 경우에는 보육실습 교과목을 이수한 것으로 인정한다. 유사교과목 인정 범위는 보육현장실습, 교육실습, 학교현장실습이다. 보육실습 교과목은 반드시 3학점 이상으로 이수하여야 하고, 평가점수가 80점 이상(B 학점)인 경우에

만 실습을 이수한 것으로 인정하므로, 80점(B 학점) 이상의 성적을 취득하여야 한다.

(2) 보육실습 실시기준

보육교사 자격증 취득을 위해서는 보육실습 교과목을 이수하고 어린이집, 「유아교육법」에 따른 교육과정과 방과후 과정을 운영하는 유치원에서 보육실습을 실시하여야 하며, 대면교과목 중 보육실습에 관한 기준은 다음과 같다.

- 실습기관: 실습기관은 정원 15인 이상으로 평가인증을 유지하는 어린이집 또는 교육과정과 방과후 과정을 운영하는 유치원(교육청에 방과후 과정 운영 유치원으로 등록되어야 함)에서 실시하여야 한다.
- 실습기간: 실습 기간은 6주, 240시간 이상을 원칙으로 하되, 2회에 나누어 실시할 수 있다.

실습 기간에 대한 해석: 6주, 240시간 이상이란?
- 연속하여(월요일 ~ 금요일까지) 6주, 240시간 이상 실습을 실시하여야 하고, 1일 실습시간은 8시간 (오전 9시부터 오후 6시 사이)이 원칙
- 따라서 주 1회 실습 또는 주말 실습 등 특정요일에만 보육실습을 실시한 경우 그 시간이 240시간 이상이 되더라도 보육실습을 이수한 것으로 인정할 수 없음
- 2회에 나누어 실시하는 방법은 하나의 보육실습 교과목을 개설한 경우, 학기 내에 2회로 나누어 실시할 수 있고, 학기를 달리하여 두 개의 보육실습 교과목(I, II)을 개설한 경우에는 각 학기에 1회씩 실시한다.

- 실습 인정시간: 보육실습의 한 회는 연속하여 평일 오전 9시부터 오후 7시 사이에 한 경우에만 인정하며, 보육실습 시간은 하루 8시간을 초과할 수 없다.
- 실습시기: 보육실습은 보육실습 교과목이 개설된 학기(직전 후 방학 포함)에 실시하여야 한다.
- 실습 지도교사: 실습지도 이전에 보육교사 1급 또는 유치원 정교사 1급 자격증을 소지한 사람이어야 한다. 실습 지도교사는 동일한 실습 기간 내에 1명당 보육실습생을 3명 이내로 지도하여야 한다.

- 보육실습확인서: 보육교사 자격증을 발급받고자 하는 사람은 보육교사 자격증 발급 신청 시 보육실습 내용의 적절성을 증명하는 보육실습확인서를 제출하여야 한다.
- 실습 관리 시스템을 통한 보육실습 관리: 2013년 3월 1일 이후 어린이집에서 보육실습을 이수하는 경우, 어린이집 지원 시스템에 보육실습 내용을 등록 · 제출하여야 한다.

4. 보육교직원 보수교육

보육교직원의 자질향상을 위해 실시하는 교육으로서, 보육에 필요한 지식과 능력을 유지 · 개발하기 위하여 보육교직원이 정기적으로 받는 직무교육과 보육교사가 상위 등급의 자격(3급 → 2급, 2급 → 1급)을 취득하기 위해 받아야 하는 승급교육 및 어린이집 원장의 자격을 갖추기 위하여 받아야 하는 사전직무교육을 말한다(「영유아보육법」 제23조; 〈표 10-6〉〈표 10-7〉).

1) 보수교육의 종류

● 표 10-6 ● **어린이집 원장의 보수교육**

직무교육					사전직무교육
일반직무교육		특별직무교육			어린이집 원장 사전직무교육
기본교육	심화교육	영유아보육 직무교육	장애아보육 직무교육	방과후보육 직무교육	

● 표 10-7 ● **보육교사 등의 보수교육**

직무교육					승급교육	
일반직무교육		특별직무교육			2급 보육교사 승급교육	1급 보육교사 승급교육
기본교육	심화교육	영아보육 직무교육	장애아보육 직무교육	방과후보육 직무교육		

원장 및 보육교사 일반직무교육에서 기본 및 심화교육과정은 보육업무경력 등을 감안하여 교육대상자가 선택하여 이수할 수 있으며 보수교육은 현직 보육교직원을 대상

으로 실시한다. 어린이집 원장, 보육교사 등의 자격을 소지한 자라도 교육 개시 당시 어린이집에 근무하지 않는 자는 보수교육을 받을 수 없다. 다만, 교육비 전액 자비 부담을 전제로 비현직 보육교직원도 보수교육을 받을 수 있다. 보수교육은 집합 교육이 원칙이나 특별직무교육에 한해 온라인으로 교육을 이수하는 것도 인정한다.

보육교사 직무교육은 현직에 종사하고 있는 보육교사로서 보육업무 경력이 만 2년이 지난 사람과 보육교사 직무교육(승급 교육을 포함)을 받은 해부터 만 2년이 지난 해에 받아야 한다. 어린이집 원장 직무교육은 현직에 종사하고 있는 어린이집 원장으로서 어린이집 원장의 직무를 담당한 때부터 만 2년이 지난 사람과 어린이집 원장 직무교육을 받은 해부터 만 2년이 지난 해에 받아야 한다. 어린이집 원장 및 보육교사가 일반직무교육을 받아야 하는 연도에 일반직무교육을 받지 못한 경우에는 다음 연도 12월 31일까지 받아야 하며, 영아·장애아·방과후 담당 보육교사로 근무하고자 하는 자는 사전에 특별직무교육을 받아야 하는 것이 원칙이나, 불가피하게 받지 못한 경우에는 채용 후 6개월 이내에 받아야 한다. 특별직무교육을 받은 사람은 일반직무교육을 받은 것으로 인정한다.

승급교육의 경우 3급 보육교사 자격취득 후 보육업무 경력이 만 1년이 지난 사람은 2급 승급교육을 받을 수 있고, 2급 보육교사 자격취득 후 보육업무 경력이 만 2년 이상이 경과한 사람은 1급 승급교육을 받을 수 있다. 다만, 보육교사 2급 자격을 취득한 후 보육 관련 대학원에서 석사 학위 이상을 취득한 자는 보육업무경력이 만 6개월 이상 경과한 경우 1급 승급교육을 받을 수 있다. 승급교육을 받은 사람은 일반직무교육을 이수한 것으로 간주하며 어린이집 원장 사전직무교육은 일반·가정·영아전담·장애아 전담 어린이집 원장 중 어느 하나의 자격을 취득하고자 할 때 받아야 한다.

2) 보육교직원의 보수교육

보수교육을 실시하는 이유는 사회의 변천에 따라 보육대상 아동의 성격이 변해 감에 따라 보육 욕구나 요구가 다양하게 표출되어서 그에 대응하는 대책이 필요하기 때문이다. 또한 보육과 관련해서 새로운 지식과 기술을 습득하기 위해 매우 필요하다. 동시에 이러한 연수를 통해서 자신의 위치를 되돌아볼 수 있는 기회가 되며, 따라서 맡은 바 직무를 보다 의욕적으로 수행할 수 있는 계기가 된다. 이러한 중요성을 감안하여 현재 보육교사 연수는 교육법 및 「영유아보육법」에 규정되어 있다. 그리고 연수는 승급을 위한 연수와 일반연수, 특별연수로 구분되는데, 「영유아보육법」에서 말하는 보수교육은 다음과 같다.

● 표 10-8 ● **교육구분별 보수교육 대상자**

교육구분			교육대상	교육시간	비고
직무교육	일반직무교육	보육교사	현직에 종사하고 있는 보육교사로서 보육업무 경력이 만 2년을 경과한 자와 보육교사 직무교육(승급교육 포함)을 받은 해부터 만 2년이 경과한 자	40시간	매 3년마다
		원장	어린이집 원장의 직무를 담당할 때부터 만 2년이 지난 경우	40시간	매 3년마다
	특별직무교육	영아보육	영아보육을 담당하고 있는 일반직무교육 대상자와 영아보육을 담당하고자 하는 보육교사 및 어린이집 원장	40시간	이수하고자 하는 자
		장애아보육	장애아보육을 담당하고 있는 일반직무교육 대상자와 장애아보육을 담당하고자 하는 보육교사 및 어린이집 원장	40시간	이수하고자 하는 자
		방과후보육	방과후보육을 담당하고 있는 일반직무교육 대상자와 방과후 보육을 담당하고자 하는 보육교사 및 어린이집 원장	40시간	이수하고자 하는 자
승급교육	2급 승급교육		보육교사 3급의 자격을 취득한 후 보육업무 경력이 만 1년이 경과한 자	80시간	이수하고자 하는 자
	1급 승급교육		보육교사 2급의 자격을 취득한 후 보육업무 경력이 만 2년이 경과한 자 및 보육교사 2급의 자격을 취득한 후 보육 관련 대학원에서 석사 학위를 취득한 경우 보육업무 경력이 만 6개월이 경과한 자	80시간	이수하고자 하는 자
원장 사전 직무 교육	–		「영유아보육법」[별표1] 제1호의 가목부터 라목(일반, 가정, 영아전담, 장애아전담 어린이집 원장)까지 어느 하나의 자격을 취득하고자 하는 자	80시간	이수하고자 하는 자

주: 어린이집에서 특수교사나 치료사로 근무하는 자도 일반·특별직무교육대상자로서 보수교육을 이수하여야 함
　(일반직무교육이나 특별직무교육 중 선택적으로 이수할 수 있음)
　보수교육을 연속하여 3회 이상 받지 아니하는 경우 어린이집 원장 또는 보육교사 자격이 정지될 수 있으므로 보수교육 대상자는 필히 보수교육을 이수하여야 함
　예: 2016년에 직무교육을 이수한 어린이집 원장 및 보육교사의 경우 만 2년이 경과한 2018년에 직무교육을 이수하여야 하며 그해에 교육을 받지 못한 경우, 다음 해인 2019년 12월까지 받아야 함. 2019년에도 받지 않았다면 1회 위반, 2020년에도 받지 않았다면 2회 위반, 2021년도에도 받지 않았다면 3회 위반에 해당함
출처: 보건복지부(2019). 보육사업안내.

제 **11** 장
어린이집 운영관리

1. 어린이집 운영관리의 개념

2. 어린이집 운영 일반원칙

3. 지역사회 연계

보육시설 운영은 영유아의 발달에 적합한 환경을 제공하여 영유아와 그 가정을 지원하는 데 목적을 둔다. 보육시설 운영은 원아와 관련된 업무로부터 종사자 채용 및 관리, 영유아를 위한 안전, 영양, 건강과 보육프로그램의 계획, 보육료 및 정부 지원금, 각종 세출에 대한 재정 관리, 사무 및 행정 부처와의 업무 처리, 부모와의 관계 및 지원, 시설 및 안전관리, 지역사회와의 관계, 시설 운영평가 등 여러 측면의 업무로 이루어진다. 이 장에서는 보육시설 운영관리의 개념과 원칙을 살펴보고 이에 기초하여 원아관리와 사무관리 및 재무관리로 나누어 살펴보고자 한다.

1. 어린이집 운영관리의 개념

운영관리는 "시설의 목적과 목표를 효과적으로 달성하기 위한 인적, 물적, 재정(money) 및 운영 방법 조건을 정비하고 운영하는 일"이라고 할 수 있다. 다시 말하면 운영관리란 "기관의 목적이나 목표의 효과적 달성을 위해 그 기관에 소속된 사람, 시설, 환경 및 재정을 합리적이고 체계적인 방법으로 운영하는 것"이다.

운영관리의 기능은 계획하고, 조직하고, 실행하고, 평가하는 일련의 과정을 말한다. 여기에서 계획은 무엇을 할 것인가, 조직은 누가 어떻게 할 것인가에 대한 것을 뜻하고, 실행은 계획을 실제로 수행하는 것, 평가는 계획의 적절성에 관한 것을 의미한다.

어린이집에서 이루어지는 활동은 크게 보육프로그램 교수활동과 어린이집 관리활동으로 분류할 수 있으며, 전자는 목적이고 후자는 수단이라 하겠다. 즉, 영유아에게 양질의 보육프로그램을 제공하는 교수활동이 목적이 된다면 어린이집 관리는 이 목적을 극대화하기 위한 수단의 개념으로 이해될 수 있다.

종합해 본다면 어린이집의 운영관리란 질 좋은 보육프로그램을 제공하기 위해서 보육시설의 인적·물적 자원을 효율적으로 배치하는 모든 과정이라고 할 수 있다.

2. 어린이집 운영 일반원칙

어린이집의 원장은 조직 · 인사 · 급여 · 회계 · 물품 기타 시설의 운영관리에 관하여 필요한 규정을 제정 · 시행하여야 한다(법 제24조, 시행규칙 제23조).

1) 보육대상

6세 미만의 취학 전 영유아(만 0~5세의 취학 전 아동)를 원칙으로 하며 필요한 경우 만 12세까지 연장하여 보육할 수 있다.

2) 정원관리

신규시설(05. 1. 30.이후 설치 인가된 시설)은 영유아 1인당 보육실 면적 기준(2.64㎡)이 동일하므로 어린이집 인가 중에는 총 정원만 표기하고 반별 정원은 표기하지 않는다.

기존시설(05. 1. 30. 이전 설치 신고된 시설)은 영아와 유아의 면적 기준이 달라(2세 이하: 2.64㎡, 2, 3세 이상: 1.98㎡) 어린이집 신고증에 총 정원 외에 반별 정원을 별도 표기하여 관리한다.

기존시설의 반별 정원을 조정할 경우에는 기존 면적 기준에 적합한지를 확인하여 관리하여야 한다. 총 정원을 증원할 경우에는 모든 조건을 신규 인가시설 요건에 맞춰야 한다.

3) 원아관리

어린이집 운영에서 중요한 부분은 원아관리이다. 원아관리의 결과는 어린이집의 지속적인 홍보에 영향을 미치기 때문에 각 어린이집에 적합한 원아 모집 계획을 합리적으로 수립할 필요가 있다.

(1) 홍보와 원아 모집

원아 모집을 위한 홍보방법에는 여러 가지가 있다. 신문, 라디오, TV, 잡지, 인터넷의 대중매체를 이용하여 어린이집을 정보공시 하는 방법과 포스터, 우편물, 전단지, 안내 책자 등 홍보물을 배포하는 방법으로 홍보할 수 있다.

원아 모집 시기에 홍보를 집중적으로 하는 것이 대부분이나 지역사회 주민과 학부모 등을 통해 항상 어린이집이 소개되도록 하는 것이 효과적이다.

새로 개원하는 신설 어린이집의 경우 지역사회에 널리 알리는 것이 우선적으로 필요하다. 원아 모집 시기 전부터 홍보를 하고 원아 모집이 끝난 후에도 지속적인 홍보를 하는 것이 지역사회의 인지도를 높이는 방법이 된다. 기존의 어린이집들은 원아 모집 시기에 원아 모집 내용에 대한 것을 알리며, 어린이집의 활동을 꾸준히 학부모와 지역 사회 주민들과 공유함으로써 홍보 효과를 볼 수 있다.

(2) 홍보방법을 정하는 기준

첫째, '경제성'으로 홍보를 할 때 어느 방법으로 하는가에 따라 비용이 많이 들기도 하고 적게 들기도 한다. 대개 어린이집은 여러 가지 방법을 사용하기 때문에 총비용이 의외로 많이 들 수 있다. 그러므로 적은 비용으로 큰 효과를 낼 수 있는 방법이 좋으므 로 교사, 학부모, 지역사회 구성원들의 의견을 수렴하여 정하는 것이 바람직하다.

둘째, '효과성'으로 홍보방법에 따라 그 효과가 시간적으로 빠르게 나타나는 것도 있 고 꾸준히 나타나는 것도 있다. 종이로 인쇄된 전단지나 안내 책자 등은 예비 학부모들 에게 궁금할 때마다 내용을 보고 결정할 수 있는 자료가 되어 좋은 점도 있다. 그러나 지역 방송국을 통해 홍보가 나갈 때는 많은 대상에게 전달된다는 효과가 있으나 방송 에 드는 비용에 비해 구체적인 사항이 전달되지 않는 단점이 있다.

셋째, '접근성'으로 아무리 좋은 홍보방법이라도 그 방법을 사용할 수 없는 경우라면 소용이 없다. 접근성에는 홍보방법을 유능하게 원활히 다룰 수 있는가도 포함이 되어 야 한다. 예를 들어, 어린이집 홈페이지를 통해 홍보를 할 때 홈페이지를 관리할 수 있 는 사람이 있는지에 대해 고려하고, 홍보의 대상이 되는 사람들이 쉽게 접할 수 있는 방 법으로 하는 것이 바람직하다.

그림 11-1   홍보방법 예시: 포스터

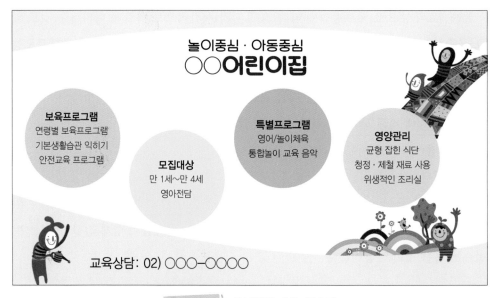

그림 11-2   홍보방법 예시: 현수막

(3) 홍보 내용

홍보 내용에는 학부모들에게 어린이집에 대한 이해를 돕기 위해 어린이집의 연혁, 주소, 연락처 등의 기본사항과 어린이집의 운영 철학, 보육활동, 그리고 교직원 조직 및 소개, 시설 · 설비 등 어린이집 운영에 대한 사항이 필요하다.

홍보 내용은 과장 혹은 왜곡되게 표현되어서는 안 되며 홍보방법에 따라 표현양식이나 내용의 분량이 달라야 한다. 대중매체를 통한 홍보는 어린이집의 보육활동 및 운영에 대한 개괄적인 내용을 포함하며 안내 책자의 경우는 보다 구체적인 내용을 담을 수 있다. 또한 예비 학부모들이 어린이집을 방문하여 설명을 듣는 '입학설명회' 같은 홍보 형식은 직접 참관하여 질의응답이나 상담 등을 통해 보육내용에 대해 상세하게 안내받을 수 있다.

(4) 반 편성 기준

① 기본보육 반편성

보육시설 반 편성을 위하여 반의 구성 형태와 반 정원을 고려해야 한다. 연령별 반편성 시 반별 정원기준은 만 0세는 3명, 만 1세는 5명, 만 2세는 7명, 만 3세는 15명, 만 4세 이상은 20명이다(〈표 11-1〉).

반별 정원 탄력편성, 농촌 소규모 어린이집 및 도서 · 벽지 · 농어촌 지역의 교사 대 아동 비율 특례 등에 의해 예외적인 반 편성이 허용된 어린이집도 정원책정 기준인 어린이집 전용면적과 보육실 면적 등은 준수하여야 한다. 만약 1, 2월생 아동으로 보호자 신청이 있을 경우 상위 연령반(전년도 1. 1.~전년도 12. 31. 출생 아동이 속해 있는 반)에 편성이 가능하다.

또한 취학 유예 아동은 보호자의 신청이 있을 경우 하위 연령 반 편성으로 만 5세 반으로 편성이 가능하다.

● 표 11-1 ● **연령별 반편성 시 반별 정원 기준(「영유아보육법 시행규칙」 제10조 별표2)**

반별 정원 기준	만 0세	만 1세	만 2세	만 3세	만 4세 이상
원칙	3명	5명	7명	15명	20명

② 연령혼합반 반편성

연령 혼합반으로 운영해야 할 경우는 교사 대 아동 비율이 낮은 연령의 교사 대 아동 비율을 준수하여야 한다(〈표 11-2〉).

● 표 11-2 ● **연령혼합반 편성 시 정원 기준**

연령 혼합반 운영	만 0세와 만 1세 영아	만 1세와 만 2세 영아	만 0세와 만 2세 영아	만 2세 이하와 만 3세 이상	만 3세와 만 4세 이상
원칙	가능	가능	불가능	불가능	가능
교사 대 아동 비율	1 : 3	1 : 5	–	–	1 : 15

③ 연장보육 반편성

연장보육 반별 정원기준은 영아반의 경우 5명, 유아반의 경우 15명, 장애아 포함 또는 0세반 아동으로만 반 구성 시 3명을 원칙으로 한다. 다만, 연장보육 미신청아동이 연장보육시간까지 남아 있는 경우 연장반에 편성하지 않고 해당 아동의 기본 보육반 교사가 보육하는 것이 원칙이나, 당일에 연장보육을 신청한 경우 탄력편성으로 보육이 가능하다.

● 표 11-3 ● **연장보육 반편성 기준**

반별 정원	영아반	유아반	장애아 또는 0세반	0세반 아동 포함 영아반	
				1개반	그 외
원칙	5명	15명	3명	3명	5명
탄력편성 가능 인원	2명	5명	0명	2명	2명

4) 입소 우선순위

보육시설 이용대상은 보육이 필요한 영유아를 원칙으로 한다. 다만, 필요한 경우 보육시설의 장은 만 12세까지 연장하여 보육할 수 있다(법 제28조, 시행규칙 제29조). 국가 또는 지방자치단체와 사회복지법인 그 밖의 비영리법인이 설치한 보육시설과 대통령령이 정하는 보육시설의 장은「국민기초생활 보장법」에 의한 수급자와 여성가족부령이 정하는 저소득층의 자녀가 우선적으로 보육시설을 이용할 수 있도록 하여야 한다. 구체적으로 다음과 같다.

(1) 1순위(법 제28조, 시행령 제21조의4, 시행규칙 제29조)

① 「국민기초생활 보장법」에 따른 수급자

② 「한부모가족지원법」 제5조의 규정에 의한 보호대상자의 자녀

③ 「국민기초생활 보장법」 제24조의 규정에 의한 차상위계층의 자녀

④ 「장애인복지법」 제2조의 규정에 의한 장애인 중 보건복지부령이 정하는 장애등급 이상에 해당하는 자(장애부모)의 자녀

⑤ 아동복지시설에서 생활 중인 영유아

⑥ 부모가 모두 취업 중이거나 취업을 준비 중인 영유아

⑦ 「다문화가족지원법」 제2조 제1호에 따른 다문화가족의 영유아

⑧ 「국가유공자 등 예우 및 지원에 관한 법률」 제4조 제1항에 따른 국가유공자 중 전몰자(제3호), 순직자(제5호 · 제14호 · 제16호), 상이자(제4호 · 제6호 · 제12호 · 제15호 · 제17호)로서 보건복지부령으로 정하는 자의 자녀

⑨ 자녀가 3명 이상인 가구 또는 영유아가 2자녀인 가구의 영유아

⑩ 제1형 당뇨를 가진 경우로서 의학적 조치가 용이하고 일상생활이 가능하여 보육에 지장이 없는 영유아

⑪ 산업단지 입주기업체 및 지원기관 근로자의 자녀로서 산업단지에 설치된 어린이집을 이용하는 영유아

(2) 2순위

「한부모가족지원법」에 따른 기타 한부모 가족 및 조손 가족, 가정위탁 보호아동 및 입양된 영유아, 동일 어린이집 재원 중인 아동의 형제 · 자매가 해당된다.

(3) 입소자 결정

① 어린이집의 원장은 신청순위에 따라 어린이집 이용신청자명부를 작성 · 비치하여 이를 열람할 수 있도록 하여야 한다. 입소 대기 관리 시스템을 통하여 입소할 경우 원장은 증빙서류를 제출받아 반드시 확인하여야 하며 증빙서류의 보존 기간은 3년으로 한다.

② 입소 확정 후 보호자는 증빙서류를 입소일 전 7일(휴일 포함) 이내에 제출하여 입소 순위에 대한 증빙을 하여야 한다.

③ 어린이집의 원장은 당해 시설에 결원이 생겼을 때마다 상기 "입소 우선순위"를 기준으로 선순위자를 우선 입소 조치한다. 동일 입소신청자가 1, 2순위 항목에 중복 해당되는 경우, 해당 항목별 점수를 합하여 고득점자 순으로 명부를 작성한다.

5) 보험가입

영유아는 생명·신체 피해보상 관련 공제 가입을 하여야 한다.

모든 어린이집은 입소 영유아 전원에 대하여 의무적으로 가입하여야 하며 모든 어린이집에서는 보육통합정보시스템을 통해 어린이집안전공제회(이하 '공제회'라 함) 회원 및 공제회 '영유아 생명·신체 피해' 공제에 가입하고, 영유아 등 입소 아동의 생명·신체 피해보상을 위한 공제료를 납부하여야 한다. 또한 집단급식소로 신고·운영하는 어린이집이나 어린이 놀이시설 관리 주체인 어린이집은 해당 법률(「액화석유가스의 안전관리 및 사업법」 제57조 등과 「어린이놀이시설 안전관리법」 제21조 등)에 따라 공제회의 해당 공제('가스 사고 배상책임' 공제, '놀이시설 배상책임' 공제)에 가입하여야 한다. 공제료는 어린이집 부담이 원칙이다.

6) 부모면담, 오리엔테이션 및 초기적응 지원

영유아를 처음으로 어린이집에 보내는 부모는 어린이집에 대한 궁금증과 걱정이 있으므로 어린이집에서는 어린이집의 철학과 보육과정의 내용, 신입 원아 적응 절차(실시 기간, 방법)에 대한 안내문을 마련하고 오리엔테이션을 실시해야 한다.

부모 오리엔테이션 안내문은 어린이집에 방문했을 때 배부할 수 있으며 상세한 일정이 결정되기 이전일 경우 이메일이나 우편으로 안내한다.

부모 오리엔테이션은 어린이집과 가정과의 긴밀한 유대관계를 형성하고 보육교직원과 부모 간의 신뢰감 형성을 토대로 보육활동의 효과를 높인다. 집단 오리엔테이션에 참석하지 못한 부모들을 위한 개별적인 오리엔테이션을 실시한다(중앙육아종합지원센터, 2018).

7) 사무관리

　어린이집의 사무관리는 보육시설이 원활하게 이루어지도록 제반 행정업무를 조직하며 통제하는 것으로 업무의 정확성과 효율성을 위해 문서 기록, 장부, 공문서 등을 관리한다.

(1) 어린이집 비치서류

　2019년 6월부터 '어린이집 평가제'로 전환되어 모든 어린이집은 의무적으로 참여해야 한다. 평가제 이외에도 어린이집에서는 각종 체크리스트와 운영관리 서류, 교직원 서류 등 많은 서류를 작성, 보관해야 한다.

　「영유아보육법 시행규칙」 제23조(어린이집 운영기준) 별표 8에 제시된 어린이집에서 갖추어야 할 서류의 목록은 다음과 같다.

어린이집 작성 · 비치 서류(시행규칙 제23조 별표8)

① 재산목록과 그 소유를 증명하는 서류(부동산을 임차하는 경우에는 임대차 계약서를 포함한다)

② 어린이집 운영일지 및 출석부

③ 보육교직원의 인사기록카드(채용 구비서류, 이력서 및 사진을 포함한다)

④ 예산서 및 결산서

⑤ 총계정원장 및 수입 · 지출 보조부

⑥ 금전 및 물품 출납부와 그 증명서류

⑦ 소속 법인의 정관 및 관계 서류

⑧ 어린이집 이용신청자 명부

⑨ 생활기록부, 영유아보육일지

⑩ 보육교직원의 인사 · 복무 및 어린이집 운영에 관한 규정 등

⑪ 통합안전점검표

⑫ 영상정보 열람 대장

⑬ 그 밖에 어린이집 운영에 필요한 서류

※ 상시 영유아 20명 이하인 어린이집으로서 어린이집의 원장이 보육교사를 겸임하는 어린이집의 경우에는 1) · 3) · 4) · 5) · 6) · 8) · 9) · 11) 및 12) 외의 장부 및 서류(전자문서를 포함한다)는 갖춰 두지 아니할 수 있다.

(2) 문서관리

어린이집의 원장은 영유아의 발달 등을 종합적으로 관찰·평가하여 영유아 생활지도 및 초등학교 교육과의 연계지도에 활용할 수 있도록 생활기록부를 작성·관리하여야 한다(〈표 11-4〉〈표 11-5〉). 어린이집의 원장은 보호자의 요청 또는 아동이 전원하는 어린이집의 장 및 아동이 입학한 초등학교의 장 등이 생활지도에 필요하여 요청할 경우에는 보호자의 동의를 얻어 생활기록부 사본(전자서식 포함)을 송부해야 한다. 또한 모든 재원 아동에 대하여 아동명, 출석일, 등·하원시간이 포함된 출석부를 작성하여 비치하여야 한다.

담임교사가 출석부에 아동의 출결 상황 및 등·하원시간을 기록(서면 출석부 또는 전자출석부 중 선택하여 작성 가능)하는 것이 원칙이나, 담임교사가 기록하기 곤란한 경우에는 당번 교사, 원장, 보조교사 등이 기록 가능하다. 또한 「영유아보육법」 제33조에 의한 건강진단카드를 비치하여야 한다.

● 표 11-4 ● **생활기록부(영아)**

1. 인적사항

어린이집명						
아동	이름	(한글) (한자)		성별	남·여	사진 (3×4cm)
	생년월일		입·퇴소일		입소 퇴소	
	주소		혈액형			
보호자	아동과의 관계	부	모		기 타	
	이름					
	전화번호					

2. 기본생활습관 및 발달상황

영역 \ 연령		0세	1세	2세
기본 생활 습관	수면			
	배변			
	식사			

활동 발달	신체운동	
	사회관계	
	의사소통	
	자연탐구	
	예술경험	

3. 출결상황

구분 ＼ 연령	0세	1세	2세
보육일수			
결석일수			
의견			

4. 영아 표준예방접종

대상전염병	백신종류 및 방법	접종차수	접종일자	접종기관
결핵	BCG(피내용)	1회		
B형간염	HepB	1차		
		2차		
		3차		
디프테리아 파상풍 백일해	DTaP	1차		
		2차		
		3차		
		4차(추가)		
폴리오	IPV	1차		
		2차		
		3차		
B형헤모필루스 인플루엔자	Hib	1차		
		2차		
		3차		
		4차		
홍역·유행성이하선염풍진	MMR	1차		

수두	Var	1회		
일본뇌염	JEV(사백신)	1차		
		2차		
		3차		
	JEV(생백신)	1차		
		2차		
인플루엔자	Flu	매년 접종		
장티푸스(24개월 이상부터)	주사용	고위험군에 한함		
A형간염	HepA	1차		
		2차		
폐렴구균	PCV(단백결합)	1차		
		2차		
		3차		
		4차		
	PPSV(다당질)	고위험군에 한함		
기타 임시예방접종 등		명칭 기재		
		명칭 기재		

5. 병력기록

병명	질병발생 연월일 및 질병의 정도	
	입소 전	입소 후

6. 신체발달상황

측정시기 구분				
신장(cm)				
몸무게(kg)				
측정자				

※비고: 18개월 미만의 영아는 2개월마다, 그 이상의 영아는 6개월마다 측정 · 기록한다.

기록관리자

※ 출처: 보건복지부(2019a). 2019년 보육사업안내 부록 〈서식 Ⅱ-2〉 참조.

● 표 11-5 ● **생활기록부(유아)**

1. 인적사항

어린이집명						
아동	이름	(한글) (한자)		성별	남 · 여	사진 (3×4cm)
	생년월일			입 · 퇴소일	입소 퇴소	
	주소			혈액형		
보호자	아동과의 관계	부		모		기타
	이름					
	전화번호					

※ 비고: 보호자란 중 부 · 모가 있을 경우 양자 모두 기재

2. 출결상황

구분＼연령	3세	4세	5세
보육일수			
결석일수			
의견			

3. 영아 표준예방접종

대상전염병	백신종류 및 방법	접종차수	접종일자	접종기관
디프테리아 파상풍 백일해	DTaP	5차(추가)		
폴리오	IPV	4차(추가)		
홍역 · 유행성이하선염풍진	MMR	2차		
일본뇌염	JEV(사백신)	3차		
		4차(추가)		
인플루엔자	Flu	매년 접종		
기타 임시예방접종 등		명칭 기재		
		명칭 기재		

4. 신체발달상황

구분 \ 연령	3세	4세	5세
신장(cm)			
몸무게(kg)			
측정자			

기록관리자

5. 활동발달상황

성명			
구분 \ 연령	3세	4세	5세
기본생활습관			
신체운동 · 건강			
의사소통			
사회관계			
예술경험			
자연탐구			
종합의견			

● 표 11-6 ● **어린이집 문서 보존 연한**[1]

구분	보존 기간
기관 및 단체의 신분, 재산, 권리, 의무를 증빙하는 서류 　－인사기록카드, 보육교직원 관리대장 등	준영구
공사 관련 장부 및 증빙서류	10년
• 회계 관련 장부 및 증빙서류 　－ 현금출납부, 총계정원장, 재산대상, 비품 관리대장 　－ 과목 전용조서, 수입·지출 원인행위 위임에 관한 위임장 　－ 보육료 대장, 봉급 대장 　－ 수입과 지출에 따른 증빙서류 등 • 영유아 생활기록부	5년
기타 어린이집 운영에 관한 서류 　－ 어린이집 운영일지 　－ 어린이집 이용신청자명부 및 이용 아동 연명부 　－ 연간·월간·주간보육계획안, 보육일지 등	3년
기타 업무 연락, 통보, 조회 등과 관련된 기록물	1년

8) 재무관리

　재무관리는 예·결산에 관한 전반적인 사항으로 원아 보육료 및 정부 보조금 등의 수입과 인건비, 교재·교구 구입 등의 물품 구입과 관련된 지출 절차 등의 업무로 이루어진다.

　어린이집의 재무회계에 관한 사항은 「사회복지법인 및 사회복지시설 재무·회계규칙」에 따라 실시하여야 하고, 주요 항목별 기준 등을 준수하여야 하며, 어린이집의 모든 수입·지출만 관리하는 어린이집 명의로 된 통장을 개설하여 수입 및 지출 관리는 통장을 통해서 하여야 한다. 어린이집은 매월 보조금 신청 시 보육통합시스템(CIS)에서 정한 형태와 내용에 따라 재무회계 관련 자료를 입력(전송)하여야 한다. 또한 원장은 보육교직원의 근로소득을 관할 세무서에 신고하여야 한다.

---

1) 어린이집에는 「영유아보육법 시행규칙」 제23조에 의한 장부 등을 비치하여야 한다. 장부 등의 보존 기간은 「공공기록물 관리에 관한 법률 시행령」 제26조 제1항에 준하여 〈표 11-6〉과 같이 하되, 전자적 문서로 보존할 수 있다.

보육료 수납 시 어린이집의 원장은 보육료 수납영수증을 발급하여야 하나 아이행복카드 이용 시에는 카드발급 영수증으로 대체 가능하며 아이행복카드 이외의 일반 영유아 보육료는 신용카드 및 금융기관을 통하여 수납하도록 한다. 현금 수납은 원칙적으로 불가능하나, 불가피한 사유로 현금 수납을 한 경우에는 수입 결의서를 작성하고 관련 서류를 첨부한다.

어린이집의 지출은 어린이집 전용 체크(신용)카드, 계좌입금으로 하되, 어린이집에 지원되는 국가 또는 지방자치단체의 보조금 지원은 보조금 전용카드나 보조금 전용계좌를 이용하여야 하며, 시 · 도지사가 정하는 소액의 범위 내에서 현금결제가 가능하다. 지출할 때에는 세금계산서, 카드결제영수증, 현금영수증(현금결제) 등 관련 서류를 첨부하여야 한다.

국공립, 법인어린이집 등 보육교직원 인건비 국고지원을 받는 어린이집(정부 지원 어린이집)의 원장은 보건복지부 장관이 정한 인건비 지원 기준에 따라 지급하되, 지방자치단체에서 별도 지급하는 교사 처우 개선비 등은 부가적으로 지급한다.

모든 어린이집은 보육교사에게 「최저임금법」에 의한 최저임금 이상의 보수를 지급하여야 하며, 지방자치단체에서 별도 지급하는 교사 처우 개선비 등은 부가적으로 지급하고 4대 보험료의 사업자 부담분은 별도 부담한다. 보육교직원 인건비 지급은 반드시 계좌로 입금하여야 하며, 보육교직원에게는 봉급명세서를 발급하여야 한다.

● 표 11-7 ● **재무회계 절차 총괄표**

구분	예산편성	예산집행		결산
원칙	모든 세입과 세출은 예산에 포함	• 예산의 목적 외 사용금지/예산의 전용 • 수입 · 지출의 관리는 예금통장에 의해 행한다.		세출예산의 이월
관련 서류	• 사업계획서 • 세입세출 예산서 • 준예산 • 추가경정예산	〈장부〉 • 현금출납부 • 총계정원장 • 봉급대장 • 보육료대장 • 비품관리대장	〈증빙서류〉 • 계좌입금증빙서류 • 수입 · 지출결의서 • 반납결의서 • 과목전용조서 • 예비비 사용조서 • 정부보조금 명세서	• 세입세출 · 결산총괄 설명 • 세입 · 세출결산서 • 연도말 잔액증명 • 퇴직적립금 장사본 & 잔액증명서
과정	• 예산편성지침(2개월 전) • 예산안 제출(개시 5일 전)	수입 · 지출 사무의 관리책임자 선정		제출(다음 연도 5월 31일까지)

9) 보육교직원 관리

(1) 보육교직원 보수기준

보육교직원의 보수 관련 사항은 국고보조 어린이집(정부인건비지원어린이집, 직장어린이집)에 적용함을 원칙으로 근로관계 법령(「근로기준법」「근로자퇴직급여보장법」등)을 기본으로 작성하며 교직원의 이해를 돕기 위한 자료로 사용한다.

보육교직원의 보수기준은 보육교사 등의 호봉, 근무성적과 시설의 운영여건 및 '2020년도 보육교직원 인건비 지급기준'을 참고하고, 원장, 보육교사, 조리원으로 교직원을 구분하여 보수를 지급하되, 보육교직원 자격기준 이외의 직원(사무원, 사회복무요원, 도우미 등)은 별도 기준을 정하여 적용한다. 모든 어린이집에서는 사용자와 고용자 간에 근로계약서를 작성하여야 하며, 근로계약서에는 임금, 근로시간 및 기타 근로조건 등을 명시하여야 한다.

보수는 특별한 규정이 있는 경우를 제외하고는 봉급표상의 월지급액으로 하되, 신규 채용 및 퇴직 등의 경우에 있어서 발령일을 기준으로 일할 계산하여 지급한다. 매월 25일에 지급하되, 지급일이 공휴일인 경우에는 그 전일에 지급한다.

(2) 채용 및 임면보고

① 보육교직원의 채용 및 임면보고 등 일반절차

'2020년 보육사업안내'에 따르면 보육교직원의 채용 및 임면보고 절차는 다음과 같다.

보육교직원 채용 (원장, 보육교사, 특수교사, 조리원 등)	• 채용주체: 어린이집 설치자 • 채용조건: 자격기준을 갖춘 자 • 채용 시 구비서류 　－(공통) 인사기록카드, 주민등록등본, 채용신체검사서, **성범죄 경력 및 아동학대관련범죄 전력 조회 회신서**, 개인정보제공 및 고유식별정보 처리동의서, 보수교육 수료 등 　－(자격이 필요한 자) 자격증 또는 면허증 사본

교직원 임면보고	• 임면보고 절차: 어린이집 → 시 · 군 · 구청장(채용 후 14일 이내) • 임면보고 시 구비서류 　－인사기록카드, 주민등록등본, 채용신체검사서, **성범죄 경력 및 아동학대관련범죄 전력 조회 회신서**, 개인정보제공 및 고유식별정보 처리 동의서, 보수교육 수료증 ※ 자격증 사본은 보육통합정보시스템으로 확인 가능한 경우 제출 제외 ※ 인사기록카드는 "임신육아종합포털(아이사랑)" "보육통합정보시스템"을 통해 임면 보고 가능(2015.2.2.~) ※ 어린이집 및 시 · 군 · 구에서는 교직원 임면보고를 시스템을 통해 실시하고 적극 지도

교직원 자격의 적격성 확인	• 확인주체: 시 · 군 · 구청장 • 확인대상: 어린이집 원장, 보육교사, 특수교사, 장애유아를 위한 보육교사, 치료사, 간호사, 영양사, 조리원 중 조리사 • 확인방법: 각 자격별 자격증명 서류 및 보육통합정보시스템

교직원 결격사유 조회 및 범죄경력 조회	• 결격사유조회 및 범죄경력조회 주체: 시 · 군 · 구청장 • 내용: 교직원 결격 사유(법 제20조)

경력관리시스템 입력 관리	교직원 임면 사항을 경력관리시스템에 입력 관리

그림 11-3　보육교직원의 채용 및 임면보고 절차

② 보육교직원 경력관리

교직원 임면보고를 받은 시장 · 군수 · 구청장은 교직원 자격 및 결격사유에 이상이 없는 자(주당 30시간 이상 근무하는 교직원)에 대해서는 경력관리시스템(보육통합정보시스템)에 임면 사항을 입력 · 관리한다. 보육교사에 한하여 주당 30시간 미만 근무자에 대해서도 경력을 인정(시간 단위로 합산하여 경력인정, 2011. 7. 1. 이후 어린이집에서 근무한 경력만 합산, 2011. 7. 1. 이전 어린이집에서 시간제로 근무한 경력은 불인정)한다. 주당 30시간 미만 근무하는 보육교사로 합산한 근로시간이 8시간인 경우 1일, 209시간인 경우 1개월의 경력으로 인정한다. 교직원의 출산 전후 휴가, 육아휴직, 육아기 단축근무,

자격정지, 자격취소, 퇴직 등의 사항도 경력관리시스템에 입력·관리한다. 보육교사의 출산휴가, 육아휴직 등의 사유 발생 시 영유아보육을 위해 채용된 대체교사(임시교사) 및 시간제 보육교사에 대한 임면 사항도 경력관리 시스템에 입력·관리한다. 또한 임면권자는 보육교직원의 임면 사항과 관련된 인사기록카드서류, 보육교직원 관리대장, 자격(면허)을 요하는 교직원 자격증(면허증) 사본, 그리고 교직원 임면과 관련된 기타 서류를 관리대장을 비치하여 기록·관리한다.

③ 보육교직원 복무관리

어린이집 원장은 어린이집의 인사관리가 효율적으로 이루어질 수 있도록 복무규정을 문서화하고 모든 교직원에게 이를 알려야 한다. 복무규정에는 자격과 근무 기간에 따른 급여기준, 퇴직금, 4대 보험, 휴직, 사직 절차, 휴일, 연차, 유급휴가 등이 포함되어야 한다.

어린이집 원장과 보육교사 등 기타 교직원의 근무시간은 평일 8시간을 원칙으로 한다. 다만, 어린이집의 운영시간(평일 12시간 원칙)을 고려하여 연장 근무할 수 있으며 초과근무수당을 지급한다.

어린이집 원장(교사 겸직 원장 포함)이 휴가, 병가, 보수교육 참여 등 불가피한 사유로 직무를 수행할 수 없는 경우 보육교사가 그 직무를 대행할 수 있는 기간은 15일(연속, 휴일 제외) 이내로 제한하며 실제 대행 시작일을 기준으로 15일을 초과할 경우 대체원장을 배치하여야 한다.

어린이집 원장은 특별한 경우를 제외하고는 근무시간 중에 상시 그 업무에 종사하여야 하는바, 근무시간 중에 대가를 받고 월 12시간을 초과하는 세미나, 공청회, 토론회, 발표회, 심포지엄, 교육과정에 참석하여 강의·강연·발표·토론하는 행위를 할 수 없다.

보육교직원의 휴가는 보육 공백을 최소화할 수 있도록 순번제로 실시하고, 보수교육, 출산휴가 등으로 어린이집의 원장, 보육교사 또는 그 밖의 보육교직원의 공백이 생기는 경우에는 이를 대체할 수 있는 대체원장, 대체교사 또는 그 밖의 인력을 각각 배치하여야 한다.

보육교사 등 기타 교직원의 근무시간은 평일 8시간을 원칙으로 하되, 연장보육교사의 근무시간은 평일 4시간을 원칙으로 한다.

「근로기준법」 제54조(휴게)에 따라 사용자(어린이집 원장 또는 대표자)는 근로자(보육교직원)의 근로시간이 4시간인 경우에는 30분 이상, 8시간인 경우에는 1시간 이상의 휴게시간을 근로시간 도중에 주어야 하며 휴게시간은 조기 퇴근 또는 수당 지급으로 대체할 수 없다(고용노동부 유권해석, 근로기준 정책과-4040, 2018. 6. 26.). 담임교사가 휴게시간을 사용하는 동안 원장 또는 보조교사가 담임교사의 업무를 대행할 수 있다.

(3) 보육교직원의 퇴직

어린이집 임면권자는 보육교직원이 퇴직할 경우에 사직서를 제출받아 퇴직 처리하고, 퇴직 사실을 관할 시·군·구청에 보고하여야 한다. 퇴직하는 근로자에게는 「근로자퇴직급여 보장법」 및 관계 법령에 따라 적용한다.

국공립 어린이집 및 사회복지법인 어린이집의 대표자 겸 원장, 대표자 겸 보육교직원은 퇴직급여·퇴직적립금의 적립·지원대상이나 어린이집 대표자, 대표자 겸 원장, 대표자 겸 보육교직원은 인건비 지원을 통한 퇴직급여·퇴직적립금의 적립·지원대상이 아니다.

근속기간이 1년 미만인 자가 퇴직한 경우 해당 근로자의 퇴직급여·퇴직적립금 중 국고 및 지방자치단체 보조금은 회계연도 종료 후 3월 이내에 반환하여야 한다(보건복지부, 2020).

10) 시설 및 설비 관리

(1) 시설·설비의 개념

보육기관의 시설은 보육의 기능을 구체적으로 실현하고자 하는 목적으로 활용되는 일체의 물리적 조건으로서 건물, 야외 놀이터, 정원, 사육장, 교문, 담장 등을 말한다.

설비는 시설의 의미 속에 대체로 포함시키기도 하지만 따로 구분하여 사용하기도 한다. 일반적으로 건축학 분야에서는 '건축 부대설비' 혹은 '설비'로 약칭하는 경우가 많다. 이러한 경우의 설비는 급수 설비, 배수 설비, 위생 설비, 조명 설비, 냉·난방 설비 등과 같이 비교적 명백하게 구분하여 사용된다. 보육기관에서 설비라는 말은 건축 분야에서와 같이 명백하게 규정할 수는 없다. 여기서 설비란 시설의 모든 부속된 부분으로서 시설과 관련되어 유아교육의 기능을 수행하기 위한 모든 물적 요소의 총체라고 규정할 수 있다(임재택, 2001).

(2) 시설 · 설비의 중요성

교육환경의 좋고 나쁨은 교육 효과와 정비례한다고 볼 수 있다. 보육기관의 환경은 성장과 발달의 속도가 빠르고 감수성이 예민한 영유아를 대상으로 교육하는 곳이기 때문에 더욱 중요한 의미를 가진다. 보육의 효과를 높이기 위해서는 그들에게 적절한 교육환경을 마련해 주는 것이 필수적이다.

환경은 인적 환경과 물적 환경으로 구분될 수 있다. 인적 환경은 부모, 교사, 또래 집단, 지역사회 인사 등과 같이 인적 요소를 포함하는 환경을 말하며, 물적 환경은 건물, 교지, 내 · 외부의 각종 설비, 교재 · 교구 등의 물리적 요소를 포함하는 환경을 의미한다. 보육기관의 시설 · 설비는 그 자체가 보육기관의 물적 환경으로서 보육에서 중요한 기능을 한다.

최근 아동의 성장 · 발달에 대한 과학적인 연구 결과들이 누적되면서 아동교육의 방향은 유전론적 요인보다는 환경론적 요인이나 유전과 환경의 상호작용적 요인이 더 큰 영향을 미친다는 쪽으로 변화되어 가고 있다. 특히 인간의 행동은 인간과 환경과의 상호작용에 의한 것이라는 레빈(Lewin, 1935)의 주장과 아동의 행동을 가장 잘 예언해 주는 것은 그 아동이 누구를 아는 것이 아니라 그 아동이 어디에 있느냐를 아는 데 있다는 바커(Barker, 1968)의 생리학적 심리학에 의한 주장도 있다. 이들은 보육기관의 환경, 특히 시설, 설비, 공간 등의 물리적 환경이 보육의 효과를 높이는 데 중요한 역할을 한다는 것을 입증해 주고 있다(田中, 吉永, 1997에서 재인용).

데이(Day, 1983)는 어린이집에서의 유아의 행동은 그 시설의 물리적 공간의 조직과 활용, 학습 자료의 제공과 활용 방안, 교사-유아 상호작용의 유형 등 세 가지 환경 요인과 밀접한 관계가 있다고 지적하였다. 이러한 주장들은 교사가 환경 변인의 중요성을 인식하고 이를 개선하기 위한 노력을 기울였을 때 유아의 전인적 성장 · 발달에 긍정적인 효과를 가져 온다는 것을 의미한다. 이러한 연구 결과들 이외의 수많은 연구는 보육기관의 물리적 환경, 특히 그 기관의 시설과 설비, 공간의 구성과 배치, 학습 자료의 양과 활용 상태 등이 아동교육의 결과를 좌우한다고 보고하고 있다. 그러므로 보육기관을 새로 설립하려는 사람들은 계획 시부터 이러한 점을 깊이 인식하고 시설과 설비를 건축하고 구성해야 하며, 기존의 시설을 이용하고 있는 원에서도 그것을 좀 더 효율적으로 활용할 수 있는 방안을 강구하여 그 시설과 설비를 개선 · 보완하는 노력을 끊임없이 해야 할 것이다(임재택, 2001).

(3) 시설 · 설비의 기준

보육시설을 설치 · 운영하려면 「영유아보육법 시행규칙」 제9조와 관련 [별표 1]에 제시되어 있는 보육시설 시설 · 설비 기준 내용에 적합하여야 한다. 또한 다른 어떤 건축물과 마찬가지로 보육시설을 설치하고자 하는 건물은 「건축법」 「소방법」 등의 각종 규정사항을 준수해야 한다(보건복지부, 2019a; 한국보육진흥원, 2019b).

11) 건강 · 안전 · 급식 및 위생 관리

건강 · 안전 · 급식 및 위생 관리는 「영유아보육법」 제31~32조 및 시행규칙 제33조, 「영유아보육법 시행규칙」 제23조 및 제34조 관련 [별표8](2016.3.30. 개정) 어린이집의 운영기준 등에 기초한다.

(1) 건강관리

① 영유아 예방접종 실시

원장은 영유아에 대하여 최초 보육을 실시한 날부터 30일 이내에 특별자치 도지사 · 시장 · 군수 · 구청장 또는 예방접종을 한 자가 발급한 예방접종 증명서 또는 그밖에 이에 준하는 증명자료를 제출받아 영유아의 예방접종 사실을 확인한다.

생활기록부에 예방접종 여부 및 내역에 관한 사항을 기록, 관리하고 영유아의 생활기록부상 '감염병 예방접종' 내역을 확인하여 필수 예방접종 종류는 반드시 접종하도록 보호자에게 안내한다.

② 비상시 응급처치

영유아에게 질병, 사고 또는 재해 등으로 인하여 위급상태가 발생한 경우 즉시 응급의료기관에 이송해야 한다. 어린이집은 아프거나 다친 영유아에 대한 처리절차를 위한 지침을 마련하고 응급상황 발생 시, '아프거나 다친 영유아에 대한 처리 지침'에 따라 대응하고, 부모의 '응급처치 동의서'에 따라 처리한다.

③ 영유아 건강진단

어린이집 보육교직원 및 어린이집에서 함께 거주하는 자는 매년 1회 이상 건강진단을 실시한다. 검사항목은 신체계측, 시력검사, 청력검사, 구강검사 등 영유아의 발달단계에 따라 필요한 항목이며 영유아 건강검진 검사항목에 준한다. 전염성 질환에 감염된 것으로 밝혀지거나 의심되는 영유아는 어린이집으로부터 격리 · 치료하도록 조치하여야 한다.

④ 보육교직원의 건강진단 및 조치

어린이집 보육교직원 및 어린이집에서 함께 거주하는 자는 매년 1회 이상 건강진단을 실시하여야 한다. 건강진단 결과 감염병에 감염된 것으로 의심되거나 판명된 자는 완치 시까지 휴직시키거나 면직시키는 등의 조치를 하여야 한다. 원장은 교직원 및 영유아에 대한 건강진단 실시 관련 증빙서류 등을 비치하여 건강관리를 철저히 하여야 한다.

(2) 급식관리

① 영양관리

어린이집에서 제공되는 모든 급식과 간식에 대하여 영양사가 작성한 식단을 사용한다. 급식은 정상적인 발달에 필요한 영양을 섭취할 수 있도록 영양사가 작성한 식단에 의해 어린이집에서 직접 조리하여 공급하는 것을 원칙으로 한다.

② 집단급식

「식품위생법」에 따라 상시 1회 50인 이상(영유아 및 보육교직원 포함)에게 식사를 제공하는 어린이집의 경우 시 · 군 · 구청 위생 관련 부서에 집단급식소로 신고 · 운영하고 조리사를 배치한다. 영유아의 건강 · 안전 및 소비자의 알 권리 확보를 위해 농수산물이나 그 가공품을 조리하여 제공하는 경우 식단표에 원산지를 기재하여 공개한다.

또한 식품 알레르기 질환에 대한 지침을 마련하여 보호자에게 안내하고 영유아별 식품 알레르기 질환을 조사하고 기록 · 관리하며, 식품 알레르기 질환 영유아가 있는 경우 이를 고려하여 급 · 간식을 제공한다.

(3) 위생관리

① 급식위생

어린이집 내의 식자재 등은 모두 유통기한이 경과된 것이 없어야 하며 조리실은 항상 청결을 유지하되 정기적으로 식기 도마, 칼, 행주, 그 밖에 주방용구를 세척 · 살균 및 소독한다.

조리를 하는 교직원은 조리 시 전용 앞치마, 전용 머릿수건, 조리실 전용 신발이나 위생화를 착용한다.

당일 조리된 음식은 당일 소모를 원칙으로 하며, 배식 시 음식별로 위생적인 개별 배식도구를 사용하고 맨손으로 음식을 배식하지 않아야 한다.

② 실내 공기질 관리

영유아와 보육교직원의 건강 · 위생관리를 위해 환기 · 청소 등을 수시로 실시하여 실내 공기질을 쾌적하게 유지하도록 하며 영유아의 등원 전, 식사 및 간식 시간 후, 낮잠 시간 후 등에 자주 창문을 열고 환기를 시켜 보육실 내에 항상 신선한 공기가 유입될 수 있도록 관리한다.

③ 위생관리 일반

조리실 · 식품 등의 원료 및 제품 보관실 · 화장실 · 침구 · 놀잇감 등에 대하여 정기적으로 소독을 실시하고 청결하게 관리한다. 영유아의 유행성 질환 감염 여부와 청결상태, 교직원의 외복 청결상태 및 위생상태, 어린이집의 전반적인 위생상태 등을 수시로 확인하고 관리해야 한다. 모든 영유아는 개별 침구를 사용하고 주 1회 이상 세탁하여 청결을 유지한다. 침구를 보관하는 장소도 청결을 유지한다.

(4) 기타 위생관리

어린이집에는 원칙적으로 동물(애완동물, 곤충 등)을 두어서는 안 된다. 동물을 둘 경우에는 사전에 부모에게 고지하여야 하며 영유아의 알레르기, 질병, 상해 등을 방지하기 위해 정기적으로 수의사를 통해 면역조치 등을 받아야 한다.

● 표 11-8 ● **건강 · 급식 · 위생관리**

법적근거	내용
〈건강〉 「영유아보육법」 제31조 (건강관리 및 응급조치) 〈급식〉 「영유아보육법」 제33조(급식관리) 「영유아보육법 시행규칙」 제34조 (급식관리) 〈위생〉 「영유아보육법 시행규칙」 제23조 별 표8	• 영유아와 보육교직원에 대하여 1년에 한 번 이상 정기적 으로 건강진단 실시 • 어린이집 생활기록에 영유아의 예방접종 여부 및 내역에 관한 사항을 기록 · 관리 • 제31조에 따른 건강진단 결과 질병에 감염되었거나 감염 될 우려가 있는 영유아에 대하여 그 보호자와 협의하여 질 병의 치료와 예방에 필요한 조치를 취함 • 영유아에게 보건복지부령으로 정하는 바에 따라 균형 있 고 위생적이며 안전한 급식 제공 • 급식은 영유아가 필요한 영양을 섭취할 수 있도록 영양사 가 작성한 식단에 따라 공급. 영양사를 두고 있지 아니한 100명 미만의 영유아를 보육하고 있는 어린이집은 보육정 보센터 및 보건소 등에서 근무하는 영양사의 지도를 받아 식단을 작성하여 어린이집에서 직접 조리하여 공급하는 것이 원칙 • 상시 1회 50인 이상에게 식사를 제공하는 어린이집의 경 우 집단급식소로 신고 · 운영하고 조리사를 배치 • 농수산물이나 그 가공품을 조리하여 판매 · 제공하는 경 우에 원료에 대하여 원산지를 표시 • 조리실 · 화장실 · 침구 등을 정기적으로 소독 • 음용수 관리 • 동물관리: 미리 부모에게 그 사실을 통지, 정기적으로 수 의사를 통해 면역조치, 동물 · 곤충 또는 배설물 등을 접촉 한 경우에는 접촉 부위 세안 • 실내 공기질 관리: 연면적 430㎡ 이상의 국공립 및 법인 · 직장 · 민간어린이집일 경우

(5) 안전관리

어린이집은 보육대상 영유아의 연령을 고려하여 아동복지법령의 안전교육 기준에
따라 매년 안전교육계획을 수립하여 교육을 실시하고 그 결과를 관할 시 · 군 · 구에 매
년 1회 보고한다.

영유아 대상 안전교육은 영유아의 연령별 특성을 고려하여 놀이, 동화, 이야기 나누
기 등의 방법으로 보육과정 내에서 자연스럽게 다룸으로써 영유아가 보다 쉽게 안전의

식을 내면화하도록 지도하는 것이 바람직하다.

또한 등·하원 차량 운행 시 운전기사 및 보육교사 등 동승자는 영유아를 안전하게 담당 보육교사나 보호자에게 인도하여야 하며 모든 영유아가 안전하게 인도되었는지 여부를 확인한다. 보육교사 등 동승자는 어린이집에 통학 차량이 도착하여 영유아가 하차한 후 지체 없이 통학 차량 이용 영유아들의 승하차 상황을 확인하고 담임교사에게 통보한다.

보육교직원의 안전교육은 평가제 지표에 따라 연간 안전교육계획을 수립하고 안전교육을 연 1회 이상 받들 수 있도록 지원한다. 그리고 어린이집의 모든 보육교직원은 아동의 권리 및 아동학대 예방에 대한 내용을 숙지하고, 아동학대 예방교육을 시행할 때 적극 참여해야 하며, 어린이집 원장은 보육교직원에게 아동학대 예방 및 신고의무와 관련한 교육을 매년 1시간 이상 실시하도록 한다(「아동학대범죄의 처벌 등에 관한 특례법」 제10조).

3. 지역사회 연계

OECD(2012)에서는 지역사회 참여를 유아교육·보육서비스 관련 지역사회 구성원 간의 공식적·비공식적 관계로 정의하며, 지역사회의 범위에 이웃, 비정부기구, 종교단체, 사립재단, 사회적 서비스 및 의료적 서비스와 같이 유아의 발달을 강조하는 서비스가 포함된다고 정의하고 있다.

현대사회에서는 영유아를 둘러싼 환경의 영향을 강조하고 있어 어린이집과 영유아의 부모와 가족, 그리고 지역사회가 협력적인 동반자 관계를 형성할 필요가 있다. 지역사회는 영유아의 성장과 발달에 영향을 미치는 환경의 하나로, 영유아는 성장하면서 그 지역사회 특성에 영향을 받는다. 지역사회와의 연계를 강조하는 것은 그 특성에 따라 다양한 자원을 보유하고 있기 때문이다. 또한 영유아의 건강한 발달지원이라는 공동의 목표를 향해 함께 협력하는 주체로 유아발달과 학습을 돕는 주요 정책수단이라는 인식이 증가하고 있다(OECD, 2012). 보호와 교육이 모두 포함되어 있는 보육의 기능이 포괄적으로 확장되어 보육프로그램의 변화가 불가피하고 보육욕구는 영유아들이 거주하는 지역이나 그들의 사회적·경제적·문화적 배경의 차이에 따라 달라질 수 있다.

이로 인해 어린이집은 지역사회와의 요소를 기관 운영에 개입시켜 상호 연계를 이루는 것이 필요하다.

1) 지역사회 자원 활용 유형

(1) 자연적 자원

어린이집에서 이루어지는 주제별 교육프로그램에 활용할 수 있는 지역사회의 자원으로는 동네 근처에 있는 각종 상점, 쇼핑센터, 지하철이나 버스, 택시, 건설현장, 소방서, 공원과 휴식 공간, 종교시설, 동물원, 박물관 등이 있다. 이곳은 영유아들에게 교육적 경험을 제공해 주는 자원들이므로 이를 적극적으로 활용한다.

그림 11-4　　자연적 자원 활용의 예

(2) 인적 자원

어린이집에 위치한 지역의 활용 가능한 인적 자원으로는 의사와 간호사, 경찰관, 소방관 등이 있다. 이들의 다양한 특성을 적극적으로 활용함으로써 영유아에게 제공되는 활동을 보다 풍부하게 할 수 있다. 한편, 영유아들도 지역사회의 인적 자원으로 역할을 할 수 있다. 예를 들면, 양로원에 지원할 물품을 수집하고 자금을 모금하여 지역사회에 헌신할 수 있다.

그림 11-5   인적 자원 활용의 예

(3) 물적 자원

교사들은 어린이집에서 활용 가능한 자원들 중 지원을 받아 보육프로그램을 진행하는 데 활용할 수 있다. 영유아들이 프로그램을 진행하면서 활용할 수 있는 종이 상자, 냅킨, 포장 용기 등을 지원받아서 역할놀이를 할 수 있다.

2) 연계 활성화를 위한 원장 및 교사 역량 강화

연계를 형성하고 조직하고 효율화하는 역량은 연계 활성화를 위한 중요한 요소이며, 기관이 지역사회 연계 주체로서의 기능을 발휘하기 위해서는 그 역할을 담당하는 원장과 교사의 계획과 실행을 위한 역량이 필요하다.

지역사회 연계의 실제 활동을 추진하는 데 주도적 역할을 담당할 교사와 원장이 전문성을 기를 수 있도록 지속적인 교육, 장학이나 컨설팅 등의 기회가 필요하며 이를 위해 시·도 교육청과 육아종합지원센터 등 지자체 지원체계를 중심으로 지역사회 연계를 조력할 전문가를 발굴하여 배치하고, 필요할 경우 순회 장학, 컨설팅을 제공하는 방안이 필요하다(권미경, 2016).

3) 지역사회 연계의 실제

(1) 어린이집 운영위원회

어린이집의 장은 어린이집 운영의 자율성과 투명성을 높이고 지역사회와의 연계를 강화하여 지역실정과 특성에 맞는 보육을 실시할 수 있도록 하기 위하여 협동어린이집을 제외한 모든 어린이집에서는 어린이집 운영위원회를 설치·운영해야 한다(보건복지부, 2020).

① 설치 및 운영

운영횟수는 분기별 1회 이상이며, 1분기(3~5월) 정기 운영위원회는 반드시 3월에 실시하여야 한다. 어린이집 운영위원회는 당해 어린이집의 장, 보육교사 대표, 학부모 대표 및 지역사회 인사(직장어린이집의 경우에는 당해 직장의 어린이집 업무담당자)를 포함한 5인 이상 10인 이내로 구성하되, 학부모 대표가 2분의 1 이상이 되어야 한다. 단, 가정어린이집의 경우 지역사회 인사는 제외할 수 있다. 운영위원회의 위원장은 보육교직원이 아닌 위원 중에서 선출하도록 한다. 운영위원회의 회의는 분기별 1회 이상 개최하고, 전체 학부모를 대상으로 공개를 원칙으로 하며, 회의록을 작성·보관한다.

② 기능

어린이집운영위원회는 다음 각호의 사항을 심의하도록 한다.

- 어린이집 운영규정 제·개정에 관한 사항
- 어린이집의 예산 및 결산의 보고에 관한 사항
- 영유아의 건강·영양, 안전 및 학대 예방에 관한 사항
- 보육시간·보육과정의 운영방법 등 어린이집의 운영에 관한 사항
- 보육교직원의 근무환경 개선에 관한 사항
- 영유아의 보육환경 개선에 관한 사항
- 어린이집과 지역사회의 협력에 관한 사항
- 보육료 외의 필요경비를 받는 경우, 「영유아보육법」 제38조에 따른 범위에서 그 수납액 결정에 관한 사항

- 그 밖에 부모모니터링단의 모니터링 결과 등 어린이집 운영에 대한 제안 및 건의 사항

③ 어린이집 운영위원회의 기대효과

어린이집에 대한 기대와 요구가 큰 부모들을 어린이집 운영에 참여시킴으로써 어린이집을 이해할 수 있는 기회를 제공한다. 어린이집 운영에 있어 지역사회나 부모의 협조가 필요한 경우 함께 논의하고 협력할 수 있는 방안을 마련하는 계기가 된다. 어린이집 운영 전반에 관한 정보와 환경을 개방함으로써 어린이집 운영의 투명성을 높이고 부모의 신뢰를 확보할 수 있으며 운영위원회의 다양한 의견 수렴을 통해 보다 민주적인 방식의 운영을 도모한다.

(2) 부모모니터링단 운영

부모모니터링 운영 목적은 부모와 보육·보건 전문가가 직접 어린이집의 급식·위생·건강 및 안전 관리 등 운영상황을 모니터링하여 수요자인 부모의 어린이집 운영 참여를 도모하고, 어린이집에 대해서는 컨설팅을 제공하여 보육서비스의 질을 향상함으로써 부모가 믿고 맡길 수 있는 보육환경을 조성하는 데 있다.

① 필요성

부모모니터링은 부모가 믿고 맡길 수 있는 어린이집에 대한 사회적 요구가 대두됨에 따라 수요자인 부모가 직접 참여하는 제도적인 기반이 필요하게 되었다. 이에 2013년 '아이사랑 부모모니터링단' 사업으로 시작하여 2013년 5월 「영유아보육법」 제25조의 2항에 신설하면서 법적 근거를 마련하였다. 이는 어린이집 참관 위주의 모니터링뿐 아니라 지속적인 제도개선을 통해 어린이집의 보육서비스 질 향상을 위한 컨설팅 중심의 체계를 구축하게 되고 보육서비스 제공자(어린이집)와 수요자(부모) 간의 소통을 통해 어린이집과 부모 간 신뢰를 구축하여 수요자 중심의 보육정책 실현을 가능하게 한다. 2013년 16,019개소를 시작으로 2018년에는 약 18,389개소를 대상으로 모니터링을 실시하였다.

「영유아보육법」 제25조의 2(부모모니터링단)

1. 시 · 도지사 또는 시장 · 군수 · 구청장은 어린이집 보육환경을 모니터링하고 개선을 위한 컨설팅을 하기 위하여 부모, 보육 · 보건 전문가로 점검단(이하 이 조에서 "부모모니터링단"이라 한다)을 구성 · 운영할 수 있다.

2. 부모모니터링단은 다음 각호의 직무를 수행한다.

　　1) 어린이집 급식 · 위생 · 건강 및 안전 관리 등 운영상황 모니터링

　　2) 어린이집 보육환경 개선을 위한 컨설팅

　　3) 그 밖에 보육 관련 사항으로서 보건복지부령으로 정하는 사항

3. 부모모니터링단은 10명 이내로 구성하며 시 · 도지사 또는 시장 · 군수 · 구청장이 위촉한다.

4. 시 · 도지사 및 시장 · 군수 · 구청장은 부모모니터링단으로 위촉된 사람에게 직무 수행에 필요한 교육을 실시할 수 있다.

5. 국가와 지방자치단체는 부모모니터링단의 구성 · 운영 및 교육 등에 필요한 비용의 전부 또는 일부를 예산의 범위에서 지원할 수 있다.

6. 부모모니터링단은 제2항 각호의 직무를 수행하기 위하여 어린이집에 출입할 수 있으며, 이 경우 미리 시 · 도지사 또는 시장 · 군수 · 구청장의 승인을 받아야 한다.

7. 부모모니터링단이 제6항에 따른 승인을 받아 어린이집에 출입하는 경우에는 승인서와 신분을 표시하는 증표를 어린이집의 원장 등 관계자에게 내보여야 한다.

8. 부모모니터링단은 공무원이 제42조에 따라 어린이집 운영상황을 조사하기 위하여 어린이집에 출입하는 경우에는 공무원과 함께 어린이집에 출입할 수 있다. 이 경우 시 · 도지사 또는 시장 · 군수 · 구청장의 승인을 생략할 수 있다.

9. 제1항부터 제8항까지에 따른 부모모니터링단의 구성 · 운영, 교육, 비용 지원 및 직무 수행 등에 필요한 세부사항은 보건복지부령으로 정한다.

출처: 한국보육진흥원(2019a). 2019 부모모니터링단 운영매뉴얼.

② 구성 및 운영

구성은 시 · 군 · 구별 10명(부모 및 보육 · 보건 전문가로 구성) 이내로 하되, 어린이집 수 등 지역 실정에 따라 조정이 가능하다. 모니터링 대상은 관할 지역 내 모든 어린이집을 대상으로 하되 다음의 어느 하나에 해당되는 경우 우선 선정하여 실시한다.

- 모니터링 신청 어린이집
- 최근 1년간 모니터링을 실시하지 않은 어린이집

- 최근 1년간 정기지도 · 점검을 받지 않은 어린이집
- 최근 3년 이내 지도 · 점검에서 1회 이상 급 · 간식 및 안전관리 등 부정적 사유로 지적되거나 행정처분을 받은 어린이집 등
- 전년도 모니터링 실시 어린이집 중 컨설팅 대상 어린이집(컨설팅 사후조치 확인 등)
- 어린이집 품질관리 사각지대 해소를 위해 평가 미인증 어린이집, 최근 1년 내 대표자 또는 원장변경 어린이집, 최근 1년 내 신규 인가어린이집

③ 부모모니터링 지표

2019 부모모니터링 지표는 건강 · 안전 · 급식 · 위생의 상시관리가 필요한 4개 영역 20개 지표 중심으로 모니터링한다.

주요 모니터링 분야는 다음과 같다.

- (건강관리) 감염병 예방, 응급조치 체계
- (안전관리) 물리적 · 인적 환경관리, 차량 안전관리, 아동권리존중 실천
- (급식관리) 식단 및 영양 관리, 조리관리, 식재료관리
- (위생관리) 급식 위생관리, 조리실 청결, 시설 · 비품 위생관리

④ 활동 기간 및 교육

모니터링단 활동 기간은 3~12월(10개월간)까지이며, 시 · 도지사는 관할 시 · 군 · 구 모니터링단 대상으로 모니터링 및 컨설팅에 필요한 현장 및 이론 교육을 반드시 1회 이상 실시 후 사업을 시행하고, 하반기에 1회 이상 보수교육을 실시(연 2회 이상 교육)한다.

⑤ 모니터링 결과 활용

모니터링 결과를 해당 어린이집 **부모에게 공지**, 아동학대 등 법 위반행위가 의심될 경우 즉시 지자체 및 경찰에 통보하고, 그 외의 경우는 컨설팅을 위한 기초자료로 활용한다. 또한 시 · 도지사 또는 시 · 군 · 구청장은 모니터링 사업 완료 후 모니터링단 대상으로 평가를 실시하고 다음 연도 모니터링단 선정에 반영하게 된다.

(3) 열린어린이집 운영

① 열린어린이집의 개념

'열린'이란 의미는 영유아 부모의 참여가 활발히 이루어질 수 있도록 어린이집의 개방성을 증진한다는 뜻이다. 열린어린이집은 물리적 구조프로그램 운영에서 개방적이고 부모의 일상적 참여가 이루어지는 어린이집으로 지방자치단체의 장이 선정한다.

② 열린어린이집의 특성

- 어린이집 공간의 개방성: 부모의 참여가 마음 편하게 이루어지도록 어린이집 공간의 접근성을 확보할 수 있다.
- 부모참여의 자발성: 부모가 자발적인 의사에 따라 참여할 수 있도록 다양한 참여의 기회를 마련하고 참여 동기를 부여하게 된다.
- 참여활동의 일상성: 부모참여 활동은 가능한 일회성 행사를 지양하고 일상적 보육활동으로 지원되어야 한다.
- 참여수준의 다양성: 부모의 역량과 상황에 맞추어 참여할 수 있도록 부모교육부터 운영위원회에 이르는 다양한 참여 기회를 마련하여 선택적으로 참여할 수 있도록 한다.
- 운영의 융통성: 시설 유형과 규모, 지역적 특성, 영유아 가족의 여건, 영유아의 연령 등을 고려하여 부모참여 내용을 융통성 있게 조정한다.

부모참여는 어린이집 운영 지침에 준하는 범위에서 이루어져야 한다. 부모참여 활동이 「영유아보육법」 '보육사업안내' 등 정부의 어린이집의 운영지침에 위반되지 않도록 계획하는 것이 필요하다.

③ 열린어린이집 환경

물리적 환경구성은 출입구, 현관, 연결 통로와 복도, 부모 공용 공간, 창문이 있어 부모들이 언제든지 자유롭게 찾아와서 자녀를 볼 수 있게 물리적 · 심리적으로 공간이 개방되어 있어야 한다. 인적 환경구성은 원장, 보육교사, 부모, 지역사회가 가치를 함께 공유하고 소통하는 마음 자세를 의미한다. 원장은 부모와의 파트너십을 갖고 협력하도록 지원하며 보육교직원 간 원활한 소통의 기회를 마련해야 한다. 보육교사는 다양한 가정의 특성에 융통성 있는 배려의 교육과정을 구성하고 부모와의 긴밀한 소통을 통해 영유아를 지원한다. 부모는 어린이집의 운영에 적극적인 관심을 가지고 참여하고 협력적 관계를 형성하려는 노력이 필요하다. 지역사회는 영유아 발달지원을 위한 기관 간 상호협조체계를 유지하고 소통하는 것이 좋다.

④ 열린어린이집의 기대효과

영유아의 가장 친근하고 중요한 환경인 가족과 어린이집의 소통과 협력을 통해 영유아와 그 가족의 행복을 증진한다. 영유아 가족과 지역사회를 연결하는 주도적인 역할을 통해 영유아 가족과 지역사회와 더불어 건강한 양육환경을 조성한다. 어린이집에서 다양한 부모참여가 활발하게 이루어짐으로써 영유아 가족과 어린이집의 상생적 협력을 지향한다.

⑤ 어린이집 정보공시

정보공시의 목적은 어린이집 전반의 주요 정보를 객관적이고 투명하게 공개하는 제도로, 부모들이 보다 쉽고 편리하게 어린이집 정보를 이용할 수 있도록 하는 것이다. 정보공시의 법적 근거를 보면 「영유아보육법」 제49조의2(어린이집 정보의 공시 등), 시행령 제25조의5(어린이집 정보공시의 범위 · 횟수 및 시기), 제25조의6(어린이집 정보공시의 방법 등)에 근거를 두고 있다.

● 표 11-9 ● **정보공시 주요 내용**

구분	내용
공시 대상	「영유아보육법」 제2조 및 제10조에 따른 모든 어린이집
공시 범위	7개 항목 18개 범위
공시 횟수	항목별 변경주기에 따라 매년, 매월, 수시 공시
위반 시 제재	보건복지부장관은 정보를 공개하지 않거나 거짓으로 공개하는 어린이집 원장에게 시정 또는 변경하도록 명령
원장의 역할	보육 · 관리정보를 공시 횟수에 맞게 공시 및 관리

제 **12** 장

보육평가

1. 보육평가의 필요성
2. 보육평가 방법
3. 보육교직원 평가
4. 보육프로그램 평가

1. 보육평가의 필요성

보육평가는 양질의 보육서비스를 제공하기 위한 근거로 보육내용 및 프로그램의 구성, 교사와의 상호작용, 보육시설 환경 등 전반적인 보육활동 과정이 영유아 발달에 적합하게 제공되고 있는가를 규준에 따라 평정하는 것이다.

보육평가의 필요성은 다음과 같다.

첫째, 평가를 통하여 영유아의 현 발달상황을 제대로 이해하고 지식, 성격, 태도 등에 대해 정확한 정보를 파악하여 그들의 전인적인 발달에 도움을 주고자 하는 데 있다.

둘째, 보육의 목표가 어느 정도 도달되었는지를 검증하고 그 목표에 선정된 보육프로그램을 평가하여 프로그램의 전반적인 과정을 발전시키기 위해 필요하다.

셋째, 영유아의 발달상황은 보육교사뿐 아니라 부모도 인지하고 있어야 하며 이는 가정과 연계해 보육의 질을 높이는 데 기여한다. 따라서 영유아의 발달상황에 대한 객관적 자료 수집을 위해 평가가 필요하다.

2. 보육평가 방법

1) 관찰법

관찰은 일상생활 속에서 영유아들의 자연스러운 행동을 관찰하여 기록하는 방법으로 영유아의 발달수준에 대한 정보를 객관적으로 수집하여 종합적으로 평가할 수 있다. 교사가 가장 자연스럽게 사용하는 영유아 평가방법 중 하나인 관찰법은 연구대상을 통제하지 않고 일정한 시간에 걸쳐서 연구대상의 형태를 지켜보고 관찰 결과를 기록하는 방법을 말한다.

관찰법은 표본식 기술법, 일화기록법, 시간표집법, 사건표집법, 행동목록법, 평정척도법 등이 있으며 관찰의 목적에 따라 적합한 방법을 선택한다.

(1) 표본식 기술법

관찰자가 미리 정해 놓은 시간이나 활동이 끝날 때까지 관찰대상이 한 말과 행동을 자세하고 객관적이며 일어난 순서대로 적는 관찰 방법이다. 관찰할 때 고려할 점은 다음과 같다.

- 보통 10~30분 정도 관찰하며 기록한다.
- 관찰 날짜, 시간, 관찰대상(생년월일과 성별), 관찰자의 이름을 미리 기입한다.
- 관찰된 장소와 관찰 장면을 표시한다.
- 보고 들은 것을 그대로 기록한다. 참여대상이 한 말은 인용부호 " " 속에 넣는다.
- 사건이 진행된 순서대로 적는다.
- 관찰지의 왼쪽 여백을 이용하여 행동 지속 시간이나 관찰 장면이 바뀔 때마다 시간 표시를 해 둔다. 이것은 유아가 관심을 보이는 활동과 주의집중 정도를 알아보는 데 유용한 자료가 된다.
- 마지막에 발달영역별로 간단히 요약한다.

표본식 기술법의 장점으로는 모든 장면을 아주 자세하게 기록함으로써 관찰대상에 대한 자세한 정보를 얻을 수 있고 단순히 필기도구만 있으면 된다는 점이다. 단점으로는 시간이 많이 걸리고 주관적인 해석이나 추론으로 흐를 가능성이 있다는 점이다.

(2) 일화기록법

일화기록법은 개인의 특성을 이해하기 위해 한 가지 행동이나 상황에 초점을 맞추어 개인이 나타낸 구체적인 행동 사례나 어떤 사건을 기록하는 방법이다. 예를 들어, 공격성에 관심이 있다고 하면 유아들의 자유놀이 시간에 장난감을 갖고 놀이하는 것을 관찰하면서 장난감을 빼앗기지 않기 위해 친구를 때린다거나 언어적 공격을 하는 상황을 그대로 묘사하여 기록한다.

표본식 기술법은 정해진 시간 내에 관찰대상 유아의 모든 행동을 충실히 기록하는 것에 비해 일화기록법은 의미 있게 보이는 행동을 선택하여 기록하는 데 차이점이 있다. 구체적인 지침은 다음과 같다.

- 일어난 사건이 생긴 후 즉시 기록한다. 메모를 할 때는 육하원칙에 따라 적어 놓으면 기억을 살리는 데 도움이 된다. 기록할 때는 영유아가 보는 앞에서 기록하지 않도록 해야 한다.
- 말과 행동을 구별해서 기록한다.
- 상황적인 자료도 반드시 기록한다. 그 상황에 있는 다른 사람들의 반응도 기록한다.
- 영유아가 사용한 말을 그대로 기록한다. 일련의 사건을 기록할 때에는 사건의 일어난 순서대로 기록한다. 즉, 시작, 중간, 끝이 있어야 한다.
- 구체적으로 쓰고, 영유아가 한 행동을 해석해서 기록하는 것은 피한다.
- 객관적이고 사실적으로 기록하며 관찰자의 편견이 개입되지 않도록 한다.

일화기록법의 장점은 사전에 특별한 계획이 없어도 되며 간결하게 기록 가능하며 보육현장에서 쉽게 활용할 수 있다(성미영 외, 2017)는 장점이 있지만, 의미 있다고 생각하는 행동을 기록하므로 관찰자의 주관적인 판단이나 감정이 관찰 기록에 포함될 수 있고, 시간이 지난 후 기록을 하게 되면 편견이 들어갈 수 있다는 단점이 있다.

(3) 시간표집법

특정 행동이 정해진 짧은 시간 내에 얼마나 자주 일어나는지의 행동 출현빈도를 수집하는 방법이다.

시간표집법은 미리 선정된 행동을 정해진 짧은 시간 동안 관찰하며 관찰을 한 번에 끝내는 것이 아니라 시간 간격에 맞추어 여러 번 반복하는 것이다(성미영 외, 2017). 시간표집법을 이용하려면 다음 사항을 고려한다.

- 관찰하고자 하는 행동이나 사건을 설명하는 데 쓰이는 용어가 분명하게 정의되어야 한다.
- 관찰하고자 하는 행동을 보기 위해 미리 시간 단위를 정해야 한다(예를 들어, 30초 관찰 10초 기록, 15초 관찰 5초 기록에 따라 관찰 기록에 소요되는 시간이 달라진다).
- 시간표집법은 짧은 시간에 나타나는 행동을 기록하기 때문에 관찰하기 쉽고 자주 일어나는 행동을 관찰할 때 적절한 방법이다.
- 관찰을 기록할 때는 행동의 출현 유·무만 표시하기, 행동이 나타나는 빈도수 표

시하기, 그리고 행동의 지속 시간을 추가하여 표시하기 등의 세 가지 방법이 있다. 이때 관찰하고자 하는 행동이나 사건을 설명하는 데 쓰이는 용어는 조작적으로 분명하게 정의되어야 하며 관찰자는 각 관찰 범주의 정의를 충분히 이해하고 대표적인 예를 기억하고 있어야 한다.

시간표집법은 관찰방법에 비해 시간과 노력이 덜 들고 효율적으로 관찰할 수 있고, 행동이나 사건 발생빈도를 파악함으로써 수량화가 용이하다. 단점은 자주 나타나는 비교적 높은 빈도로 발생하는 행동과 외현 행동에는 적합하나 그렇지 못한 경우에는 적용이 어렵고 인과관계를 밝혀 주지 못한다는 점이다.

(4) 사건표집법

관찰자가 관심을 갖고 있는 어떤 행동이나 사건이 나타나기를 기다렸다가 그 행동이나 사건이 일어나면 그때마다 관찰하고 기록하는 방법이다. 사건표집법으로 관찰할 때 유의사항은 다음과 같다.

- 관찰하고자 하는 유아들의 행동을 명확히 규정할 수 있도록 조작적 정의를 내린다.
- 유아들의 행동을 관찰할 장소와 시간에 대해 충분히 알고 있어야 한다.
- 기록하고자 하는 정보나 자료의 종류를 결정한다.
- 관찰기록지는 가능한 한 쉽게 편리하게 만들어야 한다.

서술식 사건표집법은 사건이 포함된 전·후 관계가 그대로 기록되고 그 행동의 배경을 알 수 있게 해 준다. 단점은 시간과 노력이 많이 들고 수량화할 수 없다는 점이다.

(5) 행동목록법

관찰자의 주관적 평가를 가능한 배제하기 위해 사전에 유아발달이나 행동 특성의 목록을 작성하고 특정 행동이 존재하는지 아닌지를 표시하는 기록 방법이다.

미리 준비한 목록에 관찰대상의 현재 상태를 평가, 행동의 발생 여부를 '예' '아니요'로 기록하거나 체크하기 때문에 '체크리스트법'이라고 말하기도 한다. 행동목록법의 지침은 다음과 같다.

- 관찰하기 전에 준비되어 있어야 한다.
- 관찰 가능한 구체적 행동을 나타내는 것이어야 한다.
- 문장은 포괄적이고 대표적인 목록으로 구성되어야 하며 문항 간 서로 중복이 없어야 한다.

행동목록법의 장점은 단순한 방법으로 기록할 수 있고 결과를 양적으로 처리하기 쉽다는 점이다. 단점은 행동 출현빈도의 지속성, 기타 행동의 질적 수준에 대한 다양한 정보 제공이 어렵다는 점이다.

(6) 평정척도법

평정척도법은 관찰된 행동의 질적인 차이를 평가할 때 사용하는 방법으로 연속성이 있는 단계로 수량화된 점수나 가치가 부여된 기록지에 평정하는 것을 말한다.

행동목록법과의 차이점은 행동목록법은 관찰 행동의 존재 유무에만 관심을 두는 반면, 평정척도법은 행동의 존재 유무와 존재하는 행동의 질적 특성이 어느 정도인지도 파악할 수 있다는 점이다. 평정척도법의 지침은 다음과 같다.

- 평정대상이 되는 행동 특성은 객관적이고 관찰 가능한 용어로 기술한다.
- 가치 판단적인 용어는 사용하지 않는다.

평정척도법의 장점은 시간이 걸리지 않고 많은 발달영역을 한꺼번에 평가할 수 있다는 점이다. 단점으로는 행동에 대한 원인이나 전후 사정을 설명해 주지 못하고 개인의 편견이 개입될 여지가 많다.

2) 포트폴리오 평가

포트폴리오는 유아가 무엇을 배웠고 어떻게 학습을 이루어 냈고 어떻게 생각하고 또래와 상호작용이 어떠했는지 등 유아들의 학습과정 전반에 대한 수행의 결과를 모아 놓은 자료집이나 서류철을 의미한다. 포트폴리오 평가는 영유아의 활동을 관찰하여 자료를 수집하고 평가하는 것으로 영유아의 작품을 수집하여 시간 흐름에 따라 영유아의 변화 및 발달상황을 살펴볼 수 있으며 객관적 평가를 할 수 있고 다양한 영역에서의 영유아의 발달을 파악하는 데 도움이 된다(조유나 외, 2019).

포트폴리오를 평가할 때 고려해야 할 점은 다음과 같다.

- 명백하고 구체적인 평가기준이 있어야 한다. 평가를 위한 기준을 제시할 때는 '어떤 관찰을 할 수 있을 것인가?' '유아들이 특정 영역에서 획득한 지식과 기능을 보여 줄 수 있도록 하려면 어떤 결과물을 모아야 할 것인가?'를 생각해 보아야 한다.
- 다양한 평가 정보원으로부터 평가 자료가 수집되어야 한다. 다양한 평가 정보원이란 유아의 평가과정에 기여할 수 있는 사람을 말하는 것으로 교사와 유아가 주요한 평가 정보원이 된다.
- 다양한 정보수집 방법이 동원되어야 한다. 관찰 기록, 자기평가 보고서, 비디오, 프린트된 자료 등을 포함한다.
- 일정 기간 동안 목적을 가지고 수집한 영유아 작품이어야 한다.
- 영유아 작품과 활동에 교사의 의견이 제시되어야 한다.
- 교사 자신이 포트폴리오의 목적과 활용에 대해 인식하고 있어야 한다. 영유아 행동에 대한 관찰결과가 포함되어야 한다.

3) 표준화 검사

표준화 검사는 영유아의 전반적인 인지적 능력과 정서 상태, 성격특성 등 개인의 특성을 측정하기 위해 고안되었으며 개별적 · 집단적으로 시행한다.

표준화 검사에는 지능 검사, 성취도 검사, 창의성 검사, 인성 검사, 적성 검사 등이 있다. 검사도구를 선정할 때에는 표준화 과정에 의해 올바르게 제작된 것이어야 하며, 검사의 타당도와 신뢰도가 높은 것인지를 확인해야 한다.

3. 보육교직원 평가

보육교직원은 어린이집에서 영유아가 직접적으로 접하는 대표적인 인적 환경으로 어린이집에서 영유아가 일상생활을 원활하게 할 수 있도록 돕고, 보육계획 수립 및 운영을 통해 영유아의 전인적인 성장과 발달을 지원한다. 보육교직원은 자신의 능력을 최대한 발휘하여 영유아에게 보다 우수한 수준의 보육서비스를 제공할 수 있게 된다.

1) 원장 평가

원장 평가는 교직원 인사관리, 재정관리, 보육프로그램의 효율적 운영, 대외관계 유지, 관련 법령, 규정 이해에 대한 평가이다. 보육서비스의 실제 운영과 관련된 제반사항과 원장의 의식이나 전문성에 대해 지속적인 평가가 이루어져야 한다(이순형 외, 2012).

- 일반적 특성: 인성, 지도력, 교육 및 지적 능력
- 전문적 특성: 교직에 대한 태도, 전문적 지식, 장학능력
- 관리적 특성: 행정 실무능력, 안전관리능력

2) 보육교사 평가

보육교사 평가는 보육활동의 핵심이므로 보육평가의 핵심이다.

- 교사의 자기평가: 자기발전, 전문성 향상을 위해 스스로 자신의 교수활동을 평가한다. 학기 말 1회, 1년 2회 실시한다. 그러나 매일, 매주, 매월 평가가 기본이 되어야 한다. 교사의 자기평가에는 주관성이 개입될 우려가 있어, 객관성 유지를 위해 동료 교사나 원장, 의무관찰자에 의해 평가가 실시되기도 한다(황해익, 2004).
- 원장 평가: 근무태도, 자질, 보육능력, 연구조사 활동, 학급경영 및 사무처리 능력 등을 평가한다.

〈보육교직원 평가 관리〉〈예시〉 근무평가내용

1. 업무태도
   - 계획된 보육활동의 실행을 위해 성실히 수업자료를 준비하는가?
   - 담당 영역의 교구 등록·관리 및 공동구역의 청결 유지를 위해 노력하는가?
   - 맡은 일에 대해 책임을 전가하지 않고 의욕적으로 해내려고 하는가?

2. 전문성
   - 보육지식의 함양을 위해 보육 관련 재교육 및 세미나 등에 자발적으로 참여하는가?
   - 전문성 있는 보육 계획 및 실행을 위해 다양한 보육프로그램의 자료를 참고하며 연구하는가?
   - 연구수업 등 장학수업 과정에 충실히 임하며, 장학수업 평가사항을 보육활동에 반영하기 위해 노력하는가?

3. 원아관리
   - 영유아를 존중하며 요구에 민감하고 적절히 반응해 주는가?
   - 영유아의 문제행동을 영유아의 입장에서 이해하려고 노력하며, 적절한 개입을 하는가?
   - 매일 아침 등원하는 영유아의 건강상태 및 정서 상태 등을 파악하기 위해 노력하는가?

4. 부모와의 관계
   - 아동의 어린이집 생활에 관하여 부모와 공유하거나 개인별 아동의 발달과업이 잘 이루어질 수 있도록 가정연계를 위해 노력하는가?
   - 부모와 신뢰감 형성을 위해 노력하는가?
   - 부모면담, 부모참여수업 등 참여활동에 적극적으로 참여를 유도하는가?

5. 동료관계
   - 보육교사로서 상하 간, 동료 간의 인간관계를 원활히 유지하기 위해 노력하는가?
   - 동료 교사의 도움과 요청이 있을 때, 적극적으로 도와주려고 노력하는가?
   - 동료 교사의 고충을 듣고 진심으로 이해하려고 노력하며 격려해 주는가?

출처: 보건복지부, 한국보육진흥원(2017). 어린이집 문서 양식.

4. 보육프로그램 평가

보육프로그램 평가는 프로그램의 질, 운영과 결과에 대해 체계적으로 수집하기 위한 것으로 보육프로그램이 영유아발달에 적합하며 효율적으로 운영되는가를 알아보기 위한 것이다.

어린이집 보육과정의 평가를 위해 제3차 어린이집 표준보육과정과 누리과정 평가의 지침을 이해해야 한다.

- 어린이집 표준보육과정과 누리과정의 목표와 내용에 근거하여 보육내용이 적절히 편성·운영되는지 평가한다.
- 어린이집 표준보육과정과 누리과정의 운영 내용 및 활동이 영유아의 발달수준과 흥미, 요구에 적합한지 평가한다.
- 영유아의 발달수준, 흥미, 요구에 적합한 경험 및 학습을 촉진할 수 있는 다양한 활동과 교수·학습 방법이 계획되고 통합적으로 운영되는지 평가한다.
- 일과운영 및 보육활동 구성 시 놀이활동과 일상생활 활동의 양과 내용이 영아 및 유아 각 연령의 발달에 적합하게 계획되고 운영되는지 평가한다.
- 만 0~1세아, 만 2세아는 집단활동보다 개별적인 상호작용과 교수법을 중심으로 상호작용이 진행되는지를 평가한다.
- 어린이집 표준보육과정 운영 평가와 누리과정 평가 결과를 수시로 반영하여 보육과정 운영계획을 수정·보완하거나 다음 연도의 계획 수립 및 운영에 반영하는지 평가한다.

제 **13** 장

어린이집 평가제

1. 어린이집 평가제 시행
2. 어린이집 평가제 운영체계

「영유아보육법」이 개정됨에 따라 어린이집의 자발적 신청에 의해 진행하던 평가인증제가 전국의 모든 어린이집을 대상으로 하는 평가제로 전환되었다(2019년 6월 시행, 2019년 9월 현장평가 어린이집부터 적용 예정). 이 장에서는 어린이집 평가제에 대해 보건복지부, 한국보육진흥원(2019)에서 발표한 내용을 살펴보았다.

1. 어린이집 평가제 시행

1) 평가제 개념 및 필요성

한국보육진흥원에서는 「영유아보육법」 제30조에 근거하여 어린이집 평가사업을 실시하고 있다. 어린이집 평가제도는 전국의 모든 어린이집을 대상으로 보육·양육에 대한 사회적 책임강화 실현 및 안심보육환경 조성을 위해 국가 차원에서 모든 어린이집을 주기적으로 평가하여 상시적인 보육서비스 질을 확보하고자 하는 제도이다.

평가제가 필요한 이유는, 첫째, 평가제 시행을 통해 그동안 평가인증을 받지 않았던 어린이집이 평가를 받게 됨으로써 보육서비스 품질관리의 사각지대를 해소하고, 그 결과를 공개하여 평가의 효과성과 투명성을 더욱 높이기 위해서이다. 둘째, 아동 인권 및 안전관리 강화에 대한 사회적 요구 증가로 모든 어린이집의 평가 참여 필요성이 증대되었다. 셋째, 영유아가 놀이중심의 일과를 경험하며 건강하게 성장하고 발달할 수 있는 질 높은 보육서비스를 실현할 수 있다. 넷째, 어린이집의 급·간식 및 안전관리를 통해 안심보육환경 조성을 강조할 필요성이 제기되었다. 끝으로 이러한 정기적인 평가를 통해 보육교직원의 전문성을 향상하고 어린이집의 상시적인 질 관리체계를 구축할 수 있게 되며 부모가 안심하고 맡길 수 있는 보육환경을 조성하므로 어린이집과 가정 간의 일관되고 통합적인 경험을 제공할 수 있다.

2) 평가제 추진배경

2002년 9월 '평가인증제 도입기본계획안'을 발표하였고, 2003년도에는 국가적 체계를 갖춘 평가인증제 모형을 개발하였으며, 2004년도에 여성가족부가 평가 전담 기구를 설치하여 평가인증이 도입되었고 2005년부터 시행되어 왔다.

2005년부터 시행되어 온 어린이집 평가인증제도는 어린이집이 지향해야 하는 바람직한 보육서비스의 실제를 제시하고 질적 수준을 공정하게 평가할 뿐만 아니라, 수요자인 부모의 합리적인 어린이집 선택 기준을 제공하고 정부의 효율적인 지원 및 관리체계를 위한 질 관리 기제로 작동하여 왔다(서문희 외, 2013). 제1차 평가인증(2006~2009년), 2차 지표와 3차 시범지표를 적용한 제2차 평가인증(2010~2017년 10월), 통합지표를 적용한 제3차 평가인증(2017년 11월~2019년 6월 11일)을 거치면서 보육서비스의 질적 수준 향상 및 유지를 위해 제도 운영과정을 합리적으로 개선해 왔으며, 변화하는 현장의 수준을 반영하여 지표를 개정함으로써 어린이집에서 지향해야 할 보육서비스의 바람직한 실제를 지속적으로 제시해 왔다.

평가인증 이후 인증상태를 유지하고 있는 어린이집의 비율도 지속적으로 상승하여 2006년에 3.6%에 불과하였던 인증 어린이집이 2009년 46.9%, 2014년 75.6%로 지속적으로 증가하였고, 2019년 4월말 기준으로는 전체 어린이집 대비 83.0%가 인증유지 중인 것으로 나타났다. 평가인증제도 도입 후 보육서비스에 투입되는 재정 규모가 크게 증가하였고, 영유아 시기의 중요성 및 아동의 권리에 대한 부모와 사회의 인식이 높아져 왔다.

반면, 평가인증제도는 어린이집의 자발적 신청에 따라 운영되어 미인증 어린이집으로 인한 질 관리 사각지대가 존재하였다.

이에 '보육·양육에 대한 사회적 책임강화(국정과제 48-3)' 실현과 영유아의 건강한 성장 및 발달을 위하여 2019년 6월 12일부터 어린이집 평가제가 시행되었다.

평가제 시행은 전체 어린이집 질 관리를 위하여 단순한 제도 변화로서의 평가 자체에 목적을 두기보다, 평가를 통해 어린이집이 보육의 질적 수준을 향상시키고 유지하게 함으로써 부모가 믿고 맡길 수 있는 안심 보육환경 조성에 기여하고자 한다(한국보육진흥원, 2019b).

2018년 12월 11일 「영유아보육법」 개정안이 공포됨에 따라 2019년 6월 12일부터 어린이집 평가제가 시행되었다. 평가제 시행은 지금까지 평가인증을 신청한 어린이집에 한하여 추진되어 온 어린이집 질 관리가 전국 모든 어린이집에 대해 의무적으로 이루어지게 된다는 점에서 의미가 크다(보건복지부, 한국보육진흥원, 2019)(〈표 13-1〉).

● 표 13-1 ● 평가제도 **시행 경과**

구분		내용
도입	2003. 4.~12.	보육시설 평가인증제도 실시모형 개발 관련 연구용역 실시
	2004. 1.	보육시설 평가인증제도 도입 근거 마련(「영유아보육법」 제30조)
시범 운영	2005. 1.	보육시설 평가인증 시범운영 실시
1차 시행	2006~2009	제1차 어린이집 평가인증 실시(2006. 1.)
2차 시행	2010~2017. 10.	제2차 어린이집 평가인증 실시(2010. 2.)
	2013. 9.	어린이집 평가인증결과 공표 시행
	2014. 11.	3차 시범지표 적용
	2016. 6.	유치원, 어린이집 평가체계 통합방안 발표 (국무조정실 영유아교육보육통합추진단)
3차 시행	2017. 11.	제3차 어린이집 평가인증 시행(통합지표 적용)
	2018. 12. 11	「영유아 보육법」 개정 · 공포
	2019. 6. ~	어린이집 평가제 시행

● 표 13-2 ● 평가제 **추진 경과**

구분	내용
2018.12.11.	「영유아보육법」 개정 · 공포
2018.12.18.~2019.3.31.	평가제 시행방안 연구용역
2019.2.26.~2019.4.4.	의견수렴 실시(공청회, 간담회, 대국민 의견수렴, 협의체)
2019.4.15.	중앙보육정책위원회 심의
2019.6.12.	어린이집 평가제 시행

● 표 13-3 ● **평가인증제 및 평가제 특징 비교**

구분	평가인증제	평가제
평가 대상	평가인증 신청 어린이집	전체 어린이집
평가 지표	통합지표(4영역 21지표 79항목)−필수요소 5	평가지표(4영역 18지표 59항목)−필수지표 1, 필수요소 8
평가 절차	• 어린이집 신청 → 기본사항 확인 → 자체점검 → 현장평가 → 종합평가(총 4개월) 신청(어린이집) → 기본사항 확인(지자체) → 자체점검 보고서 제출(어린이집) → 현장평가(현장 관찰자) → 종합평가, 결과통보(종합평가위원회) • 참여수수료 어린이집 납부 • 기본사항: 필수항목 9개, 기본항목 −필수항목 미준수는 참여 제외, 기본항목 미준수는 차하위 등급 부여 • 소위원회와 종합평가위원회에서 심의, 등급 결정 • 재참여, 재평가 과정 운영	• 평가대상 통보 → 기본사항 확인 및 자체점검 → 현장평가 → 종합평가(총 3개월) 대상통보(어린이집) → 기본사항 확인 및 자체점검 보고서 제출(지자체, 어린이집) → 현장평가(현장 관찰자) → 종합평가, 결과통보(종합평가위원회) • 참여수수료 전액 국가부담 • 기본사항: 사전 점검사항 5개, 위반 이력사항 −사전 점검 사항 미준수는 D등급 부여, 위반 이력 사항 발생 시 차하위 등급 부여 • 소위원회와 종합평가위원회에서 심의, 등급 결정 ※ 필수지표 및 요소 미충족 시 A등급 불가 • 재참여, 재평가 과정 폐지
평가 결과	4등급(A, B, C, D), D등급 불인증	4등급(A, B, C, D)
평가 주기	(유효기간) 3년(A등급 1년 연장 가능)	A, B등급 3년 / C, D등급 2년
결과 공표	평가받은 어린이집의 결과 공시 −평가인증 결과, 인정 이력 등 공개	전체 어린이집의 결과 공시 −평가 결과, 평가 이력 등 공개
사후 관리 및 등급 조정	• 인증어린이집 사후관리 −연차별 자체점검보고서 제출 −확인점검(무작위, 월 단위 시기 안내) −확인 방문(배우자 및 직계존비속 또는 1년 이상 재직교사로 대표자변경, 주소변경) −인증 유효 기간 종료 • 법 위반 및 행정처분 발생 시 인증취소	• 평가등급별 사후관리 −연차별 자체점검보고서 제출 −사후 방문지원(C, D등급 의무 실시) −확인점검(평가 관련 민원 발생, 법 위반 및 행정처분, 정보공시 부실어린이집 등에 대하여 불시점검) • 평가등급 조정 및 관리 −법 위반 및 행정처분 발생 시 최하위 등급 조정
결과 활용	인증어린이집에 대한 행·재정적 지원	• 평가등급별 행·재정적 지원 등 • 지도점검 연계(2회 연속 D등급 어린이집)

3) 평가제 추진 목적

어린이집 평가제 시행 목적은 다음과 같다.

첫째, 상시적인 보육서비스 질 관리를 위해 주요 핵심지표를 중심으로 질 관리 표준을 제시하고 어린이집 스스로 질적 수준을 제고하도록 한다.

둘째, 전체 어린이집에 대한 주기적 평가를 통하여 보육서비스 품질관리 사각지대를 해소하고 전반적인 보육서비스 수준을 지속적으로 관리하여 국가의 책무성을 강화하고자 한다.

셋째, 궁극적으로 평가제를 통해 보육서비스의 질 향상을 제고함으로써 영유아의 안전과 건강, 조화로운 성장과 발달을 도모하고자 한다. 이를 위해 영유아의 인권과 놀 권리를 보장하고 영유아가 건강하고 행복하게 성장할 수 있는 안심 보육환경을 조성하며 보육교직원이 영유아 보육에 집중할 수 있는 여건을 조성한다.

2. 어린이집 평가제 운영체계

어린이집 평가과정은 평가대상 어린이집의 선정 및 통보로 시작되며, 기본사항 확인, 자체점검보고서 제출, 현장평가, 종합평가 순으로 진행된다. 어린이집 평가 운영체계는 다음과 같다.

그림 13-1   어린이집 평가 운영체계

출처: 보건복지부(mohw.go.kr).

1) 평가절차

(1) 1단계: 기본사항 확인 및 자체점검 보고서 제출

① 평가대상 선정 및 통보

• 「영유아보육법」에 따라 설치한 모든 종일제 어린이집(방과후 전담 어린이집 제외)을 평가대상으로 한다.

• 한국보육진흥원에서는 평가대상 어린이집을 선정하고, 평가 일정을 해당 어린이집 및 지자체에 통보한다.

• 통보 시기: 평가대상 선정통보(1차)는 현장평가월 기준 6개월 전, 확정통보(2차)는 현장평가월 기준 2개월 전 실시한다.

• 통보방법: 어린이집 지원시스템을 통해 평가대상으로 선정된 어린이집에 개별 통보한다.

• 어린이집 지원시스템을 통해 평가대상으로 선정된 어린이집에 대해 대상선정 사실 및 평가 일정을 통보(1차)하며, 대상 선정통보를 받은 어린이집은 10일 이내 '어린이집 지원시스템 내 [어린이집 평가] − [평가진행과정 확인] 메뉴에서 평가대상 선정 통보서'를 확인한 후 '평가실시에 대한 동의서' 및 '어린이집 정보 확인 및 제공 동의서'를 제출해야 한다.

• 선정통보(1차)에 의해 '평가실시에 대한 동의서'를 제출한 어린이집에 대하여 확정통보(2차)한다.

② 기본사항 확인 및 자체점검 보고서 제출

• 한국보육진흥원은 평가대상으로 확정통보된 어린이집을 대상으로 자체점검을 실시하고 자체점검 보고서를 작성하여 제출하도록 안내한다.

• 평가대상으로 확정통보된 어린이집은 평가지표를 기준으로 어린이집 운영 전반에 관해 자체점검을 실시하고 통보된 기한 내에 자체점검 보고서를 작성하여 어린이집 지원시스템으로 제출한다.

(2) 2단계: 현장평가

① '현장평가' 단계에서는 기본사항 확인 및 자체점검 보고서 제출을 완료한 어린이집을 대상으로 평가지표에 따라 어린이집의 질적 수준에 대한 현장평가 및 보고가 이루어진다.

② 어린이집별로 1주간의 현장평가 주간을 지정하여 통보한다.

③ 한국보육진흥원은 현장평가 주간 중 현장평가일을 정하여 사전 고지 없이 현장관찰자를 어린이집에 파견한다.

④ 현장평가는 어린이집 1개소당 2인(정원 99인 이하 어린이집) 또는 3인(정원 100인 이상 어린이집)의 현장관찰자가 방문하여 1일간 실시한다. 현장평가는 하루 일과 전반에 걸쳐 관찰, 기록확인, 면담 등으로 진행한다.

⑤ 현장평가 상호확인서에 원장과 현장관찰자는 서명한다.

(3) 3단계: 종합평가

① '종합평가' 단계에서는 현장평가를 완료한 어린이집을 대상으로 기본사항 확인서, 자체점검 보고서, 현장평가보고서 등을 토대로 종합평가가 진행된다.

② 종합평가는 소위원회와 종합평가위원회에서 진행한다.

③ 해당 어린이집 시·군·구에서는 보건복지부에 변동사항 발생 사실을 통보한다.

2) 평가지표

평가지표는 제3차 평가인증에서 적용하였던 통합지표[1]를 기반으로 하되, 어린이집 고유한 특성을 2020년 시행되는 개정 누리과정 및 개정 표준보육과정과 맥락을 같이 하도록 세부내용을 반영하였다. 평가지표 내용은 [그림 13-2] 〈표 13-4〉와 같다.

첫째, 기존 지표 간 항목 수 차이로 나타났던 등급 산정의 불합리성을 해소하고, 지표를 21지표에서 18지표로, 79항목에서 59항목으로 축소하였고 지표별 평가항목 수를 평균 3~4개로 균형 배치하였다.

---

1) 국무조정실 영유아교육보육통합추진단의 '유치원, 어린이집 평가체계 통합방안'을 기초로 유치원과 어린이집이 공통으로 사용하도록 개발된 지표로 2017년 11월부터 적용됨

- 평가지표(4영역 18지표 59항목)
- 영유아 권리존중, 급·간식 위생, 안전 분야 필수지표(요소)확대

보육과정 및 상호작용   평가지표   보육환경 및 운영관리

건강·안전   교직원

그림 13-2 평가지표 4영역

출처: 한국보육진흥원(http://kce.kcpi.or.kr).

둘째, '영유아 안전·권리 존중' '놀이중심 보육과정' 운영 강조를 통해 영유아 중심의 안심 보육환경을 조성하고자, 영유아 권리존중(1-1) 지표를 필수지표로 지정하여 그 의미를 강조하고 놀이 중심의 보육과정 운영을 강화하였다. 또한 급·간식 위생 및 안전 항목 중 영유아의 등원부터 하원까지 안전하게 생활하는 데 반드시 필요한 필수요소(8개)를 지정하여 필수지표 또는 필수요소 충족이 최상위 등급을 받을 수 있는 필수조건이 되도록 하였다(〈표 13-3〉 〈표 13-4〉).

셋째, 보육교직원의 근무여건 개선과 보육에 집중할 수 있는 보육환경 마련을 위하여 보육교직원의 처우, 스트레스 관리 관련 지표를 강조하고 보육교직원의 전문적 역량제고를 위해 직무역량 항목을 강화하였다.

● 표 13-4 ● **평가지표 비교**

구분	평가인증(통합지표)		평가지표	
영역(4)	지표(21)	항목수 (79)	지표(18)	항목수 (59)
보육과정 및 상호작용 (31→18)	1-1 보육계획 수립 및 실행	4	1-1 영유아 권리존중(필수)	2
	1-2 일과운영	5	1-2 보육계획 수립 및 실행*	5
	1-3 교수·학습 방법 및 놀이 지원	6	1-3 놀이 및 활동 지원	3
	1-4 교사-영유아 상호작용	6	1-4 영유아 간 상호작용 지원	4
	1-5 영유아 간 상호작용 시 교사 역할	4	1-5 보육과정 평가	3
	1-6 평가	4	2-1 실내공간 구성 및 운영	4
보육환경 및 운영관리 (19→14)	1-7 일상생활	2	2-2 실외공간 구성 및 운영	3
	2-1 실내공간 구성	5	2-3 기관 운영	4
	2-2 실외공간 구성	3	2-4 가정 및 지역사회와의 연계	3
	2-3 기관 운영	4	3-1 실내외 공간의 청결 및 안전	3
	2-4 가정 및 지역사회와의 연계	5	3-2 급간식	3
	2-5 어린이집 이용 보장	2	3-3 건강증진을 위한 교육 및 관리	3
건강·안전 (15→15)	3-1 실내외 공간의 청결 및 안전	4	3-4 등·하원의 안전	3
	3-2 급간식	3	3-5 안전교육과 사고예방	3
	3-3 건강 증진을 위한 교육 및 관리	3	4-1 원장의 리더십	3
	3-4 등·하원의 안전	2	4-2 보육교직원의 근무환경	3
	3-5 안전교육 및 사고대책	3	4-3 보육교직원의 처우와 복지	3
교직원 (14→12)	4-1 원장의 리더십	4	4-4 보육교직원의 전문성 제고	3
	4-2 교직원의 근무환경	3		
	4-3 교직원의 처우와 복지	3		
	4-4 교직원의 전문성 제고	4		

* 1-2. 보육계획 수립 및 실행 지표에서 장애영유아는 1항목 추가

평가지표

1영역. 보육과정 및 상호작용

평가 지표	평가항목
1-1 영유아 권리존중	1. 교사는 영유아를 존중한다. 2. 교사는 영유아를 차별 없이 대한다.
1-2 보육계획 수립 및 실행	1. 표준보육과정을 바탕으로 어린이집의 철학을 반영한 보육계획을 수립한다. 2. 영유아가 편안한 분위기에서 일상경험을 할 수 있도록 운영한다. 3. 하루 일과에서 영유아의 자유놀이가 충분히 이루어지도록 한다. 4. 바깥놀이 시간을 매일 충분히 배정하여 운영한다. 5. 특별활동은 운영 지침에 따라 운영한다. 6. 장애영유아 장애영유아를 위한 관련 서비스(치료지원 포함)를 일과 중에 통합적으로 제공한다.
1-3 놀이 및 활동 지원	1. 교사는 놀이와 활동이 영유아의 자발적 선택에 의해 주도적으로 이루어지도록 격려한다. 2. 교사는 영유아의 놀이 상황을 관찰하면서 놀이와 관련된 상호작용을 한다. 3. 영유아의 다양한 놀이와 활동에 필요한 자료를 제공한다.
1-4 영유아 간 상호작용 지원	1. 교사는 영유아의 감정에 공감하고 스스로의 감정을 다룰 수 있도록 돕는다. 2. 교사는 영유아가 일상에서 자신의 의견, 생각 등을 또래와 나눌 수 있도록 격려한다. 3. 교사는 영유아가 적절한 약속과 규칙을 지키도록 격려한다. 4. 교사는 영유아 간 다툼이나 문제가 발생할 경우 다양한 해결방식을 사용한다.
1-5 평가	1. 반별 보육일지에 하루 일과 및 놀이실행에 대해 평가한 내용이 있고, 필요한 경우 평가내용을 다음 보육계획에 반영한다. 2. 개별 영유아의 일상생활, 실내외 놀이 및 활동에 대한 관찰 내용을 기록하고, 영유아의 발달특성과 변화를 평가한다. 3. 원장은 각 반별 보육과정 운영에 대한 평가를 통해 어린이집 전체 보육과정 운영을 파악하고 있다.

2영역. 보육환경 및 운영관리

평가 지표	평가항목
2-1 실내공간 구성 및 운영	1. 보육실 내 흥미영역 또는 놀이영역은 영유아의 연령 및 발달특성을 고려하여 영유아의 놀이와 연계하여 구성한다. 2. 실내 시설 및 설비가 영유아의 발달수준에 적합하다. 3. 영유아의 요구를 충족하는 보육실 이외의 별도의 공간을 마련하고 있다. 4. 비품과 활동자료를 보관하는 별도의 공간이 있고 체계적으로 정리하고 있다.
2-2 실외공간 구성 및 운영	1. 옥외놀이터 등을 구비하고 있다. 2. 영유아의 발달을 지원하는 다양한 놀이 및 활동자료가 준비되어 있다. 3. 영유아의 발달에 적합한 다양한 바깥놀이 및 활동이 이루어진다.
2-3 기관 운영	1. 모든 반을 편성 규정에 맞게 운영하고 있다. 2. 어린이집 운영계획을 수립하여 부모에게 안내한다. 3. 신규 보육교직원에게 오리엔테이션을 실시하고 있다. 4. 신입 영유아 적응을 위한 지원을 하고 있다.
2-4 가정 및 지역 사회와의 협력	1. 어린이집을 개방하여 다양한 부모참여와 교육이 이루어진다. 2. 평소 가정과 다양한 방법으로 소통하고 정기적인 개별면담을 통해 가족을 지원한다. 3. 지역사회와 연계한 다양한 활동을 실시하고 있다.

3영역. 건강 · 안전

평가 지표	평가항목
3-1 실내외 공간의 청결 및 안전	1. 실내외 공간을 청결하고 쾌적하게 관리한다.
	2. 실내외 공간과 설비를 위험요인 없이 안전하게 관리한다.
	3. 실내외 공간의 놀잇감 및 활동자료와 위험한 물건을 안전하게 관리한다.
3-2 급 · 간식	1. 영양의 균형을 고려한 급 · 간식을 제공하고 있다.
	2. 식자재의 구입 · 보관 및 조리공간을 위생적으로 관리하고 있다.
	3. 조리 및 배식과정을 청결하고 위생적으로 관리하고 있다.
3-3 건강증진을 위한 교육 및 관리	1. 손 씻기, 양치질 등 청결한 위생습관을 실천한다.
	2. 교사는 영유아의 건강상태를 살펴보고 적절하게 지원한다.
	3. 영유아와 보육교직원의 건강증진을 위한 예방관리와 교육을 실시한다.
3-4 등 · 하원의 안전	1. 교사는 영유아의 출석을 확인하며 인계규정에 따라 귀가지도를 한다.
	2. 영유아는 등원부터 하원까지 성인의 보호 하에 있다.
	3. 등 · 하원용 차량을 운행할 경우 안전요건을 갖추어 관리한다.
3-5 안전 교육과 사고 대책	1. 영유아를 대상으로 안전교육을 지속적으로 실시하고 있다.
	2. 보육교직원은 안전교육을 받고 영유아 학대 예방 지침을 준수한다.
	3. 안전설비를 비상시 효율적으로 사용할 수 있도록 관리하고 있다.

4영역. 교직원

평가 지표	평가항목
4-1 원장의 리더십	1. 원장은 자신의 전문성 향상을 통해 어린이집 발전에 기여한다.
	2. 원장은 보육교직원을 존중한다.
	3. 원장은 건전한 조직문화 조성을 위해 노력한다.
4-2 보육 교직원의 근무환경	1. 교사를 위한 별도공간을 마련하고 있다.
	2. 교사를 위한 개인사물함과 업무지원 설비를 마련하고 있다.
	3. 성인용 화장실을 영유아용과 별도로 설치하여 사용하고 있다.
4-3 보육 교직원의 처우와 복지	1. 보육교직원의 복무와 보수에 관한 규정이 있으며, 이를 준수하고 있다.
	2. 교사의 직무스트레스를 예방하고 관리할 수 있는 서비스를 안내 및 제공한다.
	3. 보육교직원을 위한 복지제도를 운영하고 있다.
4-4 보육 교직원의 전문성 제고	1. 보육교직원의 전문성 제고를 위한 다양한 교육 기회를 부여하고 있다.
	2. 교사의 상호작용에 대한 관찰과 지원을 실시하고 있다.
	3. 교사에 대한 근무평가를 실시하고 있다.
4-5 안전 교육과 사고 대책	1. 영유아를 대상으로 안전교육을 지속적으로 실시하고 있다.
	2. 보육교직원은 안전교육을 받고 영유아 학대 예방 지침을 준수한다.
	3. 안전설비를 비상시 효율적으로 사용할 수 있도록 관리하고 있다.

3) 평가등급 기준

평가 결과는 어린이집 평가등급은 4등급(A, B, C, D)으로 구분하며, A, B등급은 3년, 하위등급(C, D)은 기존 3년에서 2년으로 1년 줄이는 대신 서비스 개선을 위한 전문가 방문 지원(컨설팅)을 실시한다. 어린이집 평가등급은 아이사랑포털에서 확인 가능하다(〈표 13-5〉).

● 표 13-5 ● **평가등급 기준 및 평가주기**

등급구분 (정의)	등급 부여기준	평가주기	평가 주기
A	국가 평가에서 제시하고 있는 기준을 모든 영역에서 충족함	4개 영역 모두 '우수'인 경우(필수지표 및 요소 충족)	3년
B	국가 평가에서 제시하고 있는 기준을 대부분 충족함	'우수' 영역이 3개 이하이며 '개선 필요' 영역이 없는 경우	
C	국가 평가에서 제시하고 있는 기준 대비 부분적으로 개선이 필요함	'개선 필요' 영역이 1개 있는 경우	2년
D	국가 평가에서 제시하고 있는 기준 대비 상당한 개선이 필요함	'개선 필요' 영역이 2개 있는 경우	

4) 결과 공표

평가 결과는 종합평가 후 다음 달 15일경에 발표된다. 평가 결과(A~D등급)는 통합정보공시 홈페이지(www.childinfo.go.kr)를 통해 공개한다(〈표 13-6〉). 평가 결과에 따라 어린이집 보육서비스 관리, 보육사업에 대한 재정적 · 행정적 지원 등 필요한 조치를 취할 수 있다(「영유아보육법」 제30조 제2항).

● 표 13-6 ● **평가 결과 공표**

구분		결과공표 내용
평가제 시행 이후 평가 정보	평가 결과 A~D 등급	A등급/B등급/C등급/D등급
	평가 이후 법위반 · 행정처분 발생	D등급(등급조정)[1]
	평가 이후 변동사항 발생 (대표자 변경, 6개월 이상 운영 중단 후 재개)	평가예정[2]
	신규개원	평가예정[2]
평가제 시행 이전 인증정보	미인증(평가참여 이력 없음)	-
	인증유지	(평가제 결과 확정 이전까지 기존 공표 내용 유지)
	인증취소 · 인증종료 · 인증유효기간 만료	인증취소/인증종료/인증유효기간 만료

1) 'D등급(등급조정)'은 통합정보공시 홈페이지 최하위 등급 조정에 포함되는 사유 안내
2) '평가예정'은 신규개원, 대표자 변경, 6개월 이상 운영 중단 후 재개 시 운영재개일로부터 1년 경과 후 평가예정

5) 평가 후 관리

평가 결과 A, B등급 어린이집은 평가주기 동안 자체점검위원회를 구성하고, 연차별 자체점검 보고서를 작성하여 결과 통보 후 익년도부터 매년 1회 정해진 기간 내에 어린이집 지원시스템으로 입력, 제출한다. 평가 결과 C, D등급 어린이집에는 사후방문지원 (컨설팅)을 한다([그림 13-3]).

이와 같이 한국보육진흥원에서는 평가 후 어린이집이 평가주기 동안 일정 수준 이상의 보육서비스 수준을 유지하고 지속적으로 향상시켜 나갈 수 있도록 관리·지원하게 된다.

연차별 자체점검 및 보고서 제출	평가 결과 A, B등급 어린이집은 평가주기 동안 스스로 보육서비스의 질적 수준을 점검하여 개선·보완하도록 매년 자체점검을 실시하고 그 결과를 제출한다.
사후방문지원(컨설팅)	평가 결과 C, D등급 어린이집을 대상으로 개선이 필요한 지표, 보육과정 운영 등 어린이집 운영 전반에 대한 방문 지원(컨설팅), 교육 및 정보제공 등을 지원한다.
평가 관련 보육교직원 교육, 정보 제공	보육교직원을 대상으로 평가지표 관련 지식과 정보를 교육(온라인 포함) 등을 통하여 제공한다.
확인점검	평가받은 어린이집 중 일부를 불시에 방문하여 보육서비스의 질 유지 수준을 확인한다. * (대상) 평가내용과 관련된 민원 발생, 법 위반 및 행정처분, 연차별 자체점검보고서 미제출, 평가 이후 대부분의 교사가 이직한 어린이집, 정보공시부실 어린이집, 필수요소(3영역) 일정 기준 미충족 어린이집 등이다.
최하위 등급 (D등급) 조정	평가받은 어린이집에서 법 위반 및 행정처분 등이 발생한 경우 기존 평가등급을 최하위 등급(D등급)으로 조정한다.
평가주기 관리	평가받은 어린이집에서 변경인가 등 평가주기 조정 사유가 발생한 경우 해당 어린이집의 평가주기를 조정한다.

그림 13-3 평가 후 관리 과정

출처: 한국보육진흥원(http://kce.kcpi.or.kr).

강경희, 전홍주(2013), OECD 국가의 양육지원 정책과 출산율 분석. 한국보육지원학회지, 9(6), 197-221.

강란혜(2006). 신보육학개론. 서울: 창지사.

강란혜(2008). 일본의 유보일원화 종합시설(인정어린이원)에 관한 동향과 과제. 한국보육지원학회지, 4(2), 110-127.

곽노의(1990). 프뢰벨과 듀이의 유아교육사상 비교. 한국교육문제연구, 제6호, 43-58.

교육부(2019). 2019 개정 누리과정 확정 · 발표.

교육부, 보건복지부(2019a). 2019 누리과정 해설서.

교육부, 보건복지부(2019b). 누리과정(놀이실행자료).

권미경(2016). 유치원과 어린이집 지역사회 연계 실태 및 활성화 방안. 서울: 육아정책연구소.

권미경(2017a). 유럽 국가의 보육정책 현황과 시사점. 서울: 한국경제 연구원.

권미경(2017b). 아동의 날 권리강화를 위한 지역사회 환경 조성 발달. 서울: 육아정책연구소.

권정윤, 한유미(2005). 스웨덴 보육의 배경과 현황. 한국아동학회지, 제26권, 제2호, 175-191.

김남수, 신손문, 길홍량, 엄애선(2017). 안전한 영유아 보육교육 환경 조성 방안(Ⅲ): 영유아 건강관리 가이드북 개발(유치원 어린이집용).

김성훈 역(2017). 에라스무스의 아동교육론(개정판). Desiderius Erasmus 저. 서울: 인간사랑.

김송이(2014). 양육수당 도입 이후 보육수요 실태 및 보육인프라 다각화 방안. 서울: 서울시여성가족재단.

김인곤(2004). 플라톤 「국가」. 서울: 서울대학교 철학사상연구소.

김정원, 심은희, 이경화, 이연규, 장은주, 전선옥, 조순옥, 조화연, 최일선(2018). **보육학개론.** 경기: 양서원.

나종혜, 김상림, 김송이, 신나리, 권연희, 손승희(2014). **보육학개론.** 경기: 양서원.

대한민국정부(2012). **제2차 저출산·고령사회 기본계획**(새로마지플랜 2015).

보건복지부 보도자료(2019. 12. 18.). "다양한 보육수요에 맞춰 시간제보육반 지원 확대한다."

보건복지부(2005). 한국유아교육, 보육관련법과 제도의 역사와 미래. 한국유아교육학회정기학술대회. 서울여자대학교.

보건복지부(2009). **아이사랑플랜 2009~2012.**

보건복지부(2013a). **제2차 중장기보육 기본계획.**

보건복지부(2013b). **제3차 어린이집 표준보육과정 교사용 지침서.**

보건복지부(2017). **제3차 중장기보육 기본계획.**

보건복지부(2018). **2018 설치운영길라잡이.**

보건복지부(2018). **2018 보육사업안내.**

보건복지부(2019a). **2019 보육사업안내.**

보건복지부(2019b). **보육지원체계 개편 세부시행 방안.**

보건복지부(2020). **2020 보육사업안내.**

보건복지부, 과학기술부(2013). **3~5세 연령별 누리과정 교사용 지침서.**

보건복지부, 대한소아과학회(2011). **어린이집 건강 관리 매뉴얼.**

보건복지부, 중앙육아종합지원센터(2018). **제3차 어린이집 표준보육과정에 기초한 연령별 보육프로그램의 활용.**

보건복지부, 한국보육진흥원(2017). **어린이집 문서 양식.**

보건복지부, 한국보육진흥원(2019). **제3차 어린이집 평가인증 안내**(통합지표).

보건복지부, 한국생활안전연합, 대한적십자사, 중앙아동보호전문기관(2015). **영유아를 위한 전 교육 프로그램: 교사용 지도서.**

보건복지부, 한국영양학회(2015). **한국인 영양소 섭취기준.**

서문희(2000). **보육서비스 질 향상 방안.** 서울: 한국보건사회연구원.

서문희, 송선영(2011). **우리나라의 보육실태와 외국사례.** 서울: 육아정책연구소.

서영숙, 김경혜(1996). **보육학개론.** 서울: 양서원.

서영숙, 서혜전, 김영명, 채혜선, 김진숙(2013). **보육학개론.** 경기: 양서원.

성미영, 정현심, 이세라피나(2017). 영유아교육기관 운영관리. 서울: 학지사.

송준식, 사재명(2006). 유아교육의 역사와 사상. 서울: 학지사.

신봉기(2000). 에라스무스의 교육사상. 연세대학교 신학대학원 석사학위논문.

심성경, 백영애, 이희자, 이영희, 변길희, 김은아, 박유미, 박주희(2017). 보육학개론. 경기: 공동체.

안현미, 신회연, 정수진(2014). 국내외 보육서비스 기준 분석 및 시사점. 서울: 서울시여성가족재단.

양옥승(1996). 각국의 탁아제도 비교연구. 서울: 창지사.

어린이급식지원관리센터(2016). 유아 식생활과 건강. 월, 87-97. 정책연구원.

어린이집 안전공제회(2015). 실내외 보육환경.

여성가족부(2006). 새싹플랜-제1차 중장기보육계획(2006~2010).

오인탁(1994). 고대 그리스의 교육사상. 서울: 종로서적.

육아정책연구소(2017). 영유아 건강관리 가이드북.

이삼식(2012). 외국의 보육 · 양육정책: 스웨덴 사례를 중심으로. 보건사회연구원. 보건 복지
　　Issue & Focus, 169, 1-8.

이순형, 이성옥, 권기남, 김지현, 김진욱, 김정민, 민미희, 정현심, 김유미, 임여정, 김민정(2012).
　　어린이집 운영관리. 경기: 양서원.

이영 외 역(1995). 세계의 영유아보육: 미국과 유럽을 중심으로. 서울: 이화여대 출판부.

이영숙(2001). 유아를 위한 몬테소리 감각 교육. 서울: 창지사.

이은주, 박정언, 조은미, 최윤정(2016). 보육학개론. 경기: 공동체.

이은화, 이정환, 이경우, 이기숙, 홍용화, 박은혜, 김희진(2001). 유아교육 개론. 서울: 이화여자대
　　학교 출판부.

이혜원(2013). 보육정책의 효과와 개선방향. 서울: 한국조세재정연구원.

임재택(2001). 유아교육기관 운영관리. 서울: 양서원.

장영란(2012). 플라톤의 국가 정의를 꿈꾸다. 경기: 사계절.

정미라, 오미희(2004). 일본의 자녀양육 지원 정책과 현황. 아동과 권리. Vol 8, No.1

정봉구 역(1995). 에밀. 장 자크 루소 저. 서울: 범우사.

정확실 역(1987). 대교수학. Comenius. J. A. 저. 서울: 교육과학사.

조복희, 김현지, 양연숙, 이영환, 이주연(2015). 보육학개론. 경기: 교육과학사.

조성연, 이정희, 김온기, 황혜정, 나유미, 박진재, 송혜린, 임연진, 나종혜, 권연희(2004). 영유아보
　　육론. 서울: 학지사.

조성호(2014). 일본의 유치원(幼稚園)과 · 보육소(保育所) 통합현황과 시사점. 보건복지포럼,
　　2014년, 2.

조유나, 박금희, 정정란, 황성원, 홍은숙(2019). 보육학개론. 서울: 창지사.

조희연(2011). 저출산과 프랑스 영유아교육 보육 협력 사례 연구. 서울: 여성연구.

중앙육아종합지원센터(2018). 어린이집 설치운영 길라잡이.

중앙육아종합지원센터(2018). 표준보육과정의 이해와 실제.

최윤경, 김윤환, 이혜민(2015). 스웨덴의 육아정책(II): 교사 정책을 중심으로.

통계청(2012). 장래가구 추계자료.

통계청(2018). 자녀별 여성의 고용지표.

통계청(2019). 2018~2019년도 인구동향.

통계청(2019). 분기별 합계출산율 추이.

통계청(2019). 인구총조사(각 연도).

팽영일(2017). 유아교육사상. 경기: 교육과학사.

한국경제연구원(2019). 7개국 여성경제활동 참가율.

한국경제연구원 보도자료(2019). "韓 여성 생산가능인구·취업자 증가율 30-50클럽 중 최고, 35
    세~44세 여성 고용률은 7개국 중 최저".

한국보육진흥원(2018). 2018년 보육통계.

한국보육진흥원(2018). 2018 제3차 어린이집 평가인증 안내(통합지표).

한국보육진흥원(2019a). 2019 부모모니터링단 운영매뉴얼.

한국보육진흥원(2019b). 어린이집 평가 매뉴얼.

한국여성개발원(2002). 영유아보육서비스 다양화 및 보육인프라 확충 방안 연구.

한국여성정책연구원(2008). 일가족양립정책의 국가별 심층사례연구. 2008 연구보고서.

한옥자(2016). 경기도가족여성연구원. 이슈분석. (재)경기도가족여성연구원.

한유미, 강기숙, 권정윤, 백석인, 오연주(2005). 스웨덴의 아동보육제도. 서울: 학지사.

현정환(2001). 일본보육의 발자취와 보육운동의 과제: 1980년대까지를 중심으로. 한국일본 교육
    학연구, 5(1), 203-219.

홍순정, 곽노의, 정미라(2004). 아동교육사. 한국방송통신대학교출판부.

황성하, 남미경(2012). 일본의 보육지원 정책의 변화과정 및 지역사회 맞춤형 보육지원 정책에
    관한 연구. 한국보육학회지, 8권, 4호, pp.231-250.

황해익(2004). 유아교육평가. 경기: 양서원.

久保いと (1990). 日本の保育所のあゆみ. これからの保育所保育かめきすもの. 日本幼年教 育研究會.

宮原和子, 小方信二, 竹内理繪, 宮原英種 (1998). 乳児保育. 倉丘書林.

民秋 言, 河野律子 (2005). 保育原理. 北大路書房.

田中敏隆, 吉永やよこ (1997). 保育環境. 田研出版株式會社.

中島 誠 (1998). 增補發達臨床心理學. ミネルグア書房.

泉眞樹子 (2005). 我が国の保育の現状-規制緩和, 待機児童, 学童保育を中心に. 国立国会図 書 館 ISSUE BRIEF, No. 450(Aug.5.2005).

Baker, R. G. (1968). *Ecological Psychology*. Stanford University Press.

Bloom, P. J., & Sheerer, M. (1992). The effect of leadership training on child care program quality. *Early Childhood Research Quarterly, 7*, 579-594.

Bowman, B. T.(1995). The professional development challenge: Supporting young children and families. *Young Children, 51*(1), 30-34.

Bower, G. H. (1970). Mental imagery and associative learning. In Lee Greff (Ed.), *Cognition in learning and memory*. New York: Wiley.

Bretherton, I. (1992). Attachment and bonding. In V. B. Van Hasselt & M. Hersen (Eds.), *Perspectives in developmental psychology*. Handbook of social development: A lifespan perspective (p. 133-155). Plenum Press.

Campos, J. J., Langer, A., & Krowitz, A. (1970). Cardiac responses the visual cliff in pre locomotor human infants. *Science, 170*, 196-197.

Clarke-Stewart, K. A. (1993). Consequences of child care for children's development. In A. Booth (Ed.), *Child care in the 1990s: Trends and consequences* (pp.63-92). Lawrence Erlbaum Associates, Publishers. NJ: Hillsdale.

Clarke-Stewart, K. A. (1994). Day care good or bad for children, 삼성복지재단 어린이개발센 터, 1-34.

Crittenden, P. J.(1981). "Thoughts about Locke's Thoughts about Education." *Journal of Philosophy of Education, The Philosophy of Education Society of Great Britain, Vol. 15*, No. 2, 149-160.

Day, D. D. (1983). *Early childhood education: A human ecological approach glenview*. Ilinois: Scott, Foresman and Co.

Decker, C. A., & Decker, J. R. (1976). *Planning and administering early childhood programs*(3rd ed.). Columbus, OH: Merrill Publishing Company.

Decker, C. A., & Decker, J. R. (2001). *Planning and administering early childhood programs*

(7th ed.). NY: Memill Prentice-Hall.

Gibson, E. J., & Walk, R. D. (1960). The "visual cliff." *Scientific American, 202*, 64-71.

Fantz, R. L. (1961). The origin of form perception. *Scientific American, 204*, 66-72.

Hendrick, J. (1997). *First steps towards teaching the Reggio way*. Upper Saddle River, NJ.: Prentice-Hall.

Larkin, L. (1992). The preschool administration: Perspectives in early childhood education. Unpublished Ph. D. dissertation Harvard University, Cambridge(UMI Dissertation Services, Ann Arbor: #9219109).

Leprince. F. (1991). Day care for young children in France. In E. C. Melhuish & P. Moss (Eds.), *Day care for young children: Intermational perpectives*. New York: routledge.

Lewin, K. (1935). *A dynamic theory of personality*. New York: McGraw Hill.

Lewis, M., & Michalson, L. (1983). *Children's emotions and moods: Developmental theory and measurement*. New York: Plenum.

Mckenzie, B. E., Skouteris, H., Day, R. H., Hartman, B., & Yonas, A. (1993). Effective action by infants to contact objects by reaching and learning. *Child Development, 64*, 415-429.

Morgan, G. (1993). Competencies of child care center directors. Unpbublished manuscript. Wheelock College, Boston.

Neill, A. (1991) "Locke on Habituation, Autonomy, and Education." In R. Ashcraft (Ed.), *John Locke: Critical Assessments*. London: Routledge, 246-265.

OECD(2012). *Starting Strong III – A Quality Toolbox for Early Childhood Education and Care*. OECD publishing.

OECD(2012). Early Childhood Education and Care indication OECD 회원국의 보육서비스(육아 정책연구소, 2012.4).

Pestoff, V., & Strandbrink, P.(2002). The politics of Swedish childcare. Unpublished manuscript for nalional report.

Roopnarine, J. L., & Johnson, J. E. (Eds.)(1993) *Approaches to early childhood education*. N.Y.: Macmillan publishing Company.

Saracho, O. N. (1984). Perception of the Teaching Process in Early Childhood Education through Role Analysis, *Journal of the Association for Perception, 19*(1).

Schickedanz, J. A., York, M. Z., Stewart, I. S., & White, K. A. (1990). *Strategies for teaching young children* (3rd ed.). Englewood Cliffs, New Jersey: Prentice-Hall.

Spodek, B. (1986). Using the knowledge base. In B. Spodek (ed.). *Today's kindergarten: Exploring the knowledge base, expanding the curriculum.* New York: Teachers college press.

Wilson, L. C. (1986). *Infants & toddlers: Curriculum & teaching.* Delmar Publisher Inc.

라이센스 뉴스 (http://wwww.lcnew.co.kr)

저출산고령사회위원회(http://www.betterfuture.go.kr)

중앙아동보호전문기관(http://www.korea1394.go.kr)

한국보육진흥원(http://kce.kcpi.or.kr)

찾아보기

인명

Aristoteles 23

Bandura, A. 88
Bowlby, J. 88
Bronfenbrenner, U. 89

Comenius, J. A. 25

Dewey, J. 31

Erikson, E. 82

Freud, S. 81

Fröbel, F. 30
Frost, J. 141

Hale, J. 58

Kergomard, P. 53

Locke, J. 27

McMillan 52
Montessori, M. 32

Oberlin, J. 62

Owen, R. 52

Pavlov, I. 87
Pestalozzi, J. H. 29
Piaget, J. 85
Platon 22

Rousseau, J. J. 28

Skinner, B. F. 87

Vygotsky, L. S. 86

내용

2019 개정 누리과정 190, 196

24시간 보육 128

3~5세 누리과정 190

3~5세 연령별 누리과정 190

5세 누리과정 190

88탁아원 39

가정어린이집 119

가정어린이집 280

가족구조 10

간식 시간 256

간호사 278

감각 및 탐색 영역 150, 155

감각교육 28

감염관리 244

개인위생 관리 239

개인적 자질 275

개정 누리과정의 특징 191

건강 316

건강관리 237

건강영역 237

건강진단 317

격리 241

경제성 297

경험주의 27

계몽사상 25

계속성의 원리 179

계열성의 원리 179

고전적 조건화 87

관찰 331

관찰법 331

교류자 277

교사실 131, 167

교수자 277

교육법 53

구빈적 37

국가자격증제도 42

국공립어린이집 117

균형성의 원리 179

근로계약서 311

급식위생 318

기본보육 122

기본보육 50

기본보육 반편성 299

기본생활영역 186

기저귀 가는 순서 97

기저귀 교환 방법 238

기초성 17

긴급보육대책 5개년 사업 72

긴급사태 264

남녀고용평등법 39

낮잠 및 휴식 영역 149

놀이기구 설치기준 135

놀이센터 70

놀이영역 146

놀이중심 191

놀이터 설치 133

놀이터 종류 133

누리과정의 성격 192

누적성 18

단백질 250

대교수학 26

대근육영역 150

도서 공간 167

랜함법 59

레저클럽 70

리쿠르구스 헌법 21

만 5세 누리과정 44

맞춤형 보육 44, 48

모성학교 63, 64

모유 수유 240

모유 영양 251

모자법 58

무기질 251

무상보육 44

문서관리 304

물적 자원 322

미국의 보육사업 58

미술영역 165

미인가 탁아시설 임시조치령 38

민간어린이집 118

민감기 33

발달 79

발달의 원리 79

방임 266

배식관리 255

범교육론 26

범지학 25

법인·단체 등 어린이집 118

보수교육 289

보수기준 311

보육 9

보육과정 177, 214

보육과정 평가 180

보육과정의 구성 178

보육교사 274

보육교사 자격기준 282

보육교사 자격증 취득 286

보육교사 학과제 51

보육교직원 평가 337

보육교직원 현황 129

보육교직원의 배치 284

보육교직원의 퇴직 314

보육내용 선정 178

보육대상 296

보육사업 활성화 방안 41

보육실 131

보육실습 287

보육실습확인서 289

보육의 공공성 42, 50

보육의 공공성 강화 49

보육의 교육화 66

보육의 목적 9

보육의 필요성 10

보육통합시스템 309

보육평가 331

보육프로그램 평가 339

보육학교 61

복무관리 313

부모 양육지원 51

부모모니터링 324

부모모니터링 지표 326

부모모니터링단 324

부모협동보육 70

불가역성 18

비만 253

비타민 251

사건표집법 334

사무관리 303

사회관계영역 186

사회문화이론 86

사회보장법 59

사회복지법인어린이집 118

사회학습이론 88

상담실 167

상상놀이 32

새로마지 플랜 15

새마을유아원 39

새마을협동 유아원 39

새싹플랜 43

생리학적 심리학 315

생태학적 이론 89

설비 314

성격 형성학원 52

성학대 266

세계도감 27

소방훈련 265

손 씻기 방법 246

손 위생 239

손을 씻어야 할 때 247

수·조작 및 과학(탐색) 영역 164

수유 95

슈어스타트 아동센터 57

슈어스타트 프로그램 54, 57

스웨덴의 보육 66

스파르타의 교육 21

승급교육 290

시간제 보육 128

시간표집법 333

식당 167

식습관 256

식습관 지도 257
식욕부진 252
신고제 41
신생아 93
신생아의 수면 93
신성론 30
신엔젤플랜 73
신체영역 155
신체운동 · 건강영역 238
신체운동영역 186
신체학대 266
실내 보육환경 구성원리 142
실내놀이터 134
실내환경 안전관리 259
실습 인정시간 288
실습 지도교사 288
실습기간 288
실습기관 288
실습시기 288
실외환경 168
실외환경 안전관리 261
실재주의 23
실학주의 25
심리사회적 발달이론 82
심화교육과정 289

아동계획 54
아동복리법 38
아동복지법 38

아동수당 47
아동의 자유교육론 24
아동중심 교육 28, 31
아동학대 265
아이사랑 부모모니터링단 324
아이사랑카드 43
아이사랑포털 44
아이사랑플랜 43
아이행복플랜 44
아테네의 교육 21
안전 316
안전관리 258
안전교육 319
안전교육의 목표 259
애완동물 관리 239
애착이론 88
야간 12시간 보육 128
야간연장보육 127
양육수당 46
양육자 277
양호공간 167
어린이의 집 32
어린이집 보육시간 124
어린이집 비치서류 303
어린이집 설치기준 130
어린이집 수 129
어린이집 실내 설치기준 132
어린이집 운영위원회 323
어린이집 지원 시스템 289

어린이집 평가과정 348
어린이집 평가인증제도 42
어린이집 평가제 303
어린이집의 급식 253
언어영역 150, 155, 164
에라스무스 24
에밀 28
엔젤플랜 72
여성경제활동 참가율 12
역할 및 쌓기 놀이 영역 150, 155, 164
연간보육계획 214
연령혼합반 반편성 300
연장 보육 50
연장반 교사 125
연장보육 123
연장보육 반편성 300
연장보육료 126
연장보육반 전담교사 자격 282
열린어린이집 327
영국의 보육 52
영국의 아동수당 54
영아기 보육 진행 99
영아기의 영양 248
영아반 일과운영 225
영아의 목욕 96
영아전담 어린이집 280
영아전담어린이집 121
영양관리 247, 317

영양사 278
영양소의 성분 249
영유아보육법 9, 40
영유아어린이집 121
영유아평가 190
예방접종 240, 243, 316
예비학교 61
예술경험영역 186
옥내중간 놀이터 134
옥상놀이터 134
옥외놀이터 134
운영관리 295
원스트라이크 아웃제 55
원아 모집 계획 296
원아관리 296
원장 271
원장 자격 기준 280
원장실 167
월간보육계획 214
위생관리 316
유아교육진흥법 39, 40
유아기 보육 진행 112
유아기의 영양 248
유아를 위한 실내 보육환경 157
유아반 일과운영 226
유아보호소 62
유아의 발견 32
유아중심 191
유아학교 52

유희실 167
은물 30
음률영역 165
응급처치 316
의도적인 교육 28
의사소통영역 186
인가제 41
인간교육 30
인공영양 251
인근놀이터 134
인적 자원 321
인적 환경 315
인지발달이론 85
일반직무교육 289
일상생활영역 144, 149
일일 건강검진 240
일일보육계획 214
일일보육계획 평가 180
일화기록법 332
입소 우선순위 300

자동 전자출결 시스템 127
자동교육방법 32
자료실 167
자발적 활동 33
자연적 자원 321
자연주의 교육 28
자연탐구영역 186
자유유치원 53

자질 271
자체점검 보고서 349
장난감 관리 239
장애아전담 어린이집 281
장애아전담(전문)어린이집 121
장애아통합어린이집 121
재무관리 309
재무회계 309
저출산 대책 5대 개혁 16
저출산의 원인 14
적기성 17
전문적 자질 275
접근성 297
정기 건강검진 241
정보공시 328
정상화 33
정서학대 266
정신분석이론 81
제3차 어린이집 표준보육과정 44
제3차 중장기보육 기본계획 49
제3차 평가인증 344
조리실 167
조작적 조건화 87
종합아동발달법 59
종합평가 350
주간보육계획 214
준비된 환경 32
중세시대 24

지각발달 98
지방 250
지역사회 320
직관의 원리 29
직업윤리 276
직장어린이집 118
직장탁아제 39
질병관리 242
집단급식 317

참관실 167
창조적 자기활동 30
최저임금법 310
취사부 279
취약보육 51

코모리학교 71
크레슈 64

타불라 라사 27
탁아 9
탁아시설 운영개선안 38
탄수화물 250

태화기독교사회관 37
통학 차량 안전 262
통합성의 원리 179
특별직무교육 290

팔로우스루 프로그램 62
편물학교 62
편식 252
평가인증제도 344
평가자 278
평가제 343
평가지표 350
평정척도법 335
포트폴리오 335
표본식 기술법 332
표준보육과정 181
표준보육과정 43, 44
표준보육과정 구성체계 184
표준보육과정 운영평가 189
표준보육과정의 목표 183
표준보육과정의 운영 내용 189
표준화 검사 336
프랑스의 보육제도 62, 63

하강식 경사구조대 137
학습이론 87
한부모가족지원법 301
합자연 26
행동목록법 334
헤드스타트 59
헤드스타트 프로그램 62
현장평가 350
협동어린이집 119
홈 스타트 62
홍보 내용 299
홍보방법 297
화장실 167
환경위생 관리 239
환경조성자 277
효과성 297
후생시설 운영요령 37
후타바 보육원 71
휴일보육 128
흡수하는 정신 33
흥미영역 143
흥미영역 구성 141

저자 소개

강란혜

현) 총신대학교 아동학과 교수

日本 白百合女子大学大学院(Ph.D.)

日本 お茶の水女子大学大学院(Ph.D. Course Completed)

〈주요 저 · 역서〉

영유아발달(저, 2016, 창지사)

성경적 관점에서 본 아버지 역할과 아동발달(저, 2012, 그리심)

영유아 프로그램 개발과 평가(공저, 2011, 창지사)

하나님을 경험하는 어린이로!(공역, 2010, 창지사)

아동복지론(저, 2010, 대왕사)

북한이탈주민의 이해(공저, 2009, 나눔의집)

인간행동과 사회환경(공저, 2008, 학지사)

아동발달(저, 2008, 창지사)

新보육학개론(저, 2006, 창지사)

아동상담(공저, 2006, 대왕사)

아동복지론(공저, 2005, 대왕사)

아동학대: 전문상담(공저, 2004, 시그마프레스)

〈석 · 박사 논문〉

父親の養育行動を規定する要因の日韓比較研究: 職業觀と子ども觀を中心に
    (日本 白百合女子大学大学院 박사논문)

아버지의 양육행동과 아동의 성역할 특성간의 관계분석(이화여자대학교 대학
    원 석사 논문)

2020 보육지원체계 반영

보육학개론

Introduction to Child Care and Education

2020년 4월 23일 1판 1쇄 인쇄
2020년 5월   8일 1판 1쇄 발행

지은이 • 강란혜
펴낸이 • 김진환
펴낸곳 • ㈜학지사

04031 서울특별시 마포구 양화로 15길 20 마인드월드빌딩
대표전화 • 02-330-5114   팩스 • 02-324-2345
등록번호 • 제313-2006-000265호

홈페이지 • http://www.hakjisa.co.kr
페이스북 • https://www.facebook.com/hakjisa

ISBN 978-89-997-2106-9 93370

정가 22,000원

이 도서의 국립중앙도서관 출판시도서목록(CIP)은 서지정보유통지
원시스템 홈페이지(http://seoji.nl.go.kr)와 국가자료공동목록시스템
(http://www.nl.go.kr/kolisnet)에서 이용하실 수 있습니다.
(CIP 제어번호: CIP2020016589)

출판 · 교육 · 미디어기업 학지사

간호보건의학출판 학지사메디컬 www.hakjisamd.co.kr
심리검사연구소 인싸이트 www.inpsyt.co.kr
학술논문서비스 뉴논문 www.newnonmun.com
원격교육연수원 카운피아 www.counpia.com